영적 실천의 심리 구조

STRUTTURE PSICOLOGICHE
DELLA PRASSI SPIRITUALE
by Mihály Szentmártoni S.J.

APPUNTI PER GLI STUDENTI
PER IL CORSO AO2128

Editrice Pontificia Università Gregoriana
Roma 2014

영적 실천의 심리 구조

교 회 인 가 • 2025년 4월 10일
제1판 제1쇄 • 2025년 5월 20일

지은이 • 미하일 센마르토니
옮긴이 • 김동규
펴낸이 • 최준규
펴낸곳 • **가톨릭대학교출판부**
등　록 • 제300-1989-1호(1989년 1월 13일)
주　소 • 03083 서울시 종로구 창경궁로 296-12
전　화 • 02-740-9718
전　송 • 02-745-9793
전자우편 • cukpress@catholic.ac.kr
홈페이지 • http://press.catholic.ac.kr
인쇄제작 • 재영아트

ISBN 978-89-7108-394-9 93230

값 24,000원

STRUTTURE PSICOLOGICHE DELLA PRASSI SPIRITUALE

영적 실천의 심리 구조

미하일 센마르토니 지음 · 김동규 옮김

가톨릭대학교출판부

〔일러두기〕

이 책 『영적 실천의 심리 구조』(*STRUTTURE PSICOLOGICHE DELLA PRASSI SPIRITUALE*)는 센마르토니 교수가 그레고리오 대학교(PONTIFICIA UNIVERSITÀ GREGORIANA)에서 학생들 강의용으로 펴낸 강의록(APPUNTI PER GLI STUDENTI PER IL CORSO AO2128)을 우리말로 옮긴 것이다.

따라서 이 책은 공식 출판된 서적이 아닌 지은이의 강의록이므로 그레고리오 대학교의 출판 승인을 구할 필요가 없음을 일러둔다.

아울러 한국어 번역 및 한국에서의 출판, 기타 출판에 관한 모든 절차와 처분권에 대한 위임을 옮긴이가 지은이로부터 직접 허가와 승인을 받았음을 일러둔다.

---

1. 본문에 인용된 모든 성경 구절은 『성경』(한국천주교주교회의, 2007)의 표기를 따랐다.
2. 본문에 인용된 모든 교황 문헌과 교회 문헌은 한국천주교중앙협의회의 번역을 따랐으며, 공식적으로 번역되지 않은 문서들에 한해서 옮긴이가 번역하여 인용하였다.
3. 본문에 인용된 여러 성인과 교부들의 작품들은 옮긴이가 번역해서 인용하였다.
4. 본문에 실린 모든 인명과 지명 그리고 교회 용어는 한국천주교중앙협의회의 규정과 문화체육관광부의 외래어 표기법에 준해 표기하였으며, 규정에 나오지 않은 것들은 학계에서 통용되는 현행 발음과 표기법에 준해 표기하였다.
5. 심리학, 상담심리학, 심리치료 등에 관한 용어는 이 분야에서 영어를 더 익숙해 할 독자를 고려하여 이탈리아어 원어가 아닌 영어로 표기하였다.
6. 본문 중에 원어가 아니면 의미 전달이 어려운 관용적 표현들이나 문구는 원문 그대로 표기하였다.
7. 본문에서 추가 설명이 필요한 학술 용어나 전문 용어에 대해서는 '옮긴이 주'를 통해 보충 설명하였다.
8. 이탈리아어의 뉘앙스나 의미가 한국어로 전달되기 어려운 용어, 문구나 문장들은 핵심 내용을 훼손하지 않는 범위 내에서 직역하지 아니하고 의역하였다.

/옮/긴/이/ /서/문/

근대 이전까지 우주, 자연, 삶, 윤리, 그리고 시민권 및 사법권은 생명과 권능의 원천이신 하느님과의 관계를 맺게 해주는 거룩한 성성(sacrality)으로 둘러싸이거나 가득 차 있었다. (…) 대중의 종교적 정서는, 도덕적 기준이나 종교적 신념에 얽매이지 않는 정치인들조차 사회적 지지를 얻기 위해 수용해야 할 일종의 계약으로 여겨졌다. 즉 종교는 단순히 신앙의 문제가 아니라 권력을 통해 사회 안정과 통합을 유지하는 일종의 "정치적 도구"(instrumentum regni)의 기능을 수행했었다.

중세의 그리스도교는 이러한 보편적 종교성을 신권적(종교적 권위에 복종하는) 신학과 세계관 안에 통합할 수 있었으며, 이는 "콘스탄티누스 대제의 그리스도교"라는 표현으로 정의되었다. 현대의 문헌자료, 사목 체험, 심리학 연구가 말해 주듯, 세상은 세속화되었다. (…) 이 세속화는 종교 자체에 대해서는 중립적이며 종교의 존재 여부에 상관없이, 인간의 가치와 존엄을 향상시키고 개인의 신념이나 윤리적 삶, 사회 규범에 긍정적인 영향을 미칠 수 있다고 주장한다. 그러나 실제로 종교심이 개인화, 내면화되지 못하면 인간의 존엄성과 윤리적 삶은 위기를 맞을 수 있으며, 이 위기는 적어도 초기에는 인간을 종교로부터 멀어지게 하는 위협이 되었다.

(본문 중에서)

제2차 바티칸 공의회 이전의 교회는, 인간이 하느님의 "강생"으로 "구원"받게 되었다는 교회의 이상을 제시하면서도, 인간을 강생에서 구원을 위한 "성화"(거룩함, 완덕)로 이르게 하는 실천적 방법을 구체적으로 제시해 주지 못했습니다. 그래서 정확한 방법으로 노력하면 은총이 위에서 아래로 내려와 거룩한 신자가 되는 구조적 방식과 구원 매뉴얼, 기도의 기술, 신학과 이성, 사변적 신앙을 추구하는 교회의 분위기가 만연했습니다.

이렇게 개인 신앙 체험의 역동성보다 획일적이고 구조적인 신앙의 기준을 제시했던 과거 교회의 사조는 비록 잘못된 교리나 이단으로부터 교회의 진리를 수호하는 좋은 기능을 수행했지만, 반면 개인의 직접적인 체험으로 내면화하는 신앙보다는 지식으로 습득하고 이해하는 "사변적 신앙"을 양산하게 만든 측면이 없지 않습니다.

하지만 가톨릭 신앙과 영성은 인간이 은총의 부르심에 자유롭게 응답하며, 단지 머리로 믿는 것이 아니라 하느님께 마음을 온전히 개방하고 의탁하는 역동적이고 친밀한 인격적 관계를 맺는 내적 체험입니다. 인간은 몸(σώμα, corpus), 정신(ψυχή, anima), 영(πνεύμα, spiritus)의 '전인적' 차원을 살아가는 존재이기 때문입니다. 하느님께서는 온 세상에, 그리고 이웃 안에도 계시지만 우리 영혼과 마음 안에 현존하십니다. 우리 마음 안에 거처하시며 이를 통해 우리를 부르시고 당신의 현존을 알리시는 하느님을 우리의 '전인격' 안에서 만나지 못한다면, 우리는 세상과 이웃 안에 계신 하느님 또한 만날 수 없을 것입니다. 마찬가지로 우리의 전인격을 통해 자기 내면을 바라보지 못한다면, 내 안에 현존하시는 그리스도에 대한 '내적 인식'[1]의 은총을 얻을 수 없을 것입니다.

그동안 전통 영성은 심리적 요소들을 간과하고, '신앙과 이성'을 강조해 왔지만, 현대 영성신학은 하느님과 인간 전 존재(신체적·감정적·정신적·영적 요소 등)의 역동적인 관계를 통해 신앙과 인격의 전인격적 성숙 과정을 중요하게 다루고 있습니다.

따라서 인간 존재의 전인격을 통해 하느님과 소통하는 만큼 우리는 하느님께서 당신의 뜻을 인간에게 전달하시고, 인간이 하느님의 뜻을 찾는 과정이 어떻게 이루어지는지 이해하기 위해 심리학을 도구로 활용할 필요가 있습니다. 영성생

[1] 〔옮긴이 주〕 '내적 인식'이란 이냐시오 『영신 수련』 관상에서 특별히 제2주간에 청하는 은총이다. "나를 위해 사람이 되신 주님께 대한 내적 인식을 청하는데 이로써 그분을 더 사랑하고 더 잘 따르려는 것이다"(『영신 수련』 104항). 즉 내적 인식이란 단순히 그리스도를 머리로 알고 생각하고 느끼는 것이 아니라, 나의 몸과 마음, 감정과 심리, 정신과 영혼의 모든 오감을 동원하여 그리스도를 체험하고 '그리스도의 마음'을 내 마음 깊은 곳에서 진실로 깊게 느끼는 것을 말한다.

활에 대한 심리학적 연구의 활용을 통해, 우리는 끊임없이 발전하고 성장하는 영적 여정 안에서 필연적으로 맞이하는 삶과 신앙의 위기를 영적으로 성장하는 데 도움이 되는 전환점으로 이해할 수 있게 됩니다. 즉 심리학의 도움으로 우리는 영성생활이 삶의 환경과 가치관, 타고난 신체적·심리적 기질과 성격, 수많은 내적 움직임(지성, 느낌, 의지 등)의 요소들로부터 영향을 받는다는 사실을 이해하게 되며, 이를 통해 위기의 경험이 반드시 나쁜 결과를 초래하는 것이 아니라 죽음을 거쳐 생명과 부활로 나아가는 중요한 여정이 된다는 진리를 깨달을 수 있게 될 것입니다.

이처럼 이 책은 현대 심리학과 영성생활의 관계를 다루고, 영성심리학적 방법론을 통해 영적 실천의 내적 과정을 이해하고 해석하려는 목표를 가지고 있습니다. 이 책에서는 영성심리학의 기초 이론을 바탕으로 다양한 영성생활의 현실을 이해하기 위한 실용적이고 실천적인 연구와 성찰을 제시하고 있습니다.

옮긴이는 이미 가톨릭대학교출판부에서 센마르토니 교수의 『하느님께 나아가는 여정』과 『사제·수도 성소의 심리학』이라는 두 권의 책을 번역한 바 있습니다. 그동안 국내에 심리-영성 분야를 학문적으로 다루는 책이 없었고, 앞의 두 권의 책은 영적 여정의 특정 단계(회심, 수덕, 조명, 은사, 한계, 신비 체험)와 사제, 수도 성소라는 특정 신분에 관한 주제를 다루고 있기에, 일반 신자들에게 영성심리학의 기초 이론을 개괄하기엔 다소 부족하다는 생각이 들었습니다.

이러한 이유로, 영성심리학의 가장 기초 이론은 개괄적이면서도 구체적으로 설명하고 있는 센마르토니 교수의 또 다른 강의록을 번역하게 되었습니다. 이 책에서 제시하는 이론적 방법론과 실천적 전망을 통해, 평신도들이 영적 성숙과 인격적 성숙의 균형과 조화를 올바르게 이루어 나가는 방향을 모색하는데 미약하나마 도움이 되지 않을까 생각합니다.

저자가 서문에서 설명하고 있듯, 이 책은 영성심리학적 방법론을 통해 하느님 부르심의 특성과 방식을 연구하는 영성신학에 내재한 인간의 심리적 역동성을 총 5부의 주제로 나누어 설명하고 있습니다. 저자는 영성생활과 영적 실천의 심리적 구조를 분석하고 이를 토대로 심리학과 그리스도교 영성의 조화를 이루는 방법을 모색하는 한편, 영적 성숙과 인격의 성장이 균형 있게 나아갈 수 있는 길을 제시합니다.

영성심리학의 기초 이론과 실천적 방법론을 제시하고 있는 이 책은, 이전에 번역했던 센마르토니 교수의 두 권의 책과 상호 유기적으로 연관된 일종의 시리즈로서, 그리스도교 신자들에게 심리-영성의 분야를 알리고, 거룩한 신앙의 여정으로 나아가는 데 도움을 줄 것이라 기대해 봅니다.

미하일 센마르토니 교수(Mihály Szentmártoni S.J.)는 심리학과 영성신학에 관한 수많은 글을 저술하였고 대학에서 오랫동안 학생들을 지도하고 가르쳐 왔습니다. 현재는 더 이상 교수로 재직하지 않으며, 로마에 있는 독일-헝가리 기숙사(Collegio Germanico ed Ungarico)에 원장으로 근무하고 있습니다. 이 번역서는 공식적으로 출판된 서적이 아니며, 센마르토니 교수가 그레고리오 대학교에서 학생들에게 강의하기 위해 출판한 강의록(Appunti per gli Studenti)을 번역한 책입니다.

이 책의 번역을 수락해 달라는 요청을 드렸을 때, 한국어로 번역된 책 덕분에 본인이 은퇴 이후에도 번역서를 통해 여전히 가르칠 수 있다는 점에서 더없이 큰 만족을 느낀다고 말씀하시면서, 흔쾌히 번역을 허락해 주신 센마르토니 교수님께 진심 어린 감사의 말씀을 전합니다.

2024년 겨울, 이냐시오 30일 피정 중에
한마음 수련원 피정동에서
옮긴이 김동규 바오로 신부

/서/문/

영성생활은 하느님과 인간 사이의 끊임없는 대화이다. 하느님이 부르시면 인간은 응답한다. 영성신학이 하느님 부르심의 특성과 방식을 연구하는 반면, 영적 체험의 심리학은 인간의 응답에 내재한 심리적 역동성을 연구한다.

구체적으로, 『가톨릭 교회 교리서』에서는 우리가 영성생활 안에서 행하는 모든 것이 이미 하느님의 부르심을 인식한 데 대한 응답임을 강조하고 있다. 기도는 하느님의 위대하심과 거룩하심에 대한 인식에서 나오는 응답이며, 뉘우침은 하느님 자비의 깨달음에서 나오는 응답이다. 그렇다면 이러한 우리의 응답은 어떻게 이루어질까? 이 응답 과정의 안내를 따라서, 우리는 몇 가지 영적 실천의 형태 안에서 이루어지는 심리적 역동성을 연구해 볼 수 있을 것이다. 이 과정은 다음과 같은 다섯 가지 범주로 나누어진다.

제1부: "인간학적 기초"에서는 영성생활의 배경을 형성하

는 몇 가지 인간학적 원리를 다룬다. 여기서는 영성 연구 안에서 심리학의 역할, 차이 심리학(differential psychology)[1]과 영성, 기질, 성격과 영성생활, 종교적 의심과 무신론에 대한 심리학적 연구를 주제로 다룬다.

제2부: "정서와 영성생활"에서는 영성생활 안에서 정서의 역할에 대해 다룬다. 여기서는 일반적인 감정을 살펴본 다음, 개별 감정과 정서적 행동에 대해 검토한다.

제3부: "기도의 심리학"에서는 기도의 분야를 다루는데, 여기서는 일반적인 기도와 그중에서도 특히 묵상 기도의 심리적 역동성을 살펴본다.

제4부: "덕의 심리학"에서는 몇 가지 덕을 다루는데, 특히 침묵, 용서, 화해의 심리적 역동성을 살펴본다.

제5부: "진화 심리학[2]과 영성생활"에서는 진화적 관점에

---

1) 〔옮긴이 주〕 차이 심리학(differential psychology)은 비교 심리학(comparative psychology)의 한 분야로 차별 심리학, 개인차 심리학이라고도 부른다. 개인의 성(sex, gender), 성격, 지능, 행동 및 심리적 특성의 변화나 또는 연령, 인종, 직업, 문화 등의 차이로 생기는 집단의 특성이나 구조, 차이를 연구하는 심리학이다. 따라서 개인차는 서로 어떻게 다르며, 어떤 요소들이 인간을 독특하게 만드는지 측정하고 연구한다.

2) 〔옮긴이 주〕 진화 심리학(Evolutionary psychology)은 인간의 행동과 마음의 작용을 진화적 맥락에서 바라보며, 인간의 심리적 특성이 진화 과정에서 어떻게 유전되고 형성되었는지, 생존과 발달에 어떻게 영향을 미치는지 연구하는 학문이다. 발달심리학(Developmental psychology)은 개인의 경험, 환경, 문화가 인간의 인지적·심리적·정서적·사회적 발달에 미치는 영향을 연구하며, 아동기, 청소년기, 성인기, 노년기에 따른 발달 단계를 설명한다. 진화 심리학은 진화적 관점에서 특정 심리에, 그리고 발달심리학은 개인의 발달 과정을 생애 주기의 맥락에 초점을 두는 각각 다른 관점에서 인간 행동과 마음의 작용을 이해하려 한다는 데 차이가 있다.

서 유아기, 청소년기, 성인기, 노년기 등 다양한 연령대의 영성적 특성을 연구한다.

이 모든 과정은 두 가지 목적을 달성하는 것을 목표로 한다. 첫 번째 목적은 이론적이며, 관련된 다양한 현실을 이해하기 위한 개념과 지식을 제공하는 것이다. 두 번째 목적은 실용적이며, 양성기관의 영성지도자와 양성자를 위한 방향성과 수단을 제시하는 것이다.

2014년 10월 1일, 로마에서

미하일 센마르토니(Mihály Szentmártoni S.J.)

제5부에서는 인간의 영성과 종교심의 발달이 인격이 발달하는 생애 전 과정으로부터 영향을 받는 발달심리학의 구조를 전제하고 있지만, 특별히 개인의 본성과 심리적 특성이 거룩함의 은총과 어떻게 연결될 수 있는지 분석하고자 진화 심리학의 관점을 채택하고 있다.

목차

— 제 1 부 —

인간학적 기초

제 1 장 심리학과 영성

제 2 장 기질, 성격과 영성생활

제 4 장 무신론

제 5 장 성장의 동력으로서 위기

— 제 2 부 —

정서와 영성생활

제 2 장 침묵

제 3 장 여가 시간

제 2 장 노후 문제, 도전과 과제

제1부

인간학적 기초

영성생활은 인간의 전인격 안에서 이루어진다. 이는 하느님의 은총과 인간의 응답이 인간의 구체적인 심리 구조 안에서 이루어진다는 것을 의미한다. 심리학적 연구는 하느님 은총과 인간의 응답 간의 대화를 이해할 수 있도록 도울 수 있지만, 일방적인 심리학적 해석은 하느님과 인간의 만남을 방해할 수도 있다. 영적 여정은 선형적인 여정일 뿐만 아니라, 또한 이 과정에서 위기의 순간이 찾아오기 마련이다.* 따라서 심리학적 분석은 이렇게 영적 여정에서 동반되는 위기에 대해 보다 현명하게 대처하는 데 도움이 된다. 이와 관련하여 제1부에서는, 영성생활의 심리적 기초를 살펴볼 것이다.

* 〔옮긴이 주〕 여기서는 영적 여정이 일관되고 단순한 직선적 여정이 아니라는 뜻으로 이해할 수 있다.

제 1 장

심리학과 영성

심리학은 인격의 정신 구조를 연구하며, 이러한 맥락에서 영성생활에도 큰 영향을 미친다. 영적 역동성을 연구하는 데 있어 심리학의 기여는 긍정적일 수 있지만 설명하기 어려운 은총의 역동성을 함께 고려하지 않는 편향된 심리학적 분석은 영성생활에 해로울 수도 있다.

1. 심리학의 환원주의[1)]

심리학 연구에서 가장 큰 문제 중 하나는, 인간이 어떤 존

1) 〔옮긴이 주〕 환원주의(reductionism), 환원론 혹은 축소주의는, 상위 단계의 사상 및 개념이 하위 단계 요소들의 집합체이므로 상위 개념을 하위의 요소들로 세분화하여 정의할 수 있다는 철학적 사조에서 유래한다. 심리학에서도 환원주의는 사물이 그것을 이루는 구성 요소들의 총합 이상의 어떤 것도 아니라는 관점에서 물체나 사물을 단순하게 정의한다.

재인지 설명하는 수단으로서 늘 환원주의에 빠지는 경향이 있다는 것이다. 모든 환원주의의 기본 특징은 사물 전체를 그 사물을 구성하는 부분들의 합으로 단순히 환원시켜 설명할 수 있다는 믿음이다. 다시 말해, 환원론은 사물이 그것을 구성하는 요소들의 총합에 지나지 않는다고 주장한다. 심리학에는 행동주의 환원론, 신경학적 환원론, 유전적 환원론과 더불어, 일반적으로 사회적 환원론이 나타난다.[2)]

1) 행동주의 환원론

행동주의(behaviorism) 심리학은 심리학을 "과학적"으로 만들려는 왓슨(J.B. Watson)의 시도로 시작된다. 이전 심리학이 인간의 정신을 다루었다면, 왓슨은 정신이 오직 주관적으로만 검토될 수 있기 때문에 과학적 연구에 적합한 대상이 아니라고 선언하였다. 그의 주장에 따르면, 심리학에서 유일한 과학적 접근은 객관적으로 관찰할 수 있는 현상을 연구하는 것이다. 즉 생명체 안에서 실재는 오직 행동뿐이다.

왓슨은 물리학, 화학, 생물학과 같은 다른 과학에 상응하여 심리학을 모델링하려 했다. 이 무렵 원자 이론의 발전과 함께 물리학에서 중요한 사건이 일어났다. 그것은 원자폭탄의 발명으로 이어진 아인슈타인의 이론이 아니라, 모든 물질의 가장 기본적인 요소가 원자이며 이 원자들이 다시 분자

---

2) 심리학 연구에서는 환원주의에 대한 문제나 환원론의 형태에 관해 설명하기 위해 N. Hayes의 분석을 따를 것이다; N. Hayes, *Psychology in Perspective*, Macmillan, London, 1995, pp.1~16.

로 결합된다는 이론이었다. 왓슨은 "구성 요소"(mattoni di costruzione)[3]야말로 모든 과학의 발전에 필요하다는 신념에 매료되었다. 결국 왓슨은 자극-반응(S-R)의 연결을 심리학의 기본 단위로 규정했으며, 이로써 "자극"과 "반응" "학습"은 심리학 연구에서 중요한 기초 개념이 되었다.[4]

학습은 주로 경험에 의해 발생하는 과정으로, 개인의 행동 능력에 따라 상대적으로 안정된 변화를 일으킨다.[5] 학습은 매우 다양한 활동과 관련되며, 학습을 통해 능력과 지식뿐만 아니라 태도, 감정, 판단, 가치와 사고방식도 배우게 된다.

행동주의 접근의 장점은 두 가지이다. 첫째, 인격의 발달에 있어서, 본능적인 반응조차도 경험에 의해 실질적으로 변형되거나 억압될 수 있음을 강조한다. 여기서 학습의 중요성이 드러난다. 둘째, 특히 사회적 환경에 만족을 느끼며 적응하는 것에 중점을 둔다.

하지만 개인의 성격이 습관과 욕구의 총합으로 이루어진다고 주장하는 환원주의의 한계가 지적되고 있다. 일부 학자들은 인간을 입력장치(자극)에 의해 정보를 제공하거나 생성

---

3) 〔옮긴이 주〕 "mattoni di costruzione"라고 표현된 이탈리아어는 "벽돌 쌓기"를 의미한다. 이는 과학을 구성하는 "기본 구성 요소" 혹은 "기초 단위"를 비유적으로 표현한 것이며, 모든 과학적 연구와 이해는 이러한 기초 단위에서 시작된다는 개념으로 사용되었다. 왓슨은 심리학에서도 이러한 기초 단위로서 자극과 반응(S-R) 모델을 제안하며, 이를 통해 심리학이 더 과학적이고 객관적으로 연구될 수 있다고 주장했다.

4) Cfr. J.B. Watson, Behaviorism, The University of Chicago Press, Chicago, 1958.

5) Cfr. A. Ronco, *Introduzione alla psicologia II. Conoscenza e apprendimento*, LAS, Roma, 1994, p.119.

하고 출력장치(반응)로 생성된 정보를 표시하거나 출력하는 기계로 간주하기 때문에, 행동주의 모델의 기계론을 주장한다. 또한 일부는 가치관, 태도, 정서적 반응을 포함한 개인행동의 모든 영역이 과거 또는 현재의 환경에 의해 결정되는 것으로 간주하기 때문에, 행동주의 모델을 결정론으로 정의한다. 결과적으로 비난, 존중, 존엄성과 같은 개념은 인간을 이해하는 데 부적합한 것으로 여겨지게 되었다.[6)]

학습 이론에서는 인간 본성을 이해하는 열쇠가 개인이 환경 안에서 어떻게 살아오고 인격이 어떻게 형성되었는지에 있다고 본다. 이러한 이론에 따르면 행동은 대부분 학습을 통해 습득된다. 따라서 행동주의 모델에 따르면, 인간은 반응적인 존재가 되며 인간의 본성은 선하지도 악하지도 않다고 가정한다. 즉 인간은 단지 환경에 의해 작용하고 반응할 뿐이다.

하지만 행동주의 환원론적 접근의 최종 결과는 완전히 정적인 인간 모델을 양산하게 된다. 스키너(Skinner)는 유명한 그의 저서 『자유와 존엄성을 넘어서』(*Beyond Freedom and Dignity*)에서 우리 모두는 환경이라는 체스판 위에 놓인 "말"이기 때문에, 우리가 할 수 있는 최선의 방법은 단지 "체스판의 말"[7)]을 최대한 잘 조종하고 활용하는 것이라고 주장한다.[8)]

---

6) Cfr. G.J. Craig, *Lo sviluppo umano*, Il Mulino, Bologna, 1995, p.45.

7) 〔옮긴이 주〕 여기서 "체스판의 말"은 "환경"을 비유적으로 표현한 것이다.

8) Cfr. B.F. Skinner, *Beyond Freedom and Dignity*, Knopf, New York, 1972.

2) 신경학적 환원론

신경학적 환원론은 유기체인 인간을 기계로 보는 데카르트의 관점에서 영감을 받았다. 이러한 사고는 질병을 기계론적 메커니즘의 고장으로 재해석하였으며, 신체적 질병뿐만 아니라 심리적·사회적 장애가 발생한 경우에도 적용되었다.

신경학적 환원론은 정신분열병(조현병)에 대한 의학적 접근 방식에서 뚜렷하게 드러난다. 정신분열병은 비합리적인 언어 사용과 현실과 동떨어진 비정상적인 생각을 특징으로 하는 장애이다. 정신분열병 환자는 트랜스 상태[9)]에 빠지고 신체가 장기간 경직되는 긴장증[10)]과 같은 이상한 행동을 종종 보인다. 일부 전문가들은 정신분열병 환자의 뇌에 특정 화학 물질이 존재한다는 사실을 근거로, "장애는 화학 물질에 의해 발생한다"라는 가설을 제시하였다.

칼만(Kallman)[11)]은 1946년에 이미 정신분열병의 유전적 요

---

9) 〔옮긴이 주〕 트랜스(trance) 상태는 비정상적인 각성 상태로서, 스스로 자각하지 못하고 외부 자극에 완전히 반응하지 못하는 최면, 가수면 상태 혹은 무아지경으로 번역되기도 한다.

10) 〔옮긴이 주〕 긴장증(catatonic syndrome)은 정신운동 장애와 이상 행동을 보이는 정신병적 상태를 뜻한다. 과거에는 긴장형 정신분열증(긴장형 조현병)으로 분류되었으나, 현대에는 이와는 별개의 질환으로 분류되는 경우가 많다. 참조: 미국정신의학회, 『정신질환의 진단 및 통계 편람 제5판 수정판』(*Diagnostic and Statistical Manual of Mental Disorders*, DSM-V), 권준수 외 옮김, 학지사, 2023.

11) 〔옮긴이 주〕 칼만(Kallmann)은 미국의 유전 의학자로, 특히 쌍둥이 연구를 통해 정신분열병(조현병)과 같은 정신질환의 유전적 요인에 관해 연구하였고, 이 연구는 정신질환의 유전적 경향을 이해하는 데 중요한 기초가 되었다.

인을 입증하는 쌍둥이에 관한 논문을 발표했다. 그러나 1950년대에 베이트슨(Bateson)[12]과 1960년대에 랭(Laing)[13]은 이 접근법에 반대하며 이중구속 이론[14]을 제시했다. 예를 들어 정신분열병에 걸린 한 소녀의 경우, 자신은 영원히 끝나지 않는 테니스 게임에 갇혀 있는 테니스공이라고 믿고 있었다. 가정환경을 분석한 결과, 소녀의 상태는 한쪽에는 어머니와 외할아버지, 다른 쪽에는 아버지와 친할머니가 대립하고 있는 가정 상황을 완벽하게 반영하고 있음을 보여 주었다. 소녀는 두 극 사이를 오가야만 했고, 이로 인해 깊은 고통을 겪고 있었다. 이 과정에서 발생하는 긴장증으로 인해 소녀는 모든 것을 멈추고 아무것도 할 수 없게 되었다.

이러한 주장의 핵심은 정신분열병과 같은 복잡한 현상이 단순히 뇌에서 화학 물질을 추출하는 것으로 설명될 수 없다는 것이다. 화학 물질이 존재하며, 약물을 통해 상태를 조

12) 〔옮긴이 주〕 그레고리 베이트슨(Gregory Bateson)은 이중구속 이론(double bind theory)을 만들어 인간 마음을 생태학적으로 해명했던 현대 영국의 인류학자이자 기호학자이며 인공지능학자이다.

13) 〔옮긴이 주〕 로널드 랭(R.D. Laing)은 오늘날 가장 저명한 정신과 의사이자 정신분열성 성격 장애와 정신분열병(조현병)에 대한 세계적인 연구자이다.

14) 〔옮긴이 주〕 이중구속 이론(double bind theory)은 그레고리 베이트슨(G. Bateson)이 팔로알토 연구소에서 발표한 이론적 개념이다. 한 사람이 서로 모순되는 두 개 이상의 메시지를 받는 감정적 긴장과 혼란의 소통 상황을 겪게 되면, 정신병적 장애나 정신분열병이 이러한 이중구속적인 상황에서 유발될 수 있다고 주장한다. 예를 들어, 부모가 자녀에게 자신의 감정을 표현하라고 말하면서 동시에 자녀의 말을 거부하거나 화를 내는 경우, 또는 자녀에게 "사랑한다"라고 말하면서 동시에 화가 난 표정이나 언행을 보이는 경우이다. 베이트슨은 정신분열병이 가족 간 의사소통 실패에서 비롯된다고 보았기 때문에, 정신분열병 치료는 생물학적 요인에만 국한되지 않고 대인관계와 소통 양식을 고려해야 한다고 제안했다. 참조: 그레고리 베이트슨, 『마음의 생태학』, 박대식 옮김, 책세상, 2006.

절함으로써 증상을 억제할 수 있다는 것은 분명하지만, 화학 물질이 정신분열병의 유일한 원인이라고 주장하는 것은 이 질병의 역학을 이해하는 데 역시 중요한 다른 모든 차원의 설명을 무시하는 셈이 된다.

신경학적 환원론의 진짜 문제는 인간을 부정적인 측면에서만 바라보며, 다른 차원의 설명은 무시한다는 점에 있다. 특정 행동이 뇌의 화학 물질에 의해 "유발된다"라고 주장하는 것은 문제의 한쪽 측면만을 다루는 것이다. 반면 "왜 이 사람은 특정 행동을 발전시키고 다른 행동은 발전시키지 않는가?" "이 사람은 자신의 상황을 어떻게 인식하는가?" 또는 "이 사람의 객관적인 삶의 환경은 어떠한가?"와 같은 질문들 역시 정신적 상황을 이해하는 데 기여할 수 있는 중요한 질문이다. 우리는 사회적 차원과 개인적 차원을 모두 고려해야 한다. 불안정하고 문제 있는 가족 관계를 통해서, 가족 구성원의 특정 장애에 대한 통찰을 얻을 수 있다. 또한 더 중요한 점은 이를 통해 단순한 약물 치료에 의존하는 것이 아니라, 효과적인 도움(예를 들어 가족 치료)을 받을 수 있는 방법을 찾게 해 줄 수 있다는 것이다.

3) 유전적 환원론

심리학의 유전적 환원론은 지능이 유전된다는 생각 등 여러 방식으로 나타났지만, 가장 최근의 발전은 행동의 유전적 측면에 대한 전반적인 확신과 관련된다. 이러한 확신은 동물에 관한 행동학적 연구[15]에 기반하고 있다. 동물계에서 발견되는 패턴을 인간에게 적용하려는 시도는 다윈 시대부터 콘라트 로렌츠(Konrad Lorenz)와 데스몬드 모리스(Desmond Morris)[16]의 연구를 거쳐 오늘날까지 이어지고 있다. 초기 진화론자들이 영장류의 행동 연구에 집중했지만, 동물행동학자들은 대개 새와 물고기와 같은 일부 작은 동물 종에만 집중하였다. 중요한 것은 동물행동학자들의 관심이 보통 공격성, 영역 방어, 제노포비아(Xenophobia)[17]와 같은 동물 행동의 어두운 측면에 초점을 맞추고 있다는 사실이다. 이러한 동물의 행동은 인간에게 적용되어 우리의 통제할 수 없는 불가피한 생물학적 유전적 요소로 설명된다.

이 같은 관점은 최근 연구에서 이타주의에 관한 연구처럼 더욱 긍정적인 면을 보여 주는 것도 사실이지만, 이는 다소 기만적인 형태라 할 수 있다. 즉, 이타주의는 결국 이기적인 행위에 불과하다는 것이다. 한 예로 리처드 도킨스(Richard Dawkins)의 유명한 책 『이기적 유전자』(*The Selfish Gene*)에서도 인간은 본질적으로 이기적이라고 밝히고 있다.

이러한 환원주의의 중요성은 특정 종의 개미의 행동을 이

---

15) 〔옮긴이 주〕 동물행동학(ethology)은 동물학의 한 연구 분야로서, 동물의 행동 패턴과 습성, 진화, 신경과 유전, 학습과 환경 등에 대한 관찰 및 실험, 분석을 통해 동물 행동을 이해하려는 학문이다.

16) 〔옮긴이 주〕 콘라트 로렌츠(Konrad Lorenz, 오스트리아)와 데스몬드 모리스(Desmond Morris, 영국)는 동물 행동의 사회적·생리적·환경적 요소 등을 연구하며 동물행동학 연구에 기여한 대표적인 동물학자, 행동생물학자들로서, 인간 행동을 동물 행동의 맥락에서 이해하려는 시도를 통해 인간의 본질과 사회적 행동을 이해하고자 했다.

17) 〔옮긴이 주〕 제노포비아(Xenophobia)는 이방인을 뜻하는 그리스어 "젠"(ξένος)과 두려움을 의미하는 그리스어 "포비아"(φοβία)의 합성어이다. 즉 낯선 외부 세력에 대한 두려움이나 혐오를 나타내는 용어이다.

해하는 것에 있는 게 아니라, 이러한 관점이 인간 행동에 적용된다는 점에 있다. 하지만 인간 행동을 개인 유전자의 작용으로 축소해 버리려 하는 사회생물학자들은, 인간 행동에 영향을 미치는 보다 넓은 영역과 더 많은 요소를—어떤 경우에는 사람을 이해하는 데 꼭 필요한—무시하는 것이나 다름없다.

그러나 유전적 환원론의 핵심 문제는 유전적 속성이 생물학적으로 결정되어 있기 때문에 피할 수 없다고 주장하며, 인간 행동의 가장 부정적인 특성에 초점을 맞춘다는 사실이다. 평화주의적 행동을 유발하는 다른 좋은 요인들이 있음에도 불구하고, 유전적 환원주의에서는 이상하게도 이러한 요소들을 전혀 검토하지 않는다. 이는 이 이론의 정치적·사회적인 성격을 드러내는 분명한 지표가 되기도 한다. 즉 이러한 사고방식은 개인에 대한 정적인 관점을 제시하고 변화를 위한 어떤 시도도 소용없다고 선언함으로써, 단순히 우리의 부정적인 생물학적 본성을 통제하기 위해 사회적 억압의 다양한 형태를 옹호하고 정당화하는 데 이용될 수 있다.

도킨스는 그의 책 『이기적 유전자』에서 거짓말, 속임수와 같은 인간의 행동은 불가피한 것이라고 주장한다. 이는 의사소통이 이러한 행동을 가능하게 하며 일부 유전자가 이를 활용하여 이득을 얻을 수 있기 때문이다. 그래서 우리는 이 상황을 바꿀 수 없는 것으로 받아들여야 한다고 주장한다.

신경학적·유전적 환원론을 통해 이어진 최종 결과는 행동 장애에 대한 유일한 치료법이 약물 치료나 환자의 격리라는 것이다. 알코올과 약물 중독에 대한 이해도 충분히 변화되었다. 과거에 알코올 중독을 죄로 여겼고, 약물 중독도 범죄로 여겼지만, 오늘날 우리는 이러한 문제를 질병으로 바라본다. 개인은 자신을 단지 피해자로 생각하는 반면, 개인의 책임 의식에 대한 문제는 많이 제기되지 않는다.

4) 사회적 환원론

심리학에는 앞서 언급된 유전적 환원론보다 덜 정치적인 것처럼 보이지만, 사회적 권력과 통제에 관한 문제로부터 주의를 돌리려는 같은 목적을 가지는 사회적 환원론[18]이 있다. 본질적으로 사회적 환원론은 사회에서 일어나는 일을 단순히 인간 개인의 특성으로 설명하려는 시도이다. 하지만 크레크(M. Krech), 크러치필드(R.S. Crutchfield), 발라체이(E.L. Ballachey)[19]는 개인 심리학의 개념을 사회에 적용하는 것은 적합하지 않다고 주장한다. 가장 잘 알려진 예는 인종차별과 사회적 편견이다.

---

18) 〔옮긴이 주〕 사회적 환원주의(Social Reductionism)는 특정 사회적 현상이나 행동을 개인의 특성이나 심리적 요인으로 단순화하여 설명하는 접근방식으로, 개인의 행동과 심리적 요소를 강조하는 데 유용할 수 있지만, 사회 구조를 무시하게 될 위험이 있다. 반면, 사회학적 환원주의(Sociological Reductionism)는 사회적 요인을 강조하지만, 개인의 특성과 행동을 간과하는 경우가 많으므로 사회적 환원주의와는 차이가 있다.

19) 〔옮긴이 주〕 머레이 크레크(Murray Krech), 리처드 크러치필드(Richard S. Crutchfield), 에거턴 발라체이(Egerton L. Ballachey)는 사회 심리학 및 행동 심리학 분야에서 중요한 기여를 한 심리학자들이다. 1962년에 이들의 공동 작업으로 출간된 *Individual in Society*라는 책은 개인의 심리적 특성이 사회적 환경에 의해 형성되고 변화할 수 있음을 보여 주었으며, 사회적 맥락에서 개인의 행동을 이해하는 데 중요한 기여를 했다. Cfr. M. Krech / Richard S. Crutchfield / Egerton Ballachey, *Individual in Society: A Textbook of Social Psychology*, McGraw-Hill, New York, 1962.

테어도어 아도르노(Theodor W. Adorno)[20]는 사람을 완고하고 편협하게 만드는 "권위적 성격"을 통해 편견을 설명하려고 했다. 아도르노는 이러한 사람들이 존재한다는 것을 증명했지만, 이를 통해 사회 안에 존재하는 편견을 설명하지는 못했다. 또 다른 예로는 군중심리를 들 수 있다. 여기서는 대중의 행동을 개인 심리학의 범주를 적용하여 해석하려 한다. 예를 들어 대중의 부정적인 집단행동 현상을 개인의 낮은 수준의 지성이 모여 군중심리[21]를 이룬 결과라고 해석하는 것이다. 하지만 이 모든 설명은 군중의 평화로운 행동에 대해서 아무것도 설명하지 못하며, 사회 구조적인 영향에 대해서는 간과하고 있다. 반면 오늘날 "사회 구조의 부당함"에 대한 주제는 흔히 거론된다.

---

20) 〔옮긴이 주〕 테어도어 루트비히 비젠그룬트 아도르노(Theodor Ludwig Wiesengrund Adorno)는 20세기 프랑크푸르트 학파에 속하며 사회 비판 이론의 1세대를 대표하는 독일의 철학자, 사회학자이다. "권위적 성격"이라는 개념을 도입하여, 사회적 권위와 개인의 심리적 특성 간의 관계를 분석했다. Cfr. W. Theodor Adorno / Else Frenkel-Brunswik / J. Daniel Levison / Nevitt Sanford, *The authoritarian personality*, Verso Books, 2019.

21) 〔옮긴이 주〕 군중심리는 주로 개인이 아닌 집단으로 모여 있을 때, 집단에 동조하거나 자제력을 잃고 쉽게 흥분하거나 행동하는 일시적이고 특수한 심리 상태를 일컫는다. 주로 부정적인 뉘앙스로 쓰인다.

2. 심리학 우월주의[22)]

오늘날 심리학의 행동주의, 신경학적·유전적·사회적 환원론에 반대하여, 인간의 생물학적 현실을 무시하고 모든 병리적 현상을 오로지 "심리-정신적 요인"만으로 설명하려는 "심리학 만능주의"(psychological omnipotence)[23)]의 확산이 매우 우려되고 있다. 심리학자 보니노(S. Bonino)[24)]는 암이나 심장마비와 같은 몇 가지 중병에 대한 접근을 통해 이러한 경향을 잘 설명한다. 심각하고 잠재적으로 치명적인 질병(예를 들어 암)에 걸린 환자는, 실제로 자신의 병과 향후 진행 과정에 대해 자신의 탓으로 돌리는 경우가 종종 있다. 환자는 스트레스에 대응하는 적절한 방어 기제를 마련하여 이를 건강하게 다루지 못하고, 자신의 심리적 문제를 인식하기보다 오히려 부정하고 제거하면서 정신적 고통이 신체적 차원으로 전이되어 병에 걸렸다는 말을 실제로 주위로부터 듣기도 하였다. 이러한 말들 앞에서 환자는 죄책감으로 괴로워하는 무력감에 빠지게 된다. 하지만 이러한 심리학 우월주의는 마

---

22) 〔옮긴이 주〕 심리학의 승리주의(Triumphalism)는 생물학적·병리학적인 요인을 고려하지 않고 특정한 심리학적 이론이나 접근방식이 다른 이론이나 접근방식보다 상대적으로 우월하다고 주장하는 배타적인 태도를 뜻한다. 여기서는 "승리주의"를 "우월주의"로 번역하였다.

23) 〔옮긴이 주〕 여기서는 "심리학적 전능함"(psychological omnipotence)을 "심리학 만능주의"로 번역하였다.

24) 〔옮긴이 주〕 실바나 보니노(Sivana Bonino)는 주로 건강 심리학과 관련된 연구를 수행하며, 심리적 요인이 질병에 미치는 영향을 탐구하였다. 암과 심장병과 같은 중병 환자들을 대상으로 한 연구를 통해, 심리적 요인들이 환자의 고통과 회복 과정에서 중요한 역할을 한다고 강조하면서도, 이러한 요인이 단독으로 작용하지 않음을 분명히 하였다.

음과 몸 사이에서 지속적으로 상호작용하는 인간의 복합적인 현실을 간과하고 있다. 그래서 질병의 원인을 환자의 심리 상태에서만 찾으려고 한다. 하지만 질병은 정신과 육체의 복합적인 상호 과정에서 생기는 것이지, "심리-정신적 요인"의 독립적인 작용만으로는 발생하지 않는다.[25]

질병의 원인과 예후를 "심리-정신적 요인"으로만 환원시키려는 또 다른 예로는 뇌졸중과 파킨슨병이 있다. 두 경우 모두 회복을 위한 동기가 장애를 극복하는 데 중요한 역할을 한다는 심리적 측면이 입증되었지만, 실제 이를 극복할 수 있게 되는 것은 신념과 생각, 뇌, 환경, 행동 사이에 이루어지는 지속적 상호작용의 결과이다. 한 가지 예를 들자면, 뇌는 더 많은 에너지를 제공하며 우리의 신체가 환경에 반응하는 데 영향을 주는 특정 화학 물질을 생성함으로써, 특별히 위협적인 상황에 반응한다. 이렇게 심리적 측면과 뇌의 화학 물질은 실제로 일어나고 있는 과정을 우리가 어떻게 인식하고 해석하는지에 영향을 미치게 될 것이다.

인간의 심리적 힘을 다른 것들보다 우월하다고 과도하게 믿고, 인간을 이해할 수 있는 성공의 유일한 열쇠라고 주장하는 심리학 우월주의 흐름은 저마다 정립된 이론의 역사와 단계를 거쳐 발전하게 된다.

---

25) Cfr. S. Bonino, "L'onnipotenza della psiche", *Psicologia Contemporanea* 26(1999) N ○ 152, pp.26~27.

1) 정신분석학

심리학에서 가장 오래된 체계 중의 하나는, 일반적으로 정신역동 체계로 불리는 "정신분석학"(프로이트)이다.[26] 정신분석학은 "무의식의 충돌"을 인간 문제의 근본 원인으로 여기며 정신의 내적 역동성에 주목한다. 일반적으로 정신역동에 관한 연구는 특히 가장 먼저 체험했던 선(先) 경험이 결정적인 영향을 미친다는 관점에서 인간의 발달을 고려하는 다양한 방식으로 강하게 진화되어 왔다.

프로이트의 혁신은 기존의 전통 심리학과는 다른 생각에서 비롯된다. 그는 인간의 정신을 빙산에 비유했다. 수면 위로 드러나는 작은 부분은 의식의 영역을 나타내고, 수면 아래 있는 거대한 영역은 무의식의 영역을 나타낸다. 인간의 의식적인 욕구와 사고에 강력한 영향을 미치는 생명력과 미지의 힘인 이 무의식의 세계에서 억압된 충동, 욕망, 생각, 감정 등이 발견되었다.[27]

정신분석학의 우월주의는 심층 분석을 통해 자아에 대한 지식을 얻을 수 있다는 확신에 기초하였다. 프로이트의 정신분석학에서는 "인간의 자아 인식"(auto-conoscenza)[28]이 가능

---

[26] 프로이트는 여러 언어로 번역된 그의 저서 『정신분석 입문』에서 정신분석 이론에 대한 가장 포괄적인 설명을 제시하였다. Cfr. S. Freud, *Opere*, Vol 8, Torino, 1972.

[27] Cfr. S. Hall / G. Lindzey, *Teorie della personalità*, Boringhieri, Torino, 1989, p.50.

[28] 〔옮긴이 주〕 이탈리아어 "auto-conoscenza"는 영어로 "self-awareness"(자기인식) 또는 "self-recognition"(자아 인식)으로 번역된다. 여기서는 "자아 인식"으로 번역하였다.

한가?"라는 질문을 던진다. 우선 이에 대한 분명한 대답은 긍정적으로 보인다. 왜냐하면 체험에 대한 정신분석을 해 보면 자신의 정서적 삶에 대한 지식을 얻을 수 있기 때문이다. 더욱이 정신분석학은 인격의 발달 과정, 정신질환, 예술의 본성, 죄의식의 기원, 심지어 종교심까지 포함하는 거의 모든 인간의 정신적 실재에 대한 인과적 설명을 제공한다고 주장하였다.

자아의 탐구는 처음에는 잃어버린 삶의 역사를 회복하기 위한 강력한 수단으로 보이지만, 정신분석학 또한 환원주의의 함정에 빠지고 만다. 이 환원주의는 인간 행동을 무의식의 역동성으로 환원하여 설명할 수 있다는 믿음을 기반으로 하여, 이로 인해 정신분석에 대한 기계론적 이미지를 갖게 만든다. 특히 문제가 되는 지점은 인간 본능(욕망이나 욕구)의 인간학적 구조를 바라보는 관점이다. 인간학적 구조에 대한 전통적 관점에서는 신체와 정신, 경험과 행동, 인식과 감정이 하나의 통합체를 이룬다. 반면 정신분석적 개념에서는 인간의 행동이 단일한 목적을 따르지 않으며, 정신적 삶은 정확한 목표를 지향하지 않는다. 따라서 프로이트는 신체 움직임의 표출을 단지 모순되는 다양한 의도("무의식적 욕망")에 의해 촉발되는 피상적 현상으로 여기며, 이러한 모순된 욕망과 의도가 누적되어 신경증적 갈등을 일으킬 수 있다고 본다. 이렇게 모든 인간이 어느 정도 신경증적 갈등을 겪고 있다고 보기 때문에, 정신분석학의 인간학적 관점에서는 인간을 근본적으로 내적 충돌과 갈등 속에 살아가는 존재로 정의한다.[29]

무의식의 갈등 속에서 불안한 존재로 살아가는 인간은 자아의 억압에서 벗어나기 위한 피난처로 나르시시즘(narcissism, 자기애)에 빠지기도 한다. 자기 숭배에 빠진 자기애적 신념은 다양하게 나타난다. 예를 들어, 다이어트나 다양한 신체운동 및 비과학적인 이색 치료법(exotic care)[30]을 통해 몸을 숭배하기도 한다. 또한 영적 지도자와 같은 다양한 안내자의 도움으로 관계에 대해 지속적으로 분석을 시도하거나, 전문적이거나 비전문적인 심리치료 분야나 종교적 치유 방식을 통해 자아를 개선하려고 노력한다.[31] 일부 자기 숭배의 방식은 많은 화장품 광고에서처럼, 과학적 신뢰성을 무기로 위장되기도 한다. 그러나 여전히 이와는 상반되는 입장도 존재한다. 즉 대개는 전인격의 치유를 목표로 하는 대체 치료법을 모색하고 있다(홀리스틱 접근법[32]).

---

29) Cfr. A, Schopf, *Sigmund Freud und die Philosophie der Gegenwart*, Königshausen & Neumann, Würzburg, 1998, pp.139~140.

30) 〔옮긴이 주〕 일반적으로 전통 의학의 접근과는 다른, 대체적인 치료 방법을 가리킨다. 예를 들어 자연 요법, 대체 의학, 또는 특정 문화나 지역에서 유래한 독특한 치료 관행을 의미한다.

31) 심리치료의 다양한 전망을 제시하는 수많은 책 가운데 여기서는 중요한 몇 가지만 다뤄볼 것이다: D. Friedman / E. Lambert(a cura di), *Thérapies de l'âme. L'inflation du psychologisme*, Autrement, Paris, 1989; J. Murphy, *Il potere del subconscio. I segreti dell'armonia, della salute e della felicità*, Mediterranee, Roma, 1992.

32) 〔옮긴이 주〕 홀리스틱(holistic) 접근법은 개인의 신체, 마음, 정서, 영혼, 상황 등을 부분이 아닌 전체로 이해하고 다루는 접근방식이다. 전체를 이루는 각 요소의 상호 연관성과 유기적 관계를 통합적으로 바라보는 전인적 접근방식이다.

2) 인본주의 심리학

인본주의 심리학은 1960년대 초에 등장한 심리학의 한 분야로 프로이트의 정신분석학에 대한 반발로 발전하여, 인간의 동기와 행동을 보다 긍정적이고 창의적인 관점에서 이해하고자 했다. 이 심리학에서는 인간이 가지고 있는 긍정적 잠재력과 자아실현의 동기를 중시한다.

인본주의 심리학은 매슬로우(Abraham Maslow)[33]에 의해 "제3세력"의 심리학으로 불렸다. 수년에 걸쳐 급속도로 확장된 초기 인본주의 심리학의 기본 내용은 원래는 순수하게 과학적이고 이론적인 성격을 띠었다. 이 "제3세력"은 정신분석학(프로이트, 제1 세력)이나 행동주의 심리학(스키너, 제2 세력)과 마찬가지로, 다른 어떤 학파도 인격을 건강하고 창의적인 관점에서 이해하지 못한다고 확신했다. 그러나 인본주의 심리학은 인격이 현대 정신분석학에서 가르치는 것처럼 항상성(homeostasis)[34]을 위한 삶의 목적이나 가치를 추구하는 것이 아니라, 자아실현(에리히 프롬, 카렌 호니)과 자기실현(카렌 골드스타인, 아브라함 매슬로우)을 추구한다고 주장했다.[35]

---

33) 〔옮긴이 주〕 인본주의 이론의 대표적인 학자와 이론은 칼 로저스(Carl Rogers)의 현상학 이론과 매슬로우의 욕구 단계 이론이 있다.

34) 〔옮긴이 주〕 항상성(homeostasis)은 그리스어 "ὁμός"(homos, "같은")와 "στάσις"(stasis, "상태")에서 유래한 생물학적 용어로, 생물체가 외부 환경의 변화와 관계없이 내부의 물리적·화학적 환경을 일정하게 유지하려는 능력을 의미한다(예를 들어, 체온, 수분 균형 유지 등).

35) 〔옮긴이 주〕 심리학에서 자아실현(Self-realization)과 자기실현(Self-actualization)은 두 개념 모두 인간의 성장과 잠재력 실현을 포함하지만, 그 접근방식과 이론적 배경이 다르다. 에리히 프롬(E. Fromm)과 카렌 호니(K.

인본주의 심리학자들은 성인의 행동이 과거 체험의 불가피한 산물이라는 프로이트의 전제를 거부하며, 더 나아가 인격은 성인기에도 변할 수 있다는 긍정적인 믿음을 갖고 있다. 자아실현 이론에 따르면 정체성의 구성 요소는, 본질적으로 우리의 고유한 잠재력과 성장 과정에서 직면하는 장애물에 대응하는 다양한 방식이라는 두 가지 원천에서 나온다.

인본주의 심리학의 기본 개념은 자아실현(혹은 자기실현)이다. 이는 개인 안에서 타고난 신체적·정신적·사회적인 모든 잠재력의 자유로운 발전과 확장을 다룬다. 매슬로우에 따르면, 자기실현은 욕구 단계의 최고점에 위치하며 이는 하위 등급의 모든 욕구가 만족된 이후에만 이루어진다.

그러므로 자기실현의 경향은 자신이 될 수 있는 것, 더 간단히 말해 자신이 될 수 있는 존재 혹은 되어야 하는 존재보다 항상 더 그 이상의 모습이 되길 원하는 욕구를 뜻한다.[36] 따라서 인간의 본성은 근본적으로 긍정적이고 건설적이며, 이성적으로 자아 인식을 할 수 있는 능력이 있다고 보아야 한다. 본성적으로 선한 인간은 궁극적으로 항상 선을 지향한다. 그러나 자아실현을 향한 이 내적 힘이 방해받을 때, 정

Horney)의 이론에 따르면, 자아실현은 인간이 자신의 본질적인 자아를 이해하고 그것을 표현하며 자신의 가치를 실현하는 과정이다. 이는 개인의 자아를 통합하고 강화하는 것을 중시한다. 카렌 골드스타인(K. Goldstein)과 아브라함 매슬로우(A. Maslow)의 이론에 따르면, 자기실현은 인간이 자신의 잠재력을 최대한으로 발휘하고 자신의 능력과 가능성을 완전히 실현하는 과정이다. 이는 인간의 욕구를 계층적으로 설명하며, 자기실현을 욕구 계층의 최상위 단계로 강조한다.

[36] Cfr. A.H. Maslow, *Motivazione e personalità*, Armando, Roma, 1992, pp. 98~99.

신생활의 발전에 문제가 일어난다. 이러한 "긍정적 성향"은 이해와 수용의 태도를 가진 사람들을 많이 만날수록 더욱 분명하게 나타난다. 그래서 인격이 통합되지 못하는 원인은 바람직하지 못한 인간 환경에서 찾을 수 있다.

그러므로 이 이론에서는 개인의 내적 갈등과 자신을 능가하는(초월하는) 가치 때문에 행하는 도덕적 노력에 대해서는 충분히 고려되지 않는다. 즉, 이 이론은 인간이 항상 가치를 창조하는 것이 아니라, 가치를 "식별"하도록 부르심 받았다는 사실을 간과하고 있다. 인본주의 심리학은 초월성을 부정하는 유물론적 행동주의 입장에 대한 비판에서 시작하고 발전했다. 또한 인본주의 심리학은 인간의 내재적 가치를 인식함으로써, 비록 제한적이고 축소적인 시각이지만 인간 스스로 "구원"을 이룰 수 있다고 믿는다. 그러나 궁극적인 목표인 자아실현에서 멈춰 버리고 사랑 안에서 자신의 희생을 요구하는 객관적인 가치와 하느님을 향해 우리 자신을 초월할 수 없다면, 비록 인본주의 심리학이 필요한 것이라 하더라도 초월적인 하느님 사랑의 부르심을 수용하는 데 방해가 될 것이다.[37]

인본주의 심리학의 우월주의는 종종 행복의 동의어로 쓰이는 개념인 "자아실현"에 대한 확신에서 나온다. 물론 이론적 차원에서는 인간의 자유와 존엄성 개념을 회복하였다. 하지만 다른 측면에선 교육학자 브레진카(W. Brezinka)[38]가

---

37) F. Imoda, "Maturità umana e vocazione", in *La Civiltà Cattolica* 131 (1980), pp.467~473.

38) 〔옮긴이 주〕 볼프강 브레진카(Wolfgang Brezinka)는 독일의 교육학자로 교

잘 보여 주듯이, 인격의 성장과 자아실현은 교육의 목표가 될 수 없다. 첫째, 인격 발달과 자아실현은 교육의 결과물이 아니라 과정을 의미한다. 둘째, 인격의 발달과 성장 과정은 규범적 가치가 지향하는 것과는 무관한 다양한 행동을 동반할 수 있다. 하지만 교육의 목표는 그 결과물로서 특정한 성향과 태도를 갖추는 것이며, 이는 사회·문화적 환경과 연결된다.

1948년에 유엔(United Nations, 이하 UN)은 교육의 목표가 인간 인격의 완전한 실현이라고 선언했다.[39] 하지만 이 문구에는 다소 문제가 있다. 즉 인간 내부의 모든 것을 실현하거나 발전시키는 것은 합리적이지 않다. 교육의 목적은 개인의 특정 자질을 평가하고 선택하는 것을 전제로 한다. 각 선택은 하나의 가능성을 채택하며, 다른 가능성은 더 이상 실현될 수 없게 된다. 하지만 자아실현은 개인이 자의적으로 선택한 모든 자질을 발전시키려 하기 때문에, 이러한 자의성은 큰 문제를 일으킨다. 즉 개인의 의견을 과대평가하고, 동시에 분석에 요구되는 복잡한 인식 과정은 평가절하된다. 따라서 자아실현은 개인의 주장을 삶의 사적인 상황이나 공적인 상황을 평가하는 유일한 기준으로 삼는다.

요컨대, 자아실현은 사회의 가치, 규범, 한계를 더 이상 인

육의 이론적 기반, 교육과 사회의 관계, 교육 시스템의 구조, 교육 정책에 관한 연구에 이바지하였다.

39) 〔옮긴이 주〕 1948년 12월 10일 파리에서 열린 제3회 유엔 총회에서 채택된 인권에 관한 세계 선언문(Universal Declaration of Human Rights, UDHR) 제26조 2항은 "교육은 인격의 완전한 발전과 인권과 기본적 자유에 대한 존중의 강화를 목표로 한다"라고 선언한다.

식하지 못하는 특정 개인주의로 이어진다고 말할 수 있다. 청소년기에는 교육을 통해 보편적인 규범과 가치를 배우게 된다. 이는 자신의 자질을 발견하고 발전시켜, 자신을 실현할 수 있게 하는 틀을 형성한다. 규범은 청소년에게 자신의 한계를 보게 해 주지만, 사회에서 자아를 실현할 수 있는 가능성도 제시한다. 즉 자아실현은 보편 가치의 테두리 안에서 가능하다고 할 수 있다. 그러나 진정한 자아실현은 자의적인 자아실현이 아니라, 규범과 가치를 고려하고 존중하는 책임 있는 자아실현이 되어야 한다.[40]

3) 초개인 심리학(Transpersonal Psychology)

초개인 심리학[41]은 비일상적·신비적 또는 "초개인적" 의식 상태의 인식, 이해와 실현을 다루고, 초개인적(자아초월적) 실현에 장애가 되는 심리적 조건을 직간접적으로 연구한다. 따라서 이 심리학의 관심사는 특정 영적 전통들의 관심사에 매우 가깝고, 실제로 수많은 초개인 심리학자들은 심리학을 영적인 탐구와 통합하는 것을 목표로 심리학과 영성의 근본 토대가 되는 "개념 구조"를 연구한다.[42]

---

40) Cfr. W. Brezinka, *Glaube, Moral und Erziehung*, Ernst Reinhardt Verlag, München/Basel, 1992, p.35.

41) 〔옮긴이 주〕 초개인 심리학(Transpersonal Psychology)은 자아를 넘어서는 다양한 심리적·영적 경험을 연구하고, 이와 관련된 심리적 조건과 장벽을 분석하는 심리학의 한 분야이다. 개인이 자아를 초월하여 더 높은 의식 상태를 경험하는 것을 연구하며, 영적 연구와 심리학을 통합하려고 한다. 초개아 심리학 또는 자아초월 심리학이라 부르기도 한다.

42) Cfr. M. Ferguson, *Die sanfte Verschwörung. Personliche und Gesellschaftliche*

이 새로운 심리학은 인간 유기체를 신체적·심리적 측면이 상호 의존적인 통합된 총체로 본다. 계통생물학(Systematic Biology)[43]의 발전과 더불어, 심리학의 초점은 과거 심리적 구조를 연구하는 것에서, 오늘날 그 구조의 기초 프로세스(진화 및 발생 과정)를 연구하는 것으로 옮겨 가고 있다. 계통이론가들은 인간 정신을 자기조직화(self-organization)[44] 현상과 같이 그 안에 다양한 기능이 스스로 복잡하게 상호작용하는 하나의 역동적 시스템으로 간주한다. 자아초월 경험은 유기체의 통상적인 경계를 넘어서는 의식의 확장과 더불어 그에 따른 더 넓은 정체성을 갖게 한다. 다시 말해서, 개인의 의식은 뇌의 생리적 장치에 의존하기보다 보편의식(Universal Consciousness)[45]의 일부로 참여한다고 볼 수 있다.

그로프(Grof)[46]는 환각적 경험에 대한 광범위한 연구를 통

Transformation im Zeitalter des Wassermanns, Sphinx, Basel, 1980.

43) [옮긴이 주] 계통생물학(Systematic Biology)은 생물의 분류와 계통을 연구하는 생물학의 한 분야로, 생물 종의 계통과 관계, 진화적 역사를 통해 생물의 진화적 연관성을 규명하고 체계화하는 데 중점을 둔다.

44) [옮긴이 주] 자기조작화(self-organization)란 불균형 상태에 있는 시스템이, 외부와 관련 없이 시스템 안에 있는 수많은 구성 요소의 복잡한 상호작용을 통해 조직화된 질서를 스스로 만들어 내는 현상을 말한다.

45) [옮긴이 주] 칼 융(Carl Jung)은 전체 자아(의식과 무의식)를 형성하는 심리적 중심으로서, 개인의 경험을 넘어 인류가 공통으로 가지고 있는 무의식의 심리적 구조와 이미지(예를 들어, 어머니, 영웅 등)인 자기 원형(Self Archetype)과 집단 무의식(Collective Unconscious)을 제시하였다.

보편의식(Universal Consciousness)은 융이 제시한 자기 원형, 집단적 무의식과 관련 있으며, 개별적인 자아나 개인의 한계를 초월하여 모든 존재와 연결되어 더 넓은 존재의 일체감을 경험하는 우주적·집단적인 차원의 통합적 의식으로 이해될 수 있다. 자기 원형을 통해 자신의 내부 갈등과 이질적인 부분을 통합하면, 개인은 보편의식 상태의 깊은 연결을 경험할 수 있다. 초개인 심리학에서는 인간 경험의 새로운 차원인 보편의식에 접근하는 것을 개인의 심리적·영적 성장의 중요한 부분으로 본다.

해서, LSD(환각제)가 깊은 무의식 안에 있는 다양한 요소들을 의식의 표면으로 드러내는 정신 과정에 적용하기에는 부적절한 촉매제(또는 기폭제)라는 확신을 갖는다. 수년간에 걸쳐 진행된 이런 종류의 정밀한 관찰을 바탕으로, 그로프는 환각물질을 사용하지 않고 정신 현상에 관한 체계를 보여 주는 "무의식 지도"[47]를 완성하였다.[48] 그로프의 "무의식 지도"는 세 가지 정신 영역을 담고 있다. 첫째는 한 사람의 과거와 현재의 삶에서 겪는 체험과 관련된 정신역동의 영역이다. 둘째는 출산 전후 과정에서 겪는 자궁 내 생활과 주산기(혹은 태아기) 기억의 영역이다. 마지막으로 개인적인 한계를 초월하는 초개인적 의식 수준의 영역이다.

---

46) 〔옮긴이 주〕 그로프(Stanislav Grof)는 미국 심리학자이자 정신과 의사이며 자아초월 심리학의 창시자 중 한 명이다. 그로프는 금지된 환각물질(LSD)에 대한 대안으로 홀로트로픽(holotrophic, 혹은 전체론적 의식 상태) 기술을 개발한다. 이 방법은 인간의 혈액에서 이산화탄소를 제거하고, 뇌가 의식의 변화된 상태로 반응하는 산소 결핍 상황을 만들어 무의식이 활성화되는 동시에 억압된 경험이 환각의 형태로 수면 위로 떠오르게 유도한다. 하지만 이 기술은 저산소증으로 인해 뇌세포의 파괴를 유발하는 위험이 있다는 비판을 받는다. 자아초월 심리학은 철학, 심리학, 종교 가르침, 사회학 및 기타 과학 원리를 적용하지만, 대부분의 과학 공동체는 그것이 과학적 근거와 효과가 극히 의심스럽다고 믿기에 자아초월 심리학을 인정하지 않는다. 참조: 스타니슬라프 그로프, 『초월의식』, 유기천 옮김, 정신세계사, 2018.

47) 〔옮긴이 주〕 그로프는 인간이 출생 기간을 모두 기억한다고 밝히고, "무의식 지도의 제작"을 통해 세 가지 의식 수준(전기, 주산기, 자아초월)을 확인하였다. 1) 프로이트의 개인 무의식 및 전기 무의식(출생 순간의 기억), 2) 주산기(태아기) 무의식. 주산기 무의식은 개인 무의식과 자아초월 무의식 사이의 연결 다리이며 상징과 죽음 등의 구체적인 경험으로 가득 차 있다. 3) 자아초월(초개인적) 무의식(융의 원형 또는 집단 무의식을 포함한다). 참조: 스타니슬라프 그로프, 같은 책.

48) Cfr. S. Grof / H.Z. Bennett, *Die Welt der Psyche, Neue Erkentnisse aus Psychologie und Bewusstseinsforschung*, Kösel, München, 1993.

인간 조건의 실존적 딜레마를 극복하는 유일한 방법은, 궁극적으로 더 넓은 우주적 맥락에서 자신의 존재를 경험하여 초월하는 것이다. 이는 그로프의 "무의식 지도"의 세 번째 영역인 초개인적 영역(자아초월 영역)에서 달성된다. 특히 초개인적 체험은, 합리적 사고와 과학적 분석의 틀 안에서 매우 다루기 어려웠던 것으로 악명 높은 소위 초자연적 정신 현상을 포함할 수 있다. 제한 없는 보편의식에 대한 "자유로운 길"을 열게 되면서, 이런 시도는 드디어 비현실적 환상의 세계와 접촉할 수 있게 해 주었다. 이제 출산 전후의 태아기 기억에서부터 환생, 망자들과의 소통, 미래에 대한 예지에 이르기까지 모든 것이 가능해진 것이다.

이런 점은 뉴에이지(New Age)[49]와 맞닿게 된다. 과연 뉴에이지는 어떤 심리학의 영향을 받아 생겨났을까? 뉴에이지는 "교리의 창시자들" 중에 헉슬리(A. Huxley), 칼 융(C.G. Jung), 레싱(G. Lessing), 윌리엄 제임스(W. James)와 같은 유명한 사상가와 심리학자들이 매우 많다는 것을 자랑으로 삼는다. 어떤

[49] 〔옮긴이 주〕 뉴에이지(New Age)는 비교(esoteric, 비밀 교리)와 신비주의(occult), 신화와 마법이 결합하여 그리스도교와 혼합된 것으로, 종교는 아니지만 종교적 색채를 지니고 철학은 아니지만 인간과 세상에 대한 비전을 갖고 있으며, 과학도 아니지만 과학의 법칙을 사용한다. 창시자도 없고 그 힘의 원천이나 복음서, 그리고 교리도 갖고 있지 않다. 이는 넓은 의미에서 하나의 "영성"이지만, 하느님과 은총을 알지 못하는 영성이다. 이런 "뉴에이지 영성"의 독특한 특징 중에는 무엇보다 신의 초월성 대신 신의 내재성에 방점을 두는 것이 주목된다. 뉴에이지 신봉자들은 신은 현존하며 또한 자연, 사랑, 성(sex), 약물과 마법 같은 다양한 매개체들을 통해서 인간의 의식 안으로 들어올 수 있다고 주장한다. Cfr. G. Danneels, "New Age and Incarnation", *Priest and People* 7(1993), pp.455~459; R. Woods, "What is New Age Spirituality?", *The Way* 33(1993), pp.176~188.

이들은 마이스터 에크하르트(Meister Eckhart)와 피에르 테이야르 드 샤르댕(Teilhard de Chardin)을 뉴에이지의 선구자로 보기도 한다. 여기서 우리는 가장 최근의 심리학적 뿌리만을 검토하고자 한다. 이 심리학적 뿌리는 정신분석 분야의 노선과 거의 직접적으로 맞닿아 있다. 즉 무의식에 기반하는 프로이트의 이론을 토대로, 원형 이론(archetype)과 함께 집단 무의식(collective unconciousness)에 기반하는 칼 융의 이론은 "의식"에 대한 재해석을 위한 길을 열어 주였다. 매슬로우(A. Maslow)의 인본주의 심리학과 "절정 체험"(peak-experience)의 발견은 체험의 지평을 넓혀주었다. 그로프(S. Grof)의 초개인 심리학(Transpersonal psychology)은 보편의식(universal consciousness) 개념의 시작을 알렸다.

초개인 심리학의 우월주의는 아무도 스스로를 구원할 수 없다는 사실을 망각한 채, 구원을 자신이 결정할 수 있다는 환상에 빠지게 한다. 초개인 심리학은 인간을 완전히 홀로 남겨 둔다. 우리 각자는 최선의 방식으로 세상을 더 좋게 만들고 자신의 구원자가 되는 법을 스스로 찾아야 한다. 하지만 자신으로부터 도피할 목적으로 시작했던 긴 여정 끝에, 결국 다시 스스로를 구원해야 하는 출발점으로 돌아오게 된다.[50)]

---

50) 〔옮긴이 주〕 그리스도교에 따르면 원죄의 결과로 우리는 스스로 선을 열망하고 행할 능력이 없다. 그렇기 때문에 우리는 구원을 필요로 한다. 인간 의식에 대한 그 어떤 수많은 연구도 인간 스스로를 구원하지 못한다. 우리의 유일한 구원은, "우리를 위하여 우리 구원을 위하여" 세상에 강생하시고 육화하신 그리스도를 믿는 신앙뿐이다. 우리는 "인간과 그 구원을 위해 하늘에서 내려오신" 분, 즉 우리 자신이 아닌 또 다른 분에 의해 무상으로 구원받았다.

4) 환경 심리학(Environmental psychology)[51]

인간의 완전한 자유를 맹신하는 또 다른 표현 중의 하나는, 재앙적인 미래를 극단적으로 예언하고 경고하는 환경운동을 들 수 있다. 환경운동가들이 주장하는 핵심은 우리가 환경에 대해 저지른 잘못을 벌하는 외부의 힘이 존재하는 것이 아니라 다만 환경 문제는 인간의 행동에 따른 단순한 인과관계에 의해 발생하므로, 이러한 문제를 해결하기 위해서는 오직 우리의 책임과 행동이 중요하다는 것이다. 우리가 물을 끝까지 다 마시면 컵은 비게 될 것이다. 우리가 지구 오존층을 파괴하고 있기 때문에 인류는 곧 사라질 위기에 처해 있다. 우리는 지구라는 우주 왕복선을 타고 있는 나쁘고 위험한 여행자이며 우리의 어리석음이 우리의 재앙이 될 것이다.

오해를 피하고자 말하자면, 환경주의적 사고 자체는 긍정적이다. 왜냐하면 이는 현대인의 영혼에서 우러나오는 자연스러운 외침이기 때문이다. 우리는 더 많은 것을 요구하지만, 어디서 찾을지 모른다. 생태학(Ecology)은 자연 과학의 기술적이고 이론적인 측면을 조화롭고 융통성 있게 완화하여, 인간 중심의 사회적·윤리적 가치와 목표에 맞게 조정하면서도(과학의 인간화), 동시에 과학이 지구의 유기적 시스템과 조

51) 〔옮긴이 주〕 외부 환경(자연적·사회적 학습 환경 등)과 인간의 관계와 심리적 상호작용을 연구하는 심리학의 분야이다. 인간 행동이 환경과 어떻게 작용하며 환경을 어떻게 변화시키는지, 반대로 환경이 인간의 심리와 행동에 어떤 영향을 미치는지 연구한다.

화를 이루는 방향으로 이끌어 가고자 한다.[52)]

환경 심리학의 우월주의는 우리가 음식, 의복, 자연 자원 없이 살 수 없으므로 종종 자연의 희생자가 될 수 있다는 사실을 망각한 채, 우리가 자연을 지배하는 주인이라고 착각하는 데 있다. 생존에는 또한 치러야 할 대가가 따른다. 비록 생태적 사고가 다양한 측면에서 중요하고 또한 인간의 심리적 측면과 형이상학적 관점을 담고 있으며 종교적 신념의 대체물로 여겨질 수도 있겠지만, 그것만으로 충분하지 않다. 환경운동가는 환경 보호 활동을 통해 내적인 평화를 얻고, 이를 통해 자신의 활동에 더 큰 열정을 가지게 되지만, 그의 모든 행동은 본질적으로 실천적일 뿐 초월적 차원이 담겨 있지 않다. 이는 "재앙적 종교"(una religione di catastrofe)[53)]라 할 수 있다. 우리가 할 수 있는 것은 이미 발생한 피해를 수습하는 것뿐, 더 높은 수준의 희망이나 해결책을 기대할 수 없게 된다. 또한 "신록(新綠)의 낙원"[54)]에서도 기계적으로 결

52) 이는 생태학이 과학을 단순히 기술적 도구로 보는 것을 넘어서 과학을 인간의 가치와 필요에 맞게 조종하면서, 또한 동시에 과학이 자연의 복잡한 생태적 시스템과 협력하는(지구의 건강을 고려하여 인간 활동이 자연에 미치는 영향을 최소화하면서) 지속 가능한 방식으로 발전하도록 유도한다는 것을 뜻한다. 즉 생태학은 인간과 자연의 관계를 더욱 조화롭게 만들기 위해, 인간과 자연의 상호작용을 고려하여 과학을 보다 포괄적이고 윤리적인 방향으로 조종하고 변형시키려 한다.

53) 〔옮긴이 주〕 여기서 "종교"는 비유적으로 사용되었으며, 깊은 신념이나 강한 이념을 나타낸다. 즉 "재앙적 종교"라는 표현은 환경운동(환경주의)이나 생태적 사고가 지구의 심각한 환경 문제나 위기를 해결하기 위해 노력하는 반면 그 자체로는 더 높은 수준의 희망이나 해결을 제공하기 어렵기 때문에, 환경 문제 해결을 넘어서 절망적이고 비극적인 미래를 강조하는 "재앙적 신념 체계"로 작용할 수 있다는 뜻으로 해석된다.

54) 〔옮긴이 주〕 환경운동이 목표로 하는 이상적인 환경을 비유적으로 표현하고

정된 세상의 암울한 자화상만이 남게 될 것이다.[55]

3. 결과와 전망

우리는 앞선 내용을 통해 심리학의 환원주의, 우월주의의 결과에 대해서 뿐 아니라, 인간의 존엄적 위상을 다시 찾을 수 있는 전망에 대해 질문하게 된다. 심리학적 환원론의 첫 번째 결과는 자아의 평가절하이다. 과학의 효율성은 우리에게 보이지 않는 것까지 포함하여 모든 것을 이해할 수 있다고 느끼게 한다. 그 결과, 우리에게 과학이 전지전능하다는 환상을 준다. 게다가 과학은 우리의 능력에 대한 엄청난 신뢰를 제공한다. 다시 말하면, 모든 문제는 언젠가 해결책을 찾을 수 있다고 믿는다(예를 들어, 모든 질병은 치료될 것이고, 노화과정도 멈출 것이다).

과학은 효용성이 있지만, 우리가 어떻게 살아야 하는지에 대해 아무것도 말해 주지 않는다. 과학은 항상 종교나 신앙, 도덕의 역할에 대해 말하는 것을 철저히 피해 왔다. 이러한 결핍의 결과로 나타나는 증상은 무기력, 염세주의, 회의주의, 절망이다. 20세기의 예술과 문학은 논의할 가치 있는 "위대한" 것이 더 이상 없으며, 더 깊은 의미를 탐구할 만한 것이 없다는 사실을 증명해 준다.

있다.

55) Cfr. B. Appleyard, *Der halbierte Mensch*, *cit.*, pp.192~193.

브라이언 애플리야드(B. Appleyard)[56]는 그의 책에서 이와 같은 예를 보여 준다. 저자는 이슬람 세계를 모욕하여 사형 선고를 받은 살만 루슈디(Salman Rushdie) 사건[57]에 대한 일화를 이야기해 준다. 어느 날 로마 교황청 주재 이란 대사에게 루홀라 호메이니(Ayatollah Khomeini)가 루슈디를 사형에 처한 이유를 묻자, 그는 오히려 "이런 태도가 왜 그렇게 이상하다고 생각하십니까?"라고 반문했다.[58]

이 일화는 모든 것이 허용되는 우리 사회의 자유주의적 태도에 관한 것이다. 왜냐하면 대사의 반문 속에는, 관용을 분노와 복수보다 더 큰 미덕이나 가치로 여기는 이유에 대해 답하기 어렵거나 불편해하는 심기가 담겨 있기 때문이다. 관용에 대한 문제는 모든 종교가 고백하는 "진리에 대한 앎이나 무지"와 관련된다. 자유주의자들은 사적 진리[59]만을 따르기 때문에, 종교적 진리를 위해 자신을 희생할 준비가

---

56) 〔옮긴이 주〕 브라이언 애플리야드(Brian Appleyard)는 인간 존재의 의미와 가치에 대한 통찰로 주로 사회와 문화에 관한 비판적 시각의 글을 쓰는 작가이자 언론인이다.

57) 〔옮긴이 주〕 살만 루슈디(Salman Rushdie)는 인도 출신의 영국 소설가로, 1988년 9월 26일 영국에서 출판된 그의 소설 『악마의 시』(*The Satanic Verses*)는 무함마드에 대한 불경스럽고 풍자적인 묘사로 이슬람권에서 논란을 불러일으켰다. 1989년 2월 14일 강력한 이슬람 근본주의자이자 이란의 최고 지도자인 세예드 루홀라 무사비 호메이니(Ayatollah Khomeini)가 이 책을 금서로 규정했다. 또한 호메이니는 루슈디를 배교자로 선언하여 코란에 의해 사형을 선고했으며, 이는 종교적 자유와 표현의 자유를 둘러싸고 국제 사회에서 큰 논란을 일으켰다. 루슈디는 그로부터 약 10년 가까이 영국의 보호 아래 숨어 살았다.

58) Cfr. B. Appleyard, *Der halbierte Mensch*, *cit.*, pp.31~32.

59) 〔옮긴이 주〕 여기서 "사적 진리"란 보편 진리와 구별되는, 개인적으로 중요하게 믿는 "개인적 신념"이나 "주관적 경험"을 뜻한다.

되어 있지 않다.

관용 자체는 진리도 목표도 아니기 때문에, 사적 진리를 따르는 관용은 연쇄반응처럼 무관심으로 이어질 수 있다. 따라서 관용적인 사회가 도리어 자신과 타인의 정체성이나 존재의 의미를 쉽게 상실해 버리는 사회로 변질될 수도 있다. 민주주의 사회에서 교육제도가 맞이하고 있는 지속적인 위기는, 어떤 가치를 가르쳐야 하는지에 대해서 근본적으로 불안하고 혼란스럽다는 것이다.

문제의 핵심은 자의식[60]의 결여이다. 자유주의가 윤리성과 초월성에 대한 판단을 유보하는 것처럼, 자유주의 세상에서는 개인에게 존엄성을 부여하려 하지 않는다. 마치 과학이란 지도에서 우리는 우리 자신을 제외한 모든 것을 찾을 수 있는 것처럼 말이다. 과학의 문제는 인간이 특권이나 특정한 지위를 갖고 있다고 말하지 않는 것이다. 즉 과학 안에서 확실한 것은 아무것도 없으며, 우리는 영원히 세상과 사물 안에 섞여 있을 뿐이다. 철학자 루트비히 비트겐슈타인(Ludwig Wittgenstein)은 그의 저서에서 "우리가 모든 가능한 과학적 질문에 답을 하더라도, 우리 삶의 본질적인 문제는 여전히 해결되지 않은 채 그대로 남아 있다고 느낀다"라고 기술하였다.

불행히도 우리는 우리의 지식을 무시할 수 없으며, 눈을

60) 〔옮긴이 주〕 개인이 자기 존재의 의미, 정체성, 개인적 가치, 삶의 목표를 스스로 이해하고 느끼는 감각이나 의식을 뜻한다.

갖고 과학의 결과가 우리에게 아무런 영향을 미치지 않는다고 말할 수 없다. 우리는 모두 "삶의 의미는 무엇인가?"라는 하나의 질문으로 연결되어 있다. 결론적으로, 자연 과학과 종교는 다루는 사물이나 현상, 인간의 지식이나 경험을 각각의 방식을 통해 의미 있는 형태로 이해하려 하지만, 과학은 존재의 본질이나 삶의 근본적인 의미를 담아내지 못한다는 점에서 한계가 있다고 말할 수 있다.

1) 미래를 위한 전망

자연 과학은 세상의 객관적이고 실제적인 진리를 밝혀내는 데 열정적이지만, 진리가 가지는 의미나 중요성에 대해서는 상대적으로 무관심한 태도를 보인다. 반면 종교는 의미의 발견에 열정을 쏟지만, 객관적이고 과학전인 진리에 대해서는 상대적으로 관심이 적다. 물론 과학은 "우연성"(randomness) 법칙을 이해하거나 설명함으로써 어떤 의미나 패턴을 밝혀낼 수 있을 것이고, 종교는 초월적 질서(물리적 세계를 넘어서는)의 관점에서 세계의 질서를 설명할 수 있을 것이다. 그러나 '왜'라는 질문(의미에 대한 질문)에 대한 과학의 답변은 의미 없게 되며, 반면 종교적 진리는 과학적 가치를 전혀 갖지 못할 수 있다. 하지만 한 가지는 분명하다. 우리는 현대 세계의 이해 방식으로 인해 "진리와 의미"[61]의 두 개념이 분리되어 있다고

[61] 〔옮긴이 주〕 여기서 말하는 "진리"는 종교적 진리가 아닌, 과학이나 객관적인 연구를 통해 밝혀진 불변의 사실이나 원칙을 뜻한다. "의미"는 과학적 사실을 넘어, 철학적·종교적 윤리적 관점에서 인간 존재의 목적과 경험의 의미에 대

생각한다는 사실이다.[62]

우리의 과제는 과학이 제공하는 토대가 아닌, 자신의 가치에 토대를 두는 또 다른 기반을 마련하는 것이다. 인간의 가치와 도덕적 신념이 자연 과학의 지식 체계로부터 분리되어 독립성을 확보할 때, 인간의 가치와 존엄을 회복할 수 있다. 뉴턴의 물리학, 다윈의 생물학, 프로이트의 정신분석학이 세상과 다양한 생명체, 그리고 우리 자신 안에서 도덕적 선함이나 존재의 의미를 발견하는 데 도움을 주는 것은 아니다. 그러므로 우리는 선함, 목표 설정, 의미 추구와 같은 가치를 마련할 수 있는 하나의 기본 토대를 만들어야 한다. 이에 대한 가장 균형 있는 심리학적 답변은, 특정 심리학적 신념이나 이론을 명시적으로 제시할 필요 없이 빅터 프랭클(V. E. Frankl)에게서 찾을 수 있을 것이다.

실존주의 심리학(existential psychology)의 핵심 개념은, 찾고자 하는 특정한 삶의 의미와 실현하고자 하는 가치를 지향하는 "자기초월"(self-transcendence)이다. 자기초월의 근본적인 전제는, 자아실현이 오직 자신의 외부로부터 오는 것을 수용하면서 얻어질 수 있다는 확신이다. 자기초월 안에서 지향하는 "의미"는 단지 삶의 긍정적 차원으로만 이해되는 것이 아니라 오히려 고통과 죽음으로 이해된다.[63] 프랭클은 프로이

한 이해와 해석을 뜻한다.

62) 〔옮긴이 주〕 "진리와 의미가"가 각각 다른 방식으로 접근되고 탐구된다는 것을 뜻한다. "진리"는 객관적이고 검증할 수 있는 사실에 중점을 두며, "의미"는 주관적이고 개인적인 해석에 의존한다. 결론적으로 이 분리로 인해, 현대 세계에서는 "객관적인 진리"와 "주관적인 의미"가 각기 다른 방식으로 정의되고 다루어진다는 것을 뜻한다.

트의 정신분석을 근본적으로 거부하지 않으며 오히려 그것을 완성하려 하였다. 그에 따르면, 실존주의 분석은 정신분석처럼 억압된 충동이나 감정을 제거하는 것이 아니라, 무의식 속에 억눌려 있는 정신을 일깨우고 드러내어 무의식의 갈등과 문제를 해결하려는 접근방식을 취한다. 억압된 무의식은 신경증적 장애를 유발할 수 있기 때문이다.

실존주의 심리학의 관점에서, 모든 인간은 자기 존재의 의미를 찾는 것을 지향한다. 자신을 실현하기 위해서 항상 자신과 다른 무언가나 다른 누군가를, 즉 실현해야 할 의미나 만나야 할 사람을, 봉사해야 할 목표나 사랑해야 할 사람을 향한다. 인간은 이러한 자기초월을 경험하는 만큼 진정한 자신이 되는 것이다. 그러므로 인간은 자기 자신이나 자아실현에 신경 쓰기보다, 오히려 자신을 잊고 모든 생각을 외부에 집중하며 헌신할 때 진정한 자기 자신으로서 자아를 실현할 수 있을 것이다.[64]

개인의 심리 상태와 사회적 상황에서 발생하는 모든 변동적이고 반복적인 상호작용(인간의 행동과 관계에 영향을 미치는) 안에서, 프랭클은 "자기초월" 개념을 "영적 차원"에 연결했다. 이 영적 차원은 본질적으로 "자유의 차원"이므로 결정론에 예속되지 않는다. 그러나 프랭클은 "무엇으로부터의" 자

---

63) 〔옮긴이 주〕 빅터 프랭클은 저서 『죽음의 수용소에서』에서 "고통이 아무리 크더라도 의미를 찾아낸다면 이겨낼 수 있다"라고 말한다. 그는 수용소 사람들의 심리를 연구한 의미 요법을 개발한다. 참조: 빅터 플랭클, 『죽음의 수용소에서』, 이시형 옮김, 청아출판사, 2020.

64) Cfr. V.E. Frankl, *Un significato per l'esistenza. Psicoterapia e umanismo*, Città Nuova, Roma, 1990, pp.36~37.

유, 예를 들어 "조건으로부터의" 자유에는 관심을 두지 않는다. 물론 누구도 자신의 신체적·심리적 조건에서 벗어날 수는 없다. 그는 오히려 "무엇을 위한 자유" 혹은 "무엇을 향한 자유"에 관심을 둔다. 즉 이 자유는 자신이 직면한 환경과 조건, 운명 앞에서, "그럼에도 불구하고" 자유롭게 반응하는 자유로운 의식과 선택의 가능성을 의미한다.[65]

하지만 실존주의 이론의 한계 중 하나는 그 개념 체계가 심리학적이라기보다는 철학적이라는 점이다. 더욱이 무의식의 힘을 간과하고 일부 심리적 문제에만 국한되어 있다. 로고테라피(logoterapia)[66] 접근방식에서는 자신의 힘이나 의지로 목표를 성취하려는 "의지주의"(voluntarism)[67] 경향이 관찰된다.[68]

---

65) Cfr. E. Lukas, *Dare un senso alla sofferenza*, Cittadella, Assisi, 1983, pp.20~21.

66) [옮긴이 주] 정신 치료의 첫 번째 심리학 학파는 지그문트 프로이트(S. Freud)가 성립한 이론으로 인간을, 쾌락을 지향하는 존재로 보았고, 두 번째 학파는 알프레드 아들러(A. Adler)로 인간을 권력을 지향하는 존재로 보았다. 제3 학파인 의미치료(로고테라피, logotherapy)는 빅터 플랭클(V. Frankl)이 성립한 이론으로 인간은 의미를 추구하고 지향하는 존재라는 관점을 가진다. 여기서 로고(*Logo*)란 그리스어로 '의미'를 뜻한다. 프로이트가 신경증의 원인을 억압된 성 충동이나 자아의 여러 가지 방어 기제에서 찾는 데 비해, 프랑클은 그 원인을 삶의 의미 결여에서 찾는다. 그러므로 이 치료법에서는 신경증 환자나 우울증 환자에 대해 본인이 자신의 책임을 지도록 하는 방향으로 치료를 진행한다.

67) [옮긴이 주] 의지주의(voluntarism)는 주의주의(主意主義) 혹은 주의설(主意說)이라고도 하며, 이는 주지주의(主知主義)에 대립하여 의지가 지성보다 우위에 있다고 생각하는 철학적 관점이다. 심리학에서는 의지를 심리 과정 전체를 움직이게 하는 근원이라고 보며, 자신의 힘이나 의지로 목표를 성취하는 태도나 접근방식을 뜻하는 용어로 사용한다. 이 개념은 특히 심리치료나 철학적 접근에서, 개인의 내부 의지와 결정이 중요한 역할을 한다고 보는 관점을 나타낸다.

우리는 다시 심리학적 인간학으로 돌아와서, 모든 심리학적 접근은 폭넓고 다양한 인격을 설명하기에는 그 자체로 너무 제한적이라는 사실을 상기해 볼 필요가 있다. 어떤 이론도 인간 행동의 모든 측면을 포괄할 수 없으므로, 대부분의 학자는 특정 이론을 배타적으로 채택하기보다는 모든 이론을 통합적으로 활용하는 절충적 관점을 지녀야 한다고 말한다.[69]

어떤 이론도 인간에 대한 모든 진실을 설명해 주지 못하지만, 인간을 더욱 잘 이해하기 위해서는 그 이론 중 중요한 측면을 심도 있게 검토해 봐야 한다. 사실상, 모든 영성생활은 이 각각의 이론을 중심으로 재검토해 볼 수 있다. 대부분 우리의 덕목들은 사실상 학습된 행동들이다. 예를 들어, '관용'은 관찰 가능한 하나의 행동이며 행동주의 모델로부터 습득할 수 있다. 실존주의 심리학의 관점에서, 성공적인 삶의 비결은 삶 자체의 의미를 찾는 데 있다고 말할 수 있다. 대신 우리의 임무는 자신의 소명, 고통, 포기, 죽음에 의미를 부여하는 것이다. 인본주의 이론 또한 여러 영역에 적용되어, 모든 교육기관은 대부분 전인적 성장을 촉진해 줄 수 있는 장소로 여겨지고 있다.

이 장에서 소개된 각 이론은 인간 발달 연구에 크게 이바지하였다. 정신분석 이론은 우리에게 유아기 체험이 갖는 중

68) Cfr. K.S. Berger, *Lo sviluppo della persona*, Zanichelli, Bologna, 1996, pp.53~54.

69) L. Beutler, *Ecletic Psychotherapy. A Systematic Approach*, Pergamon Press, New York, 1983, pp.1~8.

요성과 일상생활에 미치는 "숨겨진 드라마"의 영향을 인식하게 해 주었다. 학습 이론은 주변 환경이 행동 발달에 미칠 수 있는 영향을 보여 주었다. 인지주의 이론은 우리의 사고 방식이 행동에 어떻게 영향을 미치는지 더 깊이 이해할 수 있게 해 주었다. 인본주의 이론은 인간 발달의 목표에 대한 고무적인 전망을 제시해 주었다.

각 이론은 인간을 무의식적 충동이 지배하는 "혼란스러운 집합체, 과학자, 컴퓨터" 또는 무조건적인 사랑을 추구하는 존재 등으로 독특하게 표현하고 있다. 마찬가지로, 이러한 이론들은 인간의 발달 과정을 설명하는 방식에서도 다양한 차이를 보인다.

2) 결론

인간의 심리적 특성과 행동을 이해하려는 심리학적 인간학의 연구는 해결해야 할 문제나 논쟁이 진행 중에 있으며, 여전히 명확한 결론이나 이론적 합의가 이루어지지 않았다. 사실 다양한 대체 심리치료[70](사목상담을 포함한)가 인기를 끄는 이유 중 하나는, 현대 심리학에 보편적으로 적용될 수 있는 적합한 인간학 이론이나 관점이 부족하기 때문이다. 정신분석학자 알베르트 괴레스(A. Görres)[71]는 이러한 의구심을

70) 〔옮긴이 주〕 전통적인 심리치료 방법 외의 여러 다른 접근법을 포함하는 심리치료를 말한다.

71) 〔옮긴이 주〕 알베르트 헤르만 요제프 에밀 엘리자베스 괴레스(Albert Hermann Joseph Emil Elisabeth Görres)는 독일의 정신분석가이자 심리치료

드러내며, “심리학은 인간을 아는가?”(Kennt die Psychologie den Menschen?)라고 묻는다. 이에 대해 그는 “매우 실망스럽다”라고 답한다. 그는 심리학만으로는 “독립적인” 인간학을 제공할 수 없으며, 인간을 제대로 이해할 수 없기에 심리학은 철학과 특히 신학에서 도움을 받아야 한다고 말했다.[72] 또 다른 독일 심리학자 헤르만 슈텡거(H. Stenger)[73]는 모든 인간이 내면에 깊이 간직한 “초월에 대한 향수”[74]를 활용해야 한다고 매우 구체적인 제안을 내놓았다.[75]

앞서 언급된 심리학의 문제점이나 부족함은 인간의 “영(spirit)적 차원”을 과학적이지 않은 개념으로 간주하여 배제함으로써 발생한 결과라 할 수 있다. 하지만 인간을 제대로 이해하기 위해서는 인간의 실존적 차원과 종교적 신념 및 가치의 차원도 고려해야 한다. 이렇게 간과된 차원에 더해서, 세 번째 차원인 “참여와 초월의 욕구”(즉 행복, 소속감, 수용

사이다. 그리스도교 인간학에 관심을 가졌으며, 심리학과 신학 사이의 긴장을 반복적으로 다루었다. 그의 저서 *Kennt die Psychologie den Menschen?*(심리학은 인간을 아는가?)는 그의 주요 저서 중 하나로, 심리학이 인간의 본성을 충분히 이해하지 못한다고 비판하며, 철학과 신학의 통합적 접근을 주장했다.

72) A. Gorres, “Kennt die Psychologie den Menschen?”, in *Internazionale Katholische Zeitschrift* 6(1977), pp.451~465.

73) 〔옮긴이 주〕 헤르만 슈텡거(Hermann Stenger)는 독일의 로마 가톨릭 신학자, 사제이자 심리치료사이다. 은퇴 후에도 사목자로서 신학과 심리학 사이의 대화를 촉진하는데 기여하였다.

74) 〔옮긴이 주〕 “초월에 대한 향수”는 인간이 가지고 있는 초월적 존재나 더 높은 의미를 추구하려는 깊은 내면의 갈망이나 그리움을 의미한다. 슈텡거(Stenger)는 사람들이 본래 가지고 있는 이 초월적 갈망을 이해하고 그것을 긍정적으로 활용하여 개인의 성장이나 치료에 도움을 줄 수 있다는 주장을 제안하였다.

75) H. Stenger, *Verwirklichung unter den Augen Gottes. Psyche und Gnade*, Otto Müller Verlag, Salzburg, 1985, pp.37~42.

에 대한 갈망) 또한 추가로 고려해야 할 것이다. 안타깝게도 이러한 갈망은 종종 이념이나 신념 체계, 또는 사회적 제약으로 인해 억압되지만, 마음속의 불안이나 갈망은 여전히 계속해서 남게 된다.

이와 같은 심리학적 통찰은, 다음의 『가톨릭 교회 교리서』가 언급하고 있는 그리스도교 인간학의 관점[76]과 일치하는 것처럼 보인다. "인간의 자유는 유한하며, 잘못될 수 있다. 실제로 인간은 잘못을 저질렀다. 자유로이 죄를 지은 것이다. 인간은 하느님 사랑의 계획을 거부하여 스스로 자기를 지배하고 죄의 노예가 되었다. (…) (그러나) 그리스도께서는 당신의 영광스러운 십자가로 모든 인간의 구원을 성취하셨다. 그분은 인류를 노예로 만든 죄에서 사람들을 구원하셨다."[77]

76) 그리스도교에서 인간의 본성과 존재를 이해하는 관점을 말한다.

77) 한국천주교중앙협의회 엮음, 『가톨릭 교회 교리서』, 한국천주교중앙협의회, 2008, 1739항, 1741항.

제 2 장

기질, 성격과 영성생활

영성생활은 개인의 구체적이고 실제적인 "본성"이나 "성향"에 의해 형성된다. 이러한 본성은 심리학적 용어 안에서 "기질과 성격"의 개념으로 표현된다.

1. 기질

우선 기질과 성격이라는 두 가지 개념을 명확히 할 필요가 있다. 알포트(G.W. Allport)는 기질과 성격을 구분하는 데 있어 매우 신중했던 심리학자 중 한 명이었다. 그에 따르면, 기질이란 "체질"과 연결되어 영향을 받게 되는 "정신 구도"나 "정신 습관"이다.[78] 오늘날 기질에 관한 연구는 흔히 "체

78) 〔옮긴이 주〕 "체질"은 신체적인 건강, 체형, 유전적 특성과 같은 신체적 구조

질 심리학"(constitutional psychology)에서 다뤄지고 있다.[79)]

기질, 지능, 신체는 인격을 형성시켜 주는 "원료"라고 할 수 있다. 이 세 가지 요소(기질, 지능, 신체)는 모두 유전자 결정론(genetic determinism)[80)]에 크게 의존하기 때문에, 유전(heredity)에 가장 큰 영향을 받는 인격의 요소라 할 수 있다. 기질은 인격 발달의 토대가 되는 "생리, 화학적 상태" 또는 "정서적 내부 환경"에 따라 형성된다.[81)] 예를 들어, "나는 타고난 기질이 명랑하다" 혹은 "그는 느리고 게으른 기질을 가졌다"라고 말하는 것처럼, 타고난 체질(유전적·생리적)에 의해 지속적으로 고정된 성향이 나타날 때, 이를 기질이라고 부르는 것이 적절하다.

기질은 무엇으로 구성되어 있을까? 이에 대해 정확한 답

나 구성을 의미하고, "정신 구도"나 "정신 습관"은 생각하는 방식이나 감정을 처리하는 방식과 같은 정신적 특성이나 상태를 의미한다.

79) 〔옮긴이 주〕 Cfr. G.W. Allport, *Psicologia della personalità*, PAS-Verlag, Zurigo, 1973, pp.26~29; 체질 심리학(constitutional psychology)은 프랜시스 골턴(Francis Galton)의 우생학을 토대로, 1940년대 미국 심리학자인 윌리엄 허버트 쉘던(William Herbert Sheldon)이 고안해 낸 이론이다. 기질 이론은 체질 심리학에 그 기원을 둔다. 즉 즉 개인의 체질(신체적 상태)이 기질(정신적 상태)에 영향을 미친다는 것이다.

80) 〔옮긴이 주〕 유전자 결정론은 인간을 포함한 모든 생물의 유전자가 생물의 외형, 습성, 행동은 물론 인간의 경우 개인의 신체적 특성, 지능과 사회적 관습, 문화에까지 영향을 미친다는 견해이다. 리처드 도킨스는 유기체의 가장 근본적인 본질을 유전자로 간주하고, 유전자가 인간의 행동을 결정한다는 주장을 제기하였다. 참조: 리처드 도킨스, 『이기적 유전자』(*The Selfish Gene*), 홍영남 외 옮김, 을유문화사, 2023.

81) 〔옮긴이 주〕 여기서 "생리, 화학적 상태"는 호르몬, 신경 전달 물질, 기타 생화학적 요소 등으로 인한 개인의 신체적·생리적 상태를 의미하고, "정서적 내부 환경"이란 감정, 스트레스 수준, 정신적 안정성 등으로 인한 개인의 정서적·심리적 상태를 뜻한다. 즉 개인의 신체적·생리적 상태와 심리적 환경이 기질 형성과 인격 발달에 중요한 역할을 한다는 것을 강조하고 있다.

을 제시하기는 어렵다. 우리가 흔히 어떤 사람이 감정적으로 쉽게 동요하거나, 성적 욕구가 강하거나 약하거나, 성질이 못됐다고 말하거나, 또는 천성적으로 에너지가 부족해 게으르거나 반대로 활력이 넘쳐 쉽게 흥분하거나, "신경질적인 경향이 있다"라고 표현할 때, 우리는 그의 기질에 대해 설명하고 있는 것이다.

기질이 무엇으로 구성되어 있는지 정확히 알기는 어렵지만, 알포트(G.W. Allport)는 다음과 같은 조작적 정의(operational definition)[82]를 내린다. "기질은 감정적 자극에 대한 민감성, 반응 강도와 속도, 지배적 기분, 기분의 변동성과 강도의 모든 특징 등과 같이, 개인의 정서적 본성에서 나타나는 독특한 특성이나 특유의 패턴을 의미한다. 이러한 현상은 체질적 구성 요소의 영향을 받으며, 유전적 요소에 의해 결정되고 형성된다."

2. 성격

다시 한번 알포트(G.W. Allport)의 언급을 참조해 보자. 이 유명한 심리학자는 "성격"과 "인격"이라는 용어가 종종 같은 의미로 사용된다는 점을 지적하며 자신의 견해를 전개한다. 그에 따르면, 성격이란 한 사람을 나타내는 고유한 특징이자

82) 〔옮긴이 주〕 조작적 정의(operational definition)란 사물이나 현상, 또는 개념을 실제로 관찰, 측정할 수 있는 객관적이고 실험적인 방법으로 기술하기 위한 정의이다. 대개 구체적이고 실용적인 기준과 절차, 측정과 수량화할 수 있는 내용으로 구성된다.

개인의 독특한 특성의 총체 또는 생활 방식을 의미한다.

성격이라는 용어는 더욱 특별한 의미를 갖는데, 우리가 어떤 사람이 “좋은 성격”을 가졌다고 말할 때 이는 그의 도덕적 자질에 대해 이야기하는 것이다. 이런 식으로 한 사람의 성격에 대해 이야기할 때마다, 우리는 윤리적 모델을 상정하고 이를 평가하는 것이나 마찬가지이다.

일부 심리학자들은 성격을 인격의 특별한 부분으로 간주한다. 이러한 의미에서 일부 학자들은 성격을 “개인이 갖는 윤리 능력의 수준”으로 정의하고, 다른 학자들은 “특정한 규칙이나 원리에 따라 개인의 충동이나 행동을 조절하고 억제하는 지속적인 정신물리학적(psychophysical)[83] 성향으로 정의한다.

3. 기질들

기질을 설명하기 위해서 우리는 스페인 살라망카(Salamanca) 주에 위치한 산 에스테반 수도원(Convent of San Esteban)의 교황청립 신학부(Pontificia Facoltà)[84] 교수인 안토니오 로요 마

83) 〔옮긴이 주〕 정신물리학(psychophysic)의 관점에서는, 성격을 하나의 정신현상으로써 인간의 “정신물리학적”(psychophysical) 성향으로 간주한다. 정신물리학(psychophysic)은 신체와 심리 간의, 특히 감각 경험과 인지 과정 간의, 생리적 요인과 심리적 요인 간의 상호작용에 중점을 두며 인간의 정신 현상을 연구한다. 참조: 대한병리학회, 『새의학용어사전』, KMS, 2007.

84) 〔옮긴이 주〕 산 에스테반 수도원(Convent of San Esteban)은 스페인 살라망카(Salamanca) 주의 콘실리오 데 트렌토 광장(Plaza del Concilio de Trento)에 위치한 도미니코회 소속 수도원이다. 이 수도원에는 1222년에 성 스테파노

린[85](P. Antonio Royo Marin O.P.[86])의 분석을 정확하게 따를 것이다.[87]

앞서 우리가 살펴보았던 인간의 본성적(감정, 욕구, 인식 등), 초월적(신앙, 영성, 종교 등) 차원의 심리적 자원 외에도, 우리가 성화(sanctification)되는 과정에서 좋은 성향을 증진시키고 결점을 수정하면서 우리의 기질을 활용할 수 있다. 물론 심리적 자원이나 기질을 활용하는 것은 순전히 본능적이고 기술적인 차원에서 이루어지기 때문에, 이는 우리의 성화에 직접적이고 긍정적으로 기여하지는 못한다. 그러나 심리적 자원과 기질의 활용은 최소한 성화에 방해가 되는 요소를 수정하거나 제거하는 차원에서, 성화에 도움이 되는 중요성을 갖는다.

를 연구하는 신학연구소를 시작으로 1947년에 설립된 성 스테파노 교황청립 신학부가 본부를 두고 있다.

85) 〔옮긴이 주〕 안토니오 로요 마린(1913~2005)은 스페인의 도미니코회 사제이자 토마스주의 신학자이다. 그는 1939년에 도미니코 수도회에 입회하였고 1944년에 사제로 서품되었으며, 살라망카에 있는 성 스테파노 신학부에서 윤리신학과 교의신학을 가르쳤다.

86) 〔옮긴이 주〕 O.P.는 "설교자들의 수도회"(Ordinis Prædicatorum)를 의미하는 도미니코 수도회의 약칭이다. 13세기 초 도미니코 성인의 창립으로 시작된 도미니코 수도회는, 설교와 교육을 통한 복음 전파를 주요 임무로 삼으며, 수도회 회원들은 일반적으로 O.P.를 이름 뒤에 표시한다.

87) Padre Antonio Royo Marin O.P., *Teologia della perfezione cristiana*, IV Edizione. Edizioni Paoline. 1987. Cinisello Balsamo. Parte II, *Mezzi secondari di perfezione*, Capitolo IV *Mezzi secondari interni*. Articolo VII *Miglioramento del proprio temperamento*. pp.499~506, 957~965.

1) 기질의 본성

기질의 본질과 분류에 관해선 학자들 사이에 많은 의견 차이를 보인다. 이 장에서는 가장 일반적으로 받아들여지는 이론을 설명하고 이에 따른 매우 실용적인 방향을 제시할 것이다.

기질은 인간의 생리적 체질에서 비롯되는 내적 성향의 복합체이다. 즉 기질은 "다혈질"(sanguine, 활발한 기질), "우울질"(melancholy, 예민한 기질)과 같은 기관계(organ system)[88] 또는 "담즙질"(choler, 급한 기질), "점액질"(phlegmatic, 느긋한 기질)과 같은 체액[89]의 생리적 작용의 우세로 결정되는 개인의 역동적인 특성이다.[90]

---

88) 〔옮긴이 주〕 기관계(organ system)는 생물학에서 서로 관련된 기능을 수행하는 기관들을 하나로 묶은 계통을 말한다. 기관계에는 심혈관계, 순환계, 호흡계, 신경계, 근골격계, 혈액계, 소화계, 내분비계 등이 있다. 참조: 이시카와 다카시, 『인체 생리학 교과서』, 장은정 옮김, 보누스출판사, 2022.

89) 〔옮긴이 주〕 우리 몸의 체액은 세포외액(Extracelluar fluid, ECF)과 세포내액(Intracelluar fluid, ICF)으로 나뉜다. 세포외액은 세포 외부에 있는 체액으로 체중의 20% 정도를 차지하며, 조직액, 간질액, 림프액, 뇌척수액, 혈액(혈장액, 백혈구, 적혈구, 혈소판) 등이 있다. 세포외액 중 가장 중요한 부분은 간질액(Interstitial fluid, ISF)과 혈장액이다. 이 세포외액은 산소, 영양소, 이산화탄소, 노폐물 등을 운반하고, 세포막과 관절의 윤활, 보호 역할을 하거나 체온 조절 등의 기능을 수행한다. 세포내액은 세포 내에 포함된 체액으로 체중의 40% 정도를 차지한다. 심장이나 폐, 신장, 신경 세포나 골격근의 세포 내에 존재하며 신체 기관을 구성하고, 담즙액처럼 음식물을 소화는 기능을 하는 각종 소화액이 있다. 참조: 이시카와 다카시, 『인체 생리학 교과서』, 장은정 옮김, 보누스출판사, 2022.

90) 〔옮긴이 주〕 서양의학의 아버지라 불리는 히포크라테스는 우주를 구성하는 4가지 원소(물, 불, 흙, 공기 - 엠페도클래스의 "4원소설")가 인체에서는, 공기 기운이 "혈액"(blood)이 되고, 불기운이 "황담즙"(yellow bile)이, 흙 기운은 "흙담즙"(black bile)이, 물기운은 "점액"(phlegm)이 되며, 이 네 가지 체액이 인체를

기질은 개인에게 타고난 그 무엇이며, 본성이 우리에게 부여하는 본래의 천성이다. 그러므로 "천성은 무덤까지 간다"라는 말처럼, 기질은 결코 완전히 사라지지 않는다. 그러나 적절한 교육과 특히 은총의 초월적 힘은 기질을 완전히 바꾸진 못하더라도, 결점을 줄여 나가면서 적어도 그것이 외적으로 드러나는 것은 완전히 억제할 수 있다. 수많은 예 중 하나로 성 프란치스코 살레시오(Saint Francis de Sales)의 기질은 매우 강한 담즙질(choler, 성미 급한 기질)이었음에도 불구하고, 후대에 "온유한 성자"로 기억된다.

4. 기질의 분류

현대 학자들은 기질을 분류하기 위한 수많은 시도 끝에, 결국 히포크라테스에서 유래한 고대의 분류로 돌아온다.[91)]

이루는 기본 성분을 구성한다는 4체액설(Humor theory 혹은 Humorism)을 주장했다.

히포크라테스의 4체액설은 약 500년 후 클라우디우스 갈레누스(Claudius Galenus)에 의해 "4기질설"로 더욱 정교화된다. 갈레누스는 인간 체액의 색깔에 의해 기질이 결정된다고 보고, 저마다 한 가지 체액이 월등히 우세한 기질을 형성한다고 믿었다. 즉 혈액을 많이 갖고 태어난 사람을 다혈질(sanguine), 황담즙을 많이 갖고 태어난 사람을 담즙질(choleric), 흑담즙이 우세하면 우울질(melancholy), 그리고 점액(담)이 많은 사람을 점액질(phlegmatic)이라고 하였다. 참조: 제임스 샌드 엘리엇, 『그리스와 로마 의학 개관』, 김지현 옮김, 온이퍼브, 2023.

91) 〔옮긴이 주〕 인체의 체액 성분이 모두 밝혀진 현대 의학의 견지에서 보면, 히포크라테스가 설명한 점액(담, phlegm)은 폐와 후두 사이에서 생기는 끈끈한 분비물로서 가래에 해당한다. 황담즙(yellow bile)은 노란색 액체인 담즙(쓸개즙)을 가리킨다. 그러나 흑담즙(black bile; melan khole)은 존재하지 않는다. 하지만 이 단어는 오늘날 멜랑콜리(melancholy, 우울)의 어원이 되었다.

인간의 근본적인 기질 유형은 그 명칭이 지칭하는 가장 지배적이고 우세한 생리적 체질에 따라, 다혈질(sanguine, 활발한 기질), 우울질(melancholy, 예민한 기질), 담즙질(choler, 급한 기질), 점액질(phlegmatic, 느긋한 기질)의 네 가지로 분류된다.

각 기질의 주요 특성을 설명하기에 앞서, 실제로 어떤 기질도 "화학적으로 순수한" 한 가지 기질로는 존재하지 않는다는 점을 주목해야 한다. 즉 기질은 일반적으로 혼합되어 있으며, 매우 다양한 수준으로 드러난다. 예를 들어, 점액질(phlegmatic, 느긋한 기질)의 사람이 완전히 점액질의 기질일 수 없으며, 그에게서 감수성의 흔적도 많이 발견된다. 또한 다혈질(sanguine, 활발한 기질)의 기질을 가진 사람이 때론 예민한 사람의 전형적인 특성을 가지기도 한다. 따라서 네 가지 유형의 기질에서는 단지 개인의 생리적 체질 중 가장 지배적이고 우세한 특성이 부각되는 것뿐이다. 특정 유형의 기질로 그 사람 전체를 섣부르게 판단하지 않기 위해서는 이러한 사실을 잘 염두에 두어야 한다.

이러한 생리학적 가설(액체 병리학)은 근대의 혈관계에 대한 연구와 해부학의 발전으로 쇠퇴하였지만, 질병은 신이 내린 징벌이라고 믿었던 당대 신화적 세계관을 고려하면 이를 이성적으로 바라보고 자연 철학적 접근을 시도했다는 점에서 그의 4체액설의 의의는 크다고 할 수 있다.

또한 히포크라테스 학파의 4체액설을 계승하여 방대한 의학 체계를 만든 갈레누스의 체내 혈액 순환 체계는, 이후 근대에 윌리엄 하비의 혈액 순환 이론이 등장할 때까지 1000년 이상 유럽 의학계의 정설로 자리 잡았다. 참조: 윌리엄 바이넘, 『서양의학사』, 박승만 옮김, 교유서가, 2017.

1) 다혈질(sanguine)

(1) 흥분성(eccitability)[92]과 관련된 주요 특징

다혈질에 해당하는 사람은 자극에 강한 반응을 보이며 쉽고 강하게 흥분한다. 자극에 즉시 반응하지만, 자극의 감흥이나 흥분의 지속 시간은 비교적 짧은 편이다. 과거의 기억은 새로운 감정을 자주 일으키지 않는다.

(2) 장점

다혈질을 가진 사람은 모든 사람에게 다정하고 유쾌하고 예의 바르며, 타인에게 호감을 준다. 또한 이웃의 어려움에 대해 깊은 연민과 동정심을 느끼며 민감하고 감정적으로 반응한다. 상사나 권위 있는 사람 앞에서 온순하고 순종적이며 자신의 감정과 생각을 자연스럽고 가식 없이 솔직하고 즉흥적으로 표현하지만, 때때로 너무 직설적인 표현이 불편함을 초래하기도 한다. 모욕적이거나 불쾌한 상황에서 때때로 격렬하게 반응하고 공격적인 표현을 터뜨리기도 하지만, 누구에게도 앙심을 품지 않고 이런 감정을 빨리 잊는다. 고집이 없으며 생각과 행동을 유연하게 바꿀 수 있는 융통성이 있다. 그는 사심 없이 자신을 희생하며 대가를 바라지 않는다. 그의 열정과 친절하고 따뜻한 선한 마음씨는 주위 사람들을 자연스럽게 끌어당기고 매료시키면서 감동하게 하고, 그들

92) 〔옮긴이 주〕 흥분성(eccitability)이란 신경전달 과정에서 받은 자극을 다음 단계로 전달하기 위해, 이전 단위의 흥분이 다음 단위의 흥분을 일으키는 관계를 의미한다.

에게 긍정적인 에너지를 전달한다.

그는 삶을 평온하고 여유롭게 받아들이며, 근본적으로 낙관적인 성격이다. 어려움과 도전을 피하지 않고 적극적으로 대처하며, 항상 좋은 결과를 기대한다. 그가 생각하기에 가장 자연스럽고 친근하며 유쾌한 것으로 생각하는 농담에 대해, 다른 사람들이 불쾌하게 여기거나 화를 내는 것에 대해 매우 놀라워한다. 그는 실용적인 삶의 감각이 있으며, 현실을 비판하기보다 이상화하는 경향이 더 크다. 그는 감정적으로 풍부하고 누구와도 쉽게 친구가 된다. 늘 우정을 나눌 준비가 되어 있으며, 때로는 우정에 열정적으로 헌신한다.

그는 지적 활동에 열정적이고 사고 속도가 빠르며, 새로운 정보나 지식을 쉽게 흡수하고 이해할 수 있는 지적 능력이 뛰어나지만, 깊이는 많이 없다. 그는 뛰어난 기억력과 열정적인 상상력을 갖추고 있어 예술, 시, 연설에서 쉽게 두각을 드러내지만, 지혜로운 사람의 수준에는 미치지 못한다. 다혈질을 가진 사람이 그들이 갖고 있는 섬세함에 상응하는 깊이를 갖춘다면, 그리고 개념을 쉽게 이해하는 만큼이나 일에 대해서도 끈기를 가진다면 뛰어난 인격이나 정신적 수준을 가질 수 있을 것이다.

(3) 단점

다혈질의 성향은 장점과 함께 심각한 단점도 지니고 있다. 주요 결점으로는 피상성, 변덕, 그리고 감각적 쾌락의 추구이다.

피상성은 어떤 사물이나 문제를 즉시 이해한 것처럼 빠르게 처리하는 것처럼 보이지만, 이는 실제로는 깊은 통찰 없이 단지 정보나 겉으로 보이는 것만을 얕게 이해하는 것이다. 그로 인해 그의 판단은 급하고 가벼우며, 완전히 잘못된 판단은 아닐지라도 종종 부정확하거나 중요한 요소를 간과하는 경우가 많다. 그는 깊이 있는 것보다는 넓고 화려한 것을 더 좋아한다.

변덕은 계획이나 감정, 태도 등이 일관성 없이 자주 변하는 성향을 의미한다. 다혈질의 변덕스러움은 감흥이 오래 지속되지 않기 때문에 나타난다. 이런 사람은 웃다가도 울고, 과하게 기뻐다가도 급격히 침울해질 수 있다. 그는 자기 잘못을 즉시 진심으로 후회하지만, 비슷한 상황이 오면 다시 같은 실수를 반복하게 된다. 다혈질적인 사람은 순간적인 감정에 쉽게 휘둘리며 유혹에 쉽게 넘어간다.

그는 희생과 극기, 그리고 힘들고 지속적인 관심이나 노력을 싫어한다. 그는 공부나 학문적 활동에 대해 게으른 편이며, 그에게 시각, 청각, 말을 제어하는 것은 거의 불가능하다. 큰 열정이 지나면, 무기력과 낙담의 시간으로 이어진다.

마지막으로, 혈기 왕성한 다혈질적 사람은 감각적 쾌락을 추구하고, 특히 음식의 즐거움이나 성적(sexual) 욕망에 쉽게 끌리는 경향이 있다. 그는 실패에 대해 즉시 반응하며 이를 진심으로 개탄한다. 하지만 감각적 욕망이나 감정이 다시 강하게 일 때, 그것을 통제할 힘과 용기가 부족하다.

(4) 교육과 훈련

앞선 장점을 키우고 결점을 통제하고 개선하여, 다혈질의 부정적인 성향과 행동을 제한시키는 교육과 훈련을 할 수 있다. 그러므로 풍부한 감정이 넘치는 다혈질을 가진 사람의 삶에 고귀한 목적이 부여되어야 한다. 만약 그가 하느님을 열렬히 사랑하게 된다면, 최고의 성인(saint) 반열에 오르게 될 것이다. 성 베드로, 성 아우구스티노, 아빌라의 성녀 테레사, 성 프란치스코 하비에르는 다혈질을 가진 전형적인 성인들이었다.

그러나 다혈질의 사람은 자신의 결점에 대한 완전한 통제가 가능할 때까지, 자신의 결점과 끈질기게 싸워야 한다. 그는 자신이 하는 모든 일에서 성찰과 숙고의 습관을 지니면서 피상성을 추구하려는 욕구와 싸워야 한다. 그는 문제를 해결하는 과정에서 지나치게 낙관하며 충분히 성찰해 보지 않는 태도에서 벗어나, 발생할 수 있는 어려움을 예측하면서 모든 측면에서 문제를 검토하고 이해하려 해야 한다.

그는 자신의 변덕에 대해서도 진지하게 조치를 취해야 할 것이다. 아무리 성실함과 선의를 가졌다 하더라도 시작하자마자 깨뜨릴 의도와 결심만으로는 충분하지 않기 때문에, 자신의 의지를 영적 지도자의 적절한 검토와 승인을 얻은 삶의 계획에 맞춰야 한다. 이런 삶의 계획은 철저히 준비되고 명확히 규정되어 있어, 개인의 약하고 변덕스러운 의지와 결정에 따라 좌우되지 않는다. 그는 "양심 성찰"(the examination of conscience)을 통해, 자신의 변덕과 불안정으로 인해 발생한 잘못에 대해 진지한 성찰과 참회를 해야 한다. 또한 경험이 풍부한 전문 영적 지도자를 신뢰하며 그의 지시를 전부 따라야 한다. 기도 중에는 "영적 메마름(aridity)"[93]을 인내하면서, 감각적 위로에 의존하는 경향과 싸워야 한다.

마지막으로, 다혈질의 사람은 지속적인 경계와 끈질긴 싸움으로 감각적 쾌락과 욕망에 맞서야 한다. 감각적 욕망이 그의 변덕과 결합하게 되면 더욱 쉽게 패배하거나 무너질 수 있기 때문에, 그는 전염병처럼 위험한 모든 상황을 극도로 피해야 한다. 또한 그가 겪었던 과거의 어려움을 교훈 삼아, 자신이 시각적으로 접하는 것들에 대해 특히 조심해야 할 것이다. "보지 않는 눈은 아프지 않은 마음"(Occhio che non vede, cuore che non duole)[94]라는 속담은 특히 이런 사람에게 해당한다. 그는 침묵 속에 마음을 집중하고, 감정적 욕망과 외부의 감각적 자극을 자제하고 억제하는 실천에 노력을 기울여야 할 것이다. 그는 오직 하늘에서만 오는 영혼과 육체의 순결의

---

93) 〔옮긴이 주〕 신비주의와 영적 전통에서 "영적 메마름"(aridity)은 기도 중에 영적 체험이나 감정적 위로를 느끼지 못하고, 내적으로 무기력하거나 고갈된 느낌을 경험하는 상태를 뜻한다. 이 메마름을 교부 카시아노는 "사막의 메마름"이라 표현하였고, 성 이냐시오 로욜라는 "영적 실망"이라 불렀다. 영적 메마름의 이유는 하느님 안에서 우리가 성장해 나가는 세상은 결코 우리 자신의 힘만으로는 얻을 수 있는 것이 아님을 깨닫게 하기 위함이며, 또한 우리의 성숙을 위해 하느님과 깊은 관계 안에서 영적 메마름과 실망을 견뎌내는 의지와 헌신을 시험하시기 위함이다.

이러한 영혼의 상태는 기도자의 열망 혹은 수덕적 노력과 상관없이, 하느님과 멀어지거나 심지어 내버려졌다고 느껴지는 "영혼의 어둔밤"의 개념으로까지 확대될 수 있다. 하지만 여기서 말하는 영적 메마름은 기도에 대한 싫증과 게으름, 유혹과 저급한 것들로 인해 영성생활에서 언제든 일어날 수 있기 때문에, 하느님께서 영혼에게 원하시는 "관상의 새로운 단계에 적응하지 못해서 오는 메마름"(영혼의 어둔밤)과 혼동하지 말아야 한다. 영혼의 어둔밤에 대해서는 제3부 "기도의 심리학" 제3장 "묵상기도" 부분에서 살펴볼 것이다. 참조: 마누엘 루이스 후라도, 『영적 식별』, 박일 옮김, 가톨릭대학교출판부, 2010, 112~114쪽.

94) 〔옮긴이 주〕 어떤 것을 보지 않으면 그로 인한 감정적 고통이나 아픔도 느끼지 않는다는 뜻이다.

은총을 하느님께 겸손하고 항구하게 청해야 할 것이다(지혜 8,21 참조).

2) 우울질(melancholy)

(1) 흥분성(eccitability)과 관련된 주요 특징

우울질의 흥분성은 초반에는 그 성향이 약하지만, 반복적인 경험이나 자극으로 인해 점점 강하고 깊어진다. 우울질을 가진 사람의 반응 역시 이러한 특성을 보이며, 감흥의 지속 시간은 대개 길다. 이런 사람은 무언가를 쉽게 잊어버리지 않는다.

(2) 장점

우울질을 가진 사람은 다혈질을 가진 사람보다 감정적 자극에 덜 민감하지만 더 깊게 반응한다. 그들은 본래 성찰, 고독, 고요함, 연민, 자신의 감정에 집중하는 내적인 삶을 선호하는 성향을 보인다. 이런 사람은 이웃의 불행과 고통을 쉽게 동정하며 마음 아파하고, 사람들을 돕는 자선가로서 특히 병든 이들 곁에서 영웅적인 희생으로 헌신한다. 그는 차분하게 성찰하며 생각을 정리하고 발전시키기 때문에, 보통 문제를 깊이 이해하고 복잡한 개념을 잘 파악하는 예리한 지적 능력을 갖췄다.

우울질적인 사람은 사색가이며, 고독과 침묵을 좋아한다. 그는 상아탑에 갇혀 있는 메마르고 이기적인 지식인일 수도 있고, 하느님과 영적인 것에 몰두하는 관상가일 수도 있다.

그는 예술에 매력을 느끼고 과학에 적성을 갖고 있다. 또한 굉장히 풍부한 감수성도 지니고 있다. 그가 사랑에 빠질 때 감정이 매우 깊어지기 때문에, 사랑하는 사람에 대한 애착에서 감정적으로 분리되는 것은 어렵다(즉 자신의 애정이나 애착을 쉽게 포기하지 않는다). 또한 그는 타인의 냉랭함과 배은망덕에 쉽게 상처를 받는다. 의지는 신체적 힘에 따라 달라지기 때문에, 일에 지칠 때는 의지가 약해지거나 무기력해지지만, 몸이 건강할 때나 긍정적이고 기쁜 감정을 느낄 때는 의지가 강하고 관대해진다.

우울질은 감정적으로 절제되고 균형을 유지하는 성향을 지니기 때문에, 다혈질적 사람에게는 큰 고통으로 느껴지는 감정의 격렬함이나 혼란을 잘 느끼지 않는다. 담즙질(choler, 급한 기질)이 점액질(phlegmatic, 느긋한 기질)과 반대되는 것처럼, 우울질(melancholy, 예민한 기질)은 다혈질(sanguine, 활발한 기질)과 대조되는 기질이라 할 수 있다. 사도 요한, 성 베르나르도, 성 루이지 곤자가, 리지외의 아기 예수의 성녀 데레사(소화 데레사), 파스칼은 우울질을 가진 사람들이었다.

(3) 단점

우울질의 단점은 슬픔과 우울함에 지나치게 빠지기 쉬운 경향이다. 우울질 경향의 사람은 어떤 강한 감흥을 받게 되면, 그것이 영혼 깊이 파고들어 고통스러운 상처를 남긴다. 그는 자신의 감정을 솔직하게 표현하고 쉽게 나누는 다혈질 성향과 달리 감정을 숨기고 솔직하게 드러내지 않기 때문에, 자신의 슬픔이나 아픔을 자신만의 방식으로 혼자서만 감내하려 한다. 그는 비관적이고 상황의 어려운 측면만을 주로 보며, 문제를 실제보다 더 크게 과장하는 경향이 있다. 이에 따라 자신이 처한 문제를 더욱 심각하게 느끼고, 문제 해결보다는 그 문제의 어려움을 강조하며 감정적으로 더욱 힘들어질 수 있다. 이로 인해 그는 매사에 내성적이고 소심하고 자신을 믿지 못하며, 쉽게 좌절하고 우유부단하다. 양심의 가책[95]을 자주 느끼며, 사람에 대한 어느 정도의 불신과 혐오가 있다. 이렇듯 우울질의 사람은 항상 실패에 대한 두려움으로 결정을 내리지 못하고 기회를 놓치게 되는 경우가 잦은 편이다.

다른 사람들이 이미 강 건너편에 와 있을 때도, 그는 감히 강을 건널 생각도 하지 못한 채 여전히 고민하고 생각만 한다. 기본적으로 우울질의 사람은 선함에도 불구하고 바로 이런 이유로 인해, 그 자신도 많은 고통을 겪지만 의도치 않게 다른 사람도 힘들게 한다. 대 데레사 성녀는, 특히 이런 우울함(melancholy)이 깊게 뿌리 내린 사람은 수도생활에 적합하지 않다고 말했다.[96]

---

95) 〔옮긴이 주〕 우울질 경향의 사람은 도덕적인 문제에 대해 과도하게 걱정하거나 불안해한다. 그는 자기 행동이 옳은지, 잘못된 것인지에 대한 고민으로 매사 결정하는 데 부담을 느끼고 불안해하며 자신감을 잃기 쉽다.

96) Cfr. "*Capitolo 7*", Teresa d'Avila, Libro delle fondazioni, Nicla, 2015; 여기서 언급하고 있는 "우울함"(melancholy)은 단순히 "우울질"을 말하는 것이 아니라, 변덕스럽고 신경쇠약적인(정신적으로 불안정하고 과민하며 신경질적이고 스트레스에 취약한 상태) 성격으로 인한 비정상적인 행동을 보이는 상태를 말한다.

(4) 교육과 훈련

교육자는 우울질 경향의 사람이 자신에게 집중하고 몰두하려는 강한 성향을 보인다는 점을 염두에 두어야 한다. 그렇지 않으면 우울질적 사람의 상황이나 특성을 이해하지 못한 채, 그의 감정이나 자존심을 세심하게 배려하지 않는 부당한 대우를 그에게 가할 수 있다. 다혈질(sanguine, 활발한 기질) 경향의 사람은 자신의 마음을 솔직하고 개방적으로 고백한다. 우울질(melancholy, 예민한 기질) 경향의 사람은 속으로는 영적 대화를 통해 감정을 표현하고 싶어도 실제로는 하지 못하는 것이고, 담즙질(choler, 급한 기질) 경향의 사람은 감정을 표현할 수는 있지만 표현하길 원치 않는 것이다. 점액질(phlegmatic, 느긋한 기질) 경향의 사람은 감정을 표현할 수도 없고 그러길 원하지도 않는다. 이 모든 점을 고려하지 않는다면, 아무리 훌륭한 교육 방법이라도 역효과가 나기 십상이다.

우울질적 사람에게는 하느님께 대한 큰 신뢰, 불안 없는 평온한 삶의 태도, 그리고 미래에 대한 긍정적인 기대와 희망을 두는 낙관적인 시각을 갖도록 도와야 한다. 그가 큰일을 수행하고 목표를 달성할 수 있는 능력을 스스로 지니고 있다는 자신감과 자신에 대해 큰 신뢰를 할 수 있도록 격려하고 지지해 주어야 한다. 늘 반성하고 성찰하려는 그의 본성을 활용하여, 그에게 지나치게 예민하거나 못 믿거나 조심스러워해야 할 어떤 이유도 없다는 사실을 이해시켜야 한다. 필요하다면, 충분한 휴식과 식사를 하도록 해야 한다.[97] 무엇보다 그가 두려움을 회피하려는 비겁함과 우유부단함에 맞서 싸워, 확고한 결심과 긍정적인 용기로 큰일을 해낼 수 있도록 이끌어 주어야 한다.

3) 담즙질(choler)

(1) 흥분성(eccitability)과 관련된 주요 특징

담즙질의 사람은 강하고 쉽게 흥분하는 경향이 있다. 그는 어떤 자극이나 상황에 매우 신속하고 즉각적으로 반응하지만, 그로 인한 감정적 여파는 내면에 깊이 남아 영향을 미친다.

(2) 장점

담즙질의 성향은 활동성, 예리한 통찰, 강한 의지, 집중력, 꾸준함, 배려와 관용, 관대함이라는 뛰어난 특성과 자질을 가진다. 이런 사람은 어떤 일이든 열정적으로 기꺼이 임한다. 실천적이고 민첩하며 생각하는 것보다 행동하는 경향이 더 크다. 그는 천성적으로 휴식과 아무것도 하지 않는 것을 싫어한다. 항상 큰 계획이 머릿속에 떠오르며, 그것을 마음에 품고 살아간다. 일단 목표를 정하면, 어려움이 있더라도 물러서지 않고 곧바로 행동을 시작한다.

이들 중에는 지도자, 정복자, 위대한 사도들이 많다. 이들

---

[97] Cfr. "*Quarte mansioni* 3, 12-13 ", Teresa d'Avila, *Il castello interiore*, Paoline, 2016; "*Capitolo* 6, 14", *Libro delle fondazioni*: 대 대레사 성녀는 우울증을 앓고 있는 수녀들이 긴 기도와 단식으로 인해 정신적으로 더 힘들어 할 수 있다는 점을 고려하여 이를 금지하였고, 대신 다른 활동으로 "그들의 주의를 분산시키면서" 우울증을 완화시키고 그들의 정신적 안정을 돌보았다.

은 오늘 해야 할 일을 미루지 않고 지체 없이 즉각 실행하며, 오히려 내일로 미뤄도 될 일을 오늘 해내고야 마는 책임감이 강한 지도자들이다. 장애물이나 어려움에 봉착하면, 이를 극복하고 이겨 내려 노력한다. 쉽게 화를 내는 그들의 격한 감정에도 불구하고 덕으로서 이를 억제하거나 조절한다면, 훨씬 더 온화하고 매력적인 성격을 가질 수 있다. 사도 성 바오로, 성 예로니모, 로욜라의 성 이냐시오, 성 프란치스코 살레시오가 바로 이런 사람들이었다.

(3) 단점

감정적으로 다소 무감각하거나 차가운 담즙질은 지나치게 냉혹하고 엄격하고 고집스럽거나, 분노를 느끼거나 조절하는 데 둔감하고 오만한 성향으로 이어지기 쉽다. 만일 그가 저항받거나 부정당하게 될 때 그리스도교의 덕으로 그의 성향을 완화하지 않는 한, 그는 공격적이고 거칠어진다. 그가 패배를 겪는다면 복수의 시간이 올 때까지 마음속에 증오를 품는다. 대개 이런 성향의 사람은 야망이 크고 권력과 명예를 추구하는 경향이 있다. 그는 다혈질의 사람보다 인내심이 더 크지만, 감정적으로 섬세함이 부족하고, 타인의 고통이나 슬픔을 이해하거나 공감하는 능력이 떨어지며 관계 안에서 섬세한 배려가 부족하다.

담즙질의 강렬하고 충동적인 열정은 순수한 마음에서 저절로 우러나오는 달콤한 애정과 이타적인 희생심을 덮어버리고 사라지게 만든다. 활동에 대한 열정과 자신이 설정한 목표를 이루려는 강렬한 열망은 그를 방해하는 모든 것을 가차 없이 짓밟게 만든다. 이에 따라 타인에게 무자비한 이기주의자로 비칠 수 있다. 그는 때때로 해를 끼칠 정도로 타인을 무자비하고 오만하게 대하기도 한다. 그 앞에서는 모든 것(사람들, 상황, 혹은 제도 등)이 그의 권위나 요구에 굴복해야 하며, 그가 인정하는 유일한 권리는 다른 사람의 권리나 일반적인 도덕적 규범이 아니라, 자신의 개인적인 욕구와 계획을 실현하는 것에만 집중된다. 즉 자신의 사적 이익이나 욕구를 우선시하고, 그 외의 모든 것은 고려하지 않는 경향이 있다.

(4) 교육과 훈련

담즙질 성향의 사람이 자신을 통제하고 에너지를 조절할 수 있다면, 이런 기질은 헤아릴 수 없을 만큼 귀중한 가치를 지닐 것이며, 비교적 쉽게 가장 높은 수준의 그리스도교적 완덕에 도달할 수 있을 것이다. 교회로부터 시성된 많은 성인(saint)이 이러한 기질을 가지고 있었으며, 그들의 손에 의해 가장 어려운 일들이 결실을 맺었다. 따라서 이들이 자신의 기질을 조절하거나 잘 활용할 때, 끈기와 인내로 선한 일을 추구하며 목표를 달성할 때까지 절대 물러서지 않고 노력을 멈추지 않을 것이다. 교육자는 이들이 자신의 감정과 행동을 잘 통제하고 성급하지 않고 신중하게 결정하며, 초기의 감정이나 충동에 너무 의존하지 말고 항상 경계하도록 안내해야 한다. 또한 마음에서 진심으로 우러나오는 겸손을 실천할 수 있도록 이들을 이끌어 주어야 한다. 즉 연민과 동정으로 약한 이들을 업신여기지 않고 자신의 권위를 강압적으로 드러내지 않으며, 모든 사람을 온화하고 친절하게 대하도록 인도해야 한다.

4) 점액질(phlegmatic)

(1) 흥분성(eccitability)과 관련된 주요 특징

점액질 경향의 사람은 전혀 흥분하지 않거나, 흥분하더라도 매우 약하게 흥분한다. 어떤 자극이나 상황에 대한 감정이나 행동의 반응이 대부분 약하고 반응이 전혀 없을 때도 많으며, 그로 인한 감정적 여파나 감흥은 즉시 사라져 마음속에 전혀 남아 있지 않게 된다.

(2) 장점

점액질 기질의 사람은 어떤 일을 하던 그 속도는 느리지만, 아주 큰 지적 노력이 요구되지 않는 한 꾸준히 작업을 수행한다. 모욕을 당하고 실패를 겪거나 병으로 아프더라도 쉽게 짜증이나 화를 내지 않는다. 그는 어떤 상황에서도 침착하고 신중하며, 감정적 반응보다는 이성적 사고에 의해 판단을 내리는 경향이 많다. 또한 감정에 빠지지 않는 절제력을 지니며, 냉철한 현실감각을 가지고 있다. 하지만 점액질의 사람은 다혈질처럼 활발하거나 우울질처럼 깊거나, 담즙질처럼 격렬하게 뜨거운 감정을 알지 못하며, 마치 감정이 전혀 없어 보이기도 한다. 의사소통은 명확하고 논리적이어서 상대방이 이해하기 쉽다. 그의 언어는 단순히 감정적 표현이 강하고 많다기보다는, 적절하고 정확하며 긍정적인 언어로 활력과 매력을 발산한다. 창의적이고 혁신적인 작업보다는, 체계적인 조사와 꾸준한 인내, 깊은 사고를 요구하는 과학적 작업과 연구가 그에게 더 잘 맞는다.

이 기질의 사람은 실제 마음은 선하지만, 다소 차가워 보인다. 필요하다면 영웅적 희생도 감수할 수 있지만 본성적으로 활동적인 의욕이나 에너지가 부족하여 게으르고 무기력하기 때문에, 열정이나 자발적인 모습을 좀처럼 보이지 않는다. 그는 신중하고 내성적이며 사려 깊고 확신을 갖고 행동하며, 직접적·공격적으로 접근하기보다는 부드럽고 평화로운 방법으로 문제를 원만하게 해결하고 목표를 달성한다. 그는 신체적으로는 친근하고 호감 가는 외모와 튼튼한 몸을 갖고 있고 걸음걸이가 느려서 보통의 상황에서는 느긋하고 침착하지만, 때로는 매우 뚜렷하고 명확한 사고를 할 수 있다. 성 토마스 아퀴나스는 이 기질의 장점들을 많이 가지고 있었으며, 이러한 평온함과 차분함으로 대작을 성공적으로 완성했다.

(3) 단점

점액질의 느린 성향은 무언가를 시작하는 데 너무 오래 걸리기 때문에 자주 좋은 기회를 놓치게 된다. 그는 자신 밖에서 일어나는 일에는 별로 관심이 없다. 그는 이기적으로 오직 자신에게만 집중하며 자신을 위해 살기에, 기질의 특성상 리더십이나 관리, 권위 있는 지휘를 맡기에 적합하지 않다. 이런 기질의 사람은 속죄와 금욕의 삶을 중요하게 여기지 않으며 좋아하지도 않는다. 그가 종교인이라 하더라도,

"속죄의 도구"[98]를 사용하여 육체의 욕망을 누르고 고행을 자처하는 일은 별로 일어나지 않을 것이다. 대 데레사 성녀는 자신의 글에서 이러한 기질에 속하는 사람에 대해 다음과 같이 언급하고 있다. "위에서 말한 사람들은 고행하는 데 있어서도, 그들의 생활과 같이 꼼꼼합니다. (…) 여러분은 그들이 몸을 해치지나 않을까 하고 걱정하지 마십시오. (…) 다 자기 요량을 알뜰하게 할뿐더러 (…) 고행하면서도 행여 건강에 해로울세라 여간 조심하는 게 아닙니다."[99] 그는 급박한 상황에서도 무긴장증(atony)[100]으로 졸음에 빠지며, 상황이나 문제를 명확히 인식하지 못한다. 장상의 명령이나 지시에도 완전히 무감각하여, 그들을 무기력 상태에서 벗어나게 할 수 있는 어떤 자극에도 반응하지 않는다.

---

98) 〔옮긴이 주〕 여기서 "속죄의 도구"는 육체의 욕망을 억제하고 자신을 단련시키기 위해 사용하던 채찍이나 회초리를 지칭하는 "편태" 혹은 "편태를 가지고 치는 행위"(flagellation)를 의미한다. 편태는 대부분 나뭇가지나 댓가지로 만들었고, 극기와 고행을 위해 사용됐다.

313년 그리스도교가 공인되면서부터, 가톨릭교회에서는 그리스도의 삶을 더욱 적극적으로 따르기 위한 수덕적 고행(단식, 극기, 편태, 절제, 은둔생활 등)을 실천했다. 이러한 고행의 풍습은 중세까지 널리 유행하며 그리스도교 완덕에서 큰 비중을 차지했지만, 현대에 와서 인간 영혼과 육체의 조화를 중시하는 그리스도교 완덕 개념으로 변화되면서 고행의 의미와 역할은 신학적 반성의 주제가 되어 오고 있다.

99) "*Terze mansioni* 2, 7", *Il castello interiore*.

100) 〔옮긴이 주〕 무긴장증(atony)은 근육이나 조직의 긴장이 저하된 상태를 뜻하는 병리학 용어이다. 이는 근육이 제대로 수축하지 않거나, 조직이 정상적인 기능을 하지 못하는 경우를 포함한다. 이 용어는 무기력하거나 활력이 없어서 일상적인 활동 수행에 영향을 미치는 상태를 설명할 때 주로 사용된다. 참조: 강웅구, 『정신병리학』, 서울대학교출판문화원, 2023.

(4) 교육과 훈련

점액질 성향의 사람에게 깊은 신념이나 확고한 가치관을 심어주고 체계적이고 꾸준한 노력을 할 수 있게 돕는다면, 그가 자신의 잠재력을 잘 활용하여 서서히 조금씩 좋은 성과를 낼 수 있을 것이다. 그러나 무기력과 나태함에서 그를 깨우고 높은 목표를 설정하도록 하여, 그의 무덤덤한 마음 안에 큰 이상을 향해 나아갈 수 있는 강한 동기와 열정을 불러일으켜야 한다. 담즙질처럼 감정과 행동을 경계하고 통제하도록 안내하는 것이 아니라 반대로 점액질의 성향을 자극하여 그 안에 잠재된 힘을 일깨워 줌으로써, 스스로 자신을 조절할 수 있도록 이끌어 주어야 한다.

5) 각 기질 유형의 종합적 결론

독자들은 앞서 네 가지 유형의 기질 중, 자신의 성격이나 개별적인 특성과 꼭 들어맞거나 완벽하게 설명된 것은 발견하지 못했을 것이다. 단일한 이론이나 설명으로 성격의 복잡성과 개인 차이를 완전히 설명하기에 현실은 훨씬 더 복잡하기 때문이다. 현실에서 실제로는 한 개인 안에 다양한 기질에 속하는 요소들이 통합되어 있다는 것을 깨닫게 된다. 이는 이러한 문제를 다루는 학자들 간의 이론과 분류가 다양한 이유를 잘 설명해 준다.

개인마다 특별히 두드러진 기질적 특성을 지니고 있으며, 이 특성이 전통적인 네 가지 유형(다혈질, 우울질, 담즙질, 점액질)으로 분류될 수 있음에는 의심의 여지가 없다. 그러나 이러한 네 가지 기질 유형이 개인의 복잡한 성격을 완벽히 포괄하거나 설명해 주지는 못하므로, 이러한 분류를 사용할 때는 조심스럽고 신중하게 접근해야 한다.

다른 한편으로, 전반적인 심리학적 맥락에서 볼 때 생리적 기질(체질적 성향)이 인간의 심리적 특성과 행동에 큰 영향을 미치지만, 정신과 몸 사이의 밀접한 관계를 고려할 때 생리적 기질만으로 모든 심리적 문제나 행동을 설명하는 것은 바람직하지 않다. 특히 인간의 도덕적 무질서에 대한 유일한 책임을 기질에 돌리는 일부 합리주의자들처럼, 생리적 기질에 지나치게 큰 중요성을 부여하는 것은 반드시 경계해야 한다.

앞서 살펴본 바와 같이 이상적인 기질은 단일한 기질 유형으로 정의될 수 없으므로, 이제 우리는 각 기질(다혈질, 우울질, 담즙질, 점액질)의 장점을 취합해 포괄적이고 이상적인 기질의 기준을 고려해 볼 수 있겠다. 즉, 다혈질의 친근함, 관대함과 활력, 우울질의 깊은 마음과 섬세한 감수성, 담즙질의 지칠 줄 모르는 활동성과 끈기, 마지막으로 점액질의 자제력, 신중함과 인내를 종합적으로 결합하여 이상적인 기질을 제시해 볼 수 있다.

제 3 장

차이 심리학과 영성생활

영성생활은 개인의 구체적인 심리적 구조에 영향을 받으며, 저마다 자신만의 영적 삶의 방식을 가진다고 할 수 있다. 차이 심리학은 인간의 정신적 특성과 관련된 개인차의 본질과 근원을 연구하는데, 변수 중 하나는 "성"(sex)이다.

성에 관해 이야기할 때는 생물학적 성(sex), 성(별) 정체성(gender identity),[101] 성 역할(gender role)의 세 가지 개념을 구별해야 한다. 즉 성(sex)은 단순히 생물학적으로 구분되는 특성이지만, 성 정체성은 생물학적 성별과는 별개로[102] 개인

[101] 〔옮긴이 주〕 여기서 말하는 "성(별) 정체성"은 젠더(gender, 사회적으로 정의된 성별)에 대한 심리적 자아 개념이다. 즉 개인의 내적인 성별을 인식하는 "심리적 성 정체성"(psychosexual identity)을 의미한다. 일반적으로는 남성성과 여성성이라는 경향을 지칭하는 용어로 사용된다.

[102] 〔옮긴이 주〕 예를 들어, 어떤 사람은 생물학적으로 남성이지만 자신을 여성으로 인식하기도 하며, 반대로 생물학적 여성인 사람이 자신을 남성으로 인식할 수도 있다.

의 심리적 성 인식 개념이며, 성 역할은 특정 사회적·문화적·교육적 기대[103]의 결과로 형성되는 성에 대한 개인적인 신념과 태도이다.[104]

1. 남성과 여성

1) 일반적 차이

(1) 능력과 적성

남성과 여성 집단을 대상으로 실시한 심리학적 연구와 테스트 결과에 따르면, 남성은 빠른 운동 속도와 운동협응(motor coordination),[105] 공간 지각 능력과 방향 감각, 기계적 문제를 이해하고 해결하는 능력, 수리적 추론에서 두드러진 능력을 보인다. 반면, 여성은 정교한 손재주, 지각, 감각 정보의 빠르고 정확한 처리, 기억력, 어휘 사용과 언어 구사 능력에서 남성과는 두드러진 차이를 보인다.

---

103) 〔옮긴이 주〕 예를 들어, 전통적 성 역할에서는 남성에게는 특정 행동을 기대하고, 여성에게는 대개 남성과는 다른 행동을 기대한다.

104) Cfr. A. Murphy, "The Lenses of Gender", in *The Way* 36(1996), pp. 323~330.

105) 〔옮긴이 주〕 운동협응(motor coordination)은 목표 달성을 위해 신경, 관절, 근육 등 신체의 여러 부분이 유기적으로 결합되고 통합되어, 몸을 조화롭게 움직이고 복합적인 운동(예를 들어 스포츠, 춤, 복잡한 운동이나 물리적 작업 등)을 보다 정확하고 효율적으로 수행하는 능력이다. 또한 신체적 활동을 넘어 복잡한 신경계와 인지 과정의 상호작용 결과로 신체운동을 제어하는 것은 운동제어(motor control)라고 한다.

(2) 성격

남성과 여성의 성격에서 가장 큰 차이점은, 남성의 경우 더 공격적인 성향을 보이고 효율성과 실용성을 선호하며 감정의 변동(표현과 반응의 변화)이 상대적으로 여성보다 적다. 반면 여성은 대인관계, 사회적 유대나 협력, 공감을 형성하고 유지하는 데 더 중점을 두는 경향이 있다.

(3) 관심사

남성은 직업적 성공과 경력 개발, 신체 활동, 경쟁, 팀워크, 스포츠 활동을 선호하는 경향이 있는 반면, 여성은 집안일 등 가정환경의 관리와 유지, 가족과의 관계, 문화 및 예술 활동에 더 관심을 둔다.[106]

(4) 성별

남자와 여자의 성별 차이는 생물학적·문화적 요인에 기인한다. 남성 호르몬(테스토스테론)이 공격적인 행동에 미치는 영향과 같이, 생물학적 요인이 성격이나 행동에 직접적인 영향을 미칠 수 있다. 그러나 생물학적 요인이 행동이나 성격에 간접적인 영향을 미치는 경우도 있다. 예를 들어 남자아이보다 여자아이의 더 빠른 신체적·정서적 발달로 인해, 교육적 상황에서 차이[107]가 발생할 수 있다.

---

106) Cfr. G. Lindzey / R.F. Thompson / B. Spring, *Psicologia*, Zanichelli, Bologna, 1994, p.485.

107) 〔옮긴이 주〕 빠른 발달로 인해 여아가 남아보다 학교에서 더 빨리 학습을 시작하고, 성숙한 행동을 보일 수 있으며, 이는 교사와 부모의 기대와 교육적 접근방식에 영향을 미칠 수 있다.

또한 문화적 영향은 성 역할의 현저한 차이로 나타나며, 이는 다양한 역사적 시기와 현대 문명 안에서 관찰된다. 예를 들어 사회적 지위나 계층, 직업의 수준이나 직급, 거주 지역(도시나 시골), 국적과 같은 다양한 사회적·직업적·문화적 배경에 따라, 아동 양육 및 교육 방법, 성 역할과 성적 행동 및 태도, 정서적 반응과 감정 표현 방식, 개인의 관심사와 생활 방식, 다양한 능력 평가와 업무 수행에서 종종 집단 간 중요한 차이를 보이는 것이 관찰된다.[108)]

(5) 활동 에너지

남성은 비교적 짧은 시간 동안 큰 힘이나 정적인 힘[109)]을 들여야 하는 높은 강도의 신체적 활동과 작업에서 능력이 발휘될 수 있다. 그러나 에너지를 한꺼번에 쏟아붓거나 단시간에 소진하는 성향으로 인해, 쉽게 피곤해지고 회복하는 데는 더 오랜 시간이 필요하다. 반면 여성은 에너지가 어느 정도 분산되어 있어 한 번에 적은 에너지를 소모하기 때문에, 장시간의 활동과 작업을 지속할 수 있다.

(6) 종교체험

남성 종교심의 특징은 활동성이며, 행동으로 드러내는 성향을 보인다. 즉 남자는 자신의 신앙을 남들에게 증명하기

108) Cfr. «Psicologia differenziale» in W. Arnold / H.J. Eysenck / R. Meili, *Dizionario di Psicologia*, Paoline, Cinisello Balsamo(Mi), 1986.

109) 〔옮긴이 주〕 예를 들어, 무거운 물건을 들거나 지속적으로 지탱하거나 운반하는 것과 같이, 힘을 주는 동안 몸이 고정되거나 안정된 상태에서 힘을 사용하는 활동이 여기에 해당한다.

위해 성당을 짓거나 성상을 들고 행렬하는 등 뭔가 드러내는 행위를 해야 한다. 기도나 개인 신심 활동에는 그다지 관심이 끌리지 않는다. 반면 여성은 일상에서 자신의 믿음을 실천한다. 여성의 신앙에서는 가족과 함께하는 기도나 가족을 위한 기도, 십자가나 성화, 성상과 같은 눈에 보이는 신앙의 상징과 표지가 중요하다.

한 연구에서는 개인이 자신의 종교적 신념과 실천에 대해 스스로 평가한 "자기 평가"(self-assessment) 내용을 바탕으로 성별에 따른 종교심의 차이를 분석하였다. 여기서 연구 참가자들은 종교적 신념(자신이 얼마나 종교적이라고 생각하는지), 종교적 감수성(하느님 존재, 예수님의 신성, 영혼의 불멸성, 하느님이 우리의 기도를 듣고 계신다는 기본 교리를 얼마나 수용하는지), 종교적 실천(성경 봉독, 개인기도, 영적 활동 참여, 성사 생활을 얼마나 수행하고 있는지)이라는 세 가지 주제를 제시받고 이에 대해 스스로 진단하고 보고하였다.

초기 연구 결과에서는 여성이 남성보다 자신을 더 종교적이라고 생각하는 경향이 있다는 가설이 재확인되었다. 그러나 성별에 따른 종교적 태도와 신념의 차이가 시간이 지나면서 감소하는 경향이 있다는 점이 흥미롭다.[110] 다시 말해 여성은 남성보다 그리스도교에 대해 더 긍정적이고 열린 시각을 가지며 덜 비판적인 태도를 가지고 있지만, 이러한 특성도 성인기에 들어서면서 감소하여 더 이상 단순히 성별

---

110) Cfr. L.J. Francis / C. Wilcox, "Religiosity and Femininity", in *Journal for the Scientific Study of Religion* 37(1998), pp.462~469.

차이만으로는 설명할 수 없게 된다.[111]

일반적 차이

특성 / 분류	여 성	남 성
능력 및 적성	· 손재주 · 빠르고 정확한 직관력 · 기억력 · 단어 사용과 어휘 구사력 · 언어와 관련된 다양한 요소 숙달 및 능숙한 사용	· 복잡하고 큰 신체운동 · 빠르고 정확한 조정 및 협응 능력 · 공간 지각 능력 · 기계 작동, 조작의 이해력과 적용력 · 수리적 추리력
성격	· 남성보다 더 깊은 사회적 상호작용 · 관계 형성 및 대인관계 · 사회적 유대와 협력, 공감 · 사회적 책임감, 봉사 정신	· 여성보다 더 큰 공격성 · 효율성 추구 · 여성보다 비교적 작고 정적인 정서적 반응과 감정 표현의 변동
관심사	· 집안일, 가정환경 관리 · 가정에서의 시간과 활동 · 가족 관계, 지원, 돌봄 · 문화예술 활동	· 직업적 성공 · 경력 개발 선호 · 신체 활동, 경쟁 · 스포츠 선호
활동 에너지	· 특정 활동에 집중되지 않고 다양한 활동에 분산된 에너지 · 반복적 업무, 일상 활동의 장기간 피로를 견디는 능력 · 단조로운 일상의 지루함을 극복하는 창의적 상상력의 활용 능력	· 특정 활동에 집중된 에너지 · 한 번에 큰 힘이나 정적인 힘을 들이는 높은 강도의 신체 활동력과 작업 능력 · 짧은 시간에 에너지 소진 · 여성보다 더 쉽게 피곤해지고 회복하는 데 더 오랜 시간이 필요
종교 체험	· 일상에서 종교적 신념을 실천 · 가족과 함께하는, 가족을 위한 기도 · 가정의 신앙적 유대, 헌신을 추구 · 종교적 상징물(십자가, 성화상)로 신앙을 외적으로 표현	· 행동으로 드러내는 종교적 활동 · 신앙을 드러내기 위한 교회 건축, 성상 행렬 · 기도나 개인 신심 활동에 대한 관심 부족

111) 〔옮긴이 주〕 남녀의 종교적 태도와 신념에는 성별로 인한 차이를 넘어서는 다양한 요인이 영향을 미친다는 의미이다. Cfr. E.H. Thompson, “Beneath the Status Characteristic: Gender Variations in Religiousness”, in *Journal for the Scientific Study of Religion* 30(1991), pp.381~394.

2) 여성의 영적 특징

레지나 베클(Regina Bechtle)[112]은 여성의 영성을 "열정,[113] 신체성(Corporeality),[114] 강한 내적 힘"[115]이라는 세 가지 특성으로 설명한다.[116]

(1) 열정(Passione)

신비 문학을 연구하다 보면, 신비가 중에 여성이 단연 압도적으로 많다는 것을 느끼게 된다. 이는 앞서 언급한 남녀 간의 심리적 차이를 고려할 때 이해될 것이다. 신비적 경험이란 이성적 분석이나 지성적 사고의 결과가 아니라, 그것을 넘어 깊은 감정적 교감과 사랑의 차원에서 경험되는 것이다.

---

112) 〔옮긴이 주〕 레지나 베클(Regina Bechtle)은 사랑의 씨튼 수녀회(Sisters of Charity of Seton Hill) 소속으로 신학자, 영성 전문가이자 피정 지도자, 작가이다. 여성의 영적 특성을 다룬 연구와 저술을 통해, 여성의 영성과 종교체험에 관한 연구에 기여해 왔나.

113) 〔옮긴이 주〕 여기서 "열정"은 영적 체험에 대한 깊은 감정적 참여와 헌신, 강한 의지와 애정을 의미한다.

114) 〔옮긴이 주〕 신체성(Corporeality)이란 "물리적인 몸으로 존재하는 상태"를 뜻하며, 신체가 인간의 존재와 체험에 어떤 영향을 미치는가를 탐구하는 철학적 개념에서 나온 단어이다. 영적 존재가 아닌 만질 수 있는 물리적 존재, 신체적 존재를 뜻하는 "신체성"의 개념은 인간 정신(의식)과의 관계를 다루는 예술, 철학, 영성에 대한 논의에서 자주 사용된다. 본문에서 여성 영성의 특성인 "신체성"은 신체적인 경험과 감각이 영적 체험의 중요한 부분으로 작용하며, 영성이 신체와 밀접하게 연관되어 있다는 것을 설명하기 위해 사용되었다.

115) 〔옮긴이 주〕 이는 여성이 자신의 신앙을 유지하고 실천하는 데 있어 강한 의지와 역량을 가진다는 것을 의미한다.

116) Cfr. R. Bechtle, "Embodying God's life. Women and spirituality", in *The Way Supplement*, 93(1998), pp.31~42.

영적 열망은 대개 남성보다 여성에게 더욱 깊게 일어난다. 사랑하는 스승을 잃는다는 생각에도 끝까지 포기하지 않은 막달라 마리아를 예로 들 수 있다. 이처럼 여성은 개인의 감정과 경험에 기반한 주관적인 종교적 신념이나 체험을 통해, 신비체험을 사랑의 차원에서 더욱 뚜렷하게 인식한다.[117)]

은총의 충만함, 하느님과의 일치, 영성체(communion)에 대한 열망은 그리스도교 영성의 핵심 교리, 즉 사랑하고 사랑받는 하느님과의 친밀한 관계, 죽은 이들을 포함한 교회 공동체의 모든 구성원과 모든 성인의 통공[118)]을 통한 영적 일치, 성인 공경과 일상 안에서의 하느님 현존 의식, 신비체험에 대한 여성의 신학적 성찰의 영감이 된다.

(2) 신체성(Corporeality)

영적 성장은 지적 수준뿐만 아니라 상상력, 감정, 몸을 통해서도 이루어진다. 여성이 남성보다는 하느님을 더 실제적인 존재로 경험하는 경향이 있다. 왜냐하면 여성은 자기 몸과 더 깊고 자연스러운 직관적인 관계를 맺지만, 남성은 신체와의 관계가 여성처럼 본질적이거나 자연스럽지 않다. 이는 "여성은 몸 그 자체이고, 남성은 몸을 가진 존재"[119)]라는

117) 〔옮긴이 주〕 즉, 여성은 개인적이고 감정적인 차원에서 신앙심을 강하게 느끼며, 이러한 주관적 신앙심이 신비체험의 중요한 측면으로 나타난다는 의미이다.

118) 〔옮긴이 주〕 모든 성인의 통공(라틴어 communio sanctorum)은 모든 성인들과 지상의 순례자들, 그리고 정화와 용서가 필요한 죽은 이들이 모두 그리스도 안에서 영적으로 연결되어 하나의 교회를 이루며, 자신의 선행과 공로를 공유하고 기도 안에서 영적 도움을 주고받음을 뜻한다.

119) 〔옮긴이 주〕 이는 남성이 몸을 소유하고 있지만 그것이 자기 본질의 일부가

표현을 통해 설명된다.

이러한 남녀의 신체적 경험 차이의 예로는 예수님께서 발을 씻기려 하실 때 제자들, 특히 베드로가 당혹스러워했던 일을 들 수 있다. 요한복음은 예수님 품에 기대어 앉아 있는 '예수님께서 사랑하시는 제자'의 행동을 기록하면서(요한 13, 23 참조), 이러한 '이례적인'[120] 행위에 대해 독자들에게 마치 사과하는 듯한 뉘앙스를 전달하고 있다. 하지만 눈물로 예수님의 발을 씻겨드리고 자기 머리카락으로 닦아드렸던 죄 많은 여인처럼(루카 7,38 참조), 예수님의 몸에 향유를 부었던 마리아처럼(요한 12,3 참조), 그리고 부활하신 예수님의 발을 붙잡고 절하였던 마리아 막달레나처럼(마르 16,9 참조), 여성들은 예수님을 만지는 것을 두려워하지 않았다.

중세에는 신체를 단순히 물리적인 존재가 아니라, 사회적·도덕적·영적 가치와 관련된 상징적 의미로 보았다는 것이 역사 연구에서 드러났으며, 현대에 들어서 이러한 신체적 경험의 상징적 의미는 상대적으로 줄어들었다. 하지만 "여성 신학"에서는 여전히 신체가 삶과 영적 체험에 있어 핵심적인 요소로 간주된다. 앞서 언급한 중세 시대의 신체적 상징성이

아니라는 의미를 내포한다.

120) 요한은 예수님의 품에 기대는 행위가 당시 문화적·사회적 규범에 전례 없는 지나치게 친밀한 표현일 수 있음을 인식하였기 때문에, 이를 기록하면서도 어느 정도 거리감을 두며 마치 사과하는 듯한 태도를 보인다. 이를 통해 이러한 친밀한 신체적 표현은 독자들에게 부적절하게 느껴지거나 심지어 비난받을 수 있을 정도로, 당시의 남성 중심의 사회적 규범에서 벗어나 있음을 알 수 있다. Cfr. F. Ford David, *The Gospel of John: A Theological Commentary*, Baker Academic, 2021; Marianne Meye Thompson, *John: A Commentary*, Westminster John Knox Press, 2015; Gerd Theissen, *The Social Setting of Pauline Christianity: Essays on Corinth*, Wipf and Stock, 2004.

나 여성신학의 맥락에서 볼 때, 여성은 "전체론적"(holistic) 영성[121]을 지향하는 반면, 남성은 여성보다 신체적·감정적 차원이 다소 배제되며, 지적이고 이론적인 측면에 국한된 부분적 영성을 지향하는 경향이 있다. 이처럼 여성은 신체성(corporeality)의 모든 의미를 지닌 "육화"(incarnation)의 개념을 남성보다 자연스럽게 이해한다. 이렇듯 여성신학의 여러 문헌 안에서 하느님에 대한 탐구가 특히, 우리가 전통적으로 여성의 영역으로 여기는 영역(예를 들어 일상적인 것들, 기쁨과 슬픔, 가정, 가족, 성적 경험과 우정 등)에서 매우 활발하게 일어나고 있는 것도 우연은 아니라 할 수 있겠다.[122] 이는 하느님에 대한 이해가 여성 삶의 모든 측면과 깊게 연결되어 있음을 보여 준다.

(3) 강한 내적 힘

여성주의 운동(feminist movement)[123]은 모든 기관과 사회가 전통적으로 의지해 온 권력의 근본적인 토대(지배와 복종)에 도전하기 때문에, 사회적 기본 구조의 안정성에 대한 위

121) 전체론적(holistic) 영성이란 영성을 신체, 감정 등 전인격적 차원과 사회, 문화적 관계의 모든 차원을 통합적으로 보는 접근방식을 말한다. 홀리스틱(holistic), 홀리즘(holism)적 접근법에 대해서는 이 책 '제1부'의 각주 32번을 참조하시오.

122) Cfr. C. Walker Bynum / S. Harrell / P. Richman(ed.), *Gender and Religion. On the Complexity of Symbols*, Beacon Press, Boston, 1986, p.279.

123) [옮긴이 주] 여성주의 운동(feminist movement)은 여성을 억압하는 여성 차별과 여성의 사회적 인식, 지위에 대해 연구하고 여성의 정치, 경제, 사회 문화적인 평등을 지향하는 사상 혹은 활동이다. 여성 운동(women's movement) 또는 여성 해방 운동(women's liberation movement)과 혼용해서 쓰인다.

협으로 인식되곤 한다. 하지만 복음은 이런 관점을 완전히 뒤집는다. 예수님께서는 진복팔단을 통해 다음과 같이 경고한다. "너희도 알다시피 다른 민족들의 통치자들은 백성 위에 군림하고, 고관들은 백성에게 세도를 부린다. 그러나 너희는 그래선 안 된다. 너희 가운데에서 높은 사람이 되려는 이는 너희를 섬기는 사람이 되어야 한다. 또한 너희 가운데서 첫째가 되려는 이는 너희의 종이 되어야 한다(…)"(마태 20,26). 이 지점에서 여성이 전통적인 권력 구조 안에서 '지도자' 역할을 강하게 원하지 않는 현상을 연구해 볼 필요가 있다. 아울러 여성이 권력 구조의 변화를 추구하거나 다른 방식으로 사회적 역할을 수행할 수 있는 강한 내적 힘에 대해서도 이해할 필요가 있다.

3) 남성과 여성의 종교적 실천

앞서 언급한 남성과 여성의 영성, 종교체험에서 나타나는 차이는 일부 종교적 실천에 대한 접근방식의 차이로 반영된다. 이런 의미에서 전례, 강론, 주일 및 축제에서 발생하는 일련의 딜레마를 통해 남녀의 종교적 실천을 살펴보려 한다.

(1) 전례

전례가 하느님을 위한 것인지 사람을 위한 것인지에 대한 숙고는 "우리는 왜 성당에 나가는가?"라는 다소 진부한 질문에서 출발할 수 있다. 답은 분명해 보인다. 하느님과 그분의 구원적 사랑을 찬양하고 당신의 은총에 감사드리기 위해서이다. 그러나 전례의 현실을 자세히 들여다보면, 전례가 하느님을 중심에 두기보다 자주 가족이나 아이들을 중심으로 거행되는 인상을 받게 된다. 몇 년 전 유럽의 한 주교회의에서 발표한 사목 서한(그리스도교인들이 빈민, 이민자, 약물 중독자를 돌봐야 한다는 내용)을 보면, 모든 주제가 중요하고 고귀하지만 다소 혼란스럽다. 왜냐하면 이는 단순히 친교 중심의 "사회적 가톨릭"을 강조할 뿐, 더 중요한 것들 — 하느님께 경배하고 찬양하며 감사드리는 기도와 묵상, 성체조배 — 을 말하고 있지 않기 때문이다.

이러한 접근은 종교심의 남성적 구조를 반영한다. 일부 학자들은 이에 대해 신앙이 성사적 의미를 상실하였고, 전례나 기도, 단순한 형식적 활동이나 교육적 세미나로 변질되었다는 것을 지적한다. 또한 교회가 학교, 교육 및 사회 기관, 훌륭하고 풍부한 출판물을 가지고 있기 때문에 가톨릭 전통이 오히려 "가톨릭의 남성적 구조" 안에서 더욱 건강하게 유지될 것이라는 생각은 착각이라고 덧붙이고 있다. 이에 비해 종교심의 여성적 차원으로서의 하느님께 열린 마음은 부족하다고 지적한다. 학자들은 가톨릭 예식의 중심인 성체성사의 재발견 안에서 해결책을 찾을 수 있다고 말한다.[124)]

이러한 위험 속에서 일각에서는 다소 "여성적 예식"으로 보이는 다양하고 새로운 전례를 도입하기 시작했다. 이런 예식의 가장 큰 특징은 신체성(corporeality)의 재발견이다. 여성

124) Cfr. M.J. Donahue, "Catholicism and Religious Experience", in R.W. Hood, *Handbook of Religious Experience*, Religious Education Press, Birmingham, Alabama, 1995, p.38.

신학의 관점에서 전례를 새롭게 재구성한 한 에세이는 다음과 같이 제안한다. "여성들은 기존의 전통적인 의식에서 벗어나 여성의 경험을 더 잘 표현하고 반영할 수 있는 새로운 전례 예식을 만들기 위해 노력하고 있다. 즉 여성의 생애 주기에서 중요한 전환점이 되는 사건, 예를 들어 폐경, 여성의 생식 건강과 가족계획에 관련된 선택과 결정들,[125] 자연유산, 출산, 입양, 이혼, 직업 변화, 친구의 상실, 교회 공동체와의 단절, 노인 요양원으로의 이주, 죽음 등을 기념하는 예식과 예절들이다."[126]

여성신학의 관점에서 재구성된 새로운 전례의 특징은 몸과 신체성(corporeality)에 대한 존중[127]이다. 물론 이러한 차원의 중요성을 폄하하려는 의도는 없지만 남녀의 종교적 경험의 차이를 고려할 때, 전례 안에서 남성은 여성만큼 신체적 표현을 쉽게 받아들이지 않는다는 점을 염두에 두어야 한다.

오늘날의 전례에서 신체성(corporeality)의 중요성이 점점

---

125) 〔옮긴이 주〕 출산 여부, 피임 방법, 불임 치료, 임신 중의 건강 관리와 관련된 기타 선택과 결정들을 말한다.

126) 전례 안에 이러한 새로운 형태의 기념 예식의 도입은 여성의 신체적 경험, 사회적 역할, 그리고 여성적 가치를 중시하고 전례를 여성의 시각에서 재조명하려는 노력의 일환이다. Cfr. L. Larson-Miller, "Remembering who we are. Women and ritual", in *The Way Supplement*, 93(1998), p.67.

127) 〔옮긴이 주〕 신체를 단순한 물질적 존재가 아니라, 신체적 경험과 표현을 영성생활에서 중요한 역할로 여기는 것을 뜻한다. 예를 들어 전례 예절이나 예식에서 율동, 제스처, 혹은 여타의 신체 동작과 같이 신체를 사용하는 것을 중요시하고 이를 통해 영적 체험을 표현하려고 시도하는 것을 말한다.

커지고 있다는 인상을 피할 수 없다. 일부 기도 모임에서는 서로 포옹하고 미사 중 '주님의 기도' 때 손을 잡으며, 평화의 인사는 눈을 맞추고 악수만 하던 것에서 보다 적극적인 포옹과 입맞춤 등의 표현으로 바뀌었다.[128] 하지만 남성은 이러한 신체적 표현을 여성만큼 중요하게 여기지 않는 경향이 있다. 이러한 점이 아마도 여성이 남성보다 새로운 전례에 더 끌리는 이유 중 하나가 될 수도 있을 것이다.

(2) 강론과 설교

그리스도교의 강론이나 설교는 주로 감정적 호소를 중시하는가, 혹은 신앙의 진리에 대한 지적 성찰을 중요시하는가? 종교심은 복합적인 현상이며, 일반적으로 신앙적·지성적·정서적·전례적 요소, 그리고 교리나 신앙이 개인의 도덕적·윤리적 선택과 행동에 미치는 영향 등이 포함된다. 모든 종교인에게 이 모든 요소가 작용할 수 있고 그래야 하겠지만, 남성과 여성 사이에는 그 중요성이 다를 수 있다. 여성은 신앙적·전례적·정서적 측면을 더 지향하며, 자기 신앙의 진리를 더 쉽게 받아들이고 전례에 더 열정적으로 참여하는 경향을 보인다. 반면 남성은 지적인 차원, 신앙이 개인 삶에

128) 〔옮긴이 주〕 물론 이 책에서는 가톨릭 전례가 정적인 전례 분위기에서, 이후 더욱 적극적으로 몸을 움직이고 표현하는 분위기로 전화되는 저자 당대의 시대상을 반영하고 있다. 하지만 현대의 한국 천주교회에서는 여러 가지 사회, 문화적 문제(예를 들어 미투 운동, 성 인지 감수성, 여성 인권에 대한 인식의 성숙 등)와 더불어 — 물론 한국 천주교회에서도 저자가 말하는 활동적인 전례 분위기의 시기를 지나 — 전례 중 이러한 몸의 표현과 움직임에 대해서는 유럽 교회에 비해 다소 조심스럽고 그다지 호의적이지 않은 듯 보인다.

영향을 미치는 결과적인 측면을 더 지향하는 경향이 있다. 즉, 신학과 신앙 교리에 더 많은 관심을 표명하며, 이론적 차원에서 "종교 전문가"가 되기 쉽다.

신앙의 복합적인 요소 중의 한 가지 측면만을 강론의 맥락에서 살펴보고자 한다. 오늘날 강론에서는 신앙의 근본 원칙, 가치와 규범과 같은 종교적 신념에 대한 강조가 주를 이루는 것처럼 보인다. 이에 따라 강론은 신앙을 무조건 수용하고 신앙의 가르침에 따라 타인을 공감하고 돕도록 감정적으로 호소하면서 신앙의 이념적 틀을 제시한다. 반면 교의적 설명은 거의 사라졌다. 깊이 있는 신학 논문 같은 바오로 사도의 설교나 혹은 미국의 풀턴 신(Fulton Sheen),[129] 독일의 복자 루퍼트 마이어(Rupert Mayer),[130] 프랑스의 라코르데르(Lacordaire),[131] 그 밖의 일부 이탈리아의 설교가들이 과거에 큰 성공을 거뒀던 것을 상기할 필요가 있다. 이들의 설교는

---

129) 〔옮긴이 주〕 미국의 로마 가톨릭 주교이며, 로체스터의 주교를 지냈다.

130) 〔옮긴이 주〕 독일 가톨릭 사제이자 신학자로, 제2차 세계대전 중 나치에 저항하며 여러 차례 수용소에서 감금되었다. 1939년부터 1945년까지 개신교 목사이자 신학자인 디트리히 본회퍼(Dietrich Bonhoeffer)와 에탈 수도원에서 연금 상태로 지내다가 1945년 미군에 의해 석방되었다. 그의 신앙과 용기, 인간 존엄성과 사회 정의를 위한 헌신은 사회적 약자들에게 많은 도움을 주었고 신앙인들에게 큰 영감을 주었다. 그의 성덕과 순교적 삶이 인정받아, 1987년 교황 바오로 2세에 의해 복자로 시복되었다.

131) 〔옮긴이 주〕 19세기 프랑스 가톨릭 신부이자 신학자, 설교가, 사회 개혁가이다. 루소(Jean-Jacques Rousseau)의 제자였으나, 1824년에 도미니코회(프라도르 수도회)에 입회하여 수도자로서의 삶을 시작했다. 깊이 있는 신학적 통찰과 강력한 설득력으로 유명한 설교가였으며, 당시 프랑스 사회에서 도미니코회의 신학과 신앙을 널리 알리고 근대사상과 가톨릭교회와의 조화를 위해 힘썼다. 그는 신학적 통찰력과 저서, 강연, 사회적 참여를 통해 프랑스 가톨릭 교회와 사회에 깊은 영향을 미친 인물로 평가받고 있다.

신학적 성찰, 교의의 심층적 분석과 해설로 가득 차 있고, 신자들에게 이에 대해 생각하고 반성하게 하는 도전적인 질문이나 문제를 제기한다.

그동안 신학 교육과 교의적 해석과 같은 신앙의 중요한 부분을 교회 내의 전문 기관이나 평신도 교육기관에 위임하고, 강론에서는 이 부분을 소홀히 하거나 덜 강조해 왔던 것도 사실이다. 그러나 교의적 해석과 설명은 복음 선포에 없어서는 안 될 중요한 부분을 차지한다. 『가톨릭 교회 교리서』는 교회의 교도권에 대해 언급하면서, 교리 교육과 설교에 관해 분명히 언급하고 있다.

> "윤리 문제에 관한 교회 사목자들의 교도권은 일반적으로 신학자들과 영성가들의 도움을 받아 교리 교육과 설교를 통하여 행사된다. 이처럼 그리스도에 대한 신앙에서 나오고 또한 사랑으로 활력을 얻은 규율과 계명과 덕행의 독특한 총체로 구성된 그리스도교 윤리의 '유산'이 사목자들의 세심한 감독을 받으면서 세세 대대로 전해져 내려왔다. 이러한 교리 교육은 전통적으로, 신경(信經)과 주님의 기도와 더불어, 모든 사람에게 유효한 윤리 생활의 원칙을 밝혀 주는 십계명을 그 기초로 삼고 있다."[132]

132) 『가톨릭 교회 교리서』 2033항.

(3) 주일과 축제(Festività)[133]

교회의 주일과 축제는 가족 모임(가족 중심의 행사)인가, 하느님과의 개인적 만남(개인의 신앙 체험)인가? 독일의 대주교 칼 레만(K. Lehmann)[134]이 쓴 사목 서한에서는, 주일과 축제를 "가족 중심의 주일"이나 "가족적인 축제"와 같이 "가족과 관련된"(familiare) 것으로 정의하거나 과도하게 강조하는 것을 경계하라고 사제들에게 권고하며, 주일과 축제가 '가족 행사'(가족 모임의 기회)로 변질되고 있다는 우려를 표하고 있다. 즉 주일 및 축제와 가족과의 연관성은 유아세례, 첫영성체, 또는 혼인성사와 같은 특별한 경우에 있어서 어느 정도 이해될 수 있지만, 모든 주일과 축제를 '가족 행사'로 선언하는 것은 역효과를 낼 수 있다. 예를 들어 정상적인 가정에서 지내지 않고 있거나 신앙생활을 하지 않는 가족 일원이 있는 사람, 또는 자녀가 없는 부부, 미망인이나 혼자 사는 사람은 자신이 설 자리가 없는 것 같은 소외감과 불편함을 느끼며, 심지어 죄책감을 가질 수도 있다. 아울러 여성은 전통적으로 가족의 가치를 지키고 강조하는 반면, 가족 중심의 가치를 강조하는 것이 여성에 비해 남성에게는 덜 친숙하거나 받아들이기 어려울 수 있다.

---

133) 〔옮긴이 주〕 이탈리아를 포함한 가톨릭 국가는 가톨릭과 관련된 법정 공휴일과 축제가 많다. 이태리어로 Festività란 단어는 가톨릭 성인이나 축일, 주요 기념일을 기리며 지내는 축제(성탄절, 부활절 등)를 의미한다.

134) 〔옮긴이 주〕 독일 마인츠 대교구 명예 대주교인 칼 레만(Karl Lehmann) 추기경은 1986년부터 1988년까지 세계 루터교 연방과 교황청 그리스도인 일치촉진 위원회 간 대화 위원회 의장을 역임하는 등 독일에서 교회 일치 운동에 기여했다.

이에 대한 해결책은 신자들에게 "하느님의 가정"을 선포하는 것에 있지 않고, 주일과 축제를 개인적 신앙 체험과 연결해야 한다. 즉 "하느님의 가정"이라는 신학적 개념은 현대의 핵가족 사회에 단순히 적용될 수 없으며, 오히려 "하느님의 백성"이라는 개념이 적용되기에 더 적합하다. 심리적 관점에서 가족의 가치(사랑, 헌신, 책임감 등)와 그와 관련된 성향(생일, 기념일 기억, 가족의 화합을 도모, 친인척간 관계의 돌봄 등)은 여성이 자연스럽게 잘 수행하는 "여성의 영역"에 속한다.

미사 중에 볼 수 있는 또 다른 현상은, 독서, 예물 봉헌 예절, 헌금 모금 예식과 같은 많은 전례의 역할이 흔히 어린이에게 맡겨지는 것이다.[135] 이러한 모습은 엄마들에게 '귀여운 구경거리'일 수 있지만 아빠들에게는 반드시 그런 것은 아니며, 오히려 이러한 예식이 아이들만을 위한 것이라는 인상으로 소외감을 느낄 수도 있다.

교회 공동체 의식을 진작시키기 위해 모든 신자를 위한 전례가 필요하다는 것은 의심의 여지가 없다. 하지만 적어도 가끔은, 예를 들어 남성만을 위한, 여성만을 위한, 혹은 어린이만을 위한 참회 예식처럼, 다양한 특정 그룹을 위한 전례를 만들고 참여하는 것도 고려해 볼 필요가 있다. 특히 교회는 대희년(The Great Jubilee)을 통해서, 가정을 위한 희년뿐 아니라 운동선수, 정치인, 어린이를 위한 희년(jubilee)과 같이 특정 그룹에 소속되는 것이 오늘날 신자들에게 여전히 중요

---

135) 〔옮긴이 주〕 이는 가족 미사의 형태로 봉헌되는 전례 안에서, 엄마들이 예식에 참여하여 봉사하는(복사, 독서, 예물 봉헌 등) 자녀를 뿌듯하게 지켜보는 유럽의 당대 미사 분위기를 보여 주고 있다.

한 의미를 지닌다는 것을 우리에게 가르쳐 주고 있다.[136)]

2. 여성의 정체성과 소명

차이 심리학(differential psychology)[137)]은 개인이 갖고 있는 다양한 심리적 특성의 본질과 그 원인을 다룬다. 하지만 이 분야에서 제기되는 문제는 다양할 뿐 아니라, 제시되는 해결책도 서로 자주 상충한다. 여성의 심리가 남성과는 명백히 다르거나 심지어 반대되는 특성을 보인다고 평가하는 사람이 있는가 하면, 이러한 차이를 중요하지 않다고 생각하는 사람도 있다. 또한 차이의 원인에 대한 강조점도 다양하게 나타난다. 많은 이가 남녀의 심리적 차이의 원인을 유전적·생리적 요인으로 보지만, 어떤 이들은 문화적 조건으로 보기도 하며, 또 다른 이들은 삶에 대한 태도와 헌신을 기반으로

136) 〔옮긴이 주〕 저자는 그동안 유럽의 가족 중심의 사회, 문화적 배경에서 "가정 중심의 전례와 행사"가 중요시되었던 교회의 현실이, 현대의 핵가족 사회에서는 더 이상 적용될 수 없음을 지적하고 있다. 물론 기존의 시스템이 모든 가족 구성원이 신자가 아닐 경우, 자녀가 없는 부모들, 편부모, 이혼 가정, 조손 가정 등 다양한 가정의 형태를 포용할 수 없다는 차원에서 저자의 지적은 타당하다. 하지만 가정 중심 교회의 시기를 지나, 주일학교, 청년회, 어르신 미사 등 핵가족 시대의 교회 시스템을 오랫동안 유지해 온 현대 한국 천주교회의 현실을 고려해 볼 때, 저자가 말한 그룹화, 범주화된 특정 단체 중심의 전례 형태나 교회 시스템 또한 명확한 해결책은 되지 못하고 있다. 오히려 최근 신자 수의 감소와 이탈로 인한 운영의 어려움으로, 한국 천주교회는 가정 중심의 공동체, 소공동체, 단체의 통합 등 다시 단체의 탈 범주화와 통합으로 회귀하려는 모습도 보인다. 본당의 다양한 그룹의 세분화 혹은 단체와 가정의 통합 문제는 향후 가톨릭교회가 계속 고민해야 할 딜레마라고 할 수 있겠다.

137) 차이 심리학(differential psychology)에 대해서는 이 책 '서문'의 각주 1번을 참조하시오.

차별화된 심리적 특성이 형성된다고 본다.

1) 서로 다른 두 존재

남성과 여성은 단순히 신체적 형태나 생리적 측면뿐 아니라 심리적·행동적 측면에서도 명확히 구별된다. 심리적·행동적 차이는 어린 시절에 거의 인지할 수 없지만, 성장 과정에서 더욱 분명해지는 것이 쉽게 관찰된다. 사춘기 전까지는 유사점이 차이점보다 더 많이 발견되지만, 이 단계 이후의 성장 과정에서는 두 성별을 구별 짓는 특징이 점점 더 두드러지게 나타난다.

남녀의 두 가지 성(sex) 중 한쪽에만 유일하게 존재하는 심리적 특성은 발견되지 않는다. 따라서 남녀의 심리적 특성의 차이는 두 성별 간의 본질적인 차이가 아니라 상대적으로 양적인 차이에서 비롯된다는 "성적 양능성"(Sexual bipotentiality)[138]의 차원에서 이해되어야 한다.

심리학자 자피(T. Zaffi)는 "진정한 여성다움이란 비록 남성과 일부 측면에서 다르지만 결코 반대되는 것이 아니라, 오히려 남성과 동등한 가치를 지니며 전체적으로 통합된 존재가 되는 것을 의미한다"라고 주장한다. 만약 여성과 남성이

138) 〔옮긴이 주〕 성적 양능성(Sexual bipotentiality)이란 생물학, 생리학에서 척추동물이 발생 초기에 암컷 혹은 수컷의 어느 쪽도 발육할 수 있는 능력을 가리키는 용어이다. 심리학에서는 모든 사람이 본질적으로 남성적 또는 여성적이지 않고 성별에 따른 심리적 차이는 절대적인 것이 아니라 상대적인 것에 불과하므로, 모든 개인이 남성과 여성의 특성을 일정 부분 가질 수 있다는 것을 강조한다. 참조: 강영희,『생명과학대사전』, 도서출판 여초, 2014.

서로 자신의 특성이 더 근원적이고 우월하다고 주장하며 다른 쪽을 자신의 본래 성별에서 파생된 단순한 결과물로 간주한다면, 서로 간의 다툼과 경쟁, 그리고 불평등이 발생하게 된다. 따라서 성별 간의 차이를 새로운 잠재성의 원천으로 고려하는 것이 좋다. 그렇게 하면 남자든 여자든 자신과 타인과의 차이를 통해 자기 정체성을 인식할 수 있게 되며, 이를 통해 모든 사람에게서 풍요로움을 발견할 수 있을 것이다.

2) 차이의 요인

(1) 생물학적·생리학적 차원

자연주의[139)]자들은 생식샘(gonad)[140)]에서 분비되는 호르몬이 신체의 다양한 세포와 조직에 영향을 미쳐 성별 간의 차이를 형성한다고 주장한다. 신체의 모든 세포는 특정 성별(남성, 여성)에 따라 고유한 특성(남성의 성적 특징, 여성의 성적 특징)을 지닌다. 특히 생식기관의 세포[141)]는 각 성별의 세포 구조와 형태, 호르몬 구조 및 신경계 등과 같은 생리적·기능적 차이를 형성하는 데 핵심적인 역할을 한다.

---

139) 〔옮긴이 주〕 자연주의(naturalism)는 정신 현상을 포함한 일체의 현상을 자연과학의 방법으로 설명하는 입장을 말한다.

140) 〔옮긴이 주〕 생식샘(gonad)은 성샘, 성선 혹은 생식선으로도 부르며 동물에서 생식자를 만들어 내는 기관이다. 수컷의 생식샘은 고환이며 암컷의 생식샘은 난소이다.

141) 〔옮긴이 주〕 남성 생식기관의 세포에는 고환, 정관, 음경, 전립선 등이 있으며, 여성 생식기관의 세포에는 난소, 자궁, 질, 자궁경부 등이 있다.

또한 일부 학자들은 성별 간의 가장 깊은 차이를 뇌에서 찾는다. 그들은 뇌의 좌반구가 이성적 사고, 언어 정보 처리, 그리고 구체적이고 실제적인 문제를 다루는 능력에 관여하는 반면, 우반구는 감정, 예술적 감수성, 창의적 직관을 관장한다고 밝혔다. 여성의 경우 우반구의 활동이 더 두드러지며, 좌, 우반구가 남성보다 더 긴밀하게 연결되어 상호 협력이 더 효율적이고 원활하다.

(2) 문화적 영향

여성성의 특성은 단지 생리적이고 생물학적인 요소만이 아니라, 사회적·문화적·전통적 요인에 의해 영향을 받는다. 인류학에서는 젠더(gender)[142]라는 개념을 통해 남녀의 '성별'이 어떻게 문화적으로 분류되고, 어떻게 행동과 인식 방식, 사회적 역할에 영향을 주는지를 연구한다. 이를 통해 각 사회 집단을 주로 생물학적 성별에 따라 '여성'과 '남성'이라는 특정 그룹으로 나누는 방식, 혹은 이 그룹에 부여된 '여성성'이나 '남성성'이라는 특정한 사회적 역할, 행동 방식으로 구분하는 방식을 다룬다. 즉 특정 사회나 문화에서 여성과 남성을 각각 별개의 역할과 특성을 지닌 범주로 규정할 수 있다. 반대로 성별의 역할이나 특성이 엄격하게 구분되지

142) 〔옮긴이 주〕 젠더(gender)는 성, 성별(성 구분)을 의미하며, 생물학적인 성에 대비되는 사회적인 성을 이르는 단어이다. 1995년 9월 5일 북경 제4차 여성대회 정부 기구 회의에서 섹스(sex) 대신 사용하기로 했다. 섹스가 남녀 차별적인 의미를 지닌 것인 반면 젠더는 남녀 간의 대등한 관계, 평등, 사회적 동등함 등의 의미가 함축되어 있다. 참조: 『고려대 한국어대사전』, 고려대학교 민족문화연구원, 2009.

않거나 "트랜스젠더(transgender) 정체성"[143]과 같이 서로 교환할 수 있는, 개인의 유동적이고 다양한 성 정체성의 선택으로 표현될 수도 있다.

이러한 방식으로 각 사회적 맥락에서 성별의 역할과 지위가 부여되고, 최종적으로 개인의 성 정체성이 정의된다. 우리는 사회의 성 역할, 행동 방식, 감정 표현 등을 배우고 습관화하는 문화적 사회화 과정을 통해서, '여성'이나 '남성'(또는 다른 성 정체성)의 정체성을 형성해 왔다. 하지만 이 사회적 문화화 과정에 속한 '여성'이나 '남성'(또는 다른 성 정체성)은 속해 있는 범주의 특성이나 지위, 역할이 사회·문화적 선택의 결과가 아니라, 마치 원래부터 정해져 변하지 않는 고정된 것으로 인식하여 자신이 다른 사람과 본래 다르다고 생각하게 된다.

3) 다르면서도 동일한 본성과 존엄성을 갖는 상호 보완적 관계

"하느님께서 말씀하셨다. '우리와 비슷하게 우리 모습으로 사람을 만들자'(…). 하느님께서는 이렇게 당신의 모습으로 사람을 창조하셨다. 하느님의 모습으로 사람을 창조하시되 남자와 여자로 그들을 창조하셨다"(창세 1,26~27). 이렇게 남녀 두 사람 모두 하느님의 모상으로 창조된 동일한 인간 본성과 존엄성을 가진다. 따라서 남녀 성별의 "단일 이원성"

---

143) 〔옮긴이 주〕 트랜스젠더(transgender) 정체성은 생물학적 성별과 자신이 인식하는 성별이 일치하지 않거나, 전통적인 성별 구분에 맞지 않는 경우를 말한다.

(duality)은 단순한 차이가 아닌 인간의 존재론적(ontological) 본성에 뿌리를 두고 있고 인간의 존엄성에 있어서는 평등하며, 남성성과 여성성의 속성, 특성이나 역할에 있어서는 상호 보완적으로 작용하여 전체적인 조화를 이룬다.

성별 이원성과 차별성은 개인의 성격 발달에 영향을 미치고 남녀 활동의 고유한 특징을 드러내는 중요한 역할을 하지만, 이는 성별 간의 가치 차이를 나타내는 것이 아니며 둘 중 한쪽이 다른 쪽보다 절대 우월하지 않다. 본질적으로는 공존과 협력을 통해 상호 보완하며 통합되는 것이다. 다시 말하면, "남성은 여성을 보완하고 여성 또한 남성을 보충하므로, 여성과 남성은 서로를 보완하고 보충한다"라고 말할 수 있다. 이러한 관점에서 인간성은 개인 차원에서 완성되지만 성적 상호 보완의 관계를 통해 완성된다.[144]

4) 여성다움의 방식

여성이 느끼는 큰 유혹 중 하나는 자신을 남성의 반쪽으로 보며 남성에 대해 열등감을 느끼는 것이다. 여성은 자신의 본성 자체가 사회적 구조와 규범에 순응적·순종적이기 때문에 자신을 남성보다 열등하다고 생각하는 경향이 있다.

144) 〔옮긴이 주〕 2004년 신앙교리성에서 발표된 「교회와 세상 안에서 남녀의 협력에 관하여 가톨릭교회의 주교들에게 보내는 서한」에서 여성성(womanhood)은 남성성(manhood)만큼 인간을 표현하며, 다만 상호보완적으로 다른 방식을 가질 뿐임을 강조하고 있다. Cfr. Congregazione per la dottrina della fede, *Lettera ai Vescovi della Chiesa Cattolica sulla collaborazione dell'uomo e della donna nella Chiesa e nel mondo*(31 maggio 2004), p.8.

이에 따라 여성은 자신을 남성보다 더 섬세하고 더 취약하며, 감정적으로 더욱 영향받기 쉬운 존재로 인식한다. 하지만 남성과 다른 특성이 여성을 본질적으로 열등하게 만드는 것은 아니며, 단지 남성과 다른 방식으로 존재하는 것일 뿐이다. 먼저 자신이 남성이 아니라는 사실에 대한 질투심을 없애고, 자신의 본성과 특정한 역할, 그리고 인간으로서 존재하는 방식을 받아들이는 것이 무엇보다 중요하다.

여성 또한 남성이 하는 모든 일을 수행할 수 있다. 그러나 특히 여성이 자신의 자연스럽고 본능적인 본래의 여성성을 발휘하는 상황에서는 남성과는 구별되는 독특한 "자신만의 고유한 존재 방식", 즉 특유의 "여성다움의 방식"으로 작업을 수행한다. 남성적 존재 방식의 특성이 명확한 목적의식과 목표를 가지고 상황을 확장하고 변화를 추구하는 "확장의 역동성"이라면, 이에 비해 여성적 존재 방식의 특성은 주변과의 상호작용과 조화를 이루며, 상황에 맞춰 유연하게 대응하고 변화를 수용하는 "적응의 역동성"이라 할 수 있다.

3. 여성의 심리적 특성

일반적으로 남성보다 여성 안에서 더 자주, 더 두드러지게 나타나는 특성을 고려하면서, 여성의 본성을 특징짓는 주요 심리적 특성을 이어서 살펴볼 것이다. 그에 앞서, 일반적으로 여성이 다음 내용에서 기술하고 있는 특정한 심리적 특성을 가진다고 해도 모든 여성에게 그 특성이 전부 나타나는 것은 아니며, 또한 남성도 이러한 특성을 전혀 가지지 않거나 오직 여성과 반대되는 특성만을 가지는 것 또한 아니라는 점을 지적하고자 한다. 즉 남녀 간의 일반적인 심리적 차이가 있음에도 불구하고, 이런 특성이 성별에 따라 전적으로 구분되는 것은 아니라는 점을 기억할 필요가 있다.

1) 감수성

여자는 남자에게 하찮아 보일 수 있는 아주 사소한 것까지 감지하기 때문에, 남자는 종종 여자가 사소한 것에 너무 세심하게 신경 쓴다고 비난하고, 반대로 여자는 그러한 것들에 남자가 너무 무관심하고 무신경하다고 비난한다. 여성의 몸은 남성의 몸에 비해 더 생생한 내적 감각이 있으므로, 여성이 자기 몸으로부터 느끼는 감수성은 남성보다 더 강하고 뚜렷하다. 즉 여성은 몸으로부터 느끼는 감수성이 상대적으로 과민하기 때문에, 자기 몸의 존재감을 더 깊고 뚜렷하게 인식한다. 반면 남성은 자신의 몸을 덜 의식하는 경향이 있으므로, 보통 자기 몸을 잊어버리며 자신의 정신적 자아와 외부 세계 사이에 아무것도 없는 것처럼 보인다.

여성은 자기 몸을 통해 느껴지는 생생한 감수성에 지속석으로 이끌린다. 따라서 여성은 매 순간 자신의 몸을 외부 세계와 자신의 정신 사이를 연결하는 통로로 느끼며, 여성의 정신생활은 남성의 정신생활에 비해 자신의 몸에 깊이 연결되어 녹아들게 된다. 결과적으로 여자는 신체와 정신 사이에서 남자보다 훨씬 높은 수준의 직관력을 지니며, 타고난 생리 구조로 인해 자신의 몸을 잘 가꾸고 돌보게 된다.

2) 직관력

여성은 주로 상황 전체를 한눈에 파악하는 직관적인 방식으로 현실을 이해하는 것으로 보인다. 여성이 갖추고 있는 섬세한 직관력은 일상의 문제 해결이나 대인관계에서 상당히 유리한 이점이 된다.

3) 전체적이고 구체적인 이해 방식

여성은 논리적 연관성을 찾기 위해 내용을 분석할 필요없이 상황을 전체적인 관점에서 파악한다. 여성이 세상을 이해하는 방식은 매우 구체적이며, 실제로 현실에 더욱 가깝다. 한 심리학적 연구 결과에 따르면 여성은 일반적인 개념이나 이론적인 내용보다, 실제 개인의 경험이나 다른 사람에게서 들은 이야기 등 구체적인 사실에 기반하여 실질적인 결론을 내리고 문제를 해결하는 데 더 관심을 둔다. 즉 여성은 삶의 질을 높이고 주변을 더욱 유용하게 개선하고 지속시키며, 삶을 아름답게 만들기 위해 노력하는 데 모든 지능을 집중하는 경향이 있다.

4) 공감 능력

여성은 타인의 감정에 잘 공감한다. 여성의 직관력은 타인의 감정 세계와 행동 방식을 인식하는 자신의 행동을 이해하는 데 있어 특별한 방식으로 표현된다. 이는 여성이 사람들과의 관계에서 자신과 타인의 내면세계를 확인해 보는 데 크고 활기찬 관심을 갖는 이유를 설명해 준다. 이렇듯, 여성은 자신을 알고 이해하고 싶어 할 뿐 아니라, 다른 사람들의 성격과 내면에 대한 깊은 관심 또한 가지고 있다. 하지만 꼬치꼬치 캐묻고 지나치게 간섭하는 호기심과 관심은 자칫 개인의 프라이버시를 침해하거나 타인을 불편하게 만들 수 있다.

여성은 특유의 감수성과 직관력 덕분에 일반적으로 남성이 이해하지 못하거나 놓치는 기분의 미묘한 차이를 포착할 수 있다. 여성은 타인 행동의 감정적 깊이를 빠르고 명확하게 인식하기 때문에, 타인의 내면을 잘 이해한다. 다양한 상황에서 명확하지 않은 측면까지도 직감적으로 파악할 수 있는 능력은 주어진 현실을 완전히 이해했다는 확신을 여성에게 심어주고, 문제를 대처하고 해결할 수 있는 확고한 자신감을 갖게 한다. 이러한 확신과 자신감은 마음에 담고 있는 것을 결정하고, 이를 다른 사람과 함께 나누게 하는 활력을 불어넣어 준다.

5) 정서와 감정

여성은 감정적·정서적인 면에서 남성보다 더 강하게 반응하며, 더 쉽게 감동하거나 더 자주 울고 웃는다. 이러한 감정적 성향 때문에 여성은 남성보다 연민이 더 강하고 더 부드럽고 따뜻하며, 이성적인 판단보다 감정적인 이유나 판단을 더 우선시하는 경향을 보인다. 요한 바오로 2세 교황은 "여성의 존엄성은 본질적으로 (…) 사랑의 질서에 의해 측정된다"라고 말씀하시며 여성의 감정적 성향을 표현하였다.[145)]

여성의 감정적 성향은 다섯 가지 주요 특성을 보인다. 첫째, 여성은 단순히 특정 상황이나 사람에 국한되지 않고, 전체적인 맥락에서 감정을 느끼고 반응한다(포괄성). 둘째, 감정적 교환에서 상호적인 응답과 관계의 균형을 중시하며, 자신이 느끼는 감정이 상대방에게도 전해지고 상대의 같은 감정이 되돌아오기를 기대한다(상호성). 셋째, 관계에서 신중하고 배려 깊은 태도를 보이며, 상대방의 감정을 존중하고 조심스럽게 접근한다(섬세함). 넷째, 감정적으로 따뜻하고 상냥한 성향을 보이며, 관계에서 애정과 친절을 표현한다(부드러움). 다섯째, 상황이나 경험에 따라 감정의 기복이 발생하거나, 기분이나 감정의 상태가 다소 불안정할 수 있다(변동성).

---

145) 〔옮긴이 주〕 참조: 교황 요한 바오로 2세의 사도적 서한, 「여성의 존엄」(*Mulieris Dignitatem*, 1988.08.15.), 29항; 교황 요한 바오로 2세는 1987년 6월 7일(성령강림 대축일)부터 1988년 8월 15일(성모승천 대축일)까지를 마리아의 해로 선포하였고, 「여성의 존엄」은 요한 바오로 2세 교황이 이 마리아의 해를 지내면서 발표한 교서로, 마리아의 삶에 비추어 여성의 존엄과 소명을 성찰하고 있다.

6) 인간 전체성(globality)[146]에 영향을 미치는 감정

여성의 감정은 정신의 역동성[147] 안에서 나타나며, 또한 자신의 마음 상태를 표현하려는 욕구에서 드러난다. 여성의 정신 안에서 감정의 우위는 감정이 지능과 의지에 미치는 영향을 분석함으로써 확인할 수 있다. 남성은 지성적 작업과 감정적 요소를 쉽게 분리하기 때문에 감정적 욕구로부터 일시적으로 떨어져 지적 활동이나 맡은 일에 몰두할 수 있지만, 여성은 이성과 감정을 분리하는 데 어려움을 겪는다. 여성은 논리적으로 사고하고 추론할 때도 생각의 대상에 대한 감정적 접촉이 항상 일어나며, 이는 여성이 대상을 바라보고 평가하는 방식에 영향을 미치게 된다.

의지를 행사할 때도 여성의 감정적 영향은 강하게 나타난다. 여성에게 있어 의지의 원천은 사랑이다. "여성은 자신이 무엇을 원하는지 원하지 않는지 자신을 납득시켜야 할 확신

---

146) 〔옮긴이 주〕 전체성(globality)이란 단순히 개인의 일부 특성이 아니라, 지적·정서적·행동적 측면이 상호 유기적으로 밀접한 관련을 맺고 영향을 미치는 전체적이며 통합적인 특성을 말한다. 즉 감정이 인간 존재의 전반적인 성향과 경험, 삶과 행동에 통합적인 영향을 미친다는 의미를 담고 있다.

147) 〔옮긴이 주〕 정신의 역동성(dynamic)은 심리학에서 보통 정신 내면의 운동, 즉 의식 또는 무의식의 충동, 갈등, 동기 및 방어 기제 등이 상호작용하고 활발하게 활동하는 힘 혹은 정신적 현상을 일컫는다. 정신역동학(psychodynamics)은 이러한 정신의 역동적 힘이 어떻게 긴장과 이완을 오가며 개인의 심리와 행동, 사회 환경에 영향을 주고 항상적 안전성을 유지하게 하는지를 연구하는 이론이다.

즉 정신역동의 관점에서는, 인간의 마음속에 있는 내적인 힘이 서로 일치하거나 대립하면서 감정과 행동적 성향을 형성하고, 내적 갈등과 충돌의 역동적인 힘이 궁극적으로 타협하고 결합하여 하나의 총체적인 남녀의 특정 성향이나 성격을 형성한다. 참조: Glen O. Gabbard, 『역동정신의학』, 이정태 옮김, 하나의학사, 2016; 이철수 외 공저, 『사회복지학사전』, Blue Fish, 2009.

의 과정이 필요 없다. 단지 사랑하기만 하면 된다." 여성은 단지 이성적 논리나 확신에 의지하면서 의지를 발휘하기 어렵다. 감정적 동의 없이 의지를 강요받는 것은 여성에 있어서 마치 손, 발이 없는 장애를 겪는 것과 같은 느낌일 것이다. 따라서 여성에게는 감정이 결여된 의지가 아닌, 사랑과 모든 감정을 통한 의지가 자발적으로 발휘되고 전인적으로 풍요롭게 실현될 필요가 있다. 이렇게 여성의 헌신은 사랑하는 대상이나 목적이 있을 때 사랑의 감정적 연결로 강하게 동기화되고, 더 높은 수준의 지속적이고 효과적인 노력을 기울일 수 있게 된다.

7) 사랑하고 사랑받고 싶은 욕구

사랑은 서로 통합되는 두 가지 방향으로 작용한다. 하나는 자신에 대한 사랑이며, 이는 누군가로부터 사랑받을 필요를 느끼게 한다. 다른 하나는 타인에 대한 사랑이며, 이는 자신을 내어 주는 것으로 표현된다. 사랑을 주고받을 수 있는 능력은 누군가(친구, 배우자, 또는 하느님 등등)에게 속하려는 바램과 의지, 즉 소속감과 정서적 관계의 본질로서 중요하다. 따라서 이렇게 주고받는 사랑의 선물은 단지 일시적인 것이 아니라, 정서적 유대 안에서 지속적이고(안정성) 신뢰할 수 있는(성숙도) 것이 되어야 한다. 사랑의 선물이 진정한 사랑의 표현이라면 그 선물은 이제 받은 사람의 것이 되지만, 만약 일시적이거나 진정성이 결여된 선물일 경우에는 단순히 빌려준 것이나 되갚아야 할 빚에 불과하게 될 것이다. 이는 서로의 감정적 유대나 신뢰성이 부족한 미성숙한 관계를 보여 준다.

8) 감정의 섬세함과 변동성

여성의 감정이나 정서적 능력은 부드럽고 사랑 가득한 애정 표현을 통해 발휘되기 때문에, 여성의 정서 생활에서는 섬세한 감정 표현이 중요하다(감정의 섬세함). 하지만 여성의 강렬한 감수성은 종종 내면의 안정성에 동요와 변화를 일으키기도 한다. 이에 따라 상황을 바라보는 시각을 흐리게 하고, 판단력을 저하시켜 때로는 감정적·정신적 혼란을 초래할 수 있다.

또 다른 여성의 감정적 특성 중 하나는 감정과 기분이 쉽게 주기적으로 변하는 것인데(감정의 변동성), 이는 신경과 감정의 균형을 유지하는 데 특별히 취약한 여성의 정서적 불안정성을 드러낸다. 이러한 불안정성은 특히 여성 간의 관계에서 두드러지게 나타나지만, 동시에 이 관계는 기쁨과 슬픔에 동참하거나 깊게 소통하려는 마음을 매우 섬세하고 자연스럽게 표현한다는 것에 주목해야 한다. 즉 여성은 더 큰 배려와 이해심, 세련된 감정 표현을 통해 타인을 즉각적이고 직관적으로 이해하고, 자신의 감정에 더 깊이 참여하고 경험하며 상대와 마음을 나눈다. 이처럼 여성 간의 우정이란 매우 깊고 훨씬 복잡하며 친밀한 관계라고 할 수 있다.

9) 이타적 성향

여성은 타인의 존재를 관심의 중심에 두며, 타인과의 관계에서 감정을 풍부하게 표현하고 애정을 쏟으며, 상대로부터 보답받기를 원한다. 여성의 정서적 풍부함과 이타적 감수성은 타인의 걱정과 고통에 깊이 참여하고 타인에 대한 높은 수준의 헌신과 희생을 감수하게 한다. 이러한 태도는 타인의 삶에 대해 애정 어린 관심을 갖게 해 준다. 이렇듯 자신을 타인에게 열고 내어 주는 여성의 본성은 그리스도교적 사랑의 완덕과 하느님께 대한 전적인 자기 증여의 여정을 촉진하고 고무시킨다. 특히 여성의 생물학적 구조(신체적·생리적 특성)는 여성이 타인을 따뜻하게 수용하고 타인에게 열린 마음으로 헌신하는 심리적 특성에 영향을 준다.

4. 여성의 영성적 특성

영적 체험은 개인의 육적·영적 상태를 동시에 반영한다. 따라서 남성과 여성을 구별 짓는 신체의 특성으로 인해, 남성과 여성의 영성은 애덕적 삶의 방식에서 다소 차이를 보인다. 그럼에도 불구하고 영적 진보는 이러한 차이를 상쇄시키면서 성령을 통해 그리스도와의 일치로 나아가게 한다.

여성에게는 인간적이며 영적인 가치를 인식하고 수용하는 탁월한 능력이 있다는 것을 이해해야 한다. 파울 예브도키모프(Paul N. Evdokimov)[148]는 여성이 인간성에 내재한 "종교적 원리"를 더 개인적이고 직접적으로 보여 주기 때문에, 영적 목표를 추구하는 데 있어 여성은 특별한 장점을 지니며 성령을 통한 영적 성숙에서 유리한 위치에 있다고 주장한다. 즉 여성은 이상적인 영적 목표를 받아들이고 실천하며, 사랑하는 것에 자신을 전적으로 헌신할 준비가 되어 있다. 또한 영적인 실재를 느끼고 이해하는 탁월한 능력은 현실을 내면화(internalization)[149]하고 이를 더 풍요롭고 의미 있게 만들며, 그 결과 자신이 살아가는 영적 현실을 더 쉽게 이해하고 느낄 수 있게 한다.

게르트루트 폰 르포트(Gertrud von le Fort)[150]는 그녀의 작

---

148) 〔옮긴이 주〕 Cfr. Paul Evdokimov, *La femme et le salut du monde*, Lethielleux, 2009; 파울 니콜라예비치 예브도키모프(Paul N. Evdokimov)는 러시아 정교회 신학자이자 여성학자이다. 프랑스 파리에 있는 성 세르지오 정교회 신학교(Institut de théologie orthodoxe Saint-Serge)의 교수였다. 20세기 초중반에 활동하며, 정교회 신학과 영성, 특히 여성의 영적·종교적 역할을 탐구하고, 여성의 특성과 그들이 영적 삶에 기여하는 방식에 대해 많은 저술을 남겼다. 주요 저서 중 하나는 1958년에 출판된 『여성과 세상의 구원』(*La femme et le salut du monde*)으로, 이 책에서는 특히 모계와 가부장제가 번갈아 등장하는 성경과 역사를 바탕으로 여성의 영적 역할과 그리스도교적 맥락에서의 중요성을 다루고 있다.

149) 〔옮긴이 주〕 내면화(internalization)란 외부의 현실을 자기 내면에서 이해하고 완전히 흡수하여 그것을 자신의 일부로 만드는 과정을 말한다.

150) 게르트루트 폰 르포트(Gertrud von le Fort)는 현대 독일 문학과 독일의 르누보(Renouveau) 가톨릭교회에서 가장 우수하게 평가받는 가톨릭 여류작가이자 시인이다. 1926년 가톨릭에 귀의하였으며, 그녀는 자신의 가톨릭 신앙과 완성도 높은 문학적·예술적 능력을 기반으로 깊은 신앙적·신비적 체험과 함께 주로 여성의 영성과 역할을 자신의 작품에 담아냈다. 그녀는 인간 존재의 깊이를 드러내는 여성의 본질적 특성과 희생적 사랑, 봉사, 자비의 감각, 모성과 같은 여성의 영성을 강조하였으며, 이런 그녀의 여성상은 에디트 슈타인(Edith Stein)과의 만남에서 큰 영향을 받았다. 60년대까지 그녀의 여성성에 대한 개념은 "도덕적 권위자" 또는 "이민자 및 여성 인권 운동의 권위자"가 되게 하였지만, 60년대 이후 비판적인 문학 운동이 출현하면서 그녀의 여성성은 거의 잊혔다.

품 『영원의 여인』(*Die ewige Frau*)에서 여성의 본성적 특성을 다음과 같이 묘사한다. "여성이 타인을 위해 헌신하는 순간이야말로 여성의 자기 정체성을 가장 깊이 경험하는 순간이다." 이는 여성의 진정한 자아와 영성이 사랑, 친절한 봉사, 타인을 위한 희생, 관대하고 포용적인 모성애, 인간다운 깊은 자비심을 통해 드러나고 더욱 온전하게 된다는 것을 강조하고 있다.

그러나 여성은 자신의 기본적인 욕구(안전, 받아들여지고 존중받는 느낌, 갈등 없는 대인관계, 자신의 기분을 표현하고 소통할 수 있는 가능성, 사랑하고 사랑받는 것 등)가 적절히 충족될 때만 이런 높은 수준에서 살아갈 수 있다. 왜냐하면, 영적인 삶은 강하고 튼튼한 본성적 기반 위에서 그 광채가 활기차게 빛나며, 인격적 삶의 토대가 건강하게 발전할수록 성장하기 때문이다.

여성의 대인관계에서 드러나는 영적인 열망과 관련된 역동적인 측면은 다음과 같다. 즉 여성은 감정을 통해 더욱 깊고 풍부한 직관력을 가지는데, 이 직관력은 물질적 세계를 넘어서는 영적인 가치를 이해하고 사랑하며 탐구하도록 돕고, 또한 종교적 경험이 풍부한 사람들과의 교류를 통해 더욱 성장할 수 있도록 이끌어 준다.

여성이 시간을 경험하는 리듬과 방식은 남성과 차이를 보인다. 여성은 기다릴 줄 알고 삶의 작은 변화나 미세한 징후

주요 작품으로 『베로니카의 수건』(*Das Schweißtuch der Veronika*, 1928~46), 『영원의 여인. 시간 속의 여인. 시대를 초월한 여인』(*Die ewige Frau. Die Frau in der Zeit. Die zeitlose Frau*, 1934) 등이 있다. Cfr. Gertrud von le Fort, *Die ewige Frau. Die Frau in der Zeit. Die zeitlose Frau*, Verlag Josef Kösel & Friedrich Pustet, München, 1935.

에서도 희망을 찾으며, 열린 마음으로 새로운 아이디어나 영감을 수용하는 태도를 보인다. 시간의 흐름을 유연하게 받아들이는 태도 안에서, 여성과 시간 사이에 서로 조화를 이루는 특별한 연관성이 존재하는 것으로 보인다. 또한 여성은 자신 안에 시간과 공간을 초월한 깊은 의미와 가치를 매우 많이 가지고 있기에, 내면에 깊은 영적 가능성이 존재한다.

여성은 생명의 원천이자 생명의 본질과 창조적 에너지(생명의 잉태나 모성)를 지닌, 생명력과 직결된 존재이다. 이처럼 여성의 생명에 대한 깊은 이해와 직관적인 감수성은, 잠재적인 생명력과 아직 실현되지 않은 미래를 감지하고 수용하며 새로운 가능성을 창출하고 실현하는 데 중요한 역할을 한다.

여성은 자신의 여성성 안에서 하느님의 피조물로 살아감으로써, 창조주 하느님과 더 깊은 친밀감을 경험한다. 즉 피조물로서 자신의 한계를 인식하고 하느님께 더 의탁할수록 하느님과 더욱 가까이 머물고 그분의 보호를 받게 되며, 반대의 경우에는 하느님과 멀어지게 된다.

여성은 "타인의 구체적인 상황에 관심을 갖는 능력"이 있기 때문에, 하느님 말씀에 대해서도 주의를 기울일 수 있는 능력을 보여 준다. 모성이 이러한 성향을 더욱 발전시키는 것으로 보이며, 모성이야말로 단순한 생물학적 역할을 넘어서 영적인 측면에서도 "영원한 생명의 말씀"을 보존하고 전할 수 있는 준비와 능력을 마련해 준다. 여성이 가진 이러한 모성의 힘은 여성을 생명으로 이끌고 영적 진리와 관련된 중요한 기능을 수행하게 한다.

5. 사회와 교회에서 여성 가치의 현주소

각 개인의 소명은 개인적이고 예언자적[151] 의미를 지닌다. 이러한 강렬한 여성성의 소명은 단순히 개인적인 것이 아니라, 생명력을 지닌 주체로서 “하느님의 위대한 업적”을 생생히 체험하고 그 가치를 증거하며 전파하는 데 기여하는 대체 불가능한 새로운 차원의 역할을 맡게 된다.

여성은 오늘날 여성성에 뿌리를 두며, 사회와 교회 공동체, 구원의 역사, 동정 마리아의 모범과 도우심 안에서 중요한 공헌과 역할을 수행하는 특정한 소명으로 부르심 받았다. 이러한 여성 소명의 역할은 성(sexuality), 모성, 가족 및 모든 대인관계를 영적인 차원에서 살아가는 것, 그리스도교 공동체로서 하느님 말씀을 심도 있게 이해시키고 전하는 것, 세상에 여성의 영성을 새롭게 알리는 것, 특정 그릇된 문화적 요소에서 벗어나 더욱 자유로워지고 하느님 나라의 요구에 더욱 충실한 교회가 되며, 또한 그 교회 안에서 살아가는 것이다.

마리아의 경청, 수용, 겸손, 충실, 찬미와 기다림의 태도에 대한 언급은 구약의 이스라엘 전통과 연결된다. 이는 교회가 여성성의 고정된 이미지나 특정한 정체성 모델에 의존하지 않고, 영적 역사의 전통 속에서 발전해 나가며 마리아의 영

151) 〔옮긴이 주〕 이는 각 소명이 개인 삶의 독특한 배경, 경험, 감정과 가치관에 따라(개인적) 또는 단순히 개인적인 것을 넘어 사회에 대한 책임과 공헌, 긍정적 영향과 같은 더 큰 의미나 목적에 따라(예언자적) 이해되고 실천됨을 의미한다.

적 가치와 태도를 통해 그 정체성을 찾고 있다는 점을 강조하고 있다. 이러한 태도는 그리스도를 통해, 그리스도 안에서 세례받은 모든 이들의 소명이 된다. 이러한 태도는 세례받은 모든 이의 특성이 되어야 하겠지만, 사실 여성이야말로 특별한 강렬함과 자연스러움으로 그 특성을 살아간다.[152]

라칭거 추기경(Joseph Aloisius Ratzinger)은, 2004년 교황청 신앙교육성에서 발표한 「교회와 세상 안에서의 남성과 여성의 협력에 관해 가톨릭교회의 주교들에게 보내는 서한」에서 사회 내 여성의 근본적인 가치 중 하나가 "타자를 위한 능력"[153]이라고 언급했다(14항). "매우 절망적인 상황이나 역경 속에서도 인내하고, 극한의 상황에서도 삶을 계속 나아가게 하며, 미래를 꿋꿋이 붙잡고, 마침내 모든 인간 생명의 가치를 눈물로 기억하는 특별한 능력을 갖춘 것은 결국 여성입니다"(13항).[154] 다시 말하면, 이는 요한 바오로 2세가 1995년 6월 29일 「여성에게 보낸 서한」(1995.06.29.)에서 언급한 "여성의 천재성"(9~10항)의 개념을 의미한다.[155]

여성은 모든 그리스도 신자에게 그리스도의 증거자가 된

---

152) [옮긴이 주] Congregazione per la dottrina della fede, *Lettera ai Vescovi della Chiesa Cattolica sulla collaborazione dell'uomo e della donna nella Chiesa e nel mondo*(31 maggio 2004), 16.

153) [옮긴이 주] 타자를 위해, 타자 때문에 살아갈 수 있는 인간의 근본적인 능력을 일컫는다.

154) [옮긴이 주] Congregazione per la dottrina della fede, *Lettera ai Vescovi della Chiesa Cattolica sulla collaborazione dell'uomo e della donna nella Chiesa e nel mondo*(31 maggio 2004), p.13.

155) [옮긴이 주] Cfr. John Paul II, *Letter to Women*(June 29, 1995), 9~10: *AAS* 87(1995), pp.809, 810.

다. 마치 남편이 자연스럽게 인식하지 못하는 특별한 가치를 아내가 직관적으로 이해하듯 여성은 타인을 위해 헌신할 수 있는 탁월한 능력을 지니며, 그 능력은 여성성에 뿌리를 두고 있다. "이처럼 여성은 그리스도의 배우자이며 신자들의 어머니인 교회의 참모습을 드러내는 데 독특한 방식으로 기여함으로써 교회 생활에서 가장 중요한 역할을 수행한다."[156]

6. 결론

우리는 요한 바오로 2세가 「여성의 존엄」에서 언급했던 내용으로 3장의 결론을 내릴 수 있겠다. "하느님의 영원한 계획 안에서, 여성은 창조된 인간 세계의 사랑의 질서가 첫째로 뿌리를 내리는 존재이다."[157] 즉 "여성성"에서 나오는 여성의 특정 소명은 여성의 개인적 존엄성의 원형이신 우리의 어머니 동정 마리아의 모범을 따르며, 구세사에서 수행하는 여성의 역할로 드러나고 사회와 교회에서 실천하는 사명으로 확인된다.

하느님의 구원 역사 안에서 여성에게 아낌없이 베풀어 주신 은총을 관상하는 것은 감사와 경이로움, 찬미를 불러일으

---

156) 〔옮긴이 주〕 Congregazione per la dottrina della fede, *Lettera ai Vescovi della Chiesa Cattolica sulla collaborazione dell'uomo e della donna nella Chiesa e nel mondo*(31 maggio 2004), p.16.

157) Cfr. Apostolic letter "*Mulieris Dignitatem*" of the suppreme pontiff John Paul II on the dignity and vocation of women on the occasion of the marian year, 1988, 29.

키고, 여성으로서의 소명과 책임에 대한 더 깊은 깨달음으로 이끈다. 동시에 하느님의 모상인 "인격"으로, "여성"으로 살아간다는 것은 자신의 삶에 책임을 지고 잠재력과 가능성을 발휘하고, 하느님의 은총 안에서 그 은총과 함께 자신의 소명을 성취하기 위해 선택함으로써 자신의 삶을 형성하고 실현하는 것을 의미한다.

물론 서로 돕고 지지하며 나눌 수 있는 만남과 연대의 네트워크를 더욱 강화하면서 여성의 정체성과 존엄성을 확립하고 자존감을 높이는, 즉 여성의 가치를 재발견하기 위한 일들이 여전히 많이 남아 있다.

따라서 우리는 "인류에게 사랑의 길이 무엇인지 드러내시기 위해 선택된 분, 즉 하느님의 마음과 일치하는, '여인들 가운데서 복되신'(루카 1,42 참조) 여성이신 복되신 동정 마리아께"[158] 전구 드리며, 우리의 창조적 신뢰의 여정을 삼위일체 하느님의 뜻에 맡겨야 한다.

---

158) Congregazione per la dottrina della fede, *Lettera ai Vescovi della Chiesa Cattolica sulla collaborazione dell'uomo e della donna nella Chiesa e nel mondo* (31 maggio 2004), p.17.

제 4 장

무 신 론

1. 무신론의 심리학적 연구를 위한 전제

"무신론은 적어도 본질적인 의미에서 종교적 태도이다"라고 말하는 것은 이상해 보일 수 있지만, 이 맥락에서 보면 무신론 또한 절대자이신 하느님에 대한 체험의 일부가 될 수 있다.

종교심리학이 이미 오래전에 발전했지만, 무신론에 대한 전문적인 심리학은 현재까지 부재한 상태다. 그 이유는 무신론이 그 자체로 심리학의 연구 분야가 아니기 때문이다. 실제로 무신론은 특정한 신념 체계가 아니라 "종교의 부재" 상태를 의미한다. 따라서 일반적으로 존재하는 현상에 대해 연구하는 과학의 본질상, 무언가의 "부정적인 현상"(부재 상태)을 과학적으로 연구하는 것은 모호하고 어렵다. 따라서 무신론(atheism)이 단순히 종교가 없는 상태에 그치지 않고, 반신론(antitheism)으로 발전하여 개인의 감정, 신념, 정체성과 연결되는 심리적 태도를 가지게 될 때만이 심리학적 탐구의 특정 분야와 대상이 될 수 있다.

철학자들과 신학자들은 무신론을 "무의식의 종교" 또는 "종교로부터의 도피"로 정의하는 경향이 있다. 무신론에 대한 심리학적인 연구를 수행하는 사람은 다음과 같이 정확히 질문해야 한다. "무신론자가 종교적 태도를 거부하는 인간적인 동기는 무엇인가?" 이 질문에 대한 심리학적 접근법은 진화적 방법론이어야 한다. 왜냐하면 심리학자의 관점에서 볼 때 인간은 본래 종교적이지 않지만, 심리적 진화 과정을 통해 사랑하는 능력이나 도덕적 양심과 같은 타인과는 구별되는 자신 고유의 인격을 점진적으로 형성하기 때문이다. 따라서 "무신론의 심리학"은 심리학뿐만 아니라 종교에 대해서도 역동적이고 진화적인 관점에서 함께 연구되어야 한다.

종교적 신념이나 관습을 발전시키고 형성해 나가는 각 단계에서, 종교적 신념이 개인의 경험이나 가치관과 충돌하는 갈등이 발생할 수 있다. 갈등 요소가 극복되면 종교적 태도를 취하게 될 것이고, 반면 갈등을 해결하기 위해 개인의 발전 과정에서 수용할 수 없는 종교적 요소를 배제할 때 무신론적 태도를 보이게 될 것이다.[159] 따라서 개인의 발전 과정에서 겪는 다양한 갈등의 순간이 다양한 형태의 무신론을 결정하기 때문에, 단지 한 가지 유형의 무신론만을 말할 수

159) 〔옮긴이 주〕 이는 무신론이 단순한 종교적 신념의 부재가 아니라, 개인의 심리적 발전 과정에서 발생하는 복잡한 결과임을 시사하고 있다.

는 없을 것이다. 제3장에서는 신자들이 신앙과 개인적 경험, 가치관 사이에서 겪는 갈등의 순간에 본질적으로 초점을 맞출 것이다. 왜냐하면 신자들이 겪는 갈등은 무신론적 태도로 발전할 수 있는 중요한 동기로 작용할 수 있기 때문에, 이러한 갈등의 순간을 통해 무신론의 형성 과정을 이해할 수 있기 때문이다.

2. 무신론의 심리적 동기

1) 거룩함은 두려움과 매력을 느끼게 한다

"거룩함"은 양가적 가치를 지니며, 인간에게 항상 정서적 양면성을 불러일으킨다. 거룩함 안에는, 두려움(tremendum)과 매력(fascinosum)이라는 서로 대립하는 양극이 존재한다. 이러한 거룩함의 양극은 두려움의 감정과 신뢰에 찬 기쁨의 감정에 해당하기 때문에 인간의 이해를 넘어서는 거룩함이 일상 안으로 들어오게 되면, 한편으로는 두려움과 다른 한편으로는 매력이라는 복잡한 감정이 발생하게 된다.

이 두 가지 감정은 함께 공존하기 힘들게 된다. 왜냐하면 거룩함에 끌리는 만큼 또한 두려움을 느끼기 때문이다. 즉, 거룩함에 끌리면서도 동시에 그것이 세속적인 것과 분리되기 때문에, 인간은 거룩함으로부터 거리를 두게 된다. 거룩함이 세속적인 것과 분리되어야 한다는 사실은 인간이 세속으로부터 거룩함을 배제하는 방어적인 태도를 취하게 된다는 것을 의미한다. 고대 종교 이래 거룩함에 대한 인간의 두려움은 때때로 자신을 보호하기 위해 거룩함으로부터 이탈하게 하면서, 결국 거룩함을 위협으로 느끼게 되는 무신론자가 되게 만들었다.

이렇게 거룩함에 대한 일반적인 두려움을 살펴보는 것은 이 두려움이 인간으로 하여금 종교적 지향과 끌림을 자연스럽게 거부하게 함으로써, 일종의 이신론(Deism), 실천적 무신론(Practical atheism) 또는 종교적 무관심(Religious indifference)[160]으로 이어지게 할 수 있다는 사실을 성찰하게 만든다.

2) 거룩함을 미신[161]으로 인식할 때

미신은 인간에게 낯설고 불안하게 느껴지며, 이와 관련된 모든 것 또한 인간을 혼란스럽고 갈등하게 만든다. 왜냐하면

---

160) 〔옮긴이 주〕 "이신론"(理神論) 또는 "자연신론"(自然神論)은 18세기 계몽주의 시대에 등장한 철학(신학) 이론이다. 이신론은 신이 세상을 창조했다는 점에서 일종의 유신론(有神論)이지만, 신은 세계와 별도로 존재하며 세상을 창조한 이후에는 인간의 삶에 개입하지 않는다고 믿는다. 이신론은 종교적 의식, 초자연적인 계시를 거부하며, 인간의 이성(理性)으로 신의 존재나 우주의 법칙을 알 수 있다고 주장한다.

"실천적 무신론"은 신의 존재를 부정할 뿐만 아니라, 종교적 신념이나 관행을 따르지 않는 생활 방식을 의미한다. "종교적 무관심"은 종교에 관심이 없고 종교가 삶에 큰 영향을 미치지 않거나, 신앙의 유무에 대해 무관심한 태도를 뜻한다. 이 세 가지 개념은 거룩함에 대한 두려움이나 회피로 인해 종교에 대해 취하는 태도를 보여 준다.

161) 〔옮긴이 주〕 원문에서는 "마법적·마술적"(magic)이라고 표기했으나, 문맥상 "미신적"이라고 번역했다. 마법, 마술적 개념은 인간의 이해와 자연법칙을 초월하는 초자연적 힘이나 비합리적·신비적 현상을 의미하며, 이런 마법적 요소는 종종 거룩함과 혼합되어 고대의 종교의식이나 신화 안에서 미신을 통해 인간의 감정과 심리적 경험에 깊은 영향을 미쳐왔다.

인간의 심리 발달 단계의 초기에는 현실적으로 해결할 수 없는 문제를 미신으로 해결하고자 하는 욕망과 사고가 발전하지만, 프로이트가 입증했듯, 성장하면서 현실 원리에 기반한 자신의 자아를 확립하기 위해 이러한 미신적 사고방식을 억압하고 제거해야 하는 내면의 갈등이나 불안을 겪기 때문이다.

따라서 특정 종교에 거리를 두거나 거부하는 내밀한 이유는 이러한 미신에 대한 거부감과 회피에서 비롯될 수 있다. 실제로 일부 현대인들에게 미신은 일련의 마술적 힘으로 여겨지며, 우주와 역사, 인간 심리의 법칙을 뒤흔드는 기적처럼 인식된다. 따라서 일부 종교적 신념은 본질적으로 미신적 성격을 지니고 있으며, 종교와 미신 사이에는 심리적 유사성이 있다는 점을 인정해야 할 것이다.[162)]

행동 유전학(behavioural genetics)[163)] 또는 발달심리학(developmental psychology)[164)]은 아이가 종교의식을 다소 마술적·미신적 방식으로 이해하는 과정을 겪지만, 성인이 되면 자신 안에 여전히 어린아이로 남아 있는 미숙한 부분을 거부할 수 있고 거부해야 한다고 강조한다. 하지만 어른이 되어 무신론적인 태도를 취하더라도, 개인의 정체성과 도덕적 가치, 관계

---

162) 〔옮긴이 주〕 마법이 초자연적인 힘을 통해 자연이나 인간의 삶에 영향을 미치려 시도하고 종교적 맥락에서도 신의 힘이 인간의 삶에 영향을 미친다고 믿는다는 점에서, 이 둘 사이에는 심리적 유사성을 갖는다는 의미로 이해할 수 있다.

163) 〔옮긴이 주〕 유전자의 발현과 행동 사이의 연관을 연구하는 유전학, 행동학, 심리학이 융합된 학문이다.

164) 〔옮긴이 주〕 사람의 출생부터 사망까지 일생 동안 연령 및 환경에 따른 정신 과정과 행동의 변화를 다루는 심리학의 한 분과이다.

등 인간성을 형성하는 경험뿐만 아니라 어린 시절의 순수한 믿음이나 종교적 경험의 뿌리 또한 무시하지 말고 소중히 여겨야 한다.

3) 세속화와 세속적 신비주의[165]

무신론의 출현에 앞서 항상 세속화 과정이 선행되는 현상이 자주 관찰된다. 예를 들어, 현대 세계의 세속화는 무신론적 인본주의의 출현을 촉진하고 있다. 즉 이 세속화는 종교 자체에 대해서는 중립적이므로 종교의 존재 여부에 상관없이, 인간의 가치와 존엄을 향상시키고 개인의 신념이나 윤리적 삶, 사회 규범에 긍정적인 영향을 미칠 수 있다고 주장한다. 그러나 실제로는 종교성이 개인화, 내면화되지 못하게 되면 인간의 존엄과 윤리적 삶은 위기를 초래할 수 있으며, 이러한 위기는 적어도 초기에는 인간을 종교로부터 멀어지게 하는 위협이 된다.

근대 이전 대중의 종교적 정서는 도덕적 기준이나 종교적 신념에 얽매이지 않는 정치인들조차 사회의 지지를 얻기 위해 수용해야 할 일종의 계약으로 여겨졌다. 즉 종교는 단순한 신앙의 문제가 아니라 권력을 통해 사회의 안정과 통합을 유지하는 일종의 "정치적 도구"(instrumentum regni)의 기능을 수행하였다. 여기서 한 가지 성찰할 점은, 현대에 들어서

---

165) 〔옮긴이 주〕 세속적 신비주의는 종교 없이도, 물질적 세계와 인간의 신비로운 경험에서 의미와 경외감을 추구하려는 새로운 형태의 영성이라 할 수 있으며, 이는 무신론적 인본주의의 출현으로 연결된다.

가톨릭 문화는 세속 문화에 위축된 태도나 자신의 역사와 신앙을 명확히 설명하지 못하는 태도로 인해 "종교적 상식"의 고갈을 초래하였고, 그 결과 가톨릭 신앙은 대중들로부터 종교적 가치나 신뢰를 점차 잃어가고 과거처럼 사회에서 중요한 역할을 못 하는 것처럼 보인다는 것이다.

근대 이전까지 우주, 자연, 삶, 윤리, 그리고 시민권 및 사법권은, 생명과 권능의 원천인 하느님과의 관계를 맺게 해 주는 거룩한 성성(sacrality)으로 둘러싸여 있거나 가득 차 있었다.

중세의 그리스도교는 이러한 보편적 종교성을 신권적(종교적 권위에 복종하는) 신학과 세계관 안에서 통합할 수 있었으며, 이는 "콘스탄티누스 대제의 그리스도교"[166]라는 표현으로 정의되었다.

현대의 문헌자료, 사목 체험, 심리학 연구가 말해 주듯, 세상은 세속화되었다. 현대의 인간은 스스로 번영과 진전을 이루었다는 강한 자긍심을 통해 "승리자의 의식"을 지니고 있다. 실제로 인간은 자신에 예속된 신하를 대하는 전제 군주처럼 자연을 대한다. 인간의 존엄성에 대한 무지나 지나친 과장과 같은 잘못된 인식은 현대 무신론의 가장 주된 원인 중 하나가 된다.

---

166) 〔옮긴이 주〕 콘스탄티누스 1세(재위 306~337)는 313년 밀라노 칙령으로 그리스도교를 사실상 정식 종교로 공인했으며, 325년 제1차 니케아 공의회를 소집하였다. 330년 비잔티움을 '새로운 로마'(Nova Roma)로서 로마 제국의 공식적인 수도로 정하였다. 그의 사후 337년에 비잔티움은 '콘스탄티누스의 도시'라는 뜻의 '콘스탄티노폴리스'로 개명되었고, 세계 최초의 그리스도교 도시로서 이후 천여 년이 넘는 세월 동안 로마 제국의 수도로서 존재한다.

4) 내적 종교체험에 대한 불신

종교적 경험을 접해본 적이 없기 때문에 믿지 않는다고 주장하는 무신론자들이 있다. 그들에 따르면, 종교인은 종교적 경험을 통해 신과 접촉하게 되며, 신의 현존이 그에게 부정할 수 없을 정도로 강렬하게 감지되는 순간을 체험했기 때문에 믿게 된다고 주장한다.

성인이 되면서 내적 종교체험에 대한 불신을 갖게 되는 몇 가지 이유를 살펴볼 필요가 있다. 또한 내면의 종교적 경험을 경계하는 어른들이 있는 이유도 살펴볼 필요가 있다. 현대인은 교육과 훈련을 통해, 감정이나 내면의 경험을 무비판적으로 받아들이지 않고 그 가치와 의미를 비판하고 평가하는 법을 배워 왔다. 또한 종교의 내적 체험과 세속화된 세상 간의 대립은 이러한 내적 종교체험에 대한 불신을 더욱 강화시켰다. 게다가 지식인을 대상으로 실시된 연구에 따르면, 청소년기에 경험한 종교에 대한 기억이 오히려 종교체험에 대한 내적인 불신을 강화시키는 것으로 나타났다. 또한 과학적 실재론(realism)[167]은 내면의 가치를 무시하고 제거하려는 경향이 있다. 이렇듯 한때 그리스도교 관상에서 매우 두드러졌던 "하느님에 대한 갈망"이 줄어든 것은, 인간 내면

167) 〔옮긴이 주〕 철학에서 "실재론"(realism)이란 주관적 인식 작용에서 독립하여 외부 세계나 자연이 실제로 존재하므로, 외부의 세계를 탐구할 수 있다는 태도를 뜻한다. 과학적 실재론은 과학적으로 어떻게 해석하고 증명할 수 있는지에 관계없이, 우주가 실제로 존재한다는 견해이다. 하지만 "보편 실재론"은 보편자를 관념론으로 볼 여지가 있기 때문에, 모든 실재론이 "관념론"(idealism)과 반대되는 개념이라고 딱 잘라 말할 수 없다.

의 경험과 감정을 비판적으로 바라보는 불신에 크게 기인한다고 할 수 있다.

5) 과학과 종교 간의 갈등

실증 과학(positive science)[168]의 방법론은 비판적 사고와 검증의 필요성을 강조한다. 이러한 태도는 상징적 의미를 배제하고 상징 속에 숨겨진 진리에 대한 이해를 방해할 수 있으며, 비판적 사고와 검증 방법론이 아닌 다른 유형의 이성(신비적 경험에 대한 영적 감수성이나 이해력 등)을 필요로 하는 종교의 신비적 요소나 종교체험을 무시하게 만들 수 있다.

하지만 일부 조사에 따르면, 신앙에 대한 의심과 포기는 실증과학보다 인문과학 전문 분야(심리학, 사회학, 철학, 역사학)에서 더 빈번하게 발생하는 것으로 나타났다. 사실 인간의 오만과 겸손이라는 양면성으로 인해, 신앙과 이성의 갈등을 정확히 이해하기란 쉽지 않다.

6) 인간의 행복은 종교에 대한 관심이나 기대를 감소시킨다

청소년을 대상으로 한 종교적 태도에 대한 여러 조사 결과에 따르면, 조사 대상자들은 주로 정서적·도덕적 괴로움

168) 〔옮긴이 주〕 실증주의(positivism)는 실증적 검증에 기반을 둔 것만이 확실한 지식이라고 보는 인식론적 관점이자 과학 철학이다. 실증주의 과학 또는 실증과학(positive science)에는 물리학, 화학, 생물학 같은 자연 과학이 포함되며, 이는 실험을 통해 검증할 수 있는 사실이나 이론을 다루기 때문에 비판적 사고와 데이터 기반의 검증을 강조한다.

이나 물질적인 원인에서 오는 고통 속에서는 하느님을 생각하는 반면 기쁨의 순간에는 하느님을 생각하지 않는 것으로 드러났다.

기쁨은 하느님을 생각나게 하지 않는다. 사실 기쁨은 그 자체로 불만이나 부족함을 느끼지 않게 하며 인간 내면에 충만함과 만족감을 제공하는 총체적 경험이기 때문에, 하느님의 도움에 호소하거나 의지할 필요성을 느끼지 않게 만든다.

또한 성적 쾌락은 하느님을 배제하게 한다. 청소년들이 종종 그들의 깊은 감정 안에서 성적 욕망을 절대적인 행복으로 느끼지만, 하느님께서 이 절대적 행복을 엄격하게 금하신다고 느끼는 것으로 관찰된다. 또한 무신론자들은 죄에 대한 교리가 모든 쾌락의 추구를 단죄하는 것으로 여긴다. 그들은 쾌락과 즐거움을 행복의 중요한 요인으로 간주하기 때문에, 죄로부터의 구원에 중심을 두는 종교를 본질적으로 반 인본주의적인 것으로 본다.

7) 신의 섭리와 인간의 고통

여러 연구에 따르면, 신앙에 대한 의심과 하느님에 대한 반감의 가장 큰 이유는 바로 악과 고통의 존재 때문이다. 인간이 하느님께 대한 믿음을 잃게 만드는 것은 악에 대한 이론적인 문제 때문이라기보다는 고통의 체험 때문이다. 또한 응답받지 못한 기도는 하느님 존재에 대한 거부감을 불러일으킨다. 하지만 이러한 모든 태도는 잘못된 사고방식이나 다소 미성숙한 종교적 개념에서 비롯된 것처럼 보인다.

우리는 이러한 태도에 대해 더욱 깊이 성찰해 봐야 한다. 즉 사람은 고통 속에서 본능적으로 하느님께 도움을 요청하게 되며 그 과정에서 하느님께 응답받지 못한 것에 대한 실망으로 무신론이 나타나기도 하는 반면, 하느님 섭리에 대한 믿음이 생길 수도 있다. 프로이트는 이러한 믿음이 어린 시절에 기억하고 경험한 심리적 구조에 뿌리를 두고 있기 때문에, 성인이 된 후에도 여전히 남아 하느님에 대한 믿음을 형성하는 데 큰 영향을 미친다는 것을 명확히 보여 주었다. 즉 인간은 결핍되지 않은 완전하고 절대적인 행복을 갈망하면서, 내면에서는 보호자 아버지의 이미지를 발견하고 이를 하느님께 투사한다.[169]

사실 이러한 종류의 믿음은, 고통이나 좌절을 감정적으로 받아들이지 않으려 하면서 원하는 것은 자연스럽게 이루어질 것이라 믿는 성향에 기반하고 있다. 이처럼 특정한 종교적 또는 무신론적 믿음의 방식이 여전히 매우 미신적 사고방식에 뿌리를 두고 있다는 것은 분명하다.[170]

---

169) 〔옮긴이 주〕 이는 인간이 행복을 추구하는 과정에서 내면의 심리적 욕구를 하느님께 투사하여, 하느님을 보호자와 같은 존재로 인식한다는 의미이다. 즉 하느님에 대한 이미지와 믿음이 인간의 심리적 욕구와 깊이 연관되어 있음을 나타내고 있다.

170) 〔옮긴이 주〕 결국, 이러한 태도는 현실을 직시하기보다는 감정적 안도감과 편안함을 추구하는 방식으로, 개인이 처한 고통을 회피하려는 심리적 방어 기제의 메커니즘으로 해석될 수 있다.

8) 하느님의 부성(父性)에 대한 종교적 비판

인간과 종교 사이에서 발생할 수 있는 모든 갈등은, 인격적 하느님과의 관계를 상징하는 "아버지 하느님" 개념에 중심을 두고 있다. 많은 철학자와 심리학자들은 "부성(父性)의 종교"[171]를 자유롭고 독립적인 "자녀의 존엄성"으로 대체하기 위해 체계적인 비판을 해 왔다.

이러한 맥락에서 인본주의적 무신론은 단순한 신앙의 부정이 아니라 아버지 하느님에 대한 자녀의 반항으로서, 아버지의 권위에 의존하지 않고 자신에 대한 완전한 자율성과 존엄성을 회복하는 과정이 된다. 따라서 부성(父性)의 종교를 비판하는 이론들은 아버지에 대한 믿음과 인간의 자유 사이의 좁혀질 수 없는 대립에 대해 의도적으로 공격을 가한다.

하지만 여기서, 자신이 원하는 대로 마음대로 선택하고 행동하려는 욕망 또한 무신론으로 이어질 수 있다는 점을 덧붙일 필요가 있다. 이런 식으로 불완전하고 유한한 자신의 한계와 제약에서 벗어나 완전한 자유를 추구하려는 욕망은, 궁극적으로는 실현하기 어려운 환상에 불과할 뿐이다. 실제로 이러한 착각은 절대적인 무(無)와 가장 비참한 실존적 공허의 경험, 그리고 스스로를 죽게 만드는 가장 쓰라린 좌절의 체험으로 이어질 수도 있다.

---

171) 〔옮긴이 주〕 "부성(父性)의 종교"라는 개념은 신학적 의미에서, 아버지 하느님은 인간의 창조주이자 구원자, 보호자, 통치자가 되고, 자녀로서 인간은 하느님의 권위에 복종하고 의존하는 존재가 된다는 전통적인 이해와 믿음을 반영하고 있다.

이상에서 우리는 은총과 자유 사이의 실제 쟁점은 우선적으로 신학적 차원이 아니라, 인간의 성장과 발전을 뒷받침하는 심리적 역동성에 뿌리를 두고 있다는 결론을 내릴 수 있다. 더 주의 깊게 살펴보면, 무신론은 인간이 하느님과의 관계에서 여전히 자녀로서의 태도(filiation)[172]를 받아들이지 않을 때, 하느님의 은총을 거부하는 것이다. 이는 은총이 자유를 위한 기초가 되고, 또한 진정한 자유를 발견하고 누리게 하여 인간 존재와 삶의 의미를 확대해 준다는 사실을 인식하지 못하기 때문이다.[173]

---

172) 〔옮긴이 주〕 "filiation"은 혈통 또는 부모와 자녀의 관계(친자 관계)를 의미한다. 신학에서는 "하느님과 깊은 관계에서 오는 자녀 됨"을 뜻한다.

173) Cfr. A. Mercatali, *Indagine psicologica sull'ateismo* (Appunti), Roma, Antonianum, 1982.

제 5 장

성장의 동력으로서 위기

1. "위기"라는 말의 의미

일상에서 사용하는 "위기"라는 말은 불리하고 위험한 상황이나 피해 입은 부분을 회복하고 문제 해결을 위한 가능한 모든 자원과 노력을 동원해야 하는 상황을 연상시키는 것처럼, "고통과 불안"의 뉘앙스를 담고 있다. 따라서 "위기"라는 단어는 부정적인 감정을 불러일으켜 사회적 맥락에서는 일반적으로 부정적으로 해석되지만, 어원이나 사전적 의미를 살펴볼 때 이 단어는 결코 단순히 부정적인 의미로만 한정되지 않는다. 그리스어 사전에 "κρίσις"(krisis)라는 용어는, 독특한 힘, 분리, 선택, 선출이나 판단, 고소, 이의 제기, 선고, 판결 또는 결과, 해결, 성공, 해설, 해석 등과 같이 다양한 의미로 기록되어 있다. 이 명사는 구별하다, 선택하다, 결정하다, 판단하다, 해석하다, 설명하다, 해결하다 또는 결정적인 국면에 진입하다, 평가하다, 추정하다 등의 다양한 의미를 지니는 동사 "κρίνω"(krino)에서 파생되었다.

"κρίσις"(krisis)의 기본 의미는 라틴어 어휘에서는 "결정"의 개념(예를 들어, 질병의 "결정적" 전환점)에 한정된다. 반면 이태리어 사전은 이 용어의 어원이 구체적인 현상에 적용되어 쓰이는 몇 가지 의미를 제시하고 있다. 위기는 좋든 나쁘든 질병이 발병하는 병리적 상황의 "갑작스러운 전환점"[174]을 뜻한다. 또한 위기는 예상치 못하고 불확실한 상황에서 겪는 불안정하고 혼란스러운 상태 혹은 특정 상황[175]에서의 "가장 중요한 결정적 순간"을 의미한다. 즉 이러한 내용에 따르면, 위기는 향후 결과에 큰 영향을 미치는 "중대한 상황의 결정적 순간", 이전과 이후 상태를 구분 짓는 "변화의 경계선" 또는 기존 상태에서 새로운 해결책이나 방향성으로 바뀔지 결정짓는 "상황의 전환점"이라고 정의할 수 있겠다.

어원 연구와 개념의 과학적 해석을 통해 "위기"라는 단어가 가진 부정적인 인식에서 벗어나, 그 본래의 의미를 긍정적이고 건설적인 방향으로 재조명할 수 있게 되었다. 하지만 현대 과학과 이론에 근거한 분석이나 깊이 있는 이해가 있더라도, 위기를 본질적이고 실질적으로 해결하는 데는 한계가 있다. 사실, 위기는 현실과 관계 맺고 있는 개인이 상황을 어떻게 받아들이고 대처할지를 결정해야 하는 복잡한 상

---

174) 임상 용어에서 일반적으로 "위기"라는 단어는 환자의 건강에 갑작스럽고 중요한 징후가 발생하는 순간 이후, 회복을 위한 필수적인 단계로 해석하는 긍정적 의미를 지닌다.

175) 정치적 위기, 사회적 위기, 금융 위기, 심리적 위기 등 위기가 발생할 수 있는 다양한 상황을 가리킨다.

황으로 이해해야 한다. 즉, 위기는 단순히 위협적인 외부 현실이 아니라, 개인이 위기와 관계를 맺는 상황이거나 혹은 그 위기 안에서 자신을 발견하는 인간의 실존적 조건이라 할 수 있다.

또한 위기는 개인이 겪는 특정한 상황으로서, 단순히 물리적·감정적 차원에서뿐만 아니라, 정신적·영적 차원에서도 실제로 발생할 수 있다. 이에 영성신학은 위기의 결과를 긍정적인 효과로 이끌기 위한 고유한 방법론을 가지고 있다. 하지만 위기에 처한 개인은 신체적·감정적·정신적·영적 차원의 복합적 요소가 결합된 하나의 통합체이므로, 위기 상황에 있는 개인에게 최적의 도움을 제공하기 위해서는 다양한 접근방식이나 치료법[176]이 조화를 이루며 통합적으로 협력을 이루어야 한다.

영적 위기는 외부 상황이나 사건 그 자체에서 발생하는 것이 아니라, 개인의 신앙, 희망, 사랑과 관련된 내적 갈등이 외적인 문제로 전이되어 발생하게 된다. 따라서 위기를 신앙이나 희망, 사랑이라는 특정 개념이나 상황에 국한된 문제가 아닌, 그 안에서 개인이 겪는 복합적인 내적 상황으로 이해하기 위해서는 정확한 언어 사용과 개념적 접근이 요구된다. 즉 '신앙의 위기' '희망의 위기' '사랑의 위기'가 아니라 '신앙 안에서의 (내적) 위기' '희망 안에서의 (내적) 위기' '사랑 안에서의 (내적) 위기'라고 표현해야 하며, 마찬가지로 '사제직

176) 〔옮긴이 주〕 예를 들어, 심리상담 및 심리치료, 영성면담, 사회적 지원 등이 포함될 수 있다.

의 위기' '종교 생활의 위기' '가정의 위기'가 아니라 "사제, 종교인, 가정이 내적인 위기에 처해 있다"라고 말해야 한다. 또한 '교회의 위기' '교회 기관의 위기'가 아니라, 내부에서 발생하는 복합적이고 구조적인 현상에 따른 '교회적 위기' 또는 제도적 원인이나 구조적 문제로 인해 발생하는 '제도적 위기'라고 표현해야 한다. 마지막으로, '거룩함의 위기'가 아니라 '거룩함을 대하는 신앙적 태도의 위기'라고 해야 한다.

위기를 다룰 때 이러한 언어 사용은, 단순히 외부 요인에 집중하는 것이 아니라 개인 내면 문제의 근본으로 이어진다. 다시 말하면 위기는 본질적으로 항상 정체성의 위기인 것이다. 즉 같은 위기 상황이 공동체나 단체 등 여러 사람에게 집단적으로 영향을 미칠 수는 있지만, 위기 상황에서의 반응은 개인의 성격이나 성향에 따라 다르게 나타난다. 예를 들어 신앙 안에서의 위기를 겪을 때, 신경증적 예민함을 가진 사람은 불안으로 대응하는 반면, 감정적으로 둔감하고 무심한 사람은 이에 대해 무관심으로 반응한다. 교회적 위기나 제도적 위기에 직면했을 때, 내성적인 사람은 교회의 문제에 대해 자신의 감정을 드러내지 않고 오히려 자신의 행동이나 신앙을 스스로 비판하는 자기반성적 태도를 보이는 반면, 외향적인 사람은 교회 문제에 대해 적극적이고 다양한 방식으로 문제를 해결하려고 하지만, 그 과정에서 감정적으로 불안정하거나 방황하는 모습을 보일 수 있다. 이와 같은 방식으로, 각기 다른 성격 유형에 따라 위기에 대한 반응은 다양하게 나타난다. 이와 같은 관점에 따르면 위기는 항상 개인의 내면에서 회복될 수 있기에, 위기에 대한 개인의 내적 성찰과 변화가 중요하다.

2. 인간의 긍정적인 위기

우리는 현시대가 인류 문명의 결정적인 전환점, 즉, 위기의 시기를 맞이하고 있다는 사실에 일반적으로 동의한다. 이에 인문과학 및 관련 학문들은 이데올로기, 정치, 경제, 기술과학, 생태학, 종교 및 인문학 전반에 걸쳐 전 세계적으로 영향을 미치는 위기의 증가 현상을 분석하고 있다. 비록 위기의 원인이 때로는 외부에서 오고 외적인 결과가 일어나기도 하지만, 위기는 본질적으로 외부에 있는 것이 아니라 인간의 내면에 존재하기 때문에, 오늘날 인간의 위기는 언제나 정체성의 위기라고 할 수 있다. 이에 대해 두 가지 방향이 나타나는데, 하나는 위기의 결과를 주로 해롭거나 적어도 방해가 된다고 여기는 부정적·비관적 시각이다. 다른 하나는 모든 과도기와 어려움을 보다 가치 있는 성취와 실현을 향한 과정의 한 단계로 이해하는 긍정적·낙관적 시각이다. 인간 삶의 여정에 대한 신학적 입장과 방법론은 비관주의가 아닌, 실재론(realism)[177]에 입각한 낙관주의(긍정론)를 취한다.

영성생활은 신체적·감정적·정신적·영적 요소가 조화를 이루는 통합된 삶의 일부이며, 우리의 존재와 일상의 다양한 측면과 분리되지 않고 밀접하게 연결되어 있다. 인간의 영적

---

177) 이 책 '제1부'의 각주 167번을 참조하시오.

여정은 끊임없이 발전하고 성장하는 방향으로 나아가지만, 모든 성장과 발전 과정에는 위기가 따른다. 하지만 이 위기는 단순한 장애물이 아니라, 우리 존재가 성장하는 데 필요한 경험으로서 우리가 영적으로 성장하는 데 도움을 준다. 즉 영적 성장은 신앙, 도덕, 가치관, 관계 등 매우 다양하고 넓은 영적 삶의 영역에서 어려움을 겪을 수 있지만, 그런 위기의 경험은 반드시 나쁜 결과를 초래하는 것이 아니라 죽음을 거쳐 생명과 부활로 나아가는 중요한 여정이 된다.

그리스도교 성인전은 무엇보다 인간의 위기에 대한 긍정적인 결과를 설득력 있게 기록하고 있다. 교회에서 성인들의 삶과 업적을 연구하는 방법은 성경의 연구 방법과 동일하다. 즉 성경의 인물처럼 각 성인의 삶의 역사는 전체적 맥락에서 하나의 이야기를 구성하며, 삶의 중요한 교훈과 가르침을 담고 있다.

'수도생활의 시조'[178]로 불리는 이집트의 성 안토니오(대략 250~365)는, 그리스도를 따르기 위해 모든 것을 버리라는 복음적 권고(마태 19,21)[179]에 감동을 받고, 자신의 그리스도교

---

178) 〔옮긴이 주〕 성 안토니오는 처음으로 속세에서 멀리 떠나 광활한 사막에서 모범적이고 열정적인 고행과 기도의 은둔생활로 그리스도교 수도승 문화를 꽃피웠기에 '모든 수도자의 아버지' '사막의 성인' 또는 '수도원의 창시자' '수도원 운동의 창시자'로 불린다.

179) 〔옮긴이 주〕 285년 그의 나이 34세 때 성 안토니오는 "네가 완전한 사람이 되려거든, 가서 너의 재산을 팔아 가난한 이들에게 주어라. 그러면 네가 하늘에서 보물을 차지하게 될 것이다. 그리고 와서 나를 따라라"(마태 19,21)라고 하신 복음의 예수님 말씀에 크게 감명받고 예수님을 실제로 따르기로 결심했다. 그는 부모님에게서 상속받은 재산을 마을 사람과 가난한 사람들에게 나누어 주고, 그의 여동생을 당시의 최초 수녀회의 일종인 그리스도의 처녀단의 일원이 되게 했고, 그 스스로는 지역의 은수자의 제자가 되었다. 성 안토니의

적 삶의 결정적인 전환점을 맞이한다. 그는 아마도 내적으로 이해할 수 없고 설명할 수 없는 불확실한 혼란의 상황에서, 이전에도 들어봤을 법한 새롭지 않은 말씀을 그 순간에는 마치 자신에게 직접적으로 질문을 던지는 것처럼 느껴지듯 전혀 다른 방식으로 이해하게 되었을 것이다. 이로 인해 그는 위기 상황에 직면하게 되며, 이는 그가 이전에 알지 못했던 새로운 가치와 진리를 깨닫게 되는 계기가 되었다. 이제 그는 새로운 가치관에 따라 자신의 삶을 재구성하게 된다. 즉, 위기야말로 "주님 말씀을 깊이 이해하고 온전히 받아들이는" 계기가 되며 새로운 가치를 발견하고 삶을 새롭게 구성해 나가는 전환점이 되는 상징적인 의미를 지닌다.

성 아우구스티노(354~430)는 청소년, 청년 시기 동안 방탕한 쾌락의 추구와 삶의 의미와 진리를 찾기 위한 투쟁 사이에서 내적 갈등과 방황을 겪었다. 이는 단순한 개인적 갈등뿐 아니라, 당시 사회의 문화적·도덕적인 가치관과 자신이 추구하는 신앙의 가치관 사이의 갈등이었다. 이렇게 오랜 기간의 갈등과 위기가 그를 더 깊이 있는 신앙으로 이끌었고, 결국 그는 그리스도교 신앙을 받아들이고 깊은 영적 평화를 얻게 된다.[180] 성 예로니모(340~420)는 지식과 학문적 성취를 추구하고 영적 삶의 깊이를 갈망하며 자신이 살고 있는 시대의 문화를 이해하고 해석하고자 노력하였지만, 이 과정에서

생애에 관해 알려진 대부분의 내용은 알렉산드리아의 성 아타나시오의 『안토니오의 생애』(*Life of Anthony*)에서 비롯된다. Cfr. Athanasius of Alexandria, *Life of Antony*, 3. In *Early Christian Lives*, Carolinne White, trans. London: Penguin Books, 1998, p.10.

180) 성 아우구스티노의 갈등과 위기에 대해서는 그의 저서 『고백록』을 참조하시오.

존재론적이고 문화적인 차원의 갈등과 불안을 겪었다.[181)]

성 이냐시오 로욜라(1491~1556)는 위기의 과정을 통해서 "복음적 회심"에 이르게 된다. 그는 복음을 통해 그리스도를 발견한 이후 자신의 가치관을 재정립하고, 교회에 헌신하기 위해 세속의 하찮은 가치와 단절한다.[182)]

메리 워드(Mary Ward)[183)]의 소명의 위기에 관한 일화도 잘 알려져 있다. 가난한 글라라회(프란치스칸 여자 수도회)의 수녀들과 구걸 생활을 한 지 1년 후, 프란치스코회의 방문객인 안드레아 신부(P. Andrea de Soto)의 조언을 통해 그녀는 글라라회가 자신의 소명이 아니라는 결론에 이르고 결국 서원을 하지 않기로 했다. 이는 그녀에게 매우 강렬한 체험이었다. 그녀의 전기 작가인 알프레도 로페즈 아마트(Alfredo López Amat S.J.)는 메리 워드가 체험한 영적 위기의 핵심을 매우 잘 표현하고 있다. "그녀는 하느님께서 자신에게 무엇을 원하시는지 몰랐지만, 다만 자신에게 무엇을 원하지 않으시는지는 알게 되었다. 즉 하느님께서는 그녀가 글라라회에 머물기를 원치 않으신다는 것이었다."

결론적으로 앞선 교부들이나 성인들의 일화를 통해, 위기의 과정 안에서 자신을 더욱 복음적으로 깊이 성찰하게 되

---

181) 〔옮긴이 주〕 특히 라틴어 번역본인 불가타 성경과 같은 그의 연구와 번역 작업은 이러한 불안과 위기를 해결하고, 자기 존재의 의미를 찾기 위한 노력의 일환이었다.

182) 성 이냐시오의 위기와 회심 과정에 대해서는 그의 『자서전』을 참조하시오.

183) "예수 수도회"(The Congregation of Jesus, 1609)의 창립자인 가경자 메리 워드(Mary Ward, 1585~1645) 수녀에 대해서는 제5부 "진화 심리학과 영성생활" 제1장 "진화 심리학과 거룩함"에서 자세히 다룰 것이다.

고 이를 통해 더 깊은 영적 깨달음과 영혼의 평화를 얻을 수 있다는 사실을 깨달을 수 있다.

3. 영성생활의 위기

영성생활에서 맞이하는 위기는 영적 성장을 위한 불가피한 순간으로 보인다. 영적 위기는 다양한 형태와 맥락에서 발생하지만, 비슷한 특성이나 원인, 주제에 따라 다음과 같이 몇 가지 범주로 분류될 수 있다.

1) 신학적 위기

"신학적"이라는 용어에는 실재의 근원인 하느님 개념이 포함된다. 신학적 범위 안에는 신앙, 희망, 사랑이 포함되며, 이는 전통적으로 신학적 "덕목"이라고 할 수 있다. 하느님께서는 신실하시며 당신이 우리에게 선물을 주시는 것을 결코 후회하지 않으시므로, 흔히 통용되는 "믿음을 잃는다" "희망이 없다" 그리고 드물게 "사랑을 받지 못한다"라는 말은 진리에 맞지 않는다. 세례성사는 하느님 은총을 통해 시워시시 않는 새로운 삶의 뿌리를 내려 신앙을 시작하게 하는 가시적인 표징이다. 따라서 신학적 위기는 믿음, 희망, 사랑의 위기가 아니라, 믿음 안에서, 희망 안에서, 사랑 안에서의 위기인 것이다. 즉 신학적 위기는 은총의 선물이나 작용이 소멸하거나 신앙의 본질을 잃는 것이 아니라, 개인이 신앙의 신실함을 잃어 가면서 겪는 내적 갈등과 관련된 문제라는 것이다.

의심이나 탐색, 죄로 인한 신앙의 위기 안에서도 신학적 덕목의 내용은 사라지지 않으며, 오히려 이러한 신앙의 위기는 신학적 덕목을 더욱 충만히 접할 수 있는 방향을 안내하고 제시해 준다. 신학적 위기라는 어려운 순간을 경험하는 것은 하느님 존재에 대한 의심, 나태, 악습에서 벗어나는 데 도움을 준다. 위기를 겪으면서 신학적 덕목(믿음·희망·사랑)이 자기 삶에서 세계관과 행동의 동기를 형성하는 데 얼마나 중요한 역할을 하는지 깨닫게 되며, 아울러 단순한 이론이나 모호한 개념에서 벗어나 더욱 깊은 신앙의 가치로서 신학적 덕목을 실제로 체험하고 느끼게 된다.

위기의 고통은 단순히 가벼운 의문이나 사소한 고민이 아니다. 이는 존재의 의미나 방향을 잃어 공허함과 어둠을 느끼는 심각한 고통이고, 생각이 어디로 향하고 있는지 알 수 없는 혼란스럽고 불안한 상태이며, 기도에 대해 침묵으로 응답하시는 하느님께 대한 실망의 느낌이다. 하지만 하느님은 부재하지 않으시며, 다만 인간이 원하는 언어로 말씀하시는 것이 아닌, 인간이 자유롭게 해석해 내야 할 표징을 통해 말씀하신다.

믿음 안에서 진정한 위기는 하느님과 멀어지는 것이 아니라, 그분의 세계로 깊이 들어가는 것이다. 즉 하느님 신비를 더욱 깊이 이해하게 되는 것이며, 이는 결코 완전한 이해는 아닐지라도 그 순간을 체험하는 것만으로 충분하다. 희망 안에서 진정한 위기는 보이지 않으며, 감각적으로 경험할 수 없는 신비를 재평가할 수 있게 된다. 즉 종말론적 최종 목적을 향한 새로운 기대 안에서, 과거의 경험과 성취를 넘어서는 것이다. 사랑 안에서 진정한 위기는 이웃에 대한 사랑의 상실이나 하느님에 대한 무관심이 아니라, 오히려 사랑이신(caritas) 하느님과 일치하려는 갈망을 통해 체험되는 신비적 정화의 과정을 의미한다.

따라서 믿음, 희망, 사랑 안에서의 신학적 위기는 죄의 상태, 가치를 상실한 상태 또는 영성생활의 실패와 같이 부정적인 경험이 아니라, 하느님과의 관계를 더욱 깊고 의미 있게 만드는 과정을 통해 개인의 영적·신비적 발전과 성숙의 순간을 체험하는 것이다.

2) 제도적 위기

영성의 차원에서 교계제도는 인간의 개인적·공동체적 확장을 위한 공간으로, 하느님으로부터 제정된 영속적인 실재이다. 특히 가정 공동체, 교회, 사제직 안에서 이루어지는 성사들이 이에 해당한다. 교계제도는 또한 축성생활(vita consecrata)[184)]

---

184) 〔옮긴이 주〕 넓은 의미에서 "축성생활"은 세례성사와 혼인, 성품성사로 축성, 봉헌된 평신도와 성직자 모두에게 해당하지만, 라틴어 "vita consecrata"는 서원이나 그와 비슷한 서약을 통해 세 가지 복음적 권고(청빈·정결·순명)의 의무를 받아들이는 그리스도인의 고정된 생활 형태를 가리킨다. 제2차 바티칸 공의회 이후 새 교회법전은 재속회, 은수생활, 동정녀회, 사도 생활단 등을 모두 이에 포함시키고 있다.

종전에는 "봉헌생활"로 번역하였으나, 2012년부터 "봉헌생활"과 "축성생활" 두 용어를 함께 사용하고 있다. 인간이 하느님께 자신을 봉헌하는 차원에서 너무 제한적 의미로 이해됐던 축성생활을, 하느님의 부르심에 응답하는 의미에서 "축성된 삶"이라는 의미로 확장하면서 사제, 수도자의 삶과 사명에 대한 및 수도생활처럼 복음의 핵심 가르침을 바탕으로 교회 내에 제정된 영속적인 실재이며, 동시에 현실의 가시적인 구조나 조직이다. 따라서 이러한 교계 제도적 위기는 하느님께서 제시하신 본질적인 가르침에 관한 것이 아니라, 하느님의 뜻을 이해하고 현실에서 구체적으로 실현하고 적용하는 개인이나 공동체의 해석 방식과 책임과 관련된 것이다.

3) 교회의 위기

"교회의 위기"라는 표현은 잘못된 표현이다. 교회는 모퉁이 돌이신 그리스도를 반석 삼아 존재한다. 그리스도는 교회의 무적성(invulnerability)[185]을 보장하시기 때문에, 교회의 본질은 인간의 다양한 행동이나 변화의 불완전함에 영향을 받지 않는다. 따라서 "교회의 위기"는 교회 구성원들이 하느님과의 관계와 신앙에 충실하지 못한 "교회 내 구성원의 영적 위기"를 뜻하며, 이러한 이유로 교회의 구성원에게는 항상 신앙을 회복하고 하느님과의 관계를 강화하기 위한 정화의 노력이 요구된다.

본질적인 의미를 더욱 잘 파악할 수 있게 되었다.

185) 〔옮긴이 주〕 무적성(invulnerability)의 사전적 의미는 해를 입히거나, 손상하거나, 패배시키는 것이 불가능한 무적의 자질 또는 상태를 뜻한다. 여기서는 교회 자체이신 그리스도의 무적의 권능 덕분에, 어떠한 외부의 시련이나 위기에도 교회의 본질적인 신앙과 제도는 영향을 받지 않고 굳건히 영속한다는 의미로 사용되었다.

4) 성사, 특히 고해성사의 위기

“성사의 위기”라는 표현 역시 잘못된 표현이다. 위기는 성사 자체에 있는 것이 아니라 인간에게 있기 때문에, 성체성사, 고해성사의 참여 비율의 감소가 “성사의 위기”를 의미하는 것은 아니다. 오히려 이를 통해 성사를 다양하게 평가하며 성사를 통해 신앙을 더 깊이 존중하고 성찰하려는 노력의 일환으로, 일상에서 성사의 근본 의미를 재발견하는 과정으로 이해할 수 있다. 오늘날 사목은 성사를 단순한 예식으로 보지 않고, 신앙을 전파하고 신자들을 초대하는 복음화(evangelization) 과정을 중요하게 여기며 성사를 더 큰 영적 여정의 일부로 이해한다. 성사는 하느님과의 관계를 재확인하고 정체성을 형성시키며, 인간 존재에 깊은 영향을 미치는 중요한 전환점이 된다. 즉 성사를 통해 하느님과 인간 사이에 계약을 맺고(세례성사), 죄로 인해 깨진 관계를 다시 회복하며(고해성사), 계약의 갱신으로 기존의 관계를 새롭게 강화하여(성체성사) 하느님과의 관계를 발전시키고 자신의 신앙을 성장시킨다. 성사의 의미를 충분히 인식하지 못한 채 진정한 관심과 열정 없이 행해지는 형식적인 성사의 참여는 성사가 지닌 영적 가치에 대한 체험을 약화시키지만, 성사에 대한 의식적인 참여는 성사적 체험에 역동성을 불어넣으며 개인과 교회 공동체에 유익을 준다. 오늘날 그리스도인에게는 성사 참여의 양적 차원보다는, 성사 안에서 하느님 은총을 체험하고 만나는 질적 차원이 더 요구된다.

5) 사제직의 위기, 수도생활의 위기, 성소의 위기

그 외 잘못된 표현으로는 "사제직의 위기" "수도생활의 위기" "성소의 위기"가 있다. "수도생활의 위기"라는 잘못된 표현은, 위기의 원인을 외부가 아닌 개인이나 수도 공동체의 내적 상황으로 되돌려 성찰하면서 수정되어야 한다. 이에 교도권은 제2차 바티칸 공의회를 통해, 세상과의 분리, 가난의 실천, 사목적 직무와 역할(교육, 봉사, 기도, 자선, 영적 지도 등), 공동체 조직 안에서의 인간적인 상황, 특권 등 수도생활의 많은 가치와 다양한 조건을 세부적으로 검증하고 종합하여 「수도생활의 쇄신에 관한 교령」(*Perfectae Caritatis*)을 제정하고 공포하였다. 즉 공의회는 수도회, 그리고 고유한 성격을 보존하면서도 서원을 하지 않고 공동생활을 하는 단체와 재속회 등 다양한 유형의 단체의 회헌을 개정하고, 현시대의 요청에 따라 생활과 규율을 적절히 쇄신하면서, 제기된 문제에 응답하려고 노력하였다.[186]

수도생활 안에서는 새로운 상황에 적응하는 어려움,[187] 생활 개선 및 쇄신의 지연과 실패,[188] 수도생활의 가치에 대한 자기 비판적 평가,[189] 그리고 자유, 인간, 문화 및 사회 문제

---

186) 참조: 제2차 바티칸 공의회 문헌, 「교회에 관한 교의 헌장」(*Lumen Gentium*), 43~47항; 「수도생활의 쇄신에 관한 교령」(*Perfectae Caritatis*), 1항.

187) 전통적인 수도생활의 방식이, 빠르게 변화하는 현대 사회의 문화적·사회적 요구나 기대에 적절히 대응하지 못하는 상황을 의미한다.

188) 변화가 필요하다는 인식은 있으나 내부적인 저항, 전통적인 가치관에 대한 고집 및 변화에 대한 두려움으로 인해, 생활의 개선이나 쇄신이 예상보다 느리게 진행되거나 실행에 옮기는 데 실패하는 상황을 의미한다.

189) 수도자가 자기 삶과 사명이 수도생활의 가치에 얼마나 부합하는지를 성찰하

에 대한 새로운 인식과 사명의 재발견[190] 등과 같이, 내적 갈등에서 발생하는 위기가 다른 곳보다 더 뚜렷하게 나타난다. 각각의 위기를 극복하는 과정에서 수도자는 자신의 신앙과 사명을 다시 정립할 기회를 가질 수 있다. 동시에 수도자는 이러한 위기로 인해 신앙 공동체 안에서 소외감이나 좌절감, 불안을 느끼고 개인의 신앙과 수도 공동체 전체의 활력을 저하시킬 수 있으며, 극단적인 해결책이나 수도생활의 포기로 이어지는 경우도 많다.

'성소의 위기'라는 말 또한 바로잡을 필요가 있는 잘못된 표현에 속한다. 이 표현은 일반적으로 사제, 수도 성소 지원자의 수가 감소하는 것을 의미하는 말로 쓰이는데, 이는 단지 현실에서 드러나는 표면적인 결과일 뿐 근본적인 원인을 반영하지 않는다. 이는 제도적 차원에서는 우려스러운 현실이지만, 신학적 차원에서는 전혀 문제가 없다고 할 수 있다. 따라서 이러한 성소의 위기에 대한 문제는, 자신의 성소를 찾고 성장시킬 수 있도록 지원하기 위한 새로운 사목 접근방식을 재정립할 것을 요구하는 교회 문헌을 통해 그 해결책을 찾았다. 하지만 성소의 위기는 성소의 사목적 접근만으로 해결될 수 있는 단순한 문제가 아닌 다양한 요인들이 얽혀있는 복합적인 현상이기 때문에, 여기에는 보다 종합적이

는 과정에서, 자신의 역할이나 영향력이 줄어들었다고 느끼거나 사회와의 연결이 약해졌다고 생각할 때, 자신의 정체성을 다시 평가하고 새로운 목표나 사명을 찾기 위해 자아 성찰과 비판이 필요한 상황을 나타낸다.

190) 수도생활의 가치가 단순히 영적 차원에 국한되지 않고, 인간 존엄성과 자유, 사회적·문화적 발전에 기여할 수 있는 방식으로 새롭게 인식되고 재발견되고 있다는 것을 의미한다.

고 체계적인 접근이 필요하다.

4. 위기 극복을 위한 지침

영성신학은 그 자체에 국한되지 않는 다양한 사회적·문화적·교회적 맥락에서도 위기를 극복하는 데 필요한 여러 가지 도움을 제공한다. 이러한 영성신학의 도움은 분명 그 자체로 유효할 뿐만 아니라, 단순한 이론적 도움이 아닌 개인의 고유한 상황과 경험에 따라 구별되어 적용되는 구체적이고 실질적인 도구가 된다. 그중에서 위기의 여정을 순례하고 극복하기 위한 열 가지 지침을 제안해 볼 수 있겠다.

1) 현실주의(실재론)

위기는 그 본질적인 현실에서 이해해야 한다. 위기의 실제적인 원인, 내용, 맥락, 극복 방법에 대한 잘못된 진단을 피해야 위기를 효과적으로 인식하고 적절하게 대응할 수 있다. 두려움이나 놀라움, 무관심이 아닌 차분하고 능동적인 대응으로, 자기 자신과 위기라는 두 가지 현실의 특성을 정확히 파악하고 받아들여야 한다. "그들의 억측이 많은 이들을 빗나가게 하고 악의에 찬 망상이 그들의 생각을 그르치게 한다"(집회 3,24).

2) 낙관주의(긍정론)

이는 위기를 불가피한 결과로써 긍정적으로 수용하는 것을 의미한다. 즉 실제로 처음에는 힘들고 어려운 상황에서 시작하지만 결국 다른 상황으로 전환되면서, 위기의 상황이 더 나빠지지 않고 대체로 더 나아질 것이라고 받아들이는 것이다.[191] "하느님은 성실하십니다. 그분께서는 여러분에게 능력 이상으로 시련을 겪게 하지 않으십니다. 그리고 시련과 함께 그것을 벗어날 길도 마련해 주십니다"(1코린 10,13).

3) 전체성(총체성)[192]

이는 위기를 삶의 전반적이고 포괄적인 실존적 상황으로 고려하는 것이다. 모든 사물이 그러하듯 위기를 가까이에서만 관찰하면 깊은 의미를 발견하지 못하고 너무 세세한 것에만 초점이 맞춰지면서, 핵심을 파악하고 주위를 넓게 바라볼 수 있는 시야가 가려지게 된다. 이러한 편향은 불안과 오해를 증폭시키고, 상황을 과대평가하거나 평가절하하게 만

---

191) 실재론(realism)에 입각한 낙관주의(긍정론)에 대해서는 이 책 '제1부'의 각주 177번을 참조하시오.

192) 〔옮긴이 주〕 전체성 또는 총체성은 문화가 여러 구성 요소가 유기적으로 결합된 하나의 전체로서 의미를 갖는 생활 양식임을 나타낸다. 이 관점에서 문화는 단순히 개별 요소들의 집합이 아니라, 각 요소가 서로 연관되고 상호작용하여 형성된 통합체로 이해된다. 즉, 문화는 부분적인 요소들로 나누어 이해할 수 없으며, 전체적인 맥락 속에서 그 의미를 완전히 파악할 수 있다. 전체성의 주요 특징은 한 사회의 문화 요소들이 서로 밀접하게 연관되어 있다는 점이다. 이에 따라 특정 문화 요소의 변동은 다른 요소들의 연쇄적인 변화를 초래할 수 있다.

든다. 하지만 위기를 '전체성' 안에서 바라보게 되면, 위기를 살면서 일어나는 평범한 에피소드 중 하나로 이해함으로써, 상황을 다양한 측면에서 비교하면서 위기에 대한 편향을 경감시킬 수 있게 된다. "영리한 이의 지혜는 갈 길을 깨닫게 하지만 우둔한 자의 미련함은 속임수일 따름이다"(잠언 14,8).

4) 문화

이는 위기의 메커니즘과 보조 수단들을 이해하는 것이다. 문화는 인간의 발전을 촉진시켜 주기 때문에, 문화적 소양(문화적 지식이나 경험, 가치관 등)을 갖추고 있다면 위기를 겪더라도 이를 큰 혼란 없이 안정적·계획적으로 잘 관리하고 대처하며 극복해 나갈 수 있다. 더욱이 문화는 단순히 지식의 총합이 아니라, 사고방식의 구조이며 교육의 결과이기도 하다. 따라서 영성신학은 다양하고 풍부한 주제와 수준의 일반, 전문 문헌을 신학적으로 연구하면서, 더욱 풍요로운 문화 발전에 기여한다. 또한 영성신학은 단순히 자신의 문헌에 그치지 않고, 다른 출처에서 문서나 자료를 제안하지 않음으로써, 문화를 보다 깊이 통찰할 수 있게 하는 다양하고 폭넓은 시각을 제공해 준다. "그렇게 해 주셨기에 세상 사람들의 길이 올바르게 되고 사람들이 당신 마음에 드는 것이 무엇인지 배웠으며 지혜로 구원을 받았습니다"(지혜 9,18).

5) 모델링(modeling), 모범 학습(exemplar learning)[193]

이는 다른 사람이 겪는 독특하고 유일회적인 위기의 경험을 관찰하고 참고하는 것이다. 모델을 관찰하고 모방하는 것은 자칫 우상화의 위험을 초래할 수도 있지만, 위기를 겪은 이들의 경험은 소중한 도움이 된다. 자유로운 지성은 자신과 모델 사이의 유사성을 발견하고 이를 자신의 상황에 유익하게 적용할 수 있다. 이렇게 위기의 상황에서 영성의 본보기가 되는 모델은 성경 인물, 전통적인 인물, 현대 인물뿐만 아니라 다양한 종교적 배경 안에서도 찾아볼 수 있으며, 이러한 모델은 영적 여정에서 위기를 극복하는 데 긍정적인 영감을 주는 중요한 자원이 된다. "약속된 것을 믿음과 인내로 상속받는 이들을 본받는 사람이 되라는 것입니다"(히브 6,12).

6) 공동체적 친교

이는 위기 상황을 다른 사람과 공유하는 것을 의미한다. 위기에 대한 스스로의 고립은 자신을 빈곤하게 만들지만, 반대로 위기 상황을 너무 드러내며 남이 알아주길 바라면 누구에게나 불편함을 줄 수 있다. 하지만 친교는 마음을 열고 도움을 요청할 수 있는 사람을 찾는 현명한 방법이며, 이 과

193) 〔옮긴이 주〕 모델링(modeling)은 주로 기술적이고 행동적인 측면에 집중하여 특정 모델을 따라 하는 과정이고, 모범 학습(exemplar learning)이란 긍정적인 영향을 미치는 특정 인물이나 행동으로부터 배우거나 영감을 받아 그 모델의 도덕적·윤리적 가치를 내면화하여 행동하는 과정을 의미한다.

정에서 먼저 생각해야 할 분은 하느님이다. 하느님과의 관계 안에서 형제자매는 실질적인 연대, 우정, 그리고 "영적 지도"를 통해 위기의 고통을 나누며 위기를 극복할 수 있다. 특히 영적 지도는 유아기적 미숙함 안에서 타인을 지배하거나 타인에게 의존적으로 퇴행하는 것이 아니라, 존중 어린 협력과 중재의 토대 위에서 이루어져야 한다. "혼자보다는 둘이 나으니 자신들의 노고에 대하여 좋은 보상을 받기 때문이다. 그들이 넘어지면 하나가 다른 하나를 일으켜 준다. 그러나 외톨이가 넘어지면 그에게는 불행! 그를 일으켜 줄 다른 사람이 없다"(코헬, 4,9~10).

7) 수덕주의(asceticism)

이는 위기를 엄숙한 정화의 순간으로 느끼는 것이다. 그리스도인은 위기의 어려움 속에서도 희망과 신앙을 잃지 않으며, 엄숙한 삶을 통해 어두운 감정이나 비관적인 태도로 빠지지 않는다. 수덕생활은 흐트러진 삶을 재정비하고 내면의 통합을 이루기 위해 자신의 잠재력을 발휘하게 해 준다. 즉 이러한 능력은 우리의 절박한 요구, 편협함, 조바심으로부터 자유롭게 해 주며, 무엇보다 위기를 인내할 수 있게 해 준다. 즉 수덕생활은 영적 건강을 유지하고 조화를 이루는 '영적 생태학'[194]이라고 할 수 있다. "여러분을 부르신 분께서

---

194) 〔옮긴이 주〕 여기선 수덕을 자연환경과 생물 간의 조화로운 균형의 관계를 유지하는 '생태학'에 비유하고 있다. 즉 불필요한 욕망이나 소유로부터 자아를 절제하며 물질적인 것보다 영적·내면적 성장에 집중하는 수덕생활을 통해,

거룩하신 것처럼 여러분도 모든 행실에서 거룩한 사람이 되십시오"(1베드 1,15).

8) 그리스도교 신비주의(mysticism)

이는 위기 상황을, 하느님 현존을 항구하게 느끼는 친교와 만남의 장으로 변화시키는 것을 의미한다. 이러한 친교와 만남은 침묵의 기도 안에서 경험하고, 모든 선을 베푸시는 아버지, 형제인 그리스도, 거룩한 빛과 권능의 성령과의 친밀함 속에서 체험하는 하느님 신비와의 만남이다. 따라서 하느님 신비의 체험은 우리를 내면으로 초대하여 자신의 현실을 깊이 통찰하고 우리를 결코 포기하지 않으시는 하느님의 거처를 내면에서 발견하게 하며, 현재 진행 중인 위기에 대한 구원적 의미를 묵상하도록 초대하신다. "너는 기도할 때 골방에 들어가 문을 닫은 다음, 숨어 계신 네 아버지께 기도하여라. 그러면 숨은 일도 보시는 네 아버지께서 너에게 갚아 주실 것이다"(마태 6,6).

9) 기도

위기의 상황을 기도 안에서 하느님과의 대화로 가져오는 것이 중요하다. 기도는 믿음, 찬미, 감사, 청원의 감정을 개인적으로 혹은 공동으로 하느님께 표현하는 것이다. 위기가 이

위기를 극복할 수 있다고 설명하고 있다.

대화를 방해해서는 안 되며, 오히려 성사와 복음 묵상과 같이 어떤 형태로든 기도를 촉진하는 기회가 되어야 한다. 위기 상황에서는 신앙에 대한 냉담, 반감, 회의감, 피로감으로 인해 하느님과 기도 공동체로부터 멀어질 위험이 있으므로, 이 시기에 특히 하느님께 중재의 도움을 청하는 기도를 바치는 것이 유익하다. 하지만 위기 상황에서도 기도를 소홀히 하거나 기도의 정신을 잊지 말고, 더욱 깊이 기도하는 것이 무엇보다 중요하다. "시편과 찬미가와 영가로 서로 화답하고, 마음으로 주님께 노래하며 그분을 찬양하십시오"(에페 5,19).

10) 기다림

위기의 매 순간을 희망으로 바라보는 것이 중요하다. 희망은 초조함과 무기력의 침투를 인내하고 기다리는 정화의 과정이다. 즉 희망 안에서 무언가를 기다리거나 유보한다는 것은 어떤 기회나 조건을 따지지 않고 현재 상황을 있는 그대로 받아들이며, 미래의 희망을 신뢰하는 마음으로 수용하는 것을 의미한다. 무엇보다 기다림은 타인을 도우려는 희망을 품고 마음을 여는 '가난의 정신과 태도'라고 할 수 있다. "하느님의 사랑 안에서 자신을 지키며, 영원한 생명으로 이끌어 주시는 우리 주 예수 그리스도의 자비를 기다리십시오"(유다 1,21).[195]

---

[195] Cf. L. De Candido, *in Nuovo Dizionario di spiritualità.*

제2부

정서와 영성생활

영성생활은 지성, 행동 방식, 그리고 정서를 포함한 전 인격 안에서 이루어진다. 따라서 정서적 경험의 역동성을 아는 것은 개인의 영적 체험을 더 잘 이해하는 데 도움이 될 수 있다.

제 1 장

정 서

우리 자아의 경험에서 가장 중심이 되는 것 중 하나는 정서이다. "정서"라는 용어는 심리학적으로 유기체의 흥분된 상태를 의미하며, 이는 세 가지 주요 방식으로 나타난다. 첫째, 감정을 내적으로 인식하고 느끼는 "정서적 경험"이다. 예를 들어 화나거나 기쁘거나, 또는 슬프거나 불안하다고 느끼는 것이다. 둘째, 감정을 표현하기 위해 외적으로 반응하거나 취하는 "정서적 행동"이다. 예를 들어, 화가 나면 소리치거나 욕설을 하거나 상대방을 공격할 수 있다. 셋째, 감정에 의해 유발되는 "신체의 생리적 변화"이다. 예를 들어, 얼굴이 붉어지거나 두려움을 느낄 때 심박수가 빨라지고 호흡이 가빠지는 것이다.[1)]

---

1) 이에 관한 우리의 연구는 대체로 다음의 심리학 교재의 분석을 따를 것이다: D. Krech / R.S. Crutchfield, *Elements of Psychology*, New York, 1959, pp.230~264.

1. 정서적 경험의 본질

1) 정서적 체험의 차원

(1) 강하거나 약한 감정의 강도

감정의 강도의 범위는 거의 감지되지 않는 미묘하고 순간적인 기분에서 매우 강렬한 열정에 이르기까지 다양하다. 예를 들어, 화는 가벼운 짜증에서부터 격한 분노로, 기쁨은 절제된 만족감에서 완전한 황홀경(ecstasy, 무아지경)에 이르기까지 다양한 범위로 나타난다. 감정의 강도가 강할수록, 자아가 감정에 휘말리거나 사로잡히는 경향이 더욱 커지게 된다.

(2) 능동적이거나 수동적인 감정의 충동 수준

행동을 유발하는 정서적 충동 수준은 사람마다 능동적이거나 수동적으로 나타난다.[2] 어떤 사람은 좌절감을 주는 대상을 공격하고 위협적인 대상을 피하려 하거나, 때론 넘치는 기쁨에 춤추고 싶은 충동을 느끼기도 하는데, 이러한 충동은 능동적인 감정에 해당한다. 반면, 이보다 수동적이고 차분한 감정은 크게 정서적 충동을 일으키지 않을 수 있다. 즉, 이러한 사람은 슬픈 상황에서도 슬픈 감정을 바꾸려 하지 않

[2] 〔옮긴이 주〕 스피노자는 좀 더 다른 시각에서 수동적 감정과 능동적 감정을 구분하였다. 수동적 감정은 질투와 증오, 연민과 같은 비합리적 감정이며, 수동적 감정을 느낄 때 인간은 주인이 아니라 노예가 된다고 말한다. 반면 능동적 감정은 인간의 활동 능력을 키워주며 기쁨과 활력을 경험할 수 있게 해 준다. 이 능동적 감정을 통해 인간은 주인이 된다. 참조: 에리히 프롬, 『우리는 여전히 삶을 사랑하는가』, 장혜경 옮김, 김영사, 2019, 62쪽.

고 가만히 앉아 있을 수 있으며, 만족스러운 상황에서는 다른 행동을 하려는 충동을 느끼지 못하는 경우가 많다. 능동적 감정과 수동적 감정은 모두 개인의 자아 안에서 중심을 이루며, 똑같이 중요한 역할을 수행한다. 이들 간의 차이는 각각의 상황과 관련되어 행동을 유발하는 감정의 충동 수준과 강도에 따라 다르게 나타난다.

(3) 유쾌하거나 불쾌한 쾌감의 수준

고통, 수치심, 두려움, 후회의 감정은 분명 불쾌한 감정인 반면, 기쁨, 자부심, 만족감, 경외심의 감정 또한 분명한 유쾌한 감정이다. 그러나 일부 감정은 유쾌함과 불쾌함이라는 이분법적인 범주로 분류되기 어려운 경우가 종종 있다. 예를 들어, 연민이나 경이로움, 놀라움 같은 감정은 단순히 유쾌한 감정이나 불쾌한 감정으로 구분하기 힘들 수 있다. 여기서 감정의 강도는 유쾌함과 불쾌함을 느끼는 쾌감의 수준에 영향을 미친다. 즉 가벼운 화는 특별히 불쾌하지 않을 수 있지만, 격한 분노의 상태는 매우 불쾌하게 느끼게 된다.

(4) 단순하거나 복잡한 감정의 복합성 수준

정서는 다양한 감정의 총체이기 때문에, 정서적 경험은 종종 매우 복잡하게 나타난다. 예를 들어, 재난과 재해를 경험하면 뚜렷한 두려움을 느끼고 운 좋은 일에 대해서는 기쁨을 느끼며, 죽음을 마주하게 되면 분명하게 고통을 느끼듯이, 일반적으로 대부분의 정서적 경험은 단순한 경우가 많다. 하지만 우리는 때때로 감정의 복잡성으로 인해 설명할 수 없는 정서적 상태를 경험하게 된다.

2) 정서는 왜 발생하는가?

(1) 상황의 맥락

모든 정서는 특정한 상황적 맥락에서 발생한다. 여기서 우리가 다루고자 하는 것은 단지 "두려움의 느낌"이 아니라, 개인이 갖는 두려움의 느낌을 매우 구체적인 상황의 맥락에서 어떻게 인식하고 느끼고 생각하는지(perfink)[3] 스스로 이해하는 것이다.

사람은 두려움을 느끼게 되는 특정 상황에서, 즉 위협받는다고 생각될 때 주변의 위험하거나 안전한 장소를 인식하고 도망쳐야 한다고 느끼거나, 또는 심장이 강하게 죄어 오거나 다리가 얼어붙는 느낌을 경험하게 된다. 이 모든 것이 합쳐져 두려움의 경험을 구성하게 되며, 이와 함께 사람은 말로 설명할 수 없는 두려움의 감정을 체험하게 되는 것이다. 상황에 따라 이러한 요소 중 일부가 변경되거나 사라지게 되면, 두려움에 대한 체험이 달라지거나 혹은 아예 두려움으로 느껴지지 않을 수도 있게 된다.

---

[3] "PERFINK"라는 용어는 저자가 인위적으로 만들어 낸, 인식하기(*perceiving*), 느끼기(*feeling*), 생각하기(*thinking*) 동사의 합성어로, 여기서는 두려움을 느끼는 구체적인 상황 안에서 개인의 인식(*percezione*), 감정(*sentimento*), 그리고 생각(*pensiero*)의 세 가지 정신 과정이 복합적으로 작용한다는 의미로 쓰이고 있다.

(2) 신체 상태

우리는 살면서 긴장감, 목의 건조함, 심장 박동, 현기증, 땀 흘림, 사지의 허약함을 몸으로 느낀다. 또한 우리도 모르게 울고 웃고 떨거나, 또는 갑작스럽게 반응하거나 겁에 질린 다양한 행동 안에서 우리 몸을 경험하게 된다. 즉 감정이란 단순히 마음의 상태가 아니라, 이러한 신체적 지각 및 반응과의 밀접한 작용과 관계 안에서 전체적인 정서를 형성하게 되는 복합적인 정서적 경험이 된다.

예를 들어 자발적으로 웃거나 우는 신체 반응은 이에 상응하는 감정을 유발할 수 있다. 또한 특정한 정서적 태도도 정서적 경험으로 이어질 수 있다. 예를 들어, 몸이 움츠러들거나 근육이 긴장하고 떨리면 최소한 약간의 불안감을 일으킬 수 있다. 반면, 미소를 지으면 기분이 좋아질 것이며, 팔짱을 낀 태도는 짜증을 유발할 수도 있을 것이다.

물론, 신체 감각을 통해 느끼는 감정은 사람이 적절한 상황 안에서 맥락을 즉각적으로 인식했을 때 유발되는 것이지, 특정한 신체 상태만으로 무조건 감정이 유발되는 것은 아니다. 예를 들어, 양파를 자르는 주부는 당시 슬픔을 느끼지 않더라도 대개는 눈이 매워 눈물을 흘릴 것이다. 하지만 남편에게 학대당하자마자 양파를 썰며 흘리는 그녀의 눈물은 금세 진정한 슬픔의 감정을 불러일으킬 수 있다.

(3) 공감, 동정심, 상보적 감정

우리가 타인의 감정 표현을 인지할 때, 우리 안에서도 같은 감정이 일어날 수 있다. 이러한 "정서적 전이"는 폭넓게 나타나는 것으로 보인다. 타인이 우는 것을 보면 우리도 슬픔을 느끼게 되고 웃는 아이의 미소는 우리를 웃게 만들며, 타인이 두려워하는 모습은 우리 안에도 두려움을 일으키기도 한다.

공감은 타인의 감정을 그 사람의 입장에서 이해하고 인식하며, 정서적으로 타인과 연결되면서도 완전히 휘말리지 않는 감정이다. 반면 동정심은 타인과 정서적으로 더욱 밀접하게 연결되어 깊이 빠져들고 강하게 반응하기 때문에, 타인의 정서와 동일시하며 자신에게도 영향을 미치게 되는 감정이다. 상보적[4] 감정은 상황에 대한 인식 차이로 인해 타인과 반대의 감정을 느끼게 되는 것이다. 예를 들어, 타인의 분노가 자신으로 인해 유발된 것으로 인식될 때 우리는 두려움을 느낄 수 있고, 타인의 수치심은 우리에게 제삼자에 대한 분노를 일으킬 수 있다.

(4) 정서적 행위

정서적 경험의 특성은 우리가 수행하는 특정한 행동에 의해 크게 결정되는데, 예를 들면 일반적으로 두려움, 분노, 모성애의 감정은 각각 도피, 공격, 보호라는 단일 행동의 일부로 자연스럽게 함께 나타난다.

---

[4] 여기서 "상보적 감정"이라는 뜻은 타인의 특정 감정을 느낄 때 그 감정의 부족한 부분을 보충하려는 무의식적인 반응으로 인해, 자신에게는 그 반대의 감정으로 전이되어 느껴지는 것을 의미하는 표현으로 쓰였다.

(5) 불확실한 상황

우리는 종종 상황과의 연관성이 불분명한 감정을 느끼거나, 특정한 상황과 무관한 정서적 상태를 경험하게 되는 경우가 있다. 예를 들어, 불안의 내용이 무엇인지 명확히 인지하지 못한 채 불안을 느끼는 경우가 있다. 이런 사람은 자신이 왜 불안한지, 무엇이 그를 불안하게 만드는지 설명할 수 없다. 그저 원인 모를 불안이 자신의 마음 안에 "자유롭게 떠돌 뿐"(free-floating)이다.

이렇게 아무 관련 없는 감정이 강렬할수록 계속해서 연관성 없는 감정으로 지속될 가능성은 매우 낮다. 왜냐하면 사람은 필요에 따라 상황을 인위적으로 만들어 내면서까지, 특정한 상황에 자기 감정의 원인을 "전가"하는 경향이 있기 때문이다. 예를 들어, 여러 가지 사소한 짜증이 점차 쌓여 발생하는 화의 감정은 처음부터 어떤 것과 관련된 것처럼 인식되는 것이 아니라, "무례한" 점원을 향한 분노로 현시점에서 갑자기 체험되는 것이다.

3) 특정 정서 상태에 관한 분석

정서는 가장 기본적인 감정 혹은 특정한 목적을 지닌 감정에서 시작하여, 다음의 여섯 가지 주요 범주로 세분화하여 살펴볼 수 있다.

(1) 기초 감정: 기쁨, 화, 두려움, 슬픔
(2) 감각 자극(생리적 반응)과 관련된 감정: 고통, 불쾌감,

공포심, 쾌락

(3) 자존감과 관련된 감정: 수치심, 자부심, 죄책감, 성취감, 좌절감

(4) 타인과 관련된 감정: 사랑, 자비심, 연민, 증오, 질투심, 부러움

(5) 긍정적 평가와 관련된 감정: 감사, 유머, 미적 감정, 경탄, 경외심

(6) 기분: 불안, 안정, 평화로움, 외로움

2. 기초 감정

기쁨, 화, 두려움, 슬픔이라는 네 가지 주요 감정을 우리의 기초 감정으로 정의할 수 있다. 이러한 감정은 개인의 성장 초기 단계에서부터 자연스럽게 나타나며, 특정한 상황에 의해 유발되고 대부분 항상 목적을 가지고 있다.

1) 기쁨

기쁨에 관한 가장 일반적인 정의 중 하나는 기쁨을 "자신의 잠재성을 실현함으로써 발생하는 감정"으로 이해한 윌리엄 슈츠(William Schutz)[5]가 제시한 정의이다. 여기서 잠재성

---

5) 〔옮긴이 주〕 윌리엄 슈츠(1925~2002)는 미국의 심리학자이자 대인관계 및 감정 이론 분야의 선구자로, 특히 그룹 역학, 대인관계, 그리고 감정 경험에 대한 연구로 잘 알려져 있다. 그는 1958년에 근본적인 대인관계 지향성(FIRO)이라

은 정신의 모든 측면, 즉 지성적·신체적·정서적·사회적 측면으로 이해되어야 하며, 따라서 기쁨을 얻기 위한 필수 조건은 개인이 목표 달성을 위해 노력하고 그 목표가 실현되는 것이다. 이와 관련하여 캐롤 이자드(Carrol Izard)[6]는 "기쁨의 원인을 경험적 차원에서 말하기는 어렵다. 왜냐하면 기쁨의 경험은 반드시 특정 상황이나 행동에서 파생되는 것이 아니라, 오히려 인식이나 생각 또는 행위의 결과이기 때문이다"라고 말한다.

실제로 기쁨의 원인은 다양할 수 있다. 성공을 거두었기 때문에 혹은 오랫동안 못 보았던 소중한 친구를 만났기 때문에 기쁠 수 있으며, 또는 맛있는 음식을 먹고 마시거나 스트레스에서 벗어났기 때문에 기쁠 수도 있다. 결국 기쁨은 깊은 무의식에서 나올 수 있는 것이기 때문에, 실제로 그 감정을 경험한 사람만이 기쁨을 오롯이 이해할 수 있게 된다.

개인의 행위 과정에서 발생하는 긴장 수준에 따라 느껴지

는 대인관계 이론을 도입했으며, 대인관계의 세 가지 차원인 소속 욕구(inclusion), 통제 욕구(control), 정서 욕구(affection)에 기초하여 대인관계 욕구 및 행동을 측정하는 심리검사 도구인 "FIRO-B"(Fundamental interpersonal Relations Orientation-Behavior)를 개발했다. 그의 연구는 개인의 심리적 성장뿐만 아니라 집단 내에서의 상호작용을 이해하는 집단 역학을 평가하는 데 중요한 기여를 하였다.

6) [옮긴이 주] 캐롤 이자드(1923~2017)는 미국의 심리학자로, 감정 이론 및 연구 분야에서 중요한 기여를 한 인물이다. 그는 1977년 두려움, 분노, 수치심, 경멸, 혐오감, 죄책감, 괴로움, 관심, 놀라움 및 기쁨을 열 가지 주요 감정으로 분류하고 이들의 기능과 역할을 분석하는 기본 감정 이론을 제안하였다. 그는 각 감정이 개인의 생리적 반응, 감정에 대한 인지적 평가, 그리고 표정으로 드러나는 행동적 반응으로 이루어진다는 차등 감정 이론(differential emotions theory)을 세웠다. 이후에도 그는 감정의 이해와 처리가 개인의 관계와 사회적 상호작용에 미치는 영향에 대해 연구하였으며, 이는 어린이와 성인의 정서적 발달에 대한 중요한 통찰을 제공하였다.

는 기쁨의 강도는 다르게 나타난다. 아주 중요한 목적을 달성했을 때는 분명 큰 기쁨을 체험하게 되지만, 그 반대의 경우에는 단순한 즐거움을 느낄 것이다. 즉 기쁨이란 목표를 달성함으로써 긴장이 해소되면서 느끼게 되는 감정이라고 할 수 있다.

기쁨의 표현과 전달 과정에서 중요한 역할을 하는 것은 미소이다. 사람은 기분이 좋을 때 미소를 짓고, 주변 사람도 그 미소에 비슷한 반응을 보이게 된다. 또한 기쁨은 삶에 중요한 효과를 가져온다. 즉 기쁨은 긴장을 해소하고 호감, 관대함, 용기를 주며 자아를 실현하고 성장하는 데 중요한 활력과 자신감을 불어넣는다.

2) 화

화가 생기는 필수 조건은 목표를 달성하는 데 방해가 되는 장애물을 인식하는 것이다. 특히 지속적인 좌절을 일으키는 장애물로 인해 긴장이 누적되어 화가 발생한다. 따라서 초기의 초조함과 짜증에서 실제로 화가 나는 감정으로 이어지고, 마침내 분노나 격분의 상태에 이르게 된다.

3) 두려움

두려움의 원인은 위험하다고 느끼는 대상이나 위협적인 상황에 대한 인식에서 비롯된다. 특히 위협적인 대상이나 상황을 통제할 수 있는 능력이 부족할 때 두려움이 발생하게 된다. 예를 들어, 지진, 홍수와 같은 자연환경에서 오는 큰 위협이나 폭력, 전쟁, 질병과 같은 인간의 행위가 초래하는 재앙에 직면하게 될 때 큰 두려움을 느낀다.

또한 두려움은 타인이 두려워하는 모습을 보거나 듣게 될 때도 자동적으로 생기며, 때로는 객관적으로 두려움을 유발할 만한 것이 전혀 없을 때조차 패닉(panic)[7] 상태를 경험하기도 한다.

두려운 감정은 대부분 단순히 현재의 상황에서 발생하는 것이 아니라, 앞으로 일어날 수 있는 일에 대한 예측이나 걱정에서 비롯된다. 예를 들어, 유죄 판결을 받은 사람은 판결이 내려지기도 전에 자신이 어떤 처벌을 받을지, 혹은 자신의 미래가 어떻게 될지 이미 두려운 감정을 느끼기 시작한다. 또한, 병원이나 치과에 가야 하는 사람도 진료받기 전에 의료 과정이나 치료 결과에 대한 걱정이나 두려움에 시달리게 된다. 일반적으로 이렇게 어떤 일이 일어날지 미리 걱정하는 것은 두려움을 넘어 더욱 강하고 교묘한 형태의 예기불안(anticipatory anxiety)[8]으로 이어질 수 있다.

왓슨(Watson)[9]은 어린이를 대상으로 한 두려움에 관한 실

7) 〔옮긴이 주〕 심리학의 행동 유형 중에는 "패닉형"(panic)이 있다. 패닉형은 공포에 질려 감정과 기억은 과도하게 활성화되고 감정적으로 불안한 상태가 된다. 행동 조절 능력과 인지 능력이 떨어져 침착하게 해결책을 찾기 어려운 상태가 된다. 위기 상황에서 심장이 빨리 뛰고 숨이 가빠지며, 우왕좌왕하면서 바로 눈앞에 있는 것조차 보지 못하게 된다.

8) 〔옮긴이 주〕 예기불안이란 미래의 어떤 상황이나 사건을 떠올렸을 때 불안감이 증가하는 형태의 불안 증상을 말한다. 심한 경우 상황이 발생하기 몇 달 전부터 불안감이 시작될 수 있다. 특히 자신이 통제할 수 없는 미래의 사건이나 상황에 대한 극심한 공포는 예기불안으로 인해 공황장애를 일으키기도 한다.

험을 통해, 신체의 통제력 및 지지력의 상실[10)]과 갑작스러운 큰 소음[11)]이 두려움을 느끼게 하는 두 가지의 중요한 자극이라는 결론을 내렸다. 하지만 놀라는 것과 두려움을 동일하게 볼 수는 없다. 왜냐하면 놀람이 꼭 두려움을 유발하는 것은 아니며, 오히려 만족감을 주는 경우도 있기 때문이다. 예를 들어, 추리소설을 읽고 있는 사람의 귀에 대고 갑자기 소리를 지르면 대부분은 거의 두려운 감정을 느끼게 되지만, 만약 경기장에서 시합을 보고 있는 사람에게 크게 소리를 지른다면 가벼운 짜증을 내거나 웃거나 또는 아무런 반응을 보이지 않을 것이다.

4) 슬픔

기쁨, 화, 두려움의 감정은 목적을 달성하거나 위험에서 벗어나는 것과 관련이 있지만, 슬픔은 추구하던 가치나 소중히 여기던 무언가를 잃는 것과 관련되며 슬픔의 강도는 그

---

9) 〔옮긴이 주〕 존 B. 왓슨(John B. Watson)은 내면적 사고, 감정, 정신 과정과 같은 내부 상태에 초점을 맞추는 전통적인 심리학적 접근방식을 거부하고, 대신 객관적으로 관찰하고 측정할 수 있는 행동에 중점을 두는 행동주의 이론을 전파한 심리학자로서 '행동주의'의 아버지라고도 불린다. 그는 행동을 자극에 대한 유기체의 가시적이고 측정 가능한 반응으로 정의하였으며, 자극-반응(S-R)이라는 학습과 행동의 기본 틀을 구축하여 심리학계에 지대한 공헌을 하였다.

10) 〔옮긴이 주〕 예를 들어, 몸을 통제하거나 지탱할 수 없어 넘어지거나 발을 헛디디는 상황에서 불안함을 느끼는 것을 말한다.

11) 〔옮긴이 주〕 예를 들어, 큰 폭발 소리나 소음, 갑자기 누군가 소리 지르는 것과 같은 상황은 예기치 않은 자극이기 때문에 놀라움이나 두려움을 유발할 수 있다.

대상에 대해 갖는 가치의 정도에 달려 있다. 대개 가장 깊은 슬픔은 사랑하는 사람이나 소중히 여기던 것의 상실에서 오며, 이 경우 강렬하고 지속적인 슬픔으로 이어진다. 게다가 슬픔은 처음에는 깊고 강렬하지만, 시간이 지나면서 그 강도가 점점 약해지고 실망감과 후회와 같은 다른 감정으로 변할 수 있다.

기쁨, 화, 두려움은 높은 수준의 긴장을 동반하는 "능동적 정서" 범주에 속하는 반면, 슬픔은 종종 긴장과 능동성이 덜한 "차분한 정서" 상태이다. 그럼에도 불구하고 슬픔의 특징은 시합에서 져 울음을 터뜨리는 선수, 자신의 장난감이 망가진 것을 보고 있는 아이, 또는 사랑하는 사람을 잃은 사람의 모습 등을 통해 외적으로 드러난다.

사랑하는 사람에 대한 상실, 죽음을 통해 느끼는 슬픔이나 애도의 체험은 모든 인간에게 갑작스럽고 불가피하게 경험되며, 이러한 감정의 강도나 영향, 반응은 구조적인 요인들에 따라 다양하게 나타난다.

우선 슬픔의 강도는 죽음의 원인이나 유형에 따라 다양하게 나타난다. 예를 들어, 노인의 죽음은 아기의 죽음이나 갑작스러운 사고로 인한 죽음보다는 더 수월하게 받아들여질 것이다. 즉 갑작스럽게 맞게 되는 죽음일수록, 슬픔의 강도는 더 커지고 이를 받아들이기는 더욱 어려워질 것이다. 이와 더불어 망자가 생전 가졌던 지위와 역할, 그리고 그와의 관계의 깊이에 따라 그의 죽음에 대한 슬픔의 강도와 수용력이 달라진다.

또한 죽음에 대해 아파하고 이를 받아들이는 수준은, 예를 들어 가족 관계, 문화, 동료, 교회와 같은 그 상황을 겪는 이의 인간적·사회적 맥락에 의해 영향을 받으며, 아울러 고통을 견디는 개인적인 역량에 의해서도 좌우된다. 특히 개인의 역량이나 특성은 슬픔에 직면했을 때 다양한 반응으로 나타난다. 예를 들어, 일반적으로 폐쇄적·배타적 성향을 가지고 있거나 감정 표현에 미숙한 사람은 슬픔의 상황에 대해 부정적인 방식으로 반응할 가능성이 더욱 크다.

3. 감각적 자극과 관련된 감정

이 범주의 정서적 경험에는 특정 물체나 상황에서 발생하는 기분 좋은 자극과 불쾌한 자극과 관련된 감정이 포함된다. 각 자극의 강도는 그 대상에 따라 달라질 수 있으며, 어떤 경우에는 가벼운 자극으로 느껴질 수 있고 다른 경우에는 매우 강렬하게 느껴질 수 있다. 또한 그 자극에 대한 우리의 감정은 긍정적으로 될 수도 있고 부정적으로 될 수도 있다.[12)]

---

12) 〔옮긴이 주〕 예를 들어, 맛있는 음식을 먹거나 아름다운 경치를 볼 때 기쁨이나 행복감과 같은 긍정적인 감정이 생겨나고, 반면 강한 소음이나 악취로 인해서 불쾌감이나 스트레스와 같은 부정적인 감정이 발생한다. 결과적으로 외부의 감각 자극이 우리의 감정 상태에 큰 영향을 미친다는 것을 의미하고 있다.

1) 통증

감각 자극이 정서적 영향으로 이어지는 가장 중요한 경우는 신체적 통증이 있을 때이다. 적당한 강도의 통증은 비록 육체적으로 불편함을 느끼긴 하지만, 그로 인해 큰 감정적 반응을 보이거나 통증을 피하고자 즉각적인 행동을 취하지 않을 수도 있다.[13] 그러나 통증의 세기가 더 강해지면 불쾌한 감정이 일어나며, 강한 통증은 더욱 큰 감정적 동요를 동반할 수 있다.

사람은 통증의 원인과 상황을 이해하고 인지하는 수준에 따라, 고통스러운 감정을 강하게 혹은 약하게 느끼게 된다. 특히 통증으로 인한 불편함의 원인을 알지 못할 때 겪는 고통스러운 느낌은 자주 우리를 더욱 두렵게 만들지만, 그러한 통증이 무해하다고 진단되면 고통스럽고 두려운 감정의 강도는 감소하게 된다.

2) 혐오감

어떤 대상을 눈으로 보거나 냄새를 맡거나 맛보거나 만졌을 때, 이를 피하려는 반응을 일으키거나 메스꺼움과 구토를 유발할 수 있는 혐오감을 느낄 수 있다. 이러한 혐오감은 우

13) 〔옮긴이 주〕 예를 들어, 약간의 두통이나 가벼운 몸살 같은 경우 우리는 그 불편함을 느끼지만, 심각하게 걱정하거나 즉시 어떤 행동을 취하지 않을 수 있다. 통증의 강도가 낮을 때는 일상적인 불편함으로 받아들여질 뿐, 그 통증이 우리에게 큰 영향을 미치지 않는다는 의미이다.

리가 불쾌하게 느끼고 싫어하는 대상과의 접촉 정도에 따라 달라진다. 즉 대상이 우리에게 가까울수록 더 큰 혐오감을 느끼게 된다. 일반적으로 달팽이와 같은 끈적끈적한 물체가 이러한 느낌을 유발하며, 특히 피부에 직접 닿게 될 때 이 느낌이 더욱 강해진다.

3) 불쾌감

불쾌감은 주로 외부 자극의 대상을 향해 일어나는 불편함, 반감, 좌절감 또는 정신적 괴로움 등의 감정이다. 이 감정은 짜증 나는 정도의 가벼운 불편함에서부터, 위중한 사고, 신체의 절단, 물체의 심각한 파손과 같은 사건을 목격할 때 발생하는 극도의 공포심에 이르기까지 다양한 강도로 나타난다. 즉 어떤 사건에 감정적으로 얼마나 동일시되는가에 따라서, 느껴지는 공포심의 수준이 결정된다. 예를 들어, 사랑하는 사람이 죽거나 즉각적인 위험에 처한 모습을 보면 강한 공포를 느끼게 된다. 또한 두려움과 혐오감의 경우와 마찬가지로, 사건에 대해 스스로 아무것도 할 수 없다는 무력감을 느끼게 될 때 이러한 공포심이 더욱 강화된다.

4) 쾌감

어떤 사건이나 대상은 우리 안에 기분 좋은 감정을 불러일으킬 수 있는데, 이러한 정서적 경험을 불쾌감을 일으키는 정서에 반대되는 개념으로서 "쾌감"이라 부른다. 이러한 쾌락적 정서는 가벼운 만족감에서부터, 매우 강렬한 황홀경의 감정적 체험에 이르기까지 그 세기의 수준이 다양하게 나타난다.

하지만 이 감정은 앞서 언급했던 기초 감정인 기쁨과 혼동되어서는 안 된다. 즉 쾌감은 긴장이 갑자기 해소되는 감정이 아니라, 긍정적인 기분을 느끼는 상태라는 것이다. 또한 쾌감에는 종종 흥분된 감정도 수반되지만, 단순히 흥분을 느끼는 것이 아니며 흥분이 꼭 필요하거나 반드시 선행되어야 하는 조건 또한 아니다.

쾌감의 원천은 무궁무진하다. 일부는 신체적 감각을 통해 경험하는 감정들인데, 누군가 자신의 신체를 만지거나 포옹하거나 쓰다듬을 때 느끼는 것이다. 다른 경우는 춤추거나 노래할 때와같이 신체의 기능과 활동을 인식하면서 쾌감이 생길 수 있다. 또한 가벼운 허기나 피로감과 같은 낮은 수준의 신체적 욕구와 관련해서도 쾌감이 발생하기도 한다.

마지막으로 질감, 형태, 색상, 소리, 맛, 냄새와 같이 외적 대상과 관련하여 느끼는 쾌감이 있다. 또한 게임을 하거나 책을 읽고 생각하고, 운동하거나 춤추는 행위와 같이 우리가 쾌감을 느낄 수 있는 활동 범위는 무한하다.

4. 자존감과 관련된 감정

성취감과 패배감, 자부심, 수치심, 죄책감, 후회 등의 감정은 자신의 태도를 다양한 행동 기준을 통해 인식하고 느끼는 정서 범주에 속한다. 이러한 범주의 정서는 동물들 안에서는 관찰되지 않지만, 어린아이에게 점차적으로 발전하고 명확히 나타난다.

1) 성취감과 패배감

성취감과 만족감은 목표를 실제로 달성했는지 여부와는 무관할 수 있으며,[14] 오히려 이러한 감정은 자신의 열망의 수준에 따라 결정된다. 예를 들어, 어떤 사람이 자신의 목표를 낮게 설정했을 경우, 그 목표에 도달하면 쉽게 만족감을 느낄 수 있다. 반면, 목표가 매우 높거나 비현실적일 경우, 도달하지 못했을 때 더 큰 실패감을 느낄 수 있다.

따라서 성공과 실패는 개인의 인식에 따라 정의되어야 한다. 다른 사람이 실패했다고 판단할 때도 본인은 목표를 달성했다고 느낄 수 있으며, 반대로 다른 사람이 성공했다고 평가할 때도 스스로는 오히려 실패했다고 느낄 수 있다.

2) 자부심과 수치심

일반적으로 자부심은 자신의 태도가 본인이 생각하는 이상적인 자아와 일치한다고 느끼는 데서 비롯된다. 반대로,

---

14) 〔옮긴이 주〕 예를 들어, 어떤 사람은 목표를 달성하지 못했더라도 노력의 과정이나 다른 개인적인 기준에 따라 성취감과 만족감을 느낄 수 있다.

수치심은 자신의 모습이 이상적인 자기 이미지(자아상)에 미치지 못한다고 느낄 때 생긴다.

수치심은 가장 전형적인 인간 특유의 감정이다. 수치심은 죄책감, 자부심, 오만 등의 여타 감정들과 함께 자아 인식 혹은 자아 성찰의 정서적 범주에 속하며 성경에서, 특히 창세기 설화에서 중요한 주제로 언급된다. 수치심과 자아 성찰의 정서적 범주를 제대로 이해하기 위해서는, 단순한 사건이 기초 정서를 유발할 수 있는(예를 들어, 큰 소음이 두려움을 야기하거나, 악취가 혐오감을 유발하는 경우) 반면, 자아 성찰의 정서적 범주에 속한 감정들은 그 사건 안에서 자신에 대해 어떻게 생각하는지에 따라 달라진다는 점을 명확히 인식해야 한다.

수치심, 죄책감, 자부심은 타인과 비교하여 자신의 행동을 평가하거나, 어떤 일을 했을 때 그 결과에 대해 스스로 평가하는 것과 같이, 우리 자신의 행동에 대한 판단과 관련이 있다. 수치심의 감정이 발생하고 형성되는 네 가지 인지 과정은 다음과 같다.

첫째, 규칙과 목적, 모델의 동화 과정이다. 사람은 이미 아기 때부터 자신이 살아가는 가정과 문화의 정해진 일부 규칙과 행동 모델을 받아들이기 시작하며, 이러한 가치의 습득은 평생에 걸쳐 천천히 지속적으로 진행된다. 행동과 가치의 모델이 주로 부모, 사회, 그리고 그 안에서 우리 자신을 바라보는 방식에 의해 결정된다는 것은 분명해 보인다.

둘째, 행동, 생각 및 감정에 대해 판단하는 과정이다. 우리가 습득한 가치 체계를 바탕으로 우리가 행하고 생각하고 느낀 것을 판단하는 것은 중요하다. 예를 들어, 아이는 특정 행동 규칙을 배우는 순간부터 자기 행동을 스스로 평가하기 시작한다. 이는 아이가 성장하면서 자기 인식과 자기 평가 능력이 발달한다는 것을 보여 준다.

셋째, 외적인 사회적 기준에 영향을 받는 과정이다. 아이가 성장하면서 자신의 행동과 태도를 자아의 이상적인 요구에 따라 지속적으로 평가하도록 만드는 강한 사회적 압력이 작용하게 된다. 이에 따라 자부심과 수치심은 개인의 내적 기준뿐만 아니라, 개인이 속한 사회적 환경이나 집단의 기대와 평가와 같은 사회적 맥락에서 생길 수 있다. 예를 들어, 사회적 교육의 일환으로, 부모와 다른 이들은 아이에게서 의도적으로 자기 평가의 태도를 유도하려고 애쓴다. 그들은 실수한 아이에게 "너 자신에게 부끄럽지 않니?" 혹은 "너는 네가 어떻게 행동했어야 하는지 알고 한 거라고 생각하니?"와 같은 말을 할 수 있다. 또는 같은 상황에서 다른 아이의 "모범적인" 행동을 상기시키며, "왜 존(John)처럼 행동할 수 없니?"라고 말할 수도 있다.

이와 같은 아이에 대한 어른들의 태도는 자존감과 행동 방식에 대한 사회적 기준을 직접적으로 분명하게 적용한 것이다. 결국 이러한 사회적 기준은 대부분의 아이에게 내면화된다. 즉 처음에는 외부에서 주어진 것으로 인식했던 사회적 기준이, 시간이 지나면서 자신의 기준으로 수용되고 내면화되어 변하지 않는 자기 정체성의 일부가 된다. 이렇게 내면화된 기준은 더 이상 외부의 사회적 압력이나 기대에 영향을 받지 않으며, 자신의 기준에 따라 행동하고 평가할 수 있게 된다.

넷째, 사회적 기준의 내면화 과정이다. 물론, 내면화 과정은 다양한 범위와 수준으로 나타난다. 일부 사람들이나 혹은 특정 문화권에서는 사회적 행동 기준이 내면화되지 않는 경우도 많다. 여기서 단체로부터 지속적으로 인정받는다고 느끼거나 혹은 인정받지 못한다고 느끼는 것이 내면화의 결정적 요인이 된다. 예를 들어 그룹이 자신의 행동을 받아들여 주지 않을 경우 개인은 수치심을 느끼게 되고, 받아들일 경우 자부심을 느끼는데, 이때 "체면을 구기다"라는 표현은 수치심이 외부의 사회적 평가에 얼마나 큰 영향을 받는지 정확하게 보여 준다.

반면, 또 다른 부류의 사람들이나 특정 문화권에서는 이상 자아가 완전히 내면화되어 있는 경우도 있다.[15] 이 경우에 개인은 외부의 사회적 평가의 유무에 상관없이 자신의 내면적인 가치관이나 특정 집단의 문화와 도덕 기준에 따라 행동한다. 따라서 다른 사람은 이런 사람의 행동에 대해 스스로 수치심을 느끼는지 아닌지 물을 필요가 없다. 왜냐하면

15) 〔옮긴이 주〕 예를 들어, 강한 신념이나 철학을 가진 사람, 예술 분야에서 활동하는 사람이나 또는 개인의 행동이 가족이나 공동체의 기대에 따라 강하게 내면화되는 집단주의 문화권, 특정 종교의 신념을 강하게 신봉하는 특정 종교 단체에 속한 사람은, 사회적 평가와는 무관하게 개인의 내적 신념이나 집단의 기준에 따라 자신의 행동을 평가하고 결정하기 때문에 자아 존중감을 유지할 수 있게 된다.

이런 사람은 자신의 태도가 부끄러운지 아닌지를 이미 스스로 묻기 때문이다. 그는 타인이나 자신이 속한 집단의 관점에서 자신을 바라보기 때문에, 타인이 그를 의심스럽게 바라보는 일은 없게 된다. 하지만 남몰래 강한 수치심을 느끼는 사람은 여전히 "체면을 구겼다고" 느낄 수 있으며, 이를 감당하지 못해 극단적인 행동을 할 수도 있다.

대부분의 사람은 사회적 기준과 자아의 내적 기준 모두에 영향을 받는데, 개인이 주변 사람의 공적인 평가에만 전적으로 종속되지 않으며 동시에 개인적으로 비사회적인 모습으로 퇴행하지 않기 위해서는, 양쪽 두 기준의 중요성을 극단적으로 과장해서는 안 된다.

이상적 자아상의 특정 측면은 직접적인 사회적 평가에 특히 취약하다. 이러한 취약성은 사림의 외모나 사회적 지위, 또는 재산과 같은 외부 요인에 의해 드러날 수 있다. 예를 들어, 사회적 지위가 높거나 부유한 사림은 이상 자아를 더욱 쉽게 실현할 수 있지만, 반대로 그렇지 않은 사림은 이상적 자아상에 도달하기 어려울 수 있다. 특히 청소년 시기에는 자신의 외모나 복장에 대해 매우 민감하게 반응할 수 있다. 청소년기에는 남들이 자신을 좋게 보지 않거나 여드름이 많거나, 또는 그들 또래에서 일반적으로 받아들여지는 트렌드 혹은 스타일의 옷[16]을 입지 못할 경우처럼, 타인이 자신

[16] 〔옮긴이 주〕 예를 들어 청바지와 운동화, 옷감의 재질이나 장식과 같이 특정 지역이나 문화, 사회 안에서 유행하거나 수용되는 복장을 말한다.

을 어떻게 보는지에 대한 우려가 가장 고통스러운 수치심을 유발할 수 있다.

3) 죄책감과 후회

죄책감과 수치심은 종종 연관되어 있지만 같은 개념은 아니다. 죄책감은 뭔가를 잘못하거나 위반했다고 느끼는 감정으로, 일반적으로 괴롭거나 고통스럽게 체험된다. 죄의식을 유발하는 정서적 배경은 자신의 행동이 해당 상황에서 요구되는 "올바른" 또는 "도덕적인" "윤리적인" 행위와 어긋난다고 인식하는 것과 관련 있다.

여기서는 "정의" 또는 "불의"에 대한 개인적인 믿음의 기원에 대한 근본적인 문제를 고려하고자 하는 것은 아니다. 다만 사람이 잘못과 위반에 대해 죄책감을 느끼는 방식으로 자신의 행동을 인식하는 한에서, 죄책감은 도덕적 위반의 인지에서부터 직접적으로 발생한다고 말할 수 있다.

(1) 죄책감의 특성

죄책감의 특성에 관해서는, 개인이 죄책감을 유발하는 상황을 인식하는 방식에 큰 차이가 있다는 것을 이해하는 것이 중요하다. 사람은 자신에게 "요구되는" 것이 무엇인지 잘 알고 있으며, 그 요구를 위반했다는 것 또한 명확히 인식할 수 있다. 이 과정에서 느끼는 죄책감은 아마도 그의 행위와 직접적이고 명시적으로 연관될 것이다. 예를 들어 점원이 거스름돈을 너무 많이 줬지만, 모르는 체하고 받았기 때문에 죄책감을 느낄 수 있다. 그러나 다른 상황은 더 복잡할 수 있으며, 어떤 사람은 요구되는 것이 무엇인지와 자기 행동이 그 요구와 어떻게 관련되는지 명확히 인식하지 못할 수도 있다. 이 경우 죄책감은 특정 행동이나 상황과 그렇게 명확하게 연관되지 않을 것이다.

전쟁이 발발하면 우리 모두가 모호하거나 어쩌면 강한 죄책감을 느끼듯이, 마치 "자유롭게 떠도는"(free-floating) 두려움처럼 원인 모를 죄책감이 존재한다. 이처럼 "실체가 불분명하고 비합리적으로 여겨지는" 두려움의 두드러진 측면 중 하나는 불안 요소를 가진다는 점이다. 사람은 두려움, 공포, 혹은 고통의 감정이 어디서 왜 나타나는지, 또한 자기 행동을 어떻게 바꿔야 죄책감을 예방할 수 있을지 전혀 명확하지 않은 상황에서 불안한 죄책감을 경험하게 된다.

(2) 객관화된 죄책감과 내재화된 죄책감

죄책감이 "객관화"되어 경험되는 정도에는 상당한 차이가 있다. 한쪽 극단에서는 죄책감이 특정 행위와 관련하여 발생한 것으로 인식될 수 있다. 비록 자아가 행동의 본질적인 주체로 보이지만, 그 행동은 자아의 근본적인 특징 때문이 아니라 오히려 자아 외부에 존재하는 주변 상황으로 인해 발생한 것으로 여기는 것이다. 반대 극단에서는 죄책감이 "자아가 일으킨 죄", 즉 "나의 악한 본성과 나쁜 자아"로서 체험될 수 있다. 따라서 잘못한 행동은 단지 나와 관련되어 있을 뿐만 아니라, 바로 나 자신이 원인이 되어 유발된 것으로 느끼는 것이다.

객관화된 죄책감인지 내재화된 죄책감인지에 따라 그 감정을 처리하고 해소하는 방식이 달라진다. 특정 행동이나 사건과 명확하게 연결된 객관화된 죄책감은 상대적으로 처리하기 쉽고, 이 경우 죄책감은 행동에만 국한되며 개인의 자아 개념에 큰 영향을 미치지 않는다.[17] 가톨릭 신자의 고백과 사죄의 결과가 이 경우에 해당된다. 사제가 요구하는 속죄 행위는 잘못된 행실을 버리거나 바로잡을 수 있는 행위이기 때문에, 개인은 이를 통해 죄책감으로부터 정화된 느낌을 받으며 삶에 정진할 수 있다.

반면, 자신의 악한 본성과 자아로서 체험되는 내재화된 죄책감은 자신의 본질에 대해 부정적인 인식을 갖게 하며, 지속적으로 죄책감을 느끼게 한다. 예를 들어 일부 극단적인 개신교 형태에서는 자신의 죄책감을 "안고 살도록" 강요당하고, 계속해서 죄책감을 느껴야 하는 벌을 받을 수도 있다. 이 경우, 제거하기 매우 어려운 원죄에서 구원받기 위해서는 자신의 본질적인 죄를 깨닫고, 변화와 회개를 위해 신앙과 선한 행위를 실천해야 한다.

(3) 수치심 없는 죄책감과 죄책감 없는 수치심

수치심으로 이어지지 않는 죄책감은, 자신이 저지른 나쁜 행동을 자신의 진정한 자아와는 별개로 느끼며, 그 행동이 자신의 가치나 정체성을 손상시키지 않는다고 여길 때 발생

---

17) 〔옮긴이 주〕 예를 들어, 누군가의 마음을 상하게 한 행동에 대해 느끼는 죄책감은 그 행동을 인식하고 사과하거나 보상함으로써 해소될 수 있다.

할 수 있다. 이는 개인이 외부의 도덕적 기준을 불합리하다고 여겨 이성적으로 동의하지 않기 때문에 이를 위반했더라도 수치심은 느끼지 않지만, 감정적으로는 그 기준이 중요하다고 느끼기 때문에 죄책감을 느끼는 상황에 해당한다.

반대로, 일반적인 상황에서는 죄책감 없이 수치심만을 느끼는 경우도 있다. 예를 들어 어떤 사람이 품격 있는 저녁 만찬에서 포크를 잘못 사용해서 사람들을 놀라게 했을 때, 그는 수치심을 느낄 수 있지만 죄책감은 느끼지 않을 수 있다. 이 경우 다른 사람들 앞에서 어리석게 행동했기 때문에, 또는 교양인으로서의 이상적인 이미지에 걸맞게 행동하지 못했기 때문에 수치심을 느끼게 되지만, 도덕적 기준을 위반한 것이 아니기 때문에 죄책감을 느낄 이유는 없다. 대신, 어떤 사람이 테이블에서 포크를 훔쳐 사람들을 놀라게 했을 때, 그는 수치심과 죄책감을 동시에 느꼈을 것이라 예상해 볼 수 있다.

(4) 후회

후회(이탈리아어 rimorso, 영어 remorse)는 라틴어 "ri-mordere"(다시 곱씹다)에서 유래한 말로, 이전 상황에서 자신의 행위를 되돌아보며 잘못된 행동에 대한 불안을 느낄 때 발생하는 회한이나 자책감을 뜻한다. 후회는 종종 행동 당시 느꼈을 수 있었던 죄책감보다 이후 더 강렬하게 밀려드는 고통스러운 체험이다. 행동을 저지른 순간에 죄책감을 못 느꼈더라도 나중에 후회의 감정을 느낄 수 있으며, 자신의 행동을 돌이켜 보며 그 행동의 본질과 결과를 특정한 관점에서 바라보게 된다. 이때 그 행동이 도덕적으로 옳지 않았다고 인식하는 경우가 많다. 이러한 후회는 종종 당시에는 잘 인식하지 못했던 그 행동의 실제 결과를 나중에 새롭게 인식하게 될 때 발생한다. 혹은 행동을 저지르던 순간의 쾌락이 현재에는 사라져서, 그 행동에 대한 도덕적 판단이 더욱 명확해지기 때문에 발생할 수 있다.

후회를 느끼는 강도는 사건이 지난 수년 후에도 매우 강할 수 있다. 후회와 수반하여 느껴지는 강한 불안의 원인은 이전의 행동을 수정할 수 없다는 사실을 깨닫기 때문이다. 예를 들어, "너무 늦었어! 되돌리기 위해 내가 할 수 있는 건 아무것도 없어!"라고 느끼는 것이다. 이처럼, 과거의 선택이나 행동을 반성하면서 그로 인해 생긴 감정이 현재에 미치는 영향을 깨닫게 되는 것이 바로 후회의 감정을 느끼게 만드는 핵심 요소가 된다.

4) 자의식의 감정

사람은 사회적 상황에서 자신이 타인의 관심의 중심에 있다고 예민하게 느끼는 경우가 많다. 예를 들어, 자신의 콧수염이 타인에게 어떻게 보일까 신경 쓰이거나, 붐비는 방에 들어가거나, 청중 앞에서 강연하거나, 집주인의 테이블에 커피를 엎지르거나, 사람들 앞에서 피아노를 연주하려 할 때가 바로 이런 사례에 해당한다. 물론 이런 인식은 틀린 경우가 많은데, 왜냐하면 다른 사람은 그에게 그다지 큰 관심을 갖지 않을 수도 있기 때문이다.

일반적으로 우리는 타인이 우리에게 갖는 관심을 과대평가하는 경향이 있는데, 이는 자아의 자기 중심성 때문이다. 우리는 자아를 통해 세상을 바라보기 때문에 타인이 우리를 어떻게 생각하는지를 정확하게 이해하기 어려울 뿐 아니라, 타인이 우리에게 크게 신경 쓰지 않거나 무관심하다는 사실 또한 잘 인식하지 못한다. 이와 같이 자기중심적 자아는 타인의 시선에 대해 과장되고 왜곡된 시각을 가질 수 있으며, 이는 열등감이나 종속감, 수줍음으로 이어질 수 있다.

사람은 보통 자신을 향한 타인의 시선에 주목하기 때문에, 자신에게 더욱 주의를 기울인다. 만약 자신에 대한 타인의 태도가 비판적이거나 적어도 비판적이라고 느껴진다면, 그로 인해 괴로움과 당혹스러움을 느끼게 될 것이다. 그는 거북함과 불편함을 느끼며 자신의 외모, 옷차림뿐만 아니라, 자신의 동작과 태도 하나하나를 예민하게 의식할 것이다. 이런 자의식이 너무 심해지면, 예를 들어 무대 공포증처럼 매우 강렬한 감정적 동요를 겪을 수 있으며, 생각이 멈춰 버리고 언어가 마비된 것처럼 느껴지는 총체적인 혼란을 경험하게 된다. 그리고 동시에 자신의 무능력을 인식함으로써 불편한 감정이 더욱 강화된다.

또한 같은 상황이더라도 그 상황을 어떻게 인식하느냐에 따라 사람마다 긍정적 혹은 부정적인 감정의 반응이 나타날 수 있다. 예를 들어, 다른 사람이 자신을 존경하고, 감탄하며, 긍정적인 관심을 보인다고 느낄 때, 이는 타인의 감정을 정확히 느낀 것일 수도 있지만 잘못 해석한 것일 수도 있다. 또한 공연장에서 관람객은 공연하는 사람에게 잠시 매료되었을 뿐이지만, 그는 관람객들의 긍정적인 반응 덕분에 매우 강렬한 기쁨으로 환희에 차게 된다. 그는 자신이 관객들에게 성공적으로 무언가를 보여 주었다는 생각에 더 큰 만족감을 느끼게 된다. 이는 타인에게 긍정적인 영향을 미치고 있다는 느낌에서 오는 기쁨과 만족감이다.[18]

때때로 타인이 보이는 태도나 반응이 긍정적이지 않더라도, 단순히 타인의 관심을 끌어내고 주목받는 것만으로도 자신의 욕구를 성취했다고 느끼는 사람도 있다. 예를 들어 소년은 주목받고 싶어 친구들 앞에서 무모한 행동을 자랑할 수 있다. 청소년은 자신의 존재감을 확인하기 위해 다양한 방법으로 타인의 관심을 끌려 할 수 있다. 일부 성인의 경우 자신의 존재를 확인하고 싶어 하는 극단적 욕구가 병리적으로 표출될 때, 언론의 주목을 받기 위해 기괴하거나 심지어 끔찍한 범죄를 저지르기도 한다.

5. 타인과 관련된 감정

정서적 경험의 대부분은 우리 주위에 있는 타인과 자신과의 관계와 관련되며, 이 경우 감정은 타인에게 향한다. 외부 대상이나 타인에 대한 이러한 감정은 종종 시간이 지남에 따라 고착되어 지속적인 정서적 경향이나 태도를 형성하게

18) 〔옮긴이 주〕 이는 사회적 상호작용에서의 자의식과 감정의 상관관계를 보여 주고 있다.

된다.

1) 사랑

우리는 사랑이라는 단어를 타인을 향한 지속적인 정서적 성향이나 타인에 대한 강렬한 느낌, 혹은 즉각적인 감정 등으로 이해한다. 사랑의 감정은 그 대상과 자신과의 관계의 성격에 따라 다양한 형태로 나타난다.

예를 들어, 보편적 모성애는 아이처럼 약하고 도움이 필요하다고 인식되는 대상에게 생기는 따뜻한 보호본능의 감정이다. 연인 간의 로맨틱한 사랑은 함께 있고자 하는 욕망과 기대에서 우러나는 설렘, 흥분, 기쁨의 감정으로, 특히 서로의 존재를 기대하며 느끼는 이상화된 행복과 즐거움으로 가득 차 있다. 또한 아이가 엄마에게 느끼는 사랑은 엄마로부터의 생리적이고 정서적인 필요와 욕구에 대한 충족감, 안전하게 보호받는다고 느끼는 안정감, 그리고 엄마가 늘 도와주고 지지해 줄 거라는 신뢰감과 같이, 기본적으로 엄마에 대한 의존과 신뢰를 기반으로 형성되고 체험된다. 그리고 자기애는 자신의 가치를 인식하는 데서 비롯된다.

2) 질투심

질투의 본질을 잘 보여 주는 상황 모델은, 사랑하는 사람이 자신보다 다른 사람에게 애정을 갖고 있다고 인식하는 상황이다. 질투가 유발되기 위해서는 실제로 존재하든 상상

속에 존재하든 간에 경쟁의 대상이 필연적으로 존재해야 한다. 또한 질투의 강도는 단순히 객관적인 상황에 대한 합리적인 반응이 아니라, 때론 상황에 맞지 않게 불필요하게 강할 수 있으며, 질투의 성향은 개인의 불안감, 과거의 경험, 사랑의 결핍, 자존감과 자의식의 취약함 또는 관계에 대한 두려움 등 여러 내부 요인에 의해 영향을 받는다.

예를 들어, 사랑의 강도는 특히 짝사랑처럼 자신의 사랑과 상대방의 사랑이 상응하지 않을 경우, 자신의 사랑의 욕구가 충족되지 않아 더욱 강해지며, 게다가 사랑하는 사람이 자신보다 다른 경쟁 상대에게 더 많은 관심을 보일 때 자존감에 상처받는다. 특히 자의식이나 자존감이 취약할수록, 질투의 감정에 더욱 심각한 영향을 미치게 된다.

3) 부러움

부러움을 자극하는 필수 조건은, 타인이 자신이 원하는 것을 소유하고 있다고 인식하는 것이다. 부러움은 대상에 대한 욕망의 강도에 따라 달라진다. 즉 대상에 대한 욕망이 약하면 그것을 가진 사람에 대한 부러움을 덜 느끼고, 대신 이를 소유하지 못한 것에 대한 약간의 좌절감을 느낄 뿐이다. 하지만, 타인이 우리가 원하는 것을 가지고 있기 때문에, 우리가 원하는 것을 갖지 못하고 있다고 인식하는 순간부터는 일종의 결핍감을 느끼게 된다. 이런 결핍의 상황에서 우리가 갖지 못한 것을 타인이 소유하고 있는 것이 불공평하다고 느낄 때, 더욱 강한 부러움이나 불만을 느끼게 된다.

또한 사람은 행복이나 행운의 대상이 자신과 먼 관계일수록 부러움을 적게 느끼며, 반대로 가까울수록 더욱 강한 부러움을 느끼게 된다. 예를 들어, 자이푸르(Jaipur)의 마하라자(Maharajah) 왕[19)]이 생일 선물로 백금을 받았다는 기사를 읽을 때 우리는 부러움을 크게 느끼지 않을 수 있다. 하지만 만약 그 행운이 나와 가까운 형제나 지인에게 주어진다면, 우리는 강한 부러움을 느낄 수 있다.

4) 증오심

우리가 누군가를 싫어하는 증오의 감정이 생기기 위해서는, 증오하는 사람이나 대상과 직접적으로 마주치는 접촉이 필요하다. 증오심은 다른 부정적인 감정을 유발하는 상황에서 더욱 두드러지게 나타난다. 목표를 향한 노력이 방해받거나, 위협을 느끼거나, 마음속에서 시기 질투가 일어나는 상황은 증오심을 더욱 강화한다.

증오심의 본질적인 핵심은 단순한 싫어함을 넘어, 그 대상을 없애고자 하는 강한 욕망이다. 또한 증오심은 본질적으로 증오하는 대상과 가까운 상태를 유지하며 느끼는 감정이다. 그래서 누군가를 증오하게 되면 증오의 대상을 멀리하려고 하는 것이 아니라, 그 대상을 끌어당기고 싶어 하고 그 대상

---

19) 〔옮긴이 주〕 자이푸르(Jaipur)는 인도 라자스탄(Rajasthan) 주의 주도로, 1799년 인도의 마하라자 사와이 프라탑 싱(Maharajah Sawai Pratap Singh) 왕은 이곳에 "바람의 궁전"이라 불리는 하와마할(Hawa Mahal) 궁전을 지었다. 마하라자(Maharajah)라는 말은 산스크리트어로 대왕, 대군주라는 뜻으로 주로 인도 지역과 동남아시아에서 쓰인 칭호이다.

에 대한 강박적인 생각에서 벗어날 수 없으며, 증오하는 감정이 아주 강할 경우에는 심지어 그 대상을 파괴하기 전까지는 만족할 수 없게 된다.

다른 한편으로, 증오하는 사람이나 대상은 단순히 존재하는 것이 아니라 우리의 감정과 생각에 큰 영향을 미치는 삶의 중요한 존재가 되기도 한다. 왜냐하면, 만약 증오하던 대상을 파괴하는 데 성공하더라도 오히려 상실감을 느낄 수 있는데, 이는 증오하던 대상이 자신의 삶에서 어떤 식으로든 중요한 의미가 있었으므로 그 대상이 없어진다면, 자기 삶의 의미가 사라진 것처럼 느낄 수 있기 때문이다. 즉 이러한 상실감 안에서, 우리는 증오심이 증오의 대상에 사실상 자신의 정체성이나 삶의 의미를 부여하게 했다는 사실을 뒤늦게 깨닫게 된다.

마지막으로 증오심은 자기혐오로 나타나기도 한다. 자기혐오란 자신의 여러 측면에서 불쾌감을 느끼고, 자신의 목표를 달성하는 데 자신의 결점, 비겁함, 죄와 어리석음이 방해가 된다고 여기는 상태를 말한다. 즉, 자신의 부족함 때문에 스스로 힘들어하고 자신을 증오하게 되는 감정이다. 자기혐오의 중심에는 자신을 파괴하고 자기 마음에 상처를 주려는 욕망이 자리 잡고 있다. 자기 혐오적인 사람은 자신을 비하하고 자신을 정신적·육체적으로 단죄하며, 심지어 스스로 목숨을 끊을 수도 있다.

5) 타인에 대한 긍정적·부정적 감정

사람은 대개 다른 사람이 자신에게 어떤 것들을 줄 수 있는지, 또는 자신에게서 어떤 것들을 빼앗을 수 있는지를 신경 쓰면서, 자신이 원하는 것을 얻기 위해 적극적으로 행동한다. 따라서 타인과의 관계 안에서 자신의 욕구를 충족시키려는 사랑, 증오심, 부러움과 질투심과 같은 감정은 특히 긴장도가 높기 때문에, 이런 감정은 쉽게 불안하고 혼란스러우며 흥분하는 특징을 갖는다.

반면 사랑, 증오심, 부러움, 질투심과는 다르게, 강렬하거나 적극적이지 않고 덜 몰입되는 감정도 있다. 즉 목표를 달성하기 위한 강한 동기를 느끼지 않는 감정이다. 이러한 감정은 주로 상대방에 대한 판단이나 평가를 포함한다. 이렇게 타인을 평가하는 감정은 태도와 밀접하게 관련되어 있는데, 태도란 특정 대상에 대한 인식과 개인적으로 받는 영향이 지속적으로 나타나는 경향을 뜻하며, 사랑이나 증오를 느끼는 방식 또한 타인을 평가하는 감정처럼 개인의 태도에 따라 달라질 수 있다. 따라서 타인에 대한 감정은 긍정적이든 부정적이든 결국 타인과의 관계를 대하는 태도에 의해 영향을 받는다.

(1) 긍정적인 감정

타인에 대한 호감은 뜨겁게 헌신하는 사랑에서부터 온화하고 애정 어린 우정에 이르기까지 다양한 강도로 드러난다.

(2) 부정적인 감정

타인을 향한 부정적 감정은 가벼운 반감 또는 불쾌감에서부터 가장 깊은 증오심에 이르기까지 다양하다. 이러한 감정의 결정적이고 근본적인 요인은, 타인이 자신의 가치관에 부합하지 못하거나 더 직접적으로는 자신의 목표 달성에 위협 또는 방해가 된다고 여기는 것과 같이, 타인의 부정적인 특성을 인식하는 것이다.

긍정적인 감정과 마찬가지로 부정적인 감정의 구체적인 특성은, 자신과 비교하여 타인의 우월함이나 열등함에 대하여 갖는 인식에 따라 다르게 나타난다. 예를 들어 비호감인 사람을 자신보다 열등하거나 약하다고 인식하면, 그 사람에 대하여 경멸, 경시, 조롱의 감정을 느낄 것이다. 반면 비호감인 사람을 자신보다 우월하거나 강하다고 인식하면, 적대감이나 질투를 느낄 것이다. 그리고 비호감인 사람을 특별히 우월하거나 열등하다고 여기지 않는다면, 그냥 싫은 감정이나 이유 없는 단순한 반감을 느낄 것이다.

6. 감상의 성격을 갖는 감정

사람은 자신이 겪는 경험이나 만나는 대상에 대해서, 또는 자신이 속한 세계나 존재의 의미 안에서 자신의 위치와 역할에 대해 평가하거나 감상하는 정서적 경향을 가지고 있다.

1) 웃기고 유머러스한 감정

재미와 즐거움을 포함하는 일련의 감정은 심리학자, 철학자, 그리고 여러 작가로부터 광범위하게 연구되어 온 주제이다. 이러한 감정은 일반적으로 "유머 있고" "유쾌한" 느낌이 들며, 예를 들어 재치, 코믹, 풍자, 농담, 패러디(Parody) 등과 관련된 다양한 감정으로 나타난다.

(1) 유머 이론

유머는 우월감이나 공격성, 혹은 성적인 감정을 사회적으로 용인된 방식으로 표현하고, 현실의 위협으로부터 자신을 방어할 수 있게 해 준다는 이론이 있다. 이 이론에 따르면 유머를 사용하게 되는 순간은 비호감이거나 싫어하는 사람을 보거나 혹은 제도와 관습이 무너지는 것을 볼 때이다. 즉 좋아하지 않는 대상의 불행을 볼 때 나오는 유머나 웃음은 승리감, 우월감 또는 조롱이나 경멸을 표현한다.

또 유머를 사용하게 되는 중요한 때는 상황이 조화롭지 못하다고 인식하는 경우이다. 부조화(incongruity)란 어떤 상황의 요소들이 어떤 식으로든 그 상황에 적절하지 않거나 어울리지 않는 것을 의미한다. 외국에서 사람들의 낯선 풍습이나 옷차림 혹은 행동 방식을 보고 재미있게 여기는 것도 바로 이 부조화의 요소 때문이다. 물론 우리가 어울리거나 적합하다고 여기는 것은 우리의 과거 경험에 기반한다. 반대로 과거의 익숙한 것을 새롭고 예상치 못한 관계 안에서 보게 될 때 부조화를 느끼게 된다. 부조화가 느껴지려면, 단순히 어울리지 않는 것이 아니라 처음에는 예상되는 방향으로 흘러가다가 갑작스럽게 전혀 다른 방향으로 반전되는 무엇인가가 있어야 한다. 바로 이 예상치 못한 변화와 놀라움이 기대와 어긋나면서도 새로운 전환을 만들어 내는 부조화를 느끼게 하며, 이는 웃음을 유발하는 유머의 핵심 요소가 된다.

예를 들어 메마른 사막에서 말을 타고 가다가 갑자기 모래 위를 기어다니는 벌거벗은 아이를 만나게 될 때 느끼는 감정은 연민이나 놀라움, 또는 공포심일 수는 있지만 유머러스한 느낌이 될 수 없다. 하지만 사막에서 중절모를 쓰고 넥타이를 매고 비키니를 입은 신사 그룹을 만나게 된다면 굉장히 재미있다고 느끼게 될 것이다. 여기서 중요한 상황적 요소는 우리가 보기에 그 상황 자체가 예상이나 기대를 포함하고 있으며, 동시에 이 기대가 갑자기 모순된 사건으로 깨지는 것(기대의 위반과 부조화)이다. 즉 앞선 예에서 우리가 메마른 사막이라는 장소를 볼 때 더위, 갈증, 황량함 같은 특정한 이미지를 자연스럽게 떠올리며 어떤 상황을 기대하지만 사막에서 흔히 입지 않는 중절모, 넥타이, 비키니 차림의 신사들을 본다면, 이러한 반전은 일반적인 기대와 상반되는 일종의 부조화로서 웃음을 유발하게 되는 것이다. 동시에 벌거벗은 아이가 사막에서 기어다니는 상황이 연민이나 놀라움을 유발할 수 있어 유머로 받아들여지기 어려운 것처럼, 모순된 사건 그 자체가 불쾌감이나 거부감을 일으키지 않아야 웃기고 재미있는 감정이 생길 수 있다.

(2) 유머의 기능

유머의 기원에 관한 심리학 이론의 대부분은 플루겔(John Flügel)[20]에 의해 정리되었으며, 그는 유머가 제공하는 다음의 네 가지 기능에 대해 설명한다.

첫째, 유머를 통해 우월감을 표현한다. 유머에 관한 많은 실례는 타인에 대한 자신의 우월감의 태도를 나타내고 있다. 토마스 홉스(Thomas Hobbes)[21]는 우리가 웃음을 느끼는 이유가, "타인의 실수나 약점, 결점을 인식하고 그와 비교하여 자신을 더 뛰어난 존재로 생각할 때 우리 안에서 갑자기 생기는 기쁨이나 우월감"이라고 강조한다. 이러한 관점은 예를 들어 "술주정뱅이 아일랜드인"이나 "어리석은 농부"를 겨냥한 농담처럼, 특히 소수 집단이나 특정 그룹을 암묵적으로 조롱하는 농담 안에서 자주 나타난다.

둘째, 유머를 통해 공격성을 표현한다. 유머는 안전하고

20) 〔옮긴이 주〕 존 플루겔(John Flügel, 1884~1955)은 영국의 실험 심리학자이자 정신분석가로, 특히 인간의 감정과 갈등을 완화하고 사회적으로 수용 가능한 방식으로 감정을 표현할 수 있게 돕는 유머의 심리적 기능과 동기, 그리고 인간 심리에 미치는 유머의 영향을 연구하고 분석하였다.

21) 〔옮긴이 주〕 토머스 홉스(Thomas Hobbes, 1588~1679)는 사회 계약에 대해 명확하고 자세하게 말한 최초의 근대 정치 철학자이다. 그는 인간이 본능적으로 자기 보존을 추구하며 기본적으로 이기적이고 끊임없이 타인과 경쟁하고 갈등을 일으키기 때문에(만인에 의한 만인의 투쟁), 자연 상태에서는 사회적인 질서나 안정이 존재할 수 없다고 주장하였다. 홉스는 이러한 혼란스러운 자연 상태에서 벗어나기 위해 사람들은 서로 사회 계약을 맺어, 국가(리바이어던)에 권력을 부여하고 개인적인 자유를 일부 양도하여 사회 질서와 안정을 유지해야 한다고 주장하였다.

사회적으로 수용 가능하며 다소 간접적인 방식으로 공격성을 표현하기에 적합한 수단이다. 예를 들어 단순한 웃음과 비웃음의 표정, 그리고 이빨을 드러내며 웃는 표정을 통해 간접적으로 미묘하게 서로 다른 감정을 표현할 수 있다. 또한 때때로 유머는 높은 지위에 있거나 자신을 지나치게 중요하게 여기는 사람에 대한 공격적인 감정을 숨기면서, 간접적으로 비웃는 수단이 될 수도 있다. 예를 들어, 자만하고 허세를 부리는 사람이 바나나 껍질에 미끄러지거나 실수하는 상황은 웃음을 유발할 수 있지만, 같은 상황에서 다리를 절뚝거리는 사람이 미끄러지는 모습을 보게 되면 웃지 않을 가능성이 높다. 결국, 유머는 사람들 간의 사회적 역학을 반영하며, 때로는 타인을 비웃는 간접적인 방식으로 공격적인 감정을 표현하는 기능을 할 수 있다.

셋째, 유머를 통해 성적인 내용을 표현한다. 플루겔(John Flügel)은 유머가 많은 농담에 포함된 외설이나 명백한 성적 요소를 통해 사회적 금기에 대한 생각을 표현할 수 있는 열린 길을 제공한다고 지적하면서, 이러한 성적 농담이 듣는 이에게 미치는 심리적 영향을 강조한다. 즉 성적인 농담이나 유머는 단순히 재미나 웃음을 주는 것을 넘어, 듣는 이로 하여금 그 농담을 통해 사회적으로 금지된 성적인 주제에 대해 생각하게 하고, 심지어 더욱 열린 마음으로 성적 금기를 넘는 것과 함께 참여하도록 유도하는 성격을 가진다. 결국 성적 유머나 농담은 듣는 이에게 특별한 경험을 제공하며, 동시에 사회적 규범을 잠시 벗어나 그 주제에 대해 더 자유롭게 이야기할 기회를 제공하는 역할을 하게 된다.

넷째, 유머를 통해 현실을 방어한다. 유머에는 항상 본질적으로 "장난스럽고 비현실적인" 요소가 존재한다. 사실 유머는 현실의 고통과 위협으로부터 자신을 보호하는 데 도움이 되는 하나의 방편이 될 수 있다. 예를 들어, 우리는 개인적으로 굴욕감을 느끼지 않으려고 웃을 수도 있고, 타인의 불행으로 인해 너무 큰 고통을 느끼지 않기 위해 웃을 수도 있다. 그리고 "교수대 위의 유머"라는 말이 있는데, 이는 심각한 어려움에 처한 사람이 슬픈 현실로부터 자신을 방어하기 위해 농담을 하는 것을 말한다. 예를 들어, 유죄 판결로 사형 선고를 받은 사람이 "교수형을 당하기 전에 하고 싶은 말이 있는가?"라는 질문을 받았을 때 "예, 어쨌든 이번 일은 아마도 판사님이 옳은 일을 한 걸지도 모른다고 그분께 전해 주십시오. 분명 이것은 나에게 좋은 교훈이 될 것입니다"라고 대답하는 경우이다.[22]

---

[22] 〔옮긴이 주〕 곧 사형당할 사람이 죽음이 좋은 교훈이 될 거라고 말하는 것은, 현실을 받아들이기 어려운 상황에서 자조적 유머를 통해 자신의 두려움과 불안을 덜어내려는 모습이라고 할 수 있다. 결국 사형수의 표현은 현실을 있는 그대로 받아들이기보다는 농담으로 표현함으로써 자신을 방어하려는 유머의 한 형태를 보여 준다.

2) 미적 감정

미적 대상이나 상황에 의해 자극되어 유발되는 복잡한 정서적 경험은 수많은 작가에 의해 묘사되어 왔지만, 심리학자들에 의해서는 상대적으로 많이 연구되지 않았다. 미적 감정이 즐거운 느낌이라는 것은 분명하며, 또한 그 강도는 잔잔한 즐거움에서 황홀한 기쁨에 이르기까지 다양할 수 있다. 하지만 그것이 전부라면 미적 즐거움은 다른 즐거움과 구별되지 않을 것이다. 다른 것과 구별되는 미적 감정은 단순한 아름다움 이상의 감정으로, 미적인 대상의 "완전함"과 "조화로움"[23]을 느끼는 것이다. 이는 마치 그 순간 그 대상이 주는 모든 의미와 아름다움을 한 번에 직관적으로 깨달은 것 같은 특별한 느낌이며, 동시에 전체를 단번에 이해하는 것 같은 순간적인 통찰의 경험이라고 할 수 있다. 예를 들어 직관적으로 멋진 해답을 찾은 수학자, 창의적이고 예술적인 아이디어를 지닌 과학자나 사상가는 진정한 미적 감정을 체험할 수 있다.

또한 미적 감정은 꼭 예술 작품을 감상할 때만 느낄 수 있는 것이 아니라, 언제 어디서나 자극받고 체험될 수 있다는 점을 주목할 필요가 있다. 물론 지금까지의 실험적 미학 연구의 대부분은 단지 작품 자체의 아름다움을 구성하는 요소들에만 집중했을 뿐, 작품과 감상자의 관계, 감상자가 처한

---

23) 예를 들어 아름다운 예술 작품을 감상하거나 멋진 음악을 들을 때, 모든 것이 완벽하게 조화를 이루는 느낌을 받는 것을 의미한다.

상황에 대한 분석에는 거의 관심을 기울이지 않았다. 하지만 진정한 아름다움을 느끼고 경험하는 미적 인식을 이해하기 위해서는, 예술 작품 자체의 특성뿐 아니라 감상자 개인의 상태나 정서적 경험, 작품을 바라보는 방식, 그리고 작품과 감상자 간의 상호작용과 주변 상황 전체가 포함된 포괄적인 분석이 필요하다.

3) 경이로움과 감탄

경이로움과 감탄의 감정은 압도적이고 낯설고 놀라우며 설명할 수 없는 대상이나 힘, 사건으로 이루어지는 상황에서 발생한다. 특히, 사람을 감탄하게 만드는 것은 개인의 이해를 넘어서는 위대하고 강력하며 신비스러운 대상과 사건을 경험할 때이다. 예를 들어 그랜드 캐니언(Grand Canyon)의 웅장함은 보는 이로 하여금 경이로움과 감탄을 자아낸다. 게다가 강력한 폭풍, 또는 별로 가득 수 놓아진 하늘 아래 고독히 서 있는 사람은 우주의 위대함 앞에 자신의 작음과 연약함을 인식하면서, 경이로움과 감탄으로 가득 차게 된다.

하지만 자아가 더 강하고 중요하게 의식되는 상황에서는 경이로움과 감탄을 온전히 느끼기 어려워진다. 예를 들어 아이가 계곡에 빠질까봐 애타게 지켜보는 엄마는, 불안과 걱정에 사로잡혀 그랜드 캐니언의 웅장함과 위대함을 잘 느끼지 못할 것이다. 또한 별이 가득한 하늘 아래에서 명상과 사색을 하던 사람이 갑자기 가려움을 강하게 느끼게 된다면, 가려운 곳을 계속 긁으면서 동시에 우주의 신비로움에 온전히 빠져들기는 어려울 것이다.

또한 강한 대상이나 사건 앞에, 자신이 무력하다고 느끼는 만큼 두려움의 감정도 생길 수 있다. 반면 강하고 선한 대상이 접근하기 어렵고 멀리 떨어져 있다고 느껴질 때는, 그 대상에 대한 존경과 경외심이 더 강화되기도 한다. 즉 어떤 대상이 단지 강하거나 선한 특성이 있기 때문만이 아니라, 너무 멀리 떨어져 있고 닿을 수 없는 대상이기 때문에 오히려 그 대상에 대해 더 큰 경외감과 존경심을 느끼게 된다는 것이다.

4) 다양한 종교적 감정

경이로움, 경탄, 경외감에 대한 논의는 자연스럽게 우리를 종교 안에서 경험하는 중요한 감정으로 안내한다. 모든 사회와 종교 안에서 인류는 유일신이나 다신, 궁극적인 존재, 우주적 기운이나 보편정신, 혹은 절대자 등의 형태로 신적·초자연적인 힘의 관념과 관련된 강렬한 감정을 경험해 왔다. 50년도 더 전에 윌리엄 제임스(William James)는 이러한 강렬한 종교적 감정을 분석한 탁월한 책을 썼다.[24)]

---

24) 〔옮긴이 주〕 여기서 언급된 책은 미국의 철학자이자 심리학자였던 윌리엄 제임스(1842~1910)가 영국 에든버러 대학교에서 1901년부터 1902년까지 20개의 다양한 주제로 강연했던 것을 묶어 출판한 책인 『종교적 경험의 다양성』(*The Varieties of Religious Experience*)을 일컫는다. 이 책에서는 개인의 종교적 경험과 신비주의에 대한 심리학적 연구를 다루고 있으며, 다양한 예를 통해 전통을 초월한 종교적 경험의 공통점을 확인하고 있다. 참조: 윌리엄 제임스, 『종교적 경험의 다양성』, 김재영 옮김, 한길사, 2000.

5) 고독감

별이 빛나는 하늘 아래 인간이 본래 고독한 존재라는 사실을 깨달은 사람은, 미약한 자신과 비교할 수 없는 광활하고 광대한 우주의 경이로움에 감탄하게 된다. 그러나 인간의 주된 관심은 자아에 집중되는 경향이 있기 때문에, 우주에 대한 이런 느낌은 깨지기 쉽다. 그 결과 자아와 외부 세계 사이의 경계가 강화되고, 이로 인해 자아는 광대한 우주와 분리되어 스스로 고립되고 전체 안에서 길을 잃은 존재로 느끼게 된다.

고독감은 단지 개인이 타인과 함께 있는 것만으로 극복되지 않는다. 가장 강한 고독감은 오히려 타인과 함께 할 때, 자신이 익명의 존재로 느껴지는 "군중 속의 고독"으로 자주 나타난다. 반면 개인이 다른 사람과 함께 공통의 목표나 관심사 또는 유대감, 소속감으로 서로 연결되어 있다고 느끼거나 정서적으로 깊이 공감하고 동일시된다고 느낄 때, 우리는 고독감과 고립감을 덜 느끼게 된다.

7. 기분

우리가 기분이라 부르는, 순간적으로 깊이 퍼지는 일시적 감정 상태는 그 순간의 전체적인 경험에 정서적 색채를 더해준다. 기분은 장조와 단조를 통해 음악이 만들어지고 이해되는 것처럼, 우리의 경험을 인식하는 방식에 영향을 주고,[25)]

경험 자체의 성격을 만들어 내는 요소가 되며,[26] 또한 경험을 해석하는 방식에 중요한 영향을 미친다.[27] 기분은 마치 물결이 퍼져나가듯이 주변 세상 전체를 같은 색채로 덧씌우거나 물들이는 경향이 있다. 그래서 자신이 느끼는 감정이나 자신에게만 머물며 영향을 미치는 것이 아니라, 주변 세상도 나와 같은 기분을 가진 것처럼 느끼게 된다. 우울한 사람에게 세상은 우울하게 보이고, 만족스럽고 행복한 사람에게는 세상 모든 것이 다 좋고 잘되고 있는 것처럼 보인다.

기분은 구체적인 상황에서 왜 그런 기분이 드는지 명확히 알지 못하는 상태에서 느껴진다. 그래서 우울함, 편안한 만족감, 또는 행복감을 느끼면서도, 특별한 이유나 명확한 원인이 없어 보이기에 왜 그런 기분이 드는지 잘 모를 때가 많다. 게다가 우리는 종종 설명할 수 없는 기분에 갑자기 사로잡히게 되는데, 그 기분은 현재 상황이 아무리 바뀌어도 계속되다가도, 그러다가 또 갑작스럽게 누그러지거나 증발하듯 사라지기도 한다. 이로 인해 우리는 종종 나쁜 기분을 없애거나 좋은 기분을 지속시키기 위해 무엇을 해야 할지 혼란스러울 때가 많다.

---

25) 〔옮긴이 주〕 기분에 따라 동일한 경험도 다르게 받아들일 수 있다는 뜻이다.

26) 〔옮긴이 주〕 예를 들어, 같은 저녁 산책이라도 기분이 좋으면 즐겁고, 우울하면 힘들게 느껴질 수 있듯이, 기분에 따라 경험 자체의 성격이 바뀔 수 있다는 뜻이다.

27) 〔옮긴이 주〕 예를 들어, 기분이 좋으면 사소한 일도 긍정적으로 보이지만, 기분이 나쁘면 같은 일이 짜증스럽게 느껴질 수 있다.

1) 기분의 다양성

앞서 살펴보았듯 기분이 특정 상황이나 명확한 원인과의 관련성이 부족하기 때문에, 각각의 기분의 특성을 구체적으로 파악하기는 어렵다. 하지만 대부분의 기분에서 나타나는 두 가지 주요 특징이 있다. 하나는 기분이 긴장의 수준에 따라 다르게 나타나는 것이고, 다른 하나는 기분이 크게 유쾌한 기분과 불쾌한 기분으로 구분되어 나타난다는 것이다. 기분의 유형은 대조되는 쌍으로 나타나는 성향을 보인다. 우리는 기쁨에 들뜬 기분을 우울한 기분의 반대로, 행복한 기분을 슬픈 기분의 반대로, 그리고 차분하고 평온한 기분을 긴장된 기분의 반대로 생각하는 경향이 있다. 우리는 기분의 긴장도와 긍정/부정성(유쾌함과 불쾌함)이라는 두 가지 기준을 통해, 아래의 '표'와 같이 기분 상태를 한눈에 이해하고 시각적으로 단순하게 정리해 볼 수 있다. 아래의 '표'에서 볼 수 있듯이, 유쾌한 기분은 높은 긴장도에서 낮은 긴장도로 감소하는 순서로 나열되고, 그 반대인 불쾌한 기분은 낮은 긴장도에서 높은 긴장도로 증가하는 순서로 배열된다.

유쾌한 기분		불쾌한 기분	
(높은 긴장도)	기쁨, 희열	우울감	(낮은 긴장도)
	즐거움	침울함, 두려움	
	행복감	슬픔	
	만족감	불만족	
(낮은 긴장도)	차분함, 평온함	긴장감, 공포감	(높은 긴장도)

하지만 이렇게 기분 상태를 단순하게 나누는 대략적인 분석은 실제로 존재하는 다양하고 다채로운 기분의 미세한 차이와 복잡 미묘한 뉘앙스를 충분히 반영하지 못한다. 왜냐하면 우울한 기분은 단순히 우울하다고만 할 수 없으며, 이는 시무룩함, 슬픔, 적대감, 쓰라림 등 다양한 뉘앙스를 가질 수 있기 때문이다. 긴장된 기분은 단순히 긴장된 상태로만 설명되지 않고, 불안감 같은 다른 감정 요소를 포함할 수 있다. 기쁜 기분도 마찬가지로 평온하거나, 웃음을 자아내거나, 때로는 가볍고 홀가분한 기분 등 다양한 모습으로 나타날 수 있기 때문이다.

2) 기분을 결정하는 요인

기분의 다채롭고 복잡 미묘함, 그리고 변화의 유동성은 본질적으로 기분을 결정하는 상황적 요인이 매우 복잡하다는 사실을 보여 준다. 그러나 기분이 다양하게 드러나고 유동적으로 변화하며 갑자기 사라지는 현상이나 구체적인 조건에 대한 연구는 상대적으로 적게 이루어져 왔다.

기분이 특정 상황의 요소와 연관되지 않는 것처럼 느껴지는 이유는, 그 상황에서 특정한 하나의 요소가 다른 요소들보다 명확하게 두드러지지 않거나 압도적으로 영향을 주지 않기 때문이다. 기분은 수많은 다양한 요소가 동시에 작용하며 이 다양한 요인의 복합적인 결과와 함께 다양한 영향을 미치기 때문에, 특정 상황의 요소 하나만으로 기분의 이유를 명확히 알기 어렵다. 따라서 사람은 다양한 요소가 복합적으로 작용하여 만들어진 전체적인 감정을 경험하게 되는데, 그 감정은 너무 복잡해서 하나하나 분석하거나 개별 요소를 따로 떼어 설명하기 어렵다.

이전 장에서 충분히 설명했듯이, 우리의 지각 능력은 외부 자극을 통해 일어나는 상황을 현실 그대로 받아들이는 경향이 있다. 하지만 외적으로 보이는 모습과 상황이 자신이 실제 느끼는 내적 기분과 서로 차이가 날 때, 그 차이가 현재의 기분을 더 강하게 느끼게 만든다. 예를 들어, 맑은 날씨이거나 주변 사람들이 즐거워함에도 불구하고 우리 기분이 슬프고 우울하다면, 이런 차이는 내 우울함을 더 강하게 느끼게 만들 수 있다. 반대로 우리의 기분과 주변 환경이나 상황이 일치를 이루게 될 때 기분이 더욱 강해지기도 한다. 예를 들어, 기분이 우울할 때 황량한 풍경을 보면 그 기분이 더 강조될 수 있고, 반대로 기분이 좋을 때 경쾌한 음악을 들으면 그 기분이 더욱 즐겁게 느껴질 수 있는 것이다.

또한 주변 환경이 사람의 기분과 잘 맞아떨어지면, 그 기분이 자연스럽게 이해되거나 그런 기분이 드는 이유를 설명할 수 있게 된다. 예를 들어, 우울한 기분을 느낄 때, 주변에서 들리는 전쟁이나 재난에 대한 불안한 소식이 그 기분을 설명하는 이유가 될 수 있다는 것이다. 하지만 어쨌든 기분은 다채롭고 복잡하기 때문에, 그림이나 교향곡, 사회적 사건 등 일상의 요소들로부터 갑자기 언제 어떻게 쉽게 변화될지 모르는 일이다. 그래서 개인의 특정 상황에서 당사자에게는 이해할 수 없는 즉각적이고 갑작스러운 기분의 변화가 언제든 발생할 수 있다.

8. 정서적 경험의 역동성

일부 감정 상태의 지속 시간은 극히 짧아서, 번쩍 스쳐 지나가는 섬광처럼 완전히 경험되기 전에 순간적으로 분출되었다가 곧 사라진다. 점점 완전히 차오르는 분노, 슬픔, 수치심, 혹은 유쾌함의 경우 지속 시간은 몇 분 혹은 몇 시간에 불과할 수 있지만, 어떤 경우 충만한 만족감이나 깊은 좌절감은 며칠 또는 그 이상 비교적 변함없이 지속될 수도 있다. 이는 감정의 즉각적인 경험이 얼마나 지속되는가를 말해 주는 동시에, 그 감정에 수반되는 태도의 지속성은 또 다른 문제라는 것을 알려 준다. 즉 우리가 느끼는 감정 자체는 순간적으로 느껴졌다 사라질 수 있지만, 어떤 대상이나 사람에 대한 감정적인 태도는 오랜 시간 지속될 수 있다는 것이다.[28)]

여기서 특히 우리가 다룰 내용은, 즉각적인 정서적 경험이 왜 계속 변하는지를 설명하는 데 있다.

1) 정서적 경험 변화의 결정적 요인

특정 감성을 느끼게 되는 상황을 분석하는 일은 분명 가치 있으며, 상황에 대한 분석을 통해 우리는 감정의 경험 변화를 예측하고 어느 정도는 통제할 수 있게 될 것이다. 왜냐하

---

28) 〔옮긴이 주〕 예를 들어, 누군가에 대한 즉각적인 기쁨이나 짜증 같은 감정 경험은 상황에 따라 금방 나타났다 사라질 수 있지만, 좋아하거나 싫어하는 감정은 오랫동안 유지될 수 있다는 뜻이다.

면 감정은 특정 상황과 밀접한 관계가 있기 때문에, 우리가 어떤 감정을 느낄 때 그 감정이 특정 상황에서 자연스럽게 나타나는 것이기 때문이다. 따라서 상황의 일부가 변하면, 예를 들어 즐거운 파티에서 갑자기 우울한 소식이 들리면 기분이 바뀌는 것처럼, 그에 따라 감정도 변할 수밖에 없다. 또한 상황이 바뀌는 이유에는 여러 가지가 있을 수 있다.

(1) 외부 상황의 변화와 감정의 상호작용

인간의 외부 상황은 끊임없이 변화한다. 이러한 상황의 변화는 외부 힘이나 인간 자신의 행동에서 비롯될 수 있다. 감정은 두 경우 모두, 상황에 대한 인식을 변화시키며 그에 따른 감정 경험의 변화로 이어진다. 예를 들어, 분노의 폭발은 자신에게 걸림돌이 되는 대상을 파괴함으로써 상황을 바꾸려 하고, 전혀 두려움이 없는 사람은 자신을 위협하는 존재에게 오히려 더 가까이 다가가는 상황으로 바뀔 수 있다.

또한 타인을 향한 감정은 관계의 상호작용 안에서 타인에게 영향을 미치고, 그의 반응이 다시 자신에게 돌아오는 과정을 통해, 결국 자신의 감정이나 상황에 영향을 미치게 된다. 예를 들어, 어떤 사람이 질투를 느끼며 상대방을 통제하려고 한다면, 상대방으로 하여금 오히려 더 멀어지거나 다른 사람에게 관심을 보이도록 만들 수 있으며, 그로 인해 질투를 느끼는 자신의 감정이 더 강화될 수 있다. 즉, 질투의 감정이 상대방에게 영향을 주고, 그로 인해 다시 감정이 돌아오게 되는 것이다. 증오심 또한 자신뿐 아니라 상대방에게도 상호 증오의 태도를 불러일으킬 수 있다. 또한 감탄과 존경의 감정은 존경받는 대상에게 그가 더 큰 성취를 이루도록 자극을 줄 수 있다.

(2) 상황 인식의 변화와 지각의 강화

감정 상태에 따라 사람의 상황에 대한 인식 또한 달라진다. 두려움을 느끼는 사람에게는 이전에 중립적이었던 모든 사물이 위험해 보이게 되어 그의 불안이 더욱 커진다. 사랑하는 사람은 더 매력적으로 보이며, 그에 대한 열정은 더 강해진다. 부끄러움을 느끼는 사람은 모든 사람이 자신을 바라본다고 느끼고 자신이 타인의 관심 중심에 있다고 생각하면서 부끄러움을 더욱 증대시킨다. 감정은 상황을 다르게 보게 하고 그에 따른 감정을 강화하는 것 외에도, 다른 감정으로 변화시키기도 한다. 예를 들어, 어떤 사람에게 분노를 느낄 때, 그 사람의 결점을 더 강하게 인식하게 되고 그로 인해 분노의 감정이 경멸로 바뀔 수 있다.

(3) 사고의 연쇄적 흐름

앞서 언급한 바와 같이, 정서적 경험은 구체적인 상황 안에서 개인의 인식, 감정, 생각의 정신 과정(perfink)[29)]이 복합적으로 작용할 할 때 발생한다. 따라서 감정은 일련의 생각들을 일으킬 수 있으며, 이 생각들은 다시 정서적 경험에 영향을 미친다. 예를 들어 어떤 일에 대한 실패감은 비록 특정

---

29) 인식(percezione), 감정(sentimento), 생각(pensiero)의 복합적인 정신 작용인 “perfink”라는 약어에 대해서는, 이 책 ‘제2부’의 각주 3번을 참조하시오.

일에 실패했음에도 불구하고, 자신의 일반적인 결점이나 한계까지도 생각하도록 만들 수 있고, 이에 따라 수치심을 느끼게 된다. 또한 이 수치심을 통해 과거에 자신을 개선할 기회를 놓친 일들을 떠올리게 되고, 그로 인해 결국 후회하는 마음이 생겨난다. 즉 감정은 단순히 느끼는 것만이 아니라, 생각과 연결되어 있으며 그 생각들이 정서적 경험에 영향을 줄 수 있다.

(4) 감정적 포화 현상

사람이 오랜 기간 같은 자극이나 상황에 노출될 경우, 감정적 포화 현상을 일으켜 처음에 강하게 느꼈던 감정도 시간이 지나면 약해지는 감정의 변화가 나타날 수 있다. 이는 감각적인 경험에서 나타나는 포화 현상과 비슷한데, 특정 자극에 계속 노출되면 감각이 점점 무뎌지듯이 감정도 비슷한 반응을 보이는 것이다. 이는 오랜 시간 지속된 감정이 둔화되고 무뎌지거나 또는 소진되기 때문이다. 예를 들어, 끊임없는 슬픔에 시달린 후에는 눈물샘이 말라 버린다. 시간이 지나면 수치심은 점차 줄어들다가 소멸된다. 유머도 계속 들으면 지루한 소음으로 느껴진다. 이는 부분적인 상황의 변화 때문이다. 즉 농담이 반복될 때 더 이상 웃기지 않는 이유는, '예상치 못한' 결말이 더 이상 예상 못 할 일이 아니기 때문이다.

하지만 외부 상황의 변화 없이도, 시간이 지나면서 자신의 감정이 자연스럽게 약해지는 것을 방지하기 위해 스스로 내적인 충족감을 계속 유지하려는 사람도 더러 있다. 이런 사람은 자신의 감정을 유지하거나 연장하기 위해, 동일한 상황에서 새로운 측면이나 요소를 떠올려서 감정을 계속 불러일으킨다. 또는 특정 감정을 지속하기 위해 새로운 자극을 찾기도 한다.

예를 들어, 망자 앞에서 애도하는 사람은 더욱 슬픔에 잠기기 위해 자신이 기억하고 겪은 모든 슬픈 일들을 의도적으로 떠올릴 수 있다. 자기 비하적인 사람은 과거의 잘못이나 부끄러운 기억들을 계속 떠올리면서 스스로를 자책하고 수치심을 느끼도록 자신을 몰아붙일 수 있다. 어떤 사람은 성적 흥분의 상태를 유지하기 위해, 의도적으로 새롭고 자극적인 성적 활동을 추구하고 시도할 수 있다.

2) 정서적 경험의 통제

감정 변화의 몇 가지 근본적인 요인을 이해하게 되면, 자신의 감정뿐만 아니라 타인의 감정을 통제하는 것이 가능해진다. 감정을 통제하는 데 있어서, 우리는 외적인 감정 표현을 통제하는 것과 감정의 체험을 통제하는 것을 구별할 수 있어야 한다.

(1) 외적인 감정 표현의 통제

일상에서 "감정 조절의 필요성"을 말할 때, 이는 대개 "감정의 외적인 표현"을 통제하는 것과 관련 있다. 굳게 다문 입술, 담담한 미소, 이를 악물고 있는 것은 모두 내적인 동요와 혼란의 감정을 숨기기 위한 외적 표현이라고 할 수 있다. 그리고 사람들과 좋은 관계 안에서 교양 있는 시민으로 살아가기 위해서는, 공격적인 분노의 충동과 성적 욕구가 외적으로 드러내는 것을 억제하고 자제해야 한다.

외적인 감정 표현과 충동적 행동을 통제하는 것이 내적인 감정 체험에 영향을 준다는 것은 의심할 여지 없는 사실이다. 예를 들어, 신체적 표현을 금하거나 억제하면, 때로는 감정의 강도가 줄어들기도 하지만, 반면 사회적 차원에서의 외적 통제는 종종 억눌린 감정의 욕구를 더 증가시켜, 좌절감으로 인한 분노, 원망, 증오와 같은 예상치 못한 결과를 유발하기도 한다. 또한 감정 표현을 지속해서 억제하게 되면, 개인의 감정생활에서 심각하고 지속적인 무감각이나 무관심으로 이어지거나, 자연스럽고 자발적인 감정의 표현이 줄어들 수 있다.

(2) 상황 변화를 통한 감정 체험의 통제

정서적 경험을 제어하는 가장 좋은 방법은 무엇일까? 우리는 앞서 특정 환경이나 상황이 정서적 경험을 자극하고 변화시킨다는 것을 살펴보았기 때문에, 이에 대한 해답은 상황을 적절하게 조정하고 변화시킴으로써 감정을 조절할 수 있다는 것이다. 즉 상황을 조정하거나 적절한 변화를 주는 것이 감정 통제의 핵심이 되며, 이는 자신뿐 아니라 주변 사람들의 감정을 조절하고 통제하는 데에도 적용해 볼 수 있다.

물론, 이러한 상황의 조정과 변화는 우리도 모르게 항상 하는 일이기도 하다. 우리는 자신의 긍정적인 면에 집중하거나 우리보다 부족한 사람과 자신을 비교함으로써 수치심을 줄일 수 있다. 또한 우리에 대한 비판에 대해 모두를 웃게 하는 농담으로 헤쳐 나가며 스트레스를 줄일 수 있다. 이는 아마도 재미있는 이야기로 대화를 시작하는 전통적인 심리학에 기반을 두고 있을 것이다. 또는 극도로 흥분하고 분노했을 때 열까지 혹은 그 이상의 수까지 세면, 순간의 상황을 다르게 볼 시간을 벌게 되어 순간적인 분노를 식힐 수 있을 것이다. 이렇듯 우리는 특정한 감정이나 문제에 직면했을 때, 이를 더 넓은 시간의 관점과 인생 전체의 큰 그림 안에서 생각해 볼 필요가 있다. 예를 들어, "이 일이 정말로 내 인생 전체에서 중요한가?" 혹은 "1년 후에 이 일이 무슨 차이를 만들 것인가?"라는 질문을 통해 그 문제나 감정이 시간이 지남에 따라 얼마나 큰 영향을 미칠지를 생각해 보는 것이다. 이런 방식은 현재의 두려움이나 죄책감, 거절로 인한 수치심 등의 감정을 다소 누그러뜨리고, 보다 객관적이고 차분하게 상황을 바라볼 수 있도록 도와준다.

특히 한 가지 효과적인 통제 방법은, 어떤 상황이더라도 자신에게 더 자유롭게 생각하고 행동할 수 있는 여지를 줄 수 있는 방법을 찾는 것이다. 즉 목표를 달성할 수 있는 다른 가능한 방법을 찾게 된다면, 좌절감은 분노로 이어지지 않게 된다. 그리고 도망갈 수 있는 가능한 길을 발견한다면, 두려움은 줄어들 것이다. 후자의 경우에 대한 흥미로운 예는, 예상되는 통증에 대한 환자의 과도한 불안감을 완화하기 위해 치과 의사가 고안한 장치이다. 이 의사는 환자가 중단하기를 원할 때 언제든지 의사에게 치료를 멈춰달라고 신호할 수 있는 "벨"을 제공했다. 이렇게 고통에서 벗어날 수 있는 잠재적인 수단의 존재만으로도, 환자는 비록 벨을 사용하지 않고도 심리적인 차원에서 일반적인 감정적 동요와 불안이 현저히 줄어들었다.

물론 그렇다고 해서 우리와 타인의 감정을 통제하려는 노력이 항상 성공한다는 의미는 아니다. 사건을 더 넓은 삶의 관점에서 보려는 시도를 통해 죄책감을 완화하려고 할 때, 만약 우리가 자신의 삶 전체를 무의미하다고 여기고 있다면, 이러한 행위는 오히려 더 깊은 죄책감이나 절망으로 이어질 수 있다. 현실적으로 매우 강렬한 감정의 체험일 경우에는, 예를 들어 겁에 질린 사람이 감정을 통제하기 힘든 것처럼 그 상황을 바꾸려는 시도가 무의미할 수 있다. 또한 사랑의 관계나 편견과 같이 그 사람의 감정이 매우 깊이 뿌리 내린 강한 정서적 태도에서 비롯된 것이라면, 적절한 상황 변화를 꾀하기란 결코 쉽지 않을 것이다.

3) 감정은 부정적인 것인가, 긍정적인 것인가

감정 조절에 관해 관심을 두는 근본적인 이유는 무엇일까? 사회적 관점에서 감정 조절은 타인에게 해가 되는 공격적 행동을 억제시켜 주기 때문에 중요하다. 개인적 관점에서 감정 조절은, 감정이 새로운 환경에 적응할 때 초래할 수 있는 파괴적인 결과로부터 자신을 보호해 주기 때문에 바람직하게 여겨진다.

감정이 때로는 목표 실현에 방해가 된다는 것은 우리 모두가 잘 알고 있는 사실이다. 그래서 일부 심리학자들은 감정이 항상 부정적인 영향을 주며 방해가 된다고 주장한다. 그들의 논리는 이성적·합리적 과정이 감정으로 인해 필연적으로 방해를 받게 되고, 이에 따라 감정을 목표 달성에 항상 부정적인 영향을 미치는 것으로 여겨야 한다는 것이다. 반면 다른 심리학자들은 감정의 가치를 그렇게 부정적으로 보지 않는다. 이들은 감정이 종종 이성적인 과정을 방해한다는 점에서는 동의하지만, 동시에 감정은 유기체의 행동에 활력을 불어넣는 가치를 지닌다고 지적한다.

(1) 심리적 긴급 상황이 신체에 미치는 효과

분노와 공포 같은 감정을 동반하는 신체적 변화는 월터 캐넌(Walter Bradford Cannon)[30]에 의해 '신체적 긴급 반응'[31]으로 정의되었다. 그의 이론에 따르면, 공포와 분노와 같은 강렬한 감정들은 호흡 증가, 혈압 상승, 근육 긴장 등의 생리적

---

30) 〔옮긴이 주〕 월터 캐넌(Walter Bradford Cannon, 1871~1945)은 미국의 심리학자이자 생리학자로, 심리학과 생리학의 경계를 넘나들며 인간과 동물의 신체적·정서적 반응을 연구했다. 그는 "투쟁-도주 반응"(Fight or Flight Response)과 스트레스 반응에 대한 연구로 가장 잘 알려져 있으며, "투쟁-도주 반응"은 외상으로 인한 출혈과 같은 신체적 응급 상황뿐만 아니라, 고통, 배고픔, 두려움 및 분노와 같은 심리적 응급 상황에서 몸이 어떻게 생리적으로 반응하는지 설명하는 이론이다. 즉, 위기 상황에서는 감정, 특히 공포와 분노와 같은 강렬한 감정들이 신속하고 강력한 생리적 변화와 신체의 반응을 일으키고 유도하여 생존 확률을 높이도록 돕는다고 주장했다.
그는 또한 감정 상태가 신체에 미치는 영향을 설명하면서 호르몬의 역할을 강조했으며, 신체의 건강과 기능을 위해 생명체가 체온, 혈당 수준, 심박수 등과 같은 내부 환경을 일정하게 유지하려는 경향인 "항상성"(Homeostasis) 이론을 개발했다.

31) 〔옮긴이 주〕 신체적 "긴급 반응"(Emergency Response)은 감정이 신체에 미치는 영향을 설명하는 이론으로, 캐넌의 "투쟁-도주 반응"(fight or flight response)을 의미하고 있다.

변화를 일으켜, 신속하고 활발한 행동을 할 수 있도록 신체를 준비시킨다. 예를 들어 겁에 질린 사람은 추격자들로부터 더 빨리 달아날 수 있고, 분노한 사람은 더 맹렬하게 적을 공격할 수 있게 된다. 이런 방식으로 감정에 수반되는 신체적 변화가 목적을 달성하는 데 도움을 줄 수 있다.

그러나 이 이론에도 한계는 있다. 왜냐하면 공포에 질린 사람은 급한 나머지 자신을 쫓아오는 사람으로부터 더 효과적으로 도망칠 수 있는 길을 찾지 못할 수도 있기 때문이다. 또 분노한 사람은 자신보다 더 강한 상대를 성급하게 공격할 수 있으며, 이렇게 되면 그의 분노가 격렬하게 싸울 수 있는 강한 힘을 주더라도 결국 선부른 공격으로 패할 수 있다.

이러한 사실을 종합해 본다면, 다음과 같이 일반화할 수 있다. 첫째, 분노와 두려움과 같은 감정은 더 활발한 신체적 반응을 일으키는 데 도움을 줄 수 있다. 둘째, 하지만 분노와 두려움은 이성적이고 합리적인 사고 과정을 방해할 수도 있다. 셋째, 감정이 방해되거나 도움이 되는 것은 상황의 특성에 달려 있다.

예를 들어, 어떤 테니스 선수가 화가 나서 근육 운동의 조절력과 균형을 완전히 잃어버리고 경기를 망치는 경우가 있다. 반대의 경우는 올림픽 헤비급 챔피언이 스스로 강한 결의를 다지기 위해, 미워하는 사람을 떠올리면서 증오심을 불태우며 경기를 준비하는 경우이다.

이와 유사한 예로, 인접 국가에 대한 강한 증오심 때문에 실제로 그의 국가에 중요한 이익을 가져다줄 수 있는 국가간 협의에 실패하는 지도자가 있는 반면, 특정한 현안에 대한 강력한 신념으로 정당한 분노를 이용해 다른 사람을 설득하고 합의를 이끌어 내는 지도자도 있다. 이는 증오와 분노가 상황에 따라 다르게 작용할 수 있음을 보여 준다.

제 2 장

영적 성장의 역동성 안에서 감정의 역할

인격 발달 과정에서 감정의 역할은 항상 논쟁의 대상이 되어왔다. 심리학적 관점에서는 감정 상태를 조절하는 것이 인격 발달에 얼마나 도움이 될 것인지 연구한다. 종교심 발달의 관점에서는, 신앙의 형성 과정 안에서 감정의 기능을 검토한다. 마지막으로 영성의 관점에서는, 감정에 기반한 영성생활과 이성에 기초한 영성생활 사이에 발생하는 딜레마를 다룬다.

샤를 앙드레 베르나르(Charles André Bernard) 신부는 당대를 앞서가는 탁월한 통찰과 확신, 그리고 끈기 있는 연구의 결과로, 영성생활에서 감정의 긍정적인 역할을 다루는 그의 저서 『감정 신학』[32]을 출간했다. 물론 영성생활에서 감정의

---

[32] 〔옮긴이 주〕 1984년 출간된 베르나르 신부(Charles André Bernard)의 저서(*Théologie affective*, Editions du Cerf, 1984)를 말한다.

역할을 다루게 된 것이 전부 베르나르 신부의 공로라고 할 수는 없겠지만, 이는 오늘날까지 풍부한 증거들에 의해 뒷받침되는 선구적인 통찰이었던 것만큼은 분명하다. 제2장에서는 베르나르 신부의 관점에 따라 세 가지 주제를 살펴보고자 한다. 첫째로 감정의 역동성을 일반적으로 살펴보고, 두 번째로 종교체험 안에서 감정의 역할에 대해 검토하며, 마지막으로 영성생활 안에서 체험하는 특정 감정들에 대해 다뤄볼 것이다.

1. 감정의 역동성

성격 심리학은 감정 조절의 가능성과 한계를 연구한다. 우리는 앞서 감정 조절이 개인적·사회적 관점에서 자신을 억제하고 보호하는 중요한 역할을 하고, 또한 정서의 역동성이 목표 달성과 신체적 변화에 긍정적이거나 부정적인 영향을 줄 수 있다는 사실을 검토해 보았다. 결론적으로 분노와 두려움과 같은 감정은 더 활발한 신체적 반응을 일으키는 데 도움을 줄 수 있지만, 또한 이성적이고 합리적인 사고 과정을 방해할 수도 있으며, 이와 같이 감정이 방해가 되거나 도움이 되는 것은 상황의 특성에 달려 있다고 이해할 수 있겠다.

우리는 또한 신체적 에너지와 운동을 유발하는 특정 감정이, 특히 그로 인해 발생하는 장기적인 행동의 결과에 어떤 영향을 미치는지 질문을 던질 수 있다. 일반적으로 두려움과 분노처럼 강렬한 감정은 즉각적이고 활동적인 반응을 일으켜 그 순간의 상황 적응하게 한다. 예를 들어, 두려움은 도망가게 만들고, 분노는 공격하게 만든다. 그러나 덜 활동적인 감정은 즉각적인 행동보다는 장기적인 행동의 변화에 영향을 미치며, 미래의 행동 결과에 초점을 맞춘다. 사랑이나 자부심 같은 감정은, 이러한 감정이 장기적으로 사람의 행동에 긍정적인 영향을 미칠지 부정적인 영향을 미칠지, 즉 어떤 결과로 나타나게 될지 고민하게 만든다.

예를 들어 사랑에 빠지면 그 대상을 객관적으로 바라보고 판단하는 능력이 약해지는 경우처럼, 사랑은 때때로 사람의 합리적 사고 능력을 방해할 수 있다. 사랑의 감정이 강하게 작용하면 논리적이고 이성적인 사고가 흐려질 수 있기 때문이다. 하지만 사랑은 또한 상대에 대한 이해의 폭을 높여 줄 수 있다. 즉 사랑은 사랑하는 상대의 실수를 참아주고 인내심을 갖게 하며, 그를 더 잘 알고자 하는 관심을 증가시킨다. 이를 통해 세계관이 확장되고 상대를 이해하려는 마음이 커지며, 더 넓고 더 깊은 시각에서 상대방과의 관계를 형성하는 풍요로운 삶을 살아갈 수 있다.

과도한 자부심은 사람을 그릇된 길로 이끌 수 있다. "오만은 나락에 떨어지게 한다"라는 말처럼, 허영과 오만은 자신을 올바르게 바라볼 수 있는 능력을 상실하게 만든다. 반대로 자부심은 또한 가치 있는 노력을 지속하게 해 주는 강력한 도움이 되기도 한다.[33]

---

[33] D. Krech / R.S. Crutchfield, *Elements of Psychology*, Knopf, New York,

1) 감정과 종교체험

일반 심리학의 개념을 바탕으로 종교심, 더 구체적으로 종교체험에서 감정이 어떤 역할을 하는지 살펴볼 필요가 있다.

정서적 경험은 기쁨, 분노, 두려움 등과 같이 일상에서 개인이 느끼는 감정들로 구성되며, 현재 경험하는 감정과 그 감정에 따라 형성되는 생각과 기억들이 정서적 경험의 지평을 형성한다. 따라서 정서적 경험의 핵심 본질은 자의식, 곧 자아실현을 향한 요구에 있다.[34] 베르나르(Charles André Bernard) 신부는 프라딘(Pradines)[35]의 분석을 따라, 감정을 "인간이 환경과의 실존적 관계에서 인식하고 느끼는 능동적 반향"[36]으로 정의한다. 즉 감정은 단순히 감각적인 반응을 넘어 자아와의 실존적 관계를 실현하고, 삶에서 경험하는 생명력을 반영하는 중요한 역할을 한다고 볼 수 있다.

또한 감정은 사람이 자기 내면이나 외부에서 일어나는 일에 반응하고 공감을 통해 그 상황에 맞추어 반응을 조율하며, 이를 자신의 경험으로 받아들이고 이해할 수 있는 능력

1959, pp.230~264.

34) Cfr. J.P. Holemans, "L'affectivité, appel à la realisation de soi", in Aa.vv., *L'éponoussment affectif de la femme*, Descléc de Brouwer, Bruges, 1968, pp.23~33.

35) 〔옮긴이 주〕 프라딘(Pradines)은 주로 감정과 인지의 철학적·심리학적 분석으로 알려진 프랑스의 철학자이자 심리학자이다. 그는 감정의 본질과 그 역할에 대해 깊이 탐구하며, 감정이 사람의 행동과 사고를 어떻게 조절하고 영향을 미치는지를 연구했다.

36) Ch. A. Bernard, *Teologia affettiva*, Ed. Paoline, Cinisello Balsamo(Mi), 1985, p.22.

을 뜻한다. 잘 알려진 종교 심리학자 베르고테(A. Vergote)[37]는, 감정이 종교체험을 직접적이고 총체적으로 이해할 수 있도록 이끌어 주기 때문에, 감정이야말로 "종교체험이 자연스럽게 시작되는 곳"이라고 말한다.[38]

2) 그리스도교 덕목 안에서의 감정

감정은 일반적인 종교체험뿐만 아니라, 그리스도교적 영적 성장에서도 중요한 역할을 한다. 로버트(Robert C. Roberts)[39]는 감정을 그리스도교 덕목으로 다루며, 감정이야말로 영적 성장으로 가는 길이 될 수 있다는 흥미로운 제안을 설득력 있게 보여 준다. 감정은 자연스러운 방식으로 그리스도인의 영성생활 안으로 침투하기 때문에, 사실상 그리스도교 덕목 안에 의지, 행동 그리고 습관과 관련된 덕 이외에도 "감정과 관련된 덕" 또한 포함되어야 한다.[40]

감정은 두 가지 방식으로 덕목이 될 수 있다. 하나는 감정

37) 〔옮긴이 주〕 앙투안 베르고테(Antoine Vergote, 1921~2013)는 벨기에의 로마 가톨릭 사제, 신학자, 철학자, 심리학자, 정신분석가이다.

38) Cfr. A. Vergote, *Psicologia religiosa*, Borla, Torino, 1967, pp.98~99.

39) 〔옮긴이 주〕 로버트 캠벨 로버츠(Robert Campbell Roberts)는 미국의 철학자이자 심리학자로, 특히 도덕 철학, 감정의 철학 및 기독교 윤리학 분야에서 잘 알려져 있다. 그의 연구는 감정과 도덕적 성품의 상호작용을 탐구하는 데 중점을 두며, 감정이 인간의 도덕적 삶에서 어떤 역할을 하는지를 분석한다. 대표적인 저서로는 *Spiritual Emotions: A Psychology of Christian Virtues*(영적 감정: 그리스도교 덕목의 심리학) 등이 있으며, 여기에서 감정이 어떻게 영적 성장과 도덕적 삶을 이끄는지 탐구한다. Cfr. R.C. Roberts, *Spiritual Emotions: A Psychology of Christian Virtues*, Paperback, 2007.

40) Cfr. R.C. Roberts, "Emotions Among the Virtues of the Christian Life", *Journal of Religious Ethics*, 20(1992) 1, pp.37~68.

이 도덕적 특성을 가질 수 있다는 것이고, 다른 하나는 감정이 선행을 위한 동기가 될 수 있다는 것이다. 그리스도교적 삶이 본질적으로 복음에 대한 응답이라는 측면에서, 그리스도인의 삶에서 감정은 중요한 역할을 한다. 예를 들어, 많은 그리스도교 덕목의 이름 자체가 이미 희망, 기쁨, 평화, 통회, 감사, 연민과 같은 특정한 감정의 이름을 담고 있다.

엄밀히 말하면, 어떤 감정도 그 자체로는 덕목이 아니다. 왜냐하면 행위와 감정은 일시적인 사건으로서 특정 시간과 상황에서 발생한 후 사라지기 때문이다. 게다가 어떤 감정이나 행동은 한 상황에서는 발생할 수 있지만, 다른 상황에서는 나타나지 않을 수 있다. 반면 덕은 오랜 기간 지속될 수 있는 인격적 특성이다. 따라서 감정을 덕의 관점에서 다루려면, 지속적인 "감정적 성향"으로 이해되어야 한다.

영국의 예수회 신부이자 유명한 영성 작가인 제라드 휴즈(Gerard W. Hughes)는 성인(adult)들의 내적 생활을 분석하며 감정의 중요성을 보여 준다. 아기가 밤에 무서워할 때 엄마가 와서 아기를 안고 "아가야, 걱정하지 말거라, 다 괜찮을 거야"라고 말해 주면, 아기는 점차 안정을 찾아 평온해진다. 하지만 만약 그 아기가 영재여서 엄마가 자신을 안심시키기 위해 한 말에 대한 형이상학적·인식론적 설명이나 경험론적 증거를 요구하는 말도 안 되는 반응을 보인다면, 엄마는 아기를 품에 안고 있으면서도 매우 곤란할 것이다. 때로는 기도생활 안에서 우리도 이렇게 말도 안 되는 아기처럼 행동한다. 우리는 하느님의 사랑에 대한 더 많은 증거를 요구하면서도, 정작 하느님의 보증("걱정하지 말거라, 다 괜찮을 거야")에는 마음의 귀를 기울이지 않는다. 사실 우리는 무엇보다도 우리의 마음을 통해 하느님과 소통한다. 마음의 작용은 단순히 감정적인 것이 아닐뿐더러 결코 어리석지 않으며, 오히려 그곳에는 우리가 이성으로 단순히 이해할 수 없는 깊은 의미와 논리가 담겨 있다.

휴즈 신부는 영적 성장과 관련하여 감정의 역할을 분석한다. 우리가 삶의 여러 가지 문제와 "혼란스러운" 상황에 직면하여 우리의 걱정을 하느님께 보여 드리기 시작할 때, 우리 안에서는 불안과 걱정, 두려움을 비롯한 어떤 감정이든 일어날 수 있다. 예를 들어, 자신의 능력이 부족하다고 느끼는 두려움, 건강에 대한 걱정, 자신의 잘못된 성향이나 다른 사람의 부정적인 행동에 대한 우려의 감정이 밀려올 수 있다. 이런 순간에 창조 이전 세상의 혼돈 위에 하느님의 성령이 존재하셨던 것처럼, 우리의 혼란 속에도 하느님의 영이 계신다는 사실을 망각하게 되면, 결국 성령께서 우리의 혼란스러운 삶을 진정시킬 수 있다는 것을 믿지 못하고 분노를 느끼거나 기도를 계속하는 것이 무의미하다고 느끼며 그만두고 싶은 마음이 들게 된다.

우리가 양성 받아 왔던 수덕적 수련은 종종 금욕적 훈련인 경우가 많았다. 예를 들어 기도 안에서는 내면에서 올라오는 부정적인 감정, 그중에서도 특히 하느님에 대한 부정적인 감정을 바라보거나 수용하지 못하게 했었다. 그러나 우리는 수덕생활의 이러한 왜곡된 방식을 버리고 하느님께서는 우리의 어려움도 충분히 감당하시고 포용하실 수 있는 분이심을 신뢰하면서, 그분 앞에 자신의 부정적인 감정을 자유롭게 표현할 수 있는 수준까지 성장해야 한다. 우리가 부정적인 감정까지도 자유롭게 표현할 수 있을 때, 영성생활의 더욱 심오한 수준으로 나아갈 수 있으며, 하느님께로부터 오는 온유함과 연민의 감정을 경험할 수 있다. 하느님은 겉으로 드러내 보이시지 않으시지만, 우리는 항상 우리의 깊은 내면과 진리 안에서 하느님을 만날 수 있다.[41]

3) 감정이 전하는 메시지

영혼은 양떼와 양떼를 모는 양치기 개에 비유할 수 있다. 이 양치기 개는 성 아우구스티노가 하느님을 찾을 때까지 불안하다고 묘사했던 영혼의 가장 깊은 부분을 상징한다. 영혼의 심오한 영역으로 비유되는 이 양치기 개는 영혼이 하느님께로 가는 길을 잃을 때마다 항상 불안의 징후를 보인다. 또한 여기서 양 떼는 하느님을 향한 여정에 아직 완전히 합류하지 못한 충동과 욕망을 상징한다. 우리는 양 떼처럼 허기의 욕망을 채우기 위해 여기저기를 헤매지만, 영혼의 깊은 곳에서 양치기 개는 우리가 나아갈 것을 재촉하며 계속해서 앞으로 몰아간다. 우리가 하느님께 나아가지 못하게 하는 것을 추구할 때, 우리는 불만, 지루함, 공허함과 좌절감을 느끼게 된다. 이른바 부정적 감정은 내 안에 제거해야 할 부정적이고 잘못된 것이 아니라, 바로 욕망과 충동으로 헤매는

---

[41] Cfr. G.H. Hughes, *God of Surprises*, Darton, Longman and Todd, London, 1985, p.49.

양 떼를 몰기 위한 양치기 개의 짖는 소리에 지나지 않는다. 이러한 이유로 부정적 감정과 느낌은 영적 성장에 중요한 역할을 한다. 만약 우리가 이러한 감정이나 느낌을 무시하거나 억누르게 되면, 거짓된 안전지대에 갇혀 옴짝달싹할 수 없는 상황을 맞이하게 될 것이다.[42]

이런 관점에서, 제럴드 메이(Gerald May)[43]가 부정적인 감정을 거부하는 일부 영적 운동에서 발견되는 "행복 심리"(the happiness mentality)를 매우 강하게 비판했던 것을 상기할 필요가 있다.[44] 이러한 행복에 대한 사고방식을 뒷받침하는 가설은 그것을 반박하는 논거에도 불구하고 다음과 같이 주장한다. "누군가 올바르게 산다면 행복해져야 한다." 이러한 가정은 결국 "누군가 행복하지 않다면 이는 그가 뭔가 잘못하고 있다는 것을 의미한다"라는 것으로 귀결된다. 이 두 가지 신념은 최근 몇 년 동안 매우 지배적이어서 현대인의 사고의 기초를 형성하게 되었으며, 이제 많은 사람들이 자기 삶에서 겪는 약간의 불행마저도 심리적이거나 영적인 문제로 인한 것이라고 여기게 되었다. 따라서 이런 사고방식을 갖는 사람은 불행을 가능한 한 빨리 해결하거나 진압하려 하고, 이런 시도가 실패하면 심리치료 같은 방식의 도움을 자주 찾게 된다.

---

42) Cfr. *Ibid.*, p.58.

43) 〔옮긴이 주〕 제럴드 고든 메이(Gerald Gordon May, 1940~2005)는 미국의 정신과 의사이자 신학자이다. 그는 영적 지도와 심리치료를 통합하는 방법에 대한 여러 권의 책을 썼으며, 명상과 심리학에 대한 워크숍을 진행하였다.

44) Cfr. G. May, *Will and Spirit: A Contemplative Psychology*, Harper and Row, San Francisco 1983, pp.1~21.

행복에 대한 사고방식은 수많은 부정적이고 불쾌한 감정들을 억누르거나 부정하게 만든다. 삶의 충만한 체험은 예를 들어 슬픔, 고통, 두려움과 같이 인간 존재를 이루는 데 필수 불가결한 감정들을 총체적으로 경험하게 되는 고통스러운 상황에서 오는 것인데, 행복에 대한 이러한 사고방식은 그 삶의 풍요로운 체험을 현저히 빈곤하게 만든다. 그래서 이런 사고방식은 진정한 기쁨이 없는 어둡고 시들어 가는 삶이 되게 한다. 이에 반해 우리는, 삶을 모두 부정적으로만 보며 불쾌한 감정을 억누르고 제거하려고만 하는 관점을 거부하는 *Pallyanna*[45)]의 사고방식을 참고할 필요가 있다.

그러나 "행복 심리"의 가장 심각한 결과는 타인의 고통에 대해 무감각해지는 것이다. 이런 심리는 각자가 우선 모든 불행의 요소들을 제거하면서 자기 삶부터 정돈하라고 스스로에게 말한다. 그렇게 개인의 행복은 타인의 고통에 무관심한 채, 주위에 있는 고통의 바다와 쉽게 공존할 수 있게 되는 것이다.

이런 점에서 "행복 심리" 역시 사람들에게 자기 능력을 드러내기 위해 기도하거나 묵상하라고 격려하면서 영적 나르시시즘(narcissism, 자아도취, 과도한 자기애)을 증대시킨다. 이런 사고방식 안에 숨어 있는 메시지는 사실상 다음과 같다. "당신은 스스로 거룩해질 수 있고, 거룩하게 되면 당신은 또한 행복해질 것이다." 이렇게 기도와 묵상은 하나의 사적인 일

---

45) "*Pollyanna*"는 책 제목인데, 겉보기에 불행한 모든 상황 속에서 긍정적인 측면들을 찾고 발견해 내는 어느 작은 소녀의 이야기를 담고 있다: E.H. Porter, *Pollyanna*, De Agostino, Novara, Edizione italiana, 1995.

이 되어 버린다. 이런 의미에서 기도하는 동안이나 기도한 후에 얼마나 행복하다고 느끼는지 또는 얼마나 실망감을 느끼는지 구분하며, "좋고" "나쁜" 기도 체험에 대해서 이야기 한다. 그렇게 자신의 의지로 영적 성장을 이룰 수 있다고 주장하며, "자기-구원"이라는 이단으로 회귀할 수 있다. 행복에 대한 이런 사고방식에서 비롯되는 영성의 근본 문제는 신앙이 기분에 의해 결정된다는 것이다. 즉, 행복은 하느님 사랑의 표징이며 불행은 하느님으로부터 버림받았다는 표징이 되는 것이다.

하지만 우리는 긍정적인 감정을 좋은 것으로, 부정적인 감정을 나쁜 것으로 혼동해서는 안 된다. 부정적인 감정도 하느님으로부터 올 수 있다. 우리는 예수님께서도 분노와 실망, 번뇌와 비탄 등의 "부정적인" 감정을 경험하셨다는 것을 기억할 수 있다. 그러나 예수님의 이러한 부정적인 감정은, 사실 하느님 아버지와 사람들에 대한 예수님의 강한 사랑의 또 다른 단면이었다. 그분의 사랑이 매우 강했기 때문에 성전에서 아버지 하느님의 이름이 더럽혀지거나 사람들이 종교의 이름으로 착취당하는 것을 보았을 때, 그리고 바리사이들을 비난하실 때, 그분의 분노는 비범한 힘을 발휘하실 수 있었다. 예수님께서 경험하신 분노와 같은 부정적 감정은 하느님을 향한 그분의 깊은 믿음과 희망, 그리고 사람들에 대한 진정한 관심과 사랑, 정의감에서 나왔기 때문에, 그런 감정이 예수님의 신앙을 손상시키지 않았을뿐더러 오히려 더욱 강하게 만들었다.[46)]

4) 결론

수십 년 전 이미 베르나르(Charles André Bernard) 신부는 오늘날까지도 여전히 매우 유효한 영향을 미치는 통찰력을 가지고 있었다. 이는 감정이 단지 영적 성장에 긍정적인 영향을 미치는 것뿐만 아니라, 실제로 하느님과 깊은 관계를 내적으로 경험하는 영적 체험이 일어나는 중요한 장소라는 통찰이었다. 정신역동학(psychodynamics)[47]에서 말하듯이, 감정을 적절히 다루고 잘 조절하는 일이 중요하다는 것은 의심의 여지가 없다. 하지만 그와 동시에, 감정은 영적인 경험에서도 중요한 역할을 한다. 특히 복음의 진리에 대한 정서적 반응은 많은 사람의 회심을 이끌어 내며, 마음 깊은 곳에서 우러나오는 진실한 감정이나 응답은 하느님과 더욱 깊은 일치를 경험하는 "신비체험"의 중요한 요소가 된다. 따라서 우리는 이제 정서와 감정이 영성생활 안에서 어떤 역할을 하는가에 대한 처음 질문에, 망설임 없이 "정서와 감정은 영적 성장을 위한 긍정적인 역할 뿐만 아니라, 실제로 없어선 안 될 핵심적인 역할을 수행한다"라고 긍정적으로 대답할 수 있을 것이다.

---

46) Cfr. G.H. Hughes, *God of Surprises*, 95; H.G. Walter, "The Emotions of Jesus", *Christianity Today*, 41(1997) 2, pp.42~47.

47) [옮긴이 주] 정신역동학(psychodynamics)은 통상적으로 정신분석학과 같은 개념으로 쓰여 왔지만, 엄밀히 말하면 기존의 정신분석학 이론에 근거하여 자기 심리학, 대상관계 이론, 애착 이론 등 프로이트 이후 다양한 이론과 접근법으로 발전되고 응용된 이른바 "현대의 정신분석학"이라 볼 수 있다. 정신역동학은 인간의 행동을 결정하는 정신 과정을 연구한다. 인간의 행동을 정신 내의 운동과 상호작용에 초점을 두었으며 정신이 행동을 어떻게 자극하는지, 정신과 행동이 개인의 사회 환경과 어떻게 영향을 주고받는지 연구하는 이론이다. 참조: Glen O. Gabbard, 『역동정신의학』, 이정태, 하나의학사, 2016.

제3부

기도의 심리학

영성생활의 필수적인 실천 중 하나는 기도이다. 제3부에서는 다양한 형태의 기도를 다룰 것이다. 여기서 심리학은 다양한 기도의 실천에 기초가 되는 근본적인 역동성과, 특정한 기도 방식을 선택하는 데 있어 개인적인 차이를 이해하는 데 도움을 준다.

제 1 장

기도의 심리적 역동성

1. 기도의 어려움

기도와 관련된 모든 어려움은, "기도할 시간이 없다" "기도하기 싫다" "어떻게 기도해야 할지 모른다"와 같은 세 가지 기본적인 주장으로 분류해 볼 수 있다.

1) 기도할 시간이 없다

물론 오늘날 우리는 모두 너무 바쁘게 살고 있는 것이 사실이지만, 그렇다고 해서 정말 기도를 전혀 할 수 없을 정도로 시간이 없는 것일까? 기도하는 것은 정말 불가능한 걸까? "기도할 시간이 없다"라는 주장 이면에는 어떤 진실이 숨어 있을까?

(1) 시간의 의미

기도를 시작하기 위해서는 하느님과 함께하는 시간을 내고자 하는 작지만 때로는 어려운 결단이 필요하다. 어쩌면 우리는 시간 자체에 대해 잘못된 생각을 갖고 있을 수도 있다. 시간은 그 자체로는 가치가 없지만, 우리가 어떻게 사용하느냐에 따라 가치를 얻게 된다. 하느님과 함께 시간을 보내는 것보다 더 고귀하고 숭고한 가치는 없을 것이다.

(2) 하느님 상

개인의 기도는 자신이 갖고 있는 하느님에 대한 이미지에 영향을 받게 된다. 기도 안에서 만나고 함께 대화하는 하느님은 누구시라고 생각하는가? 만약 우리가 하느님의 현존을 믿지 못하고 하느님을 우리 사정에 관심이 없는 분으로 생각한다면, 우리는 그분을 위해 우리의 시간을 결코 내어 드리지 않을 것이다. 혹은 하느님께서 진노하시고 벌을 내리시는 분이라고 여긴다면, 우리는 요나처럼 그분에게서 도망치려 할 것이다. 그러나 하느님을 친구처럼 느낀다면, 우리는 소중한 친구를 위해 시간을 내듯 항상 그분과 함께하기 위한 시간을 마련할 것이다. 또한 하느님이 우리에게 모든 은총을 아낌없이 베풀어 주시는 분이라고 생각한다면, 우리는 마치 우리 공동체의 은인들을 위해 시간을 내듯 하느님을 위한 시간을 반드시 마련할 것이다.

(3) 활동주의(attivism)

현대 사회에서 과도한 활동주의[1)]는 쉼이나 기도, 내적 성찰과 같은 정신 활동을 방해할 수 있다. 활동주의가 기도에 방해가 되는 이유는 무엇일까?

우리의 활동주의 뒤에는 종종 주인공이 되고자 하는 강한 욕망이 숨어 있다. 하지만 이런 욕망은 기도에 적용될 수 없다. 기도 안에서 주인공은 하느님이시기 때문이다. 또한 오늘날 인간의 활동주의 뒤에는 종종 자신이 받아들이기 싫어하고 심지어 자신에게도 숨기려 하는 어떤 불안감이 자리잡고 있다. 따라서 활동주의는 마치 죽음이 존재하지 않는다고 자신을 속이기 위해 사용하는 수단이 될 수도 있다. 이런 이유로 현재로부터 가능한 모든 것을 짜내고, 자신에게 주어진 모든 시간과 재원을 활용하여 자신의 존재와 소유하고 있는 것을 드러내려는 강한 욕구를 보인다.

결국 우리의 활동주의와 불안감 뒤에는 겸손의 부족이 자리하고 있다. 이는 자신이 피조물임을 받아들이지 않고 나약한 존재로서 스스로를 구원할 수 없음을 인정하지 않는 교만이며, 자신의 자유가 하느님의 주도권에서 비롯된 것임을 받아들이지 않는 오만이라 할 수 있다.

---

1) 〔옮긴이 주〕 활동주의(attivism) 또는 실천주의는 행동과 활동을 강조하는 철학적·사회적 태도를 뜻한다. 이 개념은 행동, 실천, 성취를 중시하고, 특히 지속적이고 열정적인 참여를 통해 목표를 달성하고자 하는 사고방식을 포함한다. 또한 활동주의는 행동주의와는 다른 개념이다. 행동주의(behaviorism)는 존 왓슨(John Watson)이 처음 제시한 이론으로, 체험과 환경으로부터 강하게 영향을 받는 인간의 행동 방식을 관찰하면서 인간의 심리를 객관적으로 연구할 수 있다고 본다. 행동주의에서는 "자극"과 "반응", 학습 과정의 개념을 중요하게 여긴다.

2) 기도하기 싫다

"기도하기 싫다"라는 말 뒤에는 구체적인 이유가 숨어 있는 경우가 많다. 따라서 "왜냐하면 희생이 따르기 때문이다"라는 말을 덧붙여야 할 것이다. 그러나 이것만으로는 기도하지 않는 충분한 이유가 되지 못한다. 사실 우리는 원하는 것이나 자신이 하고 싶은 일만 하도록 부름을 받은 것이 아니다. 꼭 자연스럽게 느껴지고 자발적으로 원해야만 진정한 기도를 할 수 있다는 생각은 잘못된 것이다. 기도는 언제나 정화의 과정이기 때문에, 단지 기쁜 마음의 상태가 아니라 오히려 마음이 실의에 차고 심지어 고통스러울 때도 이루어질 수 있다.

때때로 "기도하기 싫다"라는 말 이면에는 "혼자 있고 싶지 않다"라거나 혹은 "외로움이 두렵다"라는 의미가 숨어 있다. 기도에는 단지 극기와 수덕, 희생뿐만 아니라, 일상의 리듬에서 벗어나 맞이하는 침묵과 고독이 요구되기 때문이다. 그러나 현대인들은 이러한 것을 거부하고 피하려 한다. 홀로 자신을 마주하는 것을 두려워하며, 무언가에 정신을 몰두하며 스스로 무감각해지기를 선호한다. 이를 상징적으로 보여주는 예는 바로 헤드셋을 끼고 인도 한가운데를 걸으며, 음악에 완전히 빠져 몰입해 있는 사람의 모습이다.

현대인들은 혼자 있게 되면 자신에 대한 너무 많은 것이 드러나고, 그로 인해 자신을 너무 잘 알게 되는 것에 대해 두려움을 느낀다. 그래서 무의식적으로 피상적인 것을 선호하게 된다. 하지만 어떤 대상이나 자신에 대해 깊이 파고들어

가다 보면, 그냥 피상적으로 살아가면서 당장 많은 문제 없이 사는 것이 더 낫다고 생각해 왔던 자신의 판단이 틀렸다는 것을 깨달을 수 있다. 이렇듯 기도하기 위해서는 고독 속에서 자기 자신에 대한 진실을 마주하려는 용기가 필요하다.

3) 어떻게 기도해야 할지 모른다

"어떻게 기도해야 할지 모른다"라는 주장 뒤에는, 기도의 개념에 대해 부정확하고 저마다 다르게 이해하고 있다는 의미가 숨어 있다. 저마다 겪는 기도의 방법의 어려움에 대해서는 여러 가지 방식과 표현으로 나타난다. 예를 들어 "나는 그다지 똑똑하지도 않고 다양한 지식을 가지고 있지 않기 때문에, 어떻게 기도해야 할지 모른다"라고 말하는 사람이 있다. 이에 대해 소화 데레사 성녀의 말씀을 인용하자면, 그녀는 올바른 기도는 많이 생각하는 것이 아닌 많이 사랑하는 것에서 나오며, 하나의 체험으로서 끊임없는 훈련을 통해 배우게 되는 것이라고 말씀하셨다.

"어떻게 기도해야 할지 모른다"라는 말은 실제로는 게으름이나 두려움, 자신의 부족함과 거짓된 겸손 때문에, 단지 "기도는 나와 맞지 않아. 나는 기도를 못하겠어"라는 의미의 또 다른 표현일 수 있다. 우리는 사실 주님께서 초대하시는 새로운 기도 방식을 시도할 용기가 없기 때문에, 이제껏 습관적으로 사용해 온 기도 방식만을 고집하면서 자신만의 기도 방법을 찾기 위한 최소한의 노력도 다하지 못하는 경우가 많다.[2)]

예수님께서는 우리가 유혹에 빠지지 않도록 당신과 함께 머물면서 기도하고 깨어 있으라고 초대하신다. 예수님의 이러한 초대를 통해 우리는 참회하게 되며, 이는 더 성숙한 찬미와 회개, 감사의 기도로 변모하게 된다.

2. 기도의 형태

『가톨릭 교회 교리서』는 다음과 같이 기도에 대해 간단히 정의한다. "기도는 하느님을 향하여 마음을 들어 높이는 것이며, 하느님께 은혜를 청하는 것이다."[3] 이에 따라 기도를 네 가지 형태로 구분할 수 있다.

1) 축복과 흠숭기도

축복은 단순한 의식이나 행위가 아니라, 그리스도인 기도의 중요한 기본 동작이며 상징적 표현이다. 또한 "흠숭은 창조주 앞에서 피조물임을 깨달은 인간이 취하는 기본자세이다."[4] 이 축복과 흠숭 안에서 하느님의 은총이 인간에게 다가오고, 인간은 이에 응답하고 이를 수용한다. 즉 하느님의 은총과 인간의 응답은 서로를 불러일으키는 상호작용을 통해 서로 연결되고 결합된다.

---

2) Cfr. M. Costa, *Voce tra due silenzi*, EDB, Bologna, 1998, pp.44~57.

3) 『가톨릭 교회 교리서』 2559항.

4) 같은 책, 2628항.

2) 청원기도

"탄원(supplicatio)이라는 낱말은 신약 성경에서 그 의미가 풍부하게 나타난다. 곧, 청원하다, 애원하다, 끈질기게 청하다, 호소하다, 부르짖다, 울부짖다 등의 의미와 '기도를 통한 줄다리기'라는 의미까지 포함한다. 그러나 가장 일상적인 형태는 청원이며, 이는 청원이 가장 자발적이기 때문이다. 청원 기도를 드림으로써 우리는 우리가 하느님과 맺고 있는 관계에 대한 깨달음을 표현한다. 피조물인 우리는 우리 자신의 기원도 아니고, 우리가 당하는 역경을 마음대로 없앨 수 있는 주인도 아니며, 우리의 궁극 목적도 아니다. 도리어 우리는 그리스도인으로서 우리 아버지께 등을 돌린 죄인임을 알고 있다. 청원은 이미 아버지께로 돌아섬을 의미한다."[5)]

"전구는 우리의 기도를 예수님의 기도와 매우 흡사하게 해 주는 청원 기도의 하나이다."[6)] "다른 사람을 위하여 청원하는 전구는 아브라함 이래로, 자비로우신 하느님과 일치된 인간 마음의 특징이다. 교회 시대에 와서, 그리스도인의 전구는 그리스도의 기도에 참여하는 것이며, 성인들의 통공을 표현하는 것이다. 전구에서, 기도하는 이는 '자기 것만 돌보지 말고 남의 것도 돌보며'(필리 2,4),[7)] 자신에게 해를 끼지는 사람을 위해서까지 기도한다."[8)]

---

5) 『가톨릭 교회 교리서』 2629항.

6) 같은 책, 2634항.

7) 여기서는 망자를 위한 기도, 죄인들의 회개를 위한 기도 등을 의미한다.

8) 『가톨릭 교회 교리서』 2635항.

3) 감사기도

"감사 행위는 교회의 기도를 특징짓는다. 교회는 감사의 제사인 성찬례를 거행하여, 자신의 정체를 더욱더 분명하게 드러내고, 자신의 본질에 한층 더 가까워진다."[9] "모든 사건과 모든 필요는, 청원 기도의 동기가 될 수 있는 것처럼, 감사기도의 동기가 될 수 있다."[10]

4) 찬양기도

"찬양은 하느님께서 진정 하느님이심을 한결 더 직접적으로 인정하는 기도의 형태이다. 찬양은, 하느님이시기 때문에 하느님을 기리는 것이다. 또한, 하느님께서 행하시는 일 때문이 아니라, 하느님이시기에 그분께 영광을 드리는 것이다."[11]

3. 성무일도: 교회의 공적 기도

"Officium Divinum",[12] "Breviarium",[13] "Liturgia horarum"[14]

---

9) 같은 책, 2637항.

10) 같은 책, 2638항.

11) 같은 책, 2639항.

12) 〔옮긴이 주〕 "Officium Divinum"(성무일도)는 성무일도를 대표적으로 지칭하는 용어로서, 과거 성직자들이 의무적으로 날마다 바치던 거룩한 기도를 의미하는 것으로 의무적인 성격을 강하게 드러내고 있다.

로 지칭되는 성무일도는 교회의 공적 기도로서, 모든 기도 형식을 특별하게 하나로 묶어 통합한 형태의 기도이다.[15]

1) 성무일도의 네 가지 형태의 기도

(1) 흠숭기도

흠숭은 Te Deum(테 데움)[16]이나 성무일도를 바치며 하느

---

13) 〔옮긴이 주〕 "Breviarium"(요약, 개요, 종합을 의미함)은 모든 기도 시간을 다 채울 수 없는 현실적 요청으로 13세기 이후 등장한 것으로 기도를 상당수 줄여 단순화, 현실화하였다. 대표적인 것으로 교황 비오 5세가 1568년 공포한 『로마 성무일도서』(*Breviarium Romanum*)가 있다. 기타 성무일도를 지칭하는 Cursus(과정), Preces Lorariae(시간 기도), Opus Dei(하느님의 일), Horalogion(시간), Pensum servitutis(종의 일과) 등의 용어들이 있었다.

14) 〔옮긴이 주〕 제2차 바티칸 공의회 이후 성무일도가 개정되면서 본래의 의미에 가장 부합하는 용어로 "Liturgia horarum"(시간 전례)을 공식 용어로 사용되었다. 그 이유는 'Liturgia'를 통해 교회 백성 전체에게 해당하는 공적인 기도임을 드러내 주고, 또한 'Horarum'을 통해서는 하루의 중요한 시간에 기도함으로써 하루를 하느님께 봉헌한다는 의미를 잘 드러내 주기 때문이다. 현재 한국 교회에서는 이 용어가 여전히 "성무일도"로 번역되어 사용되고 있다.

15) 〔옮긴이 주〕 참조: "거룩한 공의회"(Sacrosanctum Concilium), 제2차 바티칸 공의회 「거룩한 전례에 관한 헌장」 제4장 83~91항.

16) 〔옮긴이 주〕 Te Deum(테 데움)은 그리스도교 전통에서 깊은 의미를 지닌 찬미가로 그 기원에 대해서 여러 가지 설이 있지만, 레메시아나(Remesiana)의 주교 성 니체타스(Nicetas, 333~414)의 작품으로 간주하는 것이 대체로 학자들의 의견이다. 하지만 전통적으로 이 찬미가의 기원을 암브로시오 성인이 아우구스티노 성인의 세례식 때 즉흥적으로 지은 것으로 여겼기에 지금까지 "성 암보르시오의 사은 찬미가"라는 제목으로 부르고 있다.
6세기부터 성무일도를 바칠 때, 특정한 날(사순시기 내 주일을 제외한 대축일과 성탄 및 부활 8부 축제 기간) 아침 독서기도 중 제2독서에 따른 응송 후 바로 이어서 불러왔다. 또한 교회에서 성대하게 지내는 특별한 날 행사나 미사(새로운 교황이나 주교의 임명식 또는 서품식 등)에 노래로 항상 불러왔다.
라틴어 구절 "찬미하나이다. 주 하느님. 주님을 찬미하나이다"(Te Deum laudamus: Te Dominum confitemur)로 시작하는 이 노래는 내용상 세 개의 절로 구별되며 각 절의 내용은 하느님께 대한 흠숭 행위, 삼위일체 안에서의 신앙 행위, 그리고 그리스도께 대한 탄원으로 구성된다. 참조: 최호영, 『전례

님께 봉헌하는 찬미가로 표현된다. 보통 성무일도를 시작할 때 입술과 마음을 정화하기 위해서 이 기도로 시작한다.

(2) 찬미 기도

시편은 하느님의 위대하심, 선하심, 자비와 정의, 그리고 신실하심과 사랑 등에 대해 노래하면서, 하느님을 찬미, 찬양하는 표현을 담고 있다. 시편은 인간의 가장 기본적인 체험을 반영하기 때문에, 어떤 기분 상태에서도 적합한 기도이며 우리가 하느님을 찬양하도록 이끌어 주고 도움을 준다.

(3) 청원기도와 전구

이 기도들은 교회 전체, 여러 어려움에 처한 사람들, 임종을 맞이한 이들, 그리고 정화 중에 있는 연옥 영혼들 등을 위한 기도이다.

(4) 통회의 기도

끝기도(La Compieta)는 양심 성찰과 통회로 시작되며, 대부분의 시편 또한 회개하는 영혼을 반영하고 있다.

2) 성무일도: 교회의 영적인 힘

성무일도는 교회의 영적인 힘을 드러내어 준다. 교황, 주교, 사제, 수도자뿐만 아니라 평신도가 다 함께 매일 같은

를 위한 음악, 음악을 통한 전례』, 가톨릭대학교출판부, 2017.

찬미가, 시편, 그리고 여러 기도를 낭송한다. 기도하면서 "신비로운" 상상력을 자유롭게 발휘해 본다면, 우리 주위를 가득 메우고 있는 영적인 힘을 느낄 수 있을 것이다. 마치 휴대폰이 통신망을 통해 전 세계적으로 서로 연결되어 있듯이, 성무일도를 통해 성무일도를 바치는 모든 이의 마음과 영혼이 보이지 않는 영적 에너지로 서로 연결되어 하나로 모이고, 교회 공동체와의 영적 연대감을 형성하게 된다.

성무일도는 타인에 대한 책임감을 증대시켜 준다. 우리는 성무일도의 보편 지향 기도를 바치며 굶주리고 학대받거나, 아프고 죽어가는 이들처럼 다양한 어려움에 처한 누군지도 모르는 많은 이들을 위해 기도한다는 사실을 되새겨 볼 필요가 있다. 어쩌면 누군가가 바로 나의 기도를 간절히 기다리고 있을지도 모른다. 이와 더불어 언젠가 우리도 영적인 격려와 도움이 필요하게 될 때, 기도 안에서 일치된 수많은 사람들이 또한 우리를 위해 기도하고 있다는 사실을 기억해야 한다. 이러한 생각은 우리가 성무일도를 바치는 데 지쳤거나 의욕이 없을 때 도움이 될 수 있다.

성무일도는 특히 성직자나 수도자에게는 매일 바쳐야 하는 의무적인 기도이다. 오늘날 많은 사람들은 반드시 해야 하고, 시간을 지켜야 하는 기도처럼, "의무"를 부담스럽거나 자유를 제한하는 것으로 생각한다. 그러나 "의무"라는 말을 두려워하거나 부정적으로 받아들이지 말아야 한다. 왜냐하면 성무일도를 의무적으로 바친다고 해서 그 기도의 의미나 가치를 잃지 않기 때문이다. 오히려 의무적으로 기도하는 행위가 그 기도의 중요성과 신실함을 더욱 강조할 수 있다. 매일 성무일도를 바치는 것은 부제 서품을 받을 때 받아들이고 서약한 의무이며, 그 의무를 충실히 이행함으로써 기도의 본래 가치와 신앙의 성숙함을 더욱 잘 드러낼 수 있다. 따라서 성무일도의 의무를 단순한 강제나 부담으로 이해하기보다는 신앙생활의 중요한 일부로 여겨야 한다.

4. 인내와 끈기의 기도: 멈추지 않는 노력과 의지

"인내와 끈기의 기도" 혹은 "멈추지 않는 노력과 의지의 기도"라는 말은 언뜻 이상하게 들릴 수 있지만, 이는 더 깊이 생각해 보면 우리에게 기도에 대한 영적인 지혜를 선사한다. 기도 중에 체험하는 "메마름"은 "어둔밤"[17]의 한 형태이다. 이 상황에서는 기도의 성과가 거의 없다고 해서 기도를 생략하거나 포기하지 않는 것이 중요하다. 하느님이 부재하신 것처럼 느껴질 때는 그 자리를 비워두되, 최소한 소위 활동주의(attivism)라는 우상이 차지하지 않도록 하는 것이 중요하다. 또한 때때로 하던 일을 중단하고 하느님에 대해 생각하려 애쓰며, 그저 그분께 약간의 시간을 봉헌하는 것이 좋다. 영적 메마름의 시기에는 폴리뇨의 성녀 안젤라[18]가

---

17) 〔옮긴이 주〕 "어둔밤"은 십자가의 성 요한이 표현한 용어로, 여기서는 성 요한이 묘사한 네 가지 어둔밤 중에, 특히 두 번째 밤(감각의 수동적인 밤)과 세 번째 밤(영혼의 능동적인 밤)에 해당하는 시기이다. 어둔밤에 대한 내용은 제3장 "묵상기도" 7항 "집중을 방해하는 요소"의 세 번째 항목 "어둔밤" 내용을 참고하시오.

18) 〔옮긴이 주〕 폴리뇨(Foligno)의 안젤라(Angela, 1248~1309)는 이탈리아 프란

끝까지 포기하지 않는 의지와 끈기로 바친 특별한 형태의 기도[19]를 참고할 필요가 있겠다.

이는 마음보다는 몸으로 더 잘 할 수 있는 기도이다. 의지와 몸은 은밀하게 연결되어 있으며, 이를 이용하여 마음을 이성의 지배 아래 두어야 한다. 종종 우리의 의지가 특정 생각을 가지거나 가지지 않도록 마음을 통제할 수 없을 때, 예를 들어 "영광이 성부와 성자와 성령께"라고 기도하며 무릎을 꿇고 두 손을 모으고 입을 벌려 몇 마디 말을 하는 등 몸을 통해 통제할 수 있다.

동방의 신비가인 성 이삭(Isaac)[20]은 "마음이 죽고 더 이상

치스코회의 신비주의자이다. 1291년 프란치스칸 제3수도회에 입회하였을 것으로 추정되고 아시시의 프란치스코의 모범을 따라 참회하고 예수 그리스도를 따라 살았으며, 1693년 교황 인노첸시오 12세에 의해 시복되었다. 원문은 그녀가 시성되기 전이기 때문에 "복자"로 표기되었으나 2013년 10월 9일 프란치스코 교황에 의해 시성 되었기 때문에, 이 책에서는 "성녀 안젤라"로 표기하였다.

19) 〔옮긴이 주〕 안젤라는 13세기 후반에 하느님으로부터 신비한 계시를 받고 이를 한 서기관에게 구술했으며, 그 기록들은 "*Il Libro della Beata Angela da Foligno*"라는 제목으로 출판되었다. 이 기록물은 두 섹션으로 나뉘어져 있으며, 그 중 첫 번째 부분이 그녀의 "영적 자서전"(Memorial)에 해당하며, 이 본문에서는 그리스도의 신비와 성체성사, 유혹과 참회에 대한 묵상을 통해 영혼이 하느님과 친밀한 친교를 이루기 위해 밟는 서른 단계를 보여 준다. 두 번째 부분은 여러 무명의 편집자에 의해 편집된 지침서(Instructions)로 알려져 있으며, 그녀의 영적 자녀들에게 보낸 편지, 36개의 교육 텍스트, 그녀의 죽음에 대한 메모를 포함한 다양한 유형의 기록물이 실려 있다. 이 책에서 말하고 있는 성녀 안젤라가 바친 특별한 기도 과정은 그녀의 영적 자서전에 실린 묵상과 신비체험의 서른 단계에 기록되어 있다. Cfr. *IL "Liber" della beata Angela da Foligno: edizione in fac simile e trascrizione del ms.342 della Biblioteca Comunale di Assisi*, con quattro studi, a cura di Enrico Menestò, Fondazione Centro italiano di studi sull'alto medioevo, 2021.

20) 〔옮긴이 주〕 "시리아 이삭"으로도 알려진 니네베의 성 이삭(Saint Isaac of Nineveh, 700년경 사망)은 시리아 동방 그리스도교 신비주의자, 신학자 및 니네베 동방 교회의 주교(676~680)였다.

의 기도나 간구조차 할 수 없을 때, 그분께서 오셔서 그저 영원히 땅에 엎드려 있는 저를 발견하시기를 바랍니다"라고 말했다.

콜카타의 마더 테레사 성녀(Saint Teresa of Calcutta)[21]도 이러한 기도를 체험했다. 그녀는 "며칠 전 내가 얼마나 힘들었는지 말로 다 할 수 없습니다. 기도를 계속해 나아가기를 거의 포기하기에 이른 순간이었습니다. 그래서 저는 단호하게 묵주를 손에 쥐고 아무것도 생각하거나 묵상하지 않은 채, 천천히 차분하게 묵주기도를 바쳤습니다"라고 기술했다.

이처럼 교회 안이나 기도하기로 선택한 장소에 몸을 맡기고, 자세를 유지하며 단순히 기도 안에 머무르는 것이 기도를 계속할 수 있는 유일한 방법이다. 하느님께서는, 우리가 더 만족스럽고 더 유익한 다른 일들을 할 수 있음에도 그런 일들을 하지 않고, 우리의 일정이나 계획에 따라 하느님께 드릴 시간을 그저 헛되이 보내 버린다는 것을 알고 계신다.

기도 중에 계속되는 분심과 잡념으로 인해 기도할 수 없다고 끊임없이 불평하던 제자에게, 한 노승은 "너의 생각은 원하는 대로 어디로 가든 상관없다. 하지만 너의 몸은 그 방에서 나가서는 안 된다"라고 조언했다. 우리가 만성적인 분심과 잡념으로 더 이상 기도를 통제할 수 없는 상황에 처했을 때, "생각은 흘러가는 대로 내버려두더라도, 몸은 기도의 자세를 유지하라"는 조언을 적용해 본다면 우리에게 가치 있는 도움이 될 것이다.

---

21) 〔옮긴이 주〕 2016년 9월 4일 프란치스코 교황에 의해 시성되었다.

제 2 장

묵주기도

"'묵주기도' 또는 '복되신 동정 마리아의 시편'이라 불리는 이 기도는 하느님께 드리는 가장 신심 깊은 기도입니다. 모든 신자가 쉽게 따라 바칠 수 있는 기도이며, 다윗의 시편처럼 150번 반복되는 '천사의 인사말'(성모송)은 복되신 동정 마리아에 대한 공경을 표하게 됩니다. 또한 매 단의 시작에 주님의 기도를 바칩니다. 이러한 기도는 정해진 주제들을 통해 우리 주님이신 예수 그리스도의 완전한 삶을 설명하며 묵상하게 됩니다."[22] 비오 5세[23]의 묵주기도에 대한 이러한 정

---

22) 교황 비오 5세, 「묵주기도의 대헌장」(*Consueverunt Romani Pontifices*) 1항.

23) 〔옮긴이 주〕 16세기 중반 트리엔트 공의회(1545~1563)의 영향 아래 교회는 묵주기도 신비 묵상에 대한 15구절이 검토되어 일정한 통일성을 가지게 되었고, 이에 묵주기도 형식에 대해 공식적으로 교서를 통해 처음 언급한 교황은 성 비오 5세(재위 1566~1572)이다. 비오 5세 교황은 1569년 9월17일 '묵주기도의 대헌장'이라 불리는 칙서 *Consueverunt Romani Pontifices*를 반포하는데, 이는 오늘날까지 이어지는 묵주기도의 주요한 형식과 방법들을 언급하고 있는 첫 번째 교황 문헌이다. 이후 1571년 10월 7일에 그리스도교 동맹군과

의는 묵주기도의 내용을 이해하는 기준점이 되며, 또한 묵주기도를 바치는 데 있어 훌륭한 출발점이 된다.

1. 묵주기도의 구조

묵주기도 전체는 150개의 "성모송"으로 구성된다. 이 숫자는 고대 전통에 따르면 다윗 왕이 지은 것으로 알려진 성경의 시편 150편과 병행을 이룬다. 이러한 이유로 묵주기도가 형성되기 시작한 12세기 말부터, 묵주기도는 "복되신 동정 마리아의 시편"이라고도 불렸다. 사실 당시 수도승은 일반적으로 라틴어를 배웠고 글을 읽을 수 있었으며, 값비싼 성경의 본문을 구할 수 있었기 때문에 시편을 노래할 수 있었다. 하지만 대부분 문맹이었던 하느님의 백성들은 기도와 묵상이라는 교회의 보화에서 제외되었다. 그래서 예수 생애의 특정 신비를 선포하고 묵상하는 "성모송"이 대중적으로 서서히 확산되었다. 이렇게 묵주기도는 문맹인일지라도 누구나 편안하게 암송할 수 있는 가난한 이들의 "성무일도"가 되었다.

묵주기도는 환희의 신비(가브리엘 천사가 마리아에게 나타남, 예수의 유년기 등)·고통의 신비(예수 그리스도의 수난과 죽음)·빛의

오스만튀르크와의 전쟁(레판토 해전)에서, 교황 성 비오 5세는 성모님의 원조를 부탁하고 병사들과 모든 신자와 함께 매일 묵주기도를 바치며 결국 그리스도교 연합군을 승리로 이끌었다. 비오 5세는 레판토 해전의 대승을 기념하기 위해 10월 7일을 '묵주기도의 성모' 또는 '승리의 성모'께 특별한 공경을 바치는 날로, '묵주기도의 복되신 동정 마리아 기념일'을 제정하였다.

신비(예수 그리스도의 공생활)[24] · 영광의 신비(예수 그리스도의 부활과 승천, 마리아의 승천과 영광) 등 네 가지 신비를 통해, 예수님 강생과 고통, 죽음, 부활과 승천, 성모님 생애를 묵상하게 이끌어 준다. 본래 신자들이 다른 신심을 위해 사용하던 묵주(장미 화관을 상징)는 묵주기도를 위한 도구로 자리 잡았다.

특히 초기에는 시토회가, 이후 탁발 수도회가, 그중에서도 특히 도미니코회가 묵주기도의 전파와 확산에 큰 기여를 했다. 시간이 지나면서 묵주기도 신심에 봉헌된 여러 교회뿐 아니라, 예배당이나 기도소, 그 외에도 이러한 대중 신심의 확산을 목표로 하는 다양한 형제회가 생겨났다.

1) 신학적 내용

여러 신학자가 묵주기도의 신학적 성격을 높이 평가했으며, 이와 관련해 뉴먼(John Henry Newman)[25]은 "묵주기도는 신앙의 핵심 교리를 담고 있는 신앙고백(Credo)이 기도와 묵상의 형태로 체험되고 표현되는 기도"라고 감탄했다. 이처럼 실제로 묵주기도는 예수님의 생애와 신비를 묵상하는 기도이기 때문에, 그리스도의 "육화" 신앙을 중심으로 묵상하고

---

24) 〔옮긴이 주〕 원문에서는 "빛의 신비"가 추가되기 전이어서 환희, 고통, 영광의 세 가지 신비만 다루고 있지만, 성 요한 바오로 2세 교황에 의해 2002년에 '빛의 신비'가 추가되었기에, 이 책에 "빛의 신비"를 포함시켰다.

25) 〔옮긴이 주〕 존 헨리 뉴먼(John Henry Newman, 1801~1890)은 영국 성공회 신부로 사제품을 받고, 옥스퍼드의 성 클레멘스 교회에서 보좌 주교로 재임했다. 지중해 지역에서 여행 후 본국으로 소환되어 영국 성공회의 신학에 관한 교리적 위기에 휘말리게 된다. 그 후 1845년 가톨릭교회에 전적으로 헌신하기로 결단을 내린다.

기념하기 위해 탄생한 기도라고 할 수 있다. 묵주기도의 기초가 되는 신학적 요소는 다음과 같다.

(1) 복음적 기도

묵주기도의 기도문과 각 신비의 내용은 모두 복음에서 비롯된다. "주님의 기도"는 예수님께서 직접 가르쳐 주신 기도이고, "성모송"은 가브리엘 천사의 인사와 엘리사벳의 찬미를 결합한 것이다. "영광송"은 부활하신 예수님께서 제자들을 세상에 파견하실 때 하신 말씀(마태 28,19)을 바탕으로 발전된 기도로서, 하느님께 찬양과 영광을 드리며 삼위일체 신앙을 고백하는 기도이다. 또한 각 신비는 그리스도의 강생과 공생활, 수난과 죽음, 부활과 영광의 신비의 중요한 단계를 요약하고 있다. 이러한 내용은 바오로 사도가 필리피서(2,5~11)에서 고백하고 발전시킨 케노시스(κένωσις, 그리스도의 자기 비움) 신학의 내용을 담고 있다. 이러한 신학의 내용은 마리아와 함께 보고 느끼는 환희, 고통, 빛, 영광의 신비가 되어 묵주기도의 형태와 구조를 형성하며, 신자들이 이 기도를 통해 신앙을 보존하고 증진하는 데 도움을 준다.

묵주기도에서 오직 영광의 신비의 4단과 5단의 내용만이 성경의 기록이 아닌, 성령의 영감을 토대로 구성되었다. 4단의 마리아 승천("예수님께서 마리아를 하늘에 불러올리심을 묵상합시다")은 마리아뿐만 아니라 희망과 기도로 구원받은 지상의 모든 이가 하늘로 올라감을 상징한다. 5단의 마리아의 영광("예수님께서 마리아께 천상 모후의 관을 씌우심을 묵상합시다")은 그리스도 가르침의 궁극적인 목적이자 모든 계시의 핵심적인 신비로서, 마리아뿐만 아니라 그리스도의 가르침을 듣고 실천하는 모든 사람이 누릴 하느님 나라의 영광을 상징한다. 마리아는 초대 교회의 다락방에서처럼,[26] 여전히 "승리한 교회"[27]의 어머니로서 하늘에서도 교회의 중요한 역할을 담당하는 특별한 위치에 계신다. 『가톨릭 교회 교리서』는 교황 바오로 6세의 말을 인용하며, 거룩한 묵주기도를 "복음 전체의 요약"이라고 설명하고 있다.[28]

(2) 그리스도 중심의 기도

묵주기도를 통해 성모님께 바치는 모든 끊임없는 찬미는 궁극적으로 그리스도께 대한 찬미로 시작되고 귀결된다. 즉 성모님께 드리는 찬미는 오직 하느님이시며 동시에 인간이신 예수 그리스도를 믿는 신앙을 확고하게 선포하고 수호하기 위한 것이다. 우리는 '성모송'(Ave Maria)을 바칠 때마다 영원히 복된 분이신 하느님께서 사랑으로 죄인들을 구원하기

---

26) 〔옮긴이 주〕 다락방은 초대 교회의 상징적 장소로 여겨지며, 교회의 시작과 직결된다. 오순절 성령강림 사건 때 마리아는 다락방에서 제자들과 함께 기도하며 성령의 역사와 교회의 탄생에 함께하셨고(사도 2,1~4), 이로 인해 마리아는 초대 교회의 영적 어머니로 여겨진다.

27) 〔옮긴이 주〕 가톨릭 전통에서, "투쟁하는 교회"(Militant Church)는 세상에서 아직 죄와 싸우며 구원을 향해 나아가는 상태를 의미하고, "정화되는 교회"(Purgatory Church)는 연옥에서 정화 과정을 거치고 있는 상태를 뜻한다. 그러나 "승리한 교회"(Triumphant Church)는 최종적으로 구원을 받아 하늘나라에서 하느님의 영광을 누리는 상태를 뜻한다. 마리아는 하느님의 구원 계획에서 중요한 역할을 하셨기 때문에, 하늘나라에서 구원받은 이들의 어머니이자 천상 교회의 중심인물로 공경받는다. 이를 통해 성모 마리아가 교회 역사와 가톨릭 신앙 안에서 얼마나 중요한 위치를 차지하고 있는지를 강조하고 있다.

28) 참조: 『가톨릭 교회 교리서』 971항.

위해, 하늘의 영광을 내려놓으시고 자신을 낮추어 성모님의 몸을 통해 인간의 모습으로 오신 것을 기념한다.

성모님을 찬미하는 것은 결국 성모님이 하느님의 어머니가 되시는 은총을 지속적으로 선포하고, 궁극적으로는 하느님 외 아드님의 "육화"를 선언하는 것 외에 다른 것이 아니다. 따라서 성모송은 그리스도께 대한 항구한 찬미와 찬양이며, 그리스도께서는 이 묵주기도의 가장 중심이 되신다. 왜냐하면 환희의 신비는 그리스도의 숨겨진 삶 속에서 바치는 기도이고, 고통의 신비는 그분의 수난과 죽음 안에서 바치는 기도이며, 영광의 신비는 어머니 마리아와 교회에 나누어 주시는 그리스도의 영광 안에서 바치는 기도이기 때문이다.

(3) 교회의 기도

교회는 예수 그리스도께 대한 믿음을 통해 구원으로 초대받은 백성들의 공동체이다. 묵주기도는 예수 그리스도와 그분의 구원 신비에 대한 이해를 제공하며, 교회 공동체가 겸손과 감사의 마음으로 이를 따르도록 안내한다. 묵주기도를 통해 신앙의 의미를 깨닫고 체험하는 과정에서, 이 기도의 목적은 교회 공동체와의 일치 안에서 하느님께 대한 깊은 신앙을 표현하는 것이다. 따라서 성모님의 모범을 따라 신앙을 실천하는 것은 단순히 개인적인 차원을 넘어서, 교회 공동체와의 깊은 연대와 교회 공동체의 일원으로서 더욱 분명한 정체성을 드러내는 표징이 된다. 왜냐하면 성모님은 구원받아야 할 모든 사람과 함께 아담의 혈통 안에 결합되어 계실뿐더러, 그리스도의 지체인 신자들이 교회 안에서 태어나

도록 사랑으로 협력하여 실제로 그리스도의 지체들의 어머니가 되셨기 때문이다.[29)]

베네치아의 총대주교였던 교황 요한 바오로 1세는 성 로렌조(San Lorenzo) 병원을 방문했을 때, 한 여인이 울고 있는 것을 보았다. 무슨 일 때문에 그렇게 괴로워하는지 묻는 질문에 그 여인은 "저는 조금 뒤면 죽게 될 텐데, 평생 동안 천국의 열쇠를 찾아 헤맸지만, 아직도 찾지 못한 것 같아 몹시 두려워 울고 있습니다"라고 대답했다. 그러자 총대주교는 자신의 묵주를 꺼내어 그 여인의 손에 쥐여주며 "보십시오. 이것이 바로 천국의 열쇠입니다"라고 말했다.

2) 영적 가치

(1) 단순한 기도

묵주기도는 주님의 기도·성모송·영광송으로 이루어진 단순한 구조를 지니고 있어, 누구나 쉽게 참여할 수 있게 한다. 또한 이 기도는 역사 안에서 간결하면서도 신앙의 핵심 진리를 묵상하는 방식으로 발전하게 되면서, 예수 그리스도의 생애와 구원의 신비를 깊이 체험하게 한다. 또한 묵주기도는 가난한 이들의 기도이다. 왜냐하면 겸손한 이들이 실천할 수 있을 뿐만 아니라, 무엇보다 "영적 단순함"과 "영적 가난"에 이르는 길을 가르쳐 주기 때문이다. 베르나르 클로

---

29) 〔옮긴이 주〕 참조: "인류의 빛"(*Lumen Gentium*), 제2차 바티칸 공의회 「교회에 관한 교의 헌장」 제8장 53항.

델(Bernard Claudel)[30]은 죽음을 앞두고, 신앙에 대한 깊은 소망과 자신 어머니의 신앙에 대한 존경심을 다음과 같이 표현한다. "저는 연로한 저의 어머니의 신앙을 따라 죽고 싶습니다. 어머니는 묵주기도를 통해 성모님과 천사들의 전구 안에서 영적으로 연결되어 계셨습니다."

(2) 관상적 기도

관상은 단순히 어떤 주제나 문제를 논리적으로 분석하거나 숙고하는 지적인 사고를 넘어, 마음을 열고 경청하며 동의하는 자세로 우리를 둘러싼 모든 것을 사랑과 감사의 시선으로 바라보는 능력이다. 우리가 떠오르는 태양과 예쁜 꽃들, 그리고 인간의 희로애락을 관상하듯이, 묵주기도야말로 관상의 장이 된다. 왜냐하면 묵주기도는 예수 그리스도 생애의 순간들을 차례로 바라보고 묵상하게 하여, 그 과정에서 기쁨과 고통, 그리고 단순하면서도 깊은 영적 충만함을 경험하게 하고 동시에 우리 마음과 지성을 풍요롭게 만들기 때문이다.

(3) 교리적·교육적 기도

묵주기도는 단순한 기도를 넘어, 신앙을 가르치고 전하는 간단하고 대중적인 방법이기도 하다. 즉 단순히 기도문을 반

---

30) [옮긴이 주] 베르나르 클로델(Bernard Claudel)은 프랑스 가톨릭의 시인이자 극작가인 폴 클로델과 조각가 카미유 클로델의 형제로 추정된다. 클로델은 평소 묵주기도를 열심히 바친 자신 어머니의 신앙을 강조하는 것을 통해, 그의 삶에서도 묵주기도와 성모님에 대한 어머니의 신심이 자신의 신앙에 중요한 원천임을 시사하고 있다.

복하는 것이 아니라, 성령의 영감을 받은 영적 작품들처럼 신앙 및 교리를 배우고 가르치는 특별한 교육적 도구가 된다. 이렇게 묵주기도는 단순하고 명료한 형식을 통해 케리그마(kérygma, 예수 그리스도의 부활과 구원)를 제시하기 때문에, 누구나 쉽게 접근하면서 복음의 핵심 메시지를 마음속에 되새길 수 있는 엄청난 가치를 지닌다. 천사의 선포[31]에 대한 마리아의 동의와 협력[32]이 하느님의 구원 계획을 실현하는 데 필수적이었던 것처럼, 묵주기도는 인간의 자유로운 선택과 응답을 통해 복음의 진리와 신비를 내면화하도록 영혼을 인도한다.

(4) 삶의 리듬에 맞는 기도

어떤 사람에게는 성모송을 반복하기 어려울 수도 있지만, 실제로 해보면 생각했던 것보다 그리 어렵지 않을 것이다. 긴 성모송은 무한히 확장되는 것처럼 반복되는데, 이는 죽음 이후에도 시간과 공간을 초월하여 천국에서 계속되는 찬미로 영원히 이어진다는 것을 의미한다. 즉 성모송의 반복은 단순히 현재의 기도에 그치지 않고, 하느님과 연결되어 영원한 삶 속에서 완성될 기도의 예표임을 나타낸다. 우리는 성모송의 리듬 속에서 차분하고 안정되며 충만한 내적 상태에 이르고, 기도 안에서 하느님과 함께 머물며 그분과 대화를

---

31) 가브리엘 천사가 마리아에게 예수님의 잉태를 알렸던 "수태고지" 사건(루카 1,26~38)을 가리킨다.

32) 마리아가 가브리엘 천사에게, "말씀하신 대로 저에게 이루어지기를 바랍니다"(Fiat voluntas tua, 루카 1,38)라고 한 말을 가리킨다.

나눈다. 또한 이 기도 안에서 그리스도의 신비에 참여하기 위해 성모님과 함께 친밀한 일치를 이루며, 성모님이 그리스도를 본받으신 것처럼 우리도 성모님을 본받도록 초대된다.

묵주기도는 감성적 측면과 아울러 기능적 측면에서도 이해될 수 있다. 성모송의 반복은 단순한 말의 되풀이가 아닌, 성모 마리아와 하느님에 대한 사랑을 지속적으로 표현하는 행위이다. 반복되는 성모송은 상대적인 구원이 아닌 참된 구원에 굶주리고 목마른 영혼을 위한 기쁨과 영적 양식이 되고, 환희, 고통, 빛, 영광의 신비의 리듬으로 확장되면서 관상기도의 형태로 발전한다. 기도자는 관상을 통해 진정한 그리스도교적 삶으로 변모되며, 하느님 안에서 편안한 안식과 생명을 누리게 된다. 즉 이 기도는 소명, 영적 투쟁, 희생, 구원의 승리와 같은 신앙 안에서 겪는 중요한 순간들을 되새기게 한다. 이렇듯 묵주기도를 지혜롭게 바치는 영혼은 예수님과 성모님의 모범을 따라 자신의 삶을 재구성하며, 새롭게 태어나고 변화되어 새로운 생명과 희망을 얻게 된다.

(5) 창조적인 기도

묵주기도는 우리를 계속해서 그리스도와의 관계에 놓이게 돕는다. 우리의 감정을 그리스도의 감정에 비추어 바라보고, 우리의 행동을 그리스도의 행동 안에서 성찰하며, 우리의 생각을 그리스도의 생각을 통해 인식하게 한다. 이렇게 묵주기도를 반복하고 예수님과 성모 마리아의 삶을 깊이 묵상하는 과정에서, 우리의 걱정, 욕심, 두려움, 죄와 같은 삶의 잡다한 불순물들이 제거되고 영혼은 정화되어, 하느님의 뜻을 따를 수 있는 마음의 준비를 갖추게 된다. 코톨렌고,[33] 돈 보스코, 오리오네,[34] 요한 23세 교황과 같은 위대한 선교사와 교회 개혁자들은 모두 묵주기도를 꾸준히 실천하며 영적 힘과 지혜를 얻었던 성인들이다.

(6) 전례로 이끄는 기도

묵주기도는 전례와 밀접한 관계가 있다. 전례는 공동체 안에서 예수님의 구원을 기억하는 공적 예식이고, 묵주기도는 개인적으로 예수님과 성모님의 생애를 깊이 묵상하는 관상적 기도이다. 묵주기도는 전례와 마찬가지로 공동체적 성격을 가지며, 성경의 내용을 바탕으로 그리스도의 신비를 중심으로 전개된다. 또한 묵주기도는 기도와 찬미를 통해 삼위일체이신 하느님께 드리는 "찬미의 제사"로, 묵주기도를 통해 예수 그리스도를 통한 구원의 신비에 동참하게 된다. 그리고 전례의 "기념"(ἀνάμνησις, 아남네시스)[35]과 묵주기도의 "관상"

---

33) 〔옮긴이 주〕 요셉 베네딕토 코톨렌고(Joseph Benedict Cottolengo)는 이탈리아 도미니코회에서 사제가 되었고, 주교와 추기경이 된 후 1566년에 교황이 되었으며(성 비오 교황 5세), 1934년 시성되었다.

34) 〔옮긴이 주〕 루이지 오리오네(Luigi Orione)는 1895년에 사제 서품을 받고, 1954년 천주 섭리의 아들 수도회를 설립하여, 자선 활동을 통해 가난한 사람을 비롯한 모든 이를 교회와 교황에게로 인도하는 데 협력하였다. 오리오네는 1980년 성 요한 바오로 2세 교황에 의해 시복되었고, 2004년 성인품에 올랐다. 그는 성 알로이시우스 오리오네(Aloysius Orione)로도 불린다.

35) 〔옮긴이 주〕 예수님께서는 성찬 제정 마지막에 "너희는 나를 기억하여(*ἀνάμνησίν*) 이를 행하여라"(그리스어: *τοῦτο ποιεῖτε εἰς τὴν ἐμὴν ἀνάμνησιν*)고 말씀하셨다(1코린 11,24~25 참조). 여기에 나온 "기억"이 그리스어로 ἀνάμνησις(아남네시스)이다. 보통 전문용어로 "기념"으로 번역된다. 아남네시스는 그리스도교 성찬례 감사기도의 핵심 부분이며, 더 넓은 의미에서 그리스도의 죽음과 부활 안에서 이룩하신 하느님의 구원 업적을 현재 안에서

은 모두 예수님의 탄생, 수난, 죽음, 부활, 승천과 같은 그리스도의 구원 신비를 되새기고 기념하는 데 목적이 있다.[36)]

3) 새로운 5단 "빛의 신비"

알려진 바와 같이 오래전부터 묵주기도는 월요일과 목요일에는 환희의 신비, 화요일과 금요일에는 고통의 신비, 수요일과 토요일, 주일에는 영광의 신비의 순서로 일주일 동안 바쳐져 왔다. 교황 요한 바오로 2세의 사도적 서한 「동정 마리아의 묵주기도」(*Rosarium Virginis Mariae*)[37)]에서는, 묵주기도의 첫째 단인 환희의 신비를 간략히 언급한다(20항). 환희의 신비는 예수님 강생(육화)의 내용을 기반으로 하여, "은총이 가득하신 마리아여 기뻐하소서"(루카 1,28)라고 알리는 가브리엘 대천사의 기쁨의 인사로 시작된다. 이후 이 문헌은, 예수님께서 스스로를 "나는 세상의 빛이다. 나를 따르는 사람은 어둠 속을 걷지 않고 생명의 빛을 얻을 것이다"(요한 8,

---

기억하고 재현하고, 기념하는 것이다. 참조: 주비언 피터 랑, 『전례사전』, 박요한 옮김, 가톨릭출판사, 2005.

36) Cfr. S. De Fiores / S. Meo, "Rosario" in *Nuovo Dizionario di Mariologia*, Paoline, Cinisello Balsam(Mi), 1986.

37) 〔옮긴이 주〕 교황 요한 바오로 2세께서는 이 교서를 통하여, 2002년 10월부터 2003년 10월까지를 '묵주기도의 해'로 선포하시며, 묵주기도가 더욱 완전한 '복음의 요약'이 되도록 적절히 보완하고자, 기존의 세 가지 신비(환희의 신비, 고통의 신비, 영광의 신비)에 예수님의 어린 시절과 나자렛 생활에 이어 공생활을 묵상하는 '빛의 신비'를 덧붙임으로써 묵주기도로 모든 신자를 초대하신다. 참조: 교황 요한 바오로 2세 성하의 교서, 「동정 마리아의 묵주기도(*Rosarium Virginis Mariae*) — 마리아의 묵주기도에 관하여 교황 요한 바오로 2세 성하께서 주교와 성직자와 신자들에게 보내는 교황 교서」(2002.10.16.).

12. 참조: 1요한 1,5)라고 정의하신 말씀에 근거하여, 그리스도의 전 생애를 진리와 구원의 빛으로 드러내는 "빛의 신비"를 선언하고 있다.

빛의 신비는 "모든 인간을 비추는 진리의 빛"(요한 1,9) 안에서 특별히 예수님의 생애 중 다섯 가지 중요한 순간인, 예수님께서 요르단 강에서 세례를 받으심, 가나의 혼인 잔치에서 당신을 드러내심, 회개의 촉구와 결부된 하느님 나라의 선포, 예수님의 변모, 그리고 마지막으로 파스카 신비의 성사적 표명인 성체성사의 제정을 제시하고 있다. 이 신비는 예수님 안에서 이미 이루어진 하느님 나라의 계시이다(21항).

21항은 또한 다음과 같이 설명하고 있다. "이러한 신비들에서, 가나의 기적을 제외하면, 성모님의 모습은 그늘에 가려져 있습니다. 복음서에는 예수님께서 설교하실 때 성모님께서 이따금 함께하셨음을 간단하게만 언급하고 있을 뿐이며(참조: 마르 3,31~5; 요한 2,12), 성체성사가 제정될 때 다락방에 함께 계셨다는 암시는 없습니다. 그러나 가나에서 성모님께서 해내신 역할은 어느 모로 그리스도의 여정 내내 함께하는 것이었습니다. 요르단강에서 예수님께서 세례를 받으실 때 하느님 아버지께서 직접 선포하시고 세례자 요한이 되풀이하였던 그 계시가 가나에서 성모님의 입으로 드러납니다. '무엇이든지 그가 시키는 대로 하여라'(요한 2,5) 하신 이 계시는 모든 시대의 교회에 당부하시는 어머니의 위대한 권고가 되었습니다. 이 권고는 공생활 동안 그리스도의 말씀과 기적들을 끌어내며, 마치 성모님을 바탕에 그린 것처럼 '빛의 신비' 전체의 밑그림을 이룹니다."[38)]

그리스도교 관상의 아름다움과 깊이를 이해할 수 있는 '상징적 이미지'는 묵주기도를 구성하는 네 가지 신비(환희, 고통, 빛, 영광의 신비) 모두에 담겨 있지만, 특히 "그때 예수님의 모습이 그들 앞에서 변하여 얼굴은 해와 같이 빛났다"(마태 17, 2)라고 전하는 "예수님의 변모" 장면에서 찾을 수 있다.

「동정 마리아의 묵주기도」 9항은 이 장면에서 세 사도, 곧 베드로와 야고보, 요한이 보여 주었던 모습을 통해 다음과 같이 설명하고 있다. "그리스도의 얼굴에 시선을 고정시켜, 그분 인성의 일상사와 고통스러운 여정 안에서 그분의 신비를 깨닫고, 성부의 오른편에 앉으신 부활하신 주님에게서 영원히 드러난 신적인 광채를 알아보는 것, 이것이 그리스도를 따르는 모든 제자의 임무이며 따라서 우리 각자의 임무입니다. 그리스도의 얼굴을 바라보면서 삼위일체의 생명의 신비를 받아들이도록 우리 자신을 열어, 늘 새롭게 하느님 아버지의 사랑을 체험하고 성령의 기쁨을 누리게 됩니다."[39]

실천적인 측면에서, 요한 바오로 2세 교황은 많은 그리스도인이 하루 동안 묵주기도의 네 가지 신비를 신심 깊게 바칠 수 있도록, '빛의 신비'를 주간 기도에 포함하는 구체적인 지침을 제시하였다. 이에 따라 빛의 신비는 목요일에 바치도록 권장되며, 전통적으로 목요일에 바치던 환희의 신비는 토요일로 옮기게 되었다. 이는 토요일이 특히 성모 마리아에

---

[38] 교황 요한 바오로 2세 성하의 교서, 「동정 마리아의 묵주기도」 21항.

[39] 같은 교서, 9항.

대한 신심에 봉헌되는 날이기 때문이다.

「동정 마리아의 묵주기도」 38항은 다음과 같이 설명한다. "'영광의 신비'를 토요일과 주일에 모두 바치고 있는데, 토요일은 주요 전통에 따라 마리아 성격을 지니고 있다는 것을 고려한다면, 성모님의 현존이 특별히 드러나는 토요일로 '환희의 신비'에 대한 두 번째 묵상을 옮길 수 있을 것입니다. 그러면 목요일에 '빛의 신비'를 묵상할 수 있습니다. 이러한 계획은 개인이나 공동체 기도의 합법적인 자유를 제한하려는 것이 아닙니다. 개인과 공동체의 기도에서는 영적·사목적 요구는 물론, 적절한 적응이 요구될 수 있는 특별한 전례 거행을 고려하여야 합니다. 그러나 가장 중요한 것은, 묵주기도를 언제나 관상의 길로 여기며 살아가야 한다는 것입니다. 묵주기도를 통하여, 전례에서 그러하듯이, 그리스도께서 부활하신 날인 주일을 중심으로 한 그리스도교의 한 주간은 그리스도 생애의 신비들을 거쳐 가는 하나의 과정이 됩니다."[40)]

[40)] Cfr. G. Marchesi S.I. ⓒ *La Civiltà Cattolica* 2002 IV 384-393 quaderno 3658, 16 novembre 2002.

제 3 장

묵상기도

묵상은 "긴장으로부터 이완된 상태"라고 부를 수 있는 경험의 차원에 속한다. 특히 이번 장에서는 묵상의 내용이 아니라, 묵상의 외적 조건에 대해 다뤄보기로 한다.

1. 과정으로서의 묵상

자넷 레인워터(Jannette Rainwater)는 라틴어 "meditari"라는 단어에서 출발하여, 묵상을 "중심으로 향하는 과정"이라고 해석한다.[41] 비록 이 해석이 어원적으로는 정확하지 않을

41) 〔옮긴이 주〕 레인워터(1922~2016)는 로스앤젤레스 게슈탈트 연구소(Gestalt Therapy Institute)의 창립 멤버로서, 현대의 주목할 만한 미국 임상 심리학자이자 작가이다. 자기 치유(Self-therapy) 분야의 전문가이며, 특히 자기 내면 탐구와 묵상의 중요성을 강조하였다. 그의 대표작인 *You're in Charge: A Guide to Becoming Your Own Therapist*(1979)에서 그는 명상, 자아 성찰,

수 있지만, 그럼에도 불구하고 묵상 과정을 설명하는 데는 유효한 정의가 될 수 있다. 이 과정은 진정으로 개인의 인격 중심으로 들어가는 여정을 통해, 하느님과의 만남이라는 결실로 이어줄 수 있다. 반대로 하느님과의 만남은 자신에 대한 더 깊은 이해와 인식으로 이어질 수 있다. 하지만 깊이 있는 만남은 개인이 긴장, 산만함, 스트레스로부터 자유로울 때만 이루어질 수 있다는 점에 유의해야 한다. 이러한 정신적 상태는 다음과 같은 몇 가지 분명한 특징을 지닌다.

1) 경험의 선형성

이는 묵상을 할 때 하나의 주제나 생각에 깊이 집중하며, 마음과 생각이 다른 생각에 방해받지 않고 끊임없이 자연스럽게 흘러가는 상태를 의미한다. 이러한 상태에는 주변의 여러 사건이나 현상을 동시에 통제하려 하지 않게 되기 때문에, 걱정과 두려움에서 비교적 벗어난다. 즉 경험의 선형성은 단순히 한 가지에 집중하고 깊이 몰두하는 상태를 말한다. 성 이냐시오(Sant'Ignazio)는 "하나의 주어진 묵상 내용이나 주제(예를 들어 성경의 한 구절이나 예수님의 생애 등)를 완전히 싫이 있게 이해할 때까지 계속 그 주제에 머무르며 기도해야 한다"라고 강조한다. 결과적으로 묵상은 단순히 앉아서

스트레스 관리와 같은 주제를 다루며, 개인이 내면의 중심에 집중하여 자기 자신을 더 깊이 이해하고 정신 건강을 유지하고 자기 치유를 촉진하는 실용적인 방법을 제시했다. Cfr. J. Rainwater, *You're in Charge: a Guide to Becoming your own Therapist*, Peace Press, Culver City, 1979, p.138.

곧바로 할 수 있는 것이 아니라, 선형적 흐름을 이어 나가기 위해 묵상에 앞서 미리 주제나 내용을 준비할 필요가 있다.

2) 감각과 소통의 차단

묵상할 때는 감각을 통한 외부 세계와의 소통이 최대한 통제되어야 한다. 따라서 집중을 방해할 수 있는 다른 감각들을 차단하는 것이 좋으며, 특히 눈을 감는 것이 권장된다. 초보자에게 가장 어려운 과제는 외부에서 들려오는 청각적 자극을 차단하는 것이므로, 외부 소음이 없는 조용한 방에서 묵상하는 것이 좋다. 이런 관점에서 보면 묵상은 수면 상태와 유사하지만 차이점은 묵상 중에는 집중과 의식이 깨어 있는 상태가 유지되기 때문에, 뇌파가 잠잘 때처럼 느려지거나 감소하지 않는다는 점이다.

3) 자아의 수동성

자아의 수동성이란 "이성적 통제의 수동성" 또는 "의지의 수동성"을 의미한다. 그러나 여기서 말하는 수동성이란 이성적 사고를 완전히 배제한다는 의미가 아니라, 다만 묵상의 내용을 조절하고 통제하는 것을 중단한다는 뜻이다. 다시 말해, 자아가 묵상의 내용을 통제하고 분석하려고 시도하는 것이 아니라, 내용이 자연스럽게 생각을 이끌어 가는 것이라고 할 수 있다.

우리의 "자아"는 우리 내부와 주변에서 일어나는 모든 사건을 통제하는 주체이다. 자아는 한 내용에서 다른 내용으로 주의와 집중을 옮기며, 정신적·심리적 에너지를 활성화하고, 선택과 결정을 내리며, 우리의 생각과 행동을 조절하고 조화를 이루는 역할을 한다. 그러나 묵상 중에 자아는 이러한 특정 기능을 수행하지 않고, 오히려 내적 과정이 자아를 이끌고 일깨우는 대로 내버려두는 관찰자로서 참여한다는 점에서 수동적인 상태를 유지한다. 여기서 "자아의 실현"과 "수동적 상태"의 차이가 더욱 분명히 드러난다. 즉 자아를 실현할 때 자아는 능동적인 상태로 머물지만, 묵상할 때는 수동적인 상태로 머물게 된다.

따라서 묵상하는 사람은 미리 정해 놓은 구체적인 목표를 얻고자 하지 않고, 자기 내면에서 일어나는 일들이 어떤 방식으로든 성령께서 이끄시는 대로 흘러가도록 맡긴다. 오직 이러한 수동성만이 새로운 발상, 기억, 아이디어를 떠오르게 하는 내적 창조 과정을 활성화해 주고, 영혼이 초월적인 영감으로 자신을 개방할 수 있게 해 준다.

2. 묵상기도의 긍정적 효과

묵상은 의도적으로 구체적인 효과를 얻으려 하지 않더라도, 정신생활의 차원에서 많은 긍정적 효과를 가져다준다. 여기서는 특정한 묵상법이나 기술에 대해 이야기하는 것이 아니라, 매일 꾸준히 묵상에 집중하거나 시간을 할애할 때 임하는 일상적인 마음가짐이나 습관적 태도에 관하여 살펴보고자 한다.

1) 휴식과 긴장의 이완

묵상은 긴장을 풀어 준다. 수동적 상태와 이완되고 집중된 상태에서 모든 생리적·정신적 기능이 향상된다. 묵상을 잘 수행하고 나면 때로는 묵상의 내용 자체가 새로운 것이 아니더라도, 사람은 휴식을 취한 것처럼 느끼며 일에 더 능률적이고 의욕적으로 임할 수 있게 된다. 이러한 이유로 아침 일찍 묵상에 시간을 할애하는 것은 매우 좋은 선택이 될 수 있다.

예들 들어 수도승의 좌우명 중에 다음과 같은 말이 있다. "당신이 해야 할 일이 너무 많다면, 우선 멋진 산책부터 하십시오." 이 말은 사람이 긴장을 풀고 이완된 상태에 있을 때 자신의 힘을 더 잘 조절할 수 있으며, 그 결과 맡은 업무를 더 효율적으로 수행할 수 있다는 것을 의미한다. 이와 같은 이유로 묵상에 할애하는 시간 또한 시간 낭비라고 두려워할 필요가 전혀 없으며, 이는 오히려 언제나 훌륭한 심리적 투자가 된다.

2) 심리적 카타르시스(감정의 정화)

정신이 이완되고 집중된 상태에서 자아가 수동적 상태로 접어들면, 잠재의식(혹은 무의식)의 내용들이 점차 떠올라 이를 인식할 수 있게 된다. 묵상 안에서 무의식이 의식되는 순간에도 더 이상 두렵지 않게 된다. 묵상하는 동안에는 평소에는 억누르거나 회피하려 하는 불쾌한 내용조차도 더 차분하게 직면할 수 있게 된다. 또한 직면하기 싫었던 불쾌한 내용들을 묵상 안에서 마주하게 되면 대개 긴장으로부터의 해방감을 느끼게 된다. 우리는 몇 날 며칠 동안 이유 없이 불쾌하고 불안하며 우울한 감정을 느낄 때가 종종 있다. 그런데 묵상하게 되면, 갑자기 그 원인이 드러나게 된다.

물론, 무의식의 존재를 인식했다고 해서 문제가 자동으로 해결되는 것은 아니며, 그 문제를 처리하는 과정이 필요하다. 하지만 자신의 의식을 이해하는 "자각"이라는 첫 번째 단계는 이미 이루어졌다. 여기서 심리치료와 영적 실천이 다시 만난다. 심리치료에서는 이 과정을 "카타르시스"(κάθαρσις)라고 부르지만, 묵상에서 이는 "영적 정화의 여정"이 된다. 심리치료는 정신을 교란하고 약화시키는 장애물을 제거하여 방어 기제를 무너뜨리는 것을 목표로 한다. 반면, 묵상은 "무질서한 애착"으로부터 정화되는 것을 목표로 한다. 말하자면 하나의 자연법칙이 존재하는데, 이는 모든 유기체는 외부에서 유입되는 "이물질"을 자신의 구조 체계로부터 밀어내려는 경향이다.

예를 들어, 강과 바다는 쓰레기나 오물질을 수면 위에 떠오르게 하거나 강변이나 해변으로 밀어낸다. 마찬가지로 우리의 신체는 바이러스를 격리하거나 이식된 장기를 거부하기 위해 저항한다. 우리의 정신 또한 이 법칙을 알고 있다. 불쾌한 내용이나 이물질을 거부하거나 억압하거나 격리하고, 또는 잊어버리거나 밖으로 밀어내 버리려 한다. 하지만 궁극적인 해결을 위한 조건은 바로 긴장의 이완 상태이다. 우리는 모두 저녁에 잠들기 전 하루 동안 겪었던 불쾌한 생각이나 경험이 떠오르는 경우가 있다는 것을 경험으로 알고 있다. 마찬가지로 묵상 중에도 우리의 정신 구조 체계 안에서 통합되지 못한 모든 것을 인식하게 된다. 반면 우리가 어떤 일, 공부나 임무 또는 연구에 집중하고 있을 때, 이러한 것들은 정신을 산만하게 하여 집중을 방해하는 요소가 되기 때문에 이를 억누르고 억압하게 된다.

3) 창조적 능력의 활성화

진정으로 독창적인 아이디어는 우리가 의식적으로 생각하지 않을 때도 종종 무의식 속에서 서서히 준비되고 발전하여, 마치 영감을 받은 것처럼 어느 순간 완전한 형태로 의식에 떠오른다. 그래서 갑작스럽게 떠오르는 영감처럼 느껴진다. 작곡가, 예술가, 시인, 과학자 모두 이러한 창의성의 역동성을 잘 알고 있으며, 창의적 아이디어가 서서히 성장하고 성숙하는 과정을 임신 기간에 비유하거나, 또는 아이디어가 갑자기 떠오르는 순간을 새로운 생명이 탄생하는 출산의 순간에 비유한다. 즉 창의적인 아이디어가 무의식 속에서 천천히 성장한 뒤, 마치 출산하듯 갑자기 의식에 떠오르는 과정으로 설명하는 것이다. 따라서 창의적인 아이디어는 전의식 영역에 숨겨져 있기 때문에 강제로 이끌어 낼 수 있는 것이 아니다. 우리가 할 수 있는 유일한 일은 적절한 환경을 마련해 주는 것뿐이다.

창의적 아이디어는 예술과 과학 분야에서만이 아니라, 영성생활에서도 내면 깊은 곳에서 떠오르는 영감의 형태로 나타난다. 20세기 그리스도교 신학의 위대한 신학자 칼 라너(Karl Rahner)는 아침 일찍 묵상할 때 떠오르는 생각을 머릿속에 담아 두지 않고, 녹음기에 소리 내어 말함으로써 창의적 영감을 얻고 발전시켰다. 신비주의자들은 묵상 중에 떠오르는 진리에 대한 새로운 통찰을 "조명(illumination)의 길"이라고 불렀다. 성 이냐시오는 『영신 수련』의 두 번째 "일러두기"에서, 피정 지도자는 제시된 주제를 분석하는 데 너무 치중하지 말고, 수련자가 자신의 영혼에 울림을 주는 것을 스스로 발견하고 깨닫도록 해야 한다고 권고한다.

하스(A. Hass)[42]는 『영신 수련』의 두 번째 "일러두기"를 해설하며 다음과 같이 기술한다. "두 번째 '일러두기'의 구조를 이해하려면, '그렇게 함으로써 수련자는 자신을 묵상으로 안내해 줄 무언가를 발견할 수 있을 것이다'라는 진술에서 정확한 핵심을 찾아야 한다. 그러므로 수련자가 객관적으로 중요한 무언가를 배우는 것이 아니라, 그에게 실존적으로 새로운 깨달음을 주는 무언가를 찾는 것이 중요하다. 마치 웅장한 대성당을 어느 문으로 들어가는가가 중요한 것이 아니라, 성당의 웅상함과 아름다움이 펼쳐지는 내부를 관찰하는 것이 중요하다. 하지만 모든 것은 문을 찾아 들어가는 것에 달

42) 〔옮긴이 주〕 알로이스 마리아 하스(Alois Maria Haas)는 스위스의 저명한 신학자, 철학자이자 신비주의자이다. 가톨릭 지식인으로서 신비적 경험과 언어의 관계, 묵상과 영적 영감의 관계 등을 탐구하며 영적 영감을 지배하는 불확실성을 이해하려고 노력하였으며, 현대 영성 연구에 중요한 기여를 했다.

려 있다. 이렇듯 수련자 또한 '자신만의 문'을 찾아야만 한다. 왜냐하면 『영신 수련』의 성공 여부는 바로 여기에 달려 있기 때문이다."[43]

앞으로 더 살펴보겠지만, 이렇게 수련자가 '내면의 문'을 찾아 묵상으로 들어가 스스로 성찰하고 깨달음을 얻는 과정은 복음 묵상에서도 중요한 역할을 한다.

4) 감수성의 증대

사람은 묵상을 통해 아주 미세한 자극에도 매우 민감해지는데, 흔히 영적 감각이 더욱 고상해지고 고결해진다고 할 수 있다. 브레멘(P. van Breemen)은 이러한 묵상의 효과에 대해 아름답게 묘사하고 있다. "묵상은 기다림이다. 이 기다림은 내 전 존재를 드러내고 변화시킨다. 내가 기다릴 준비가 되어 있다면, 나는 변하게 된다. 기도는 사람을 영적으로 더 섬세하고 깨어 있게 만든다. 즉 기도하는 사람은 세상을 자기 마음대로 바꾸려 하지 않고 오히려 세상을 온화하고 열린 마음으로 받아들이며 자기 자신을 깊이 성찰한다. 또한 기도하는 사람은 모든 것을 단순히 분석하려 하지 않고, 그 자체의 아름다움을 느끼며 존중한다."[44]

이러한 고결함의 예로, 아시시의 성 프란치스코가 부른 자

---

[43] Cfr. A. Haas, *Commento sulle annotazioni degli esercizi spirituali*, CIS, Roma, 1976, p.21.

[44] Cfr. P.V. Breemen, *Come pane che si spezza*, Edizioni Paoline, 1979, p.34.

연에 대한 찬미가[45]와 『영신 수련』에서 성 이냐시오가 안내하는 "사랑을 얻기 위한 관상"[46]을 떠올릴 수 있겠다.

3. 집중의 기술

1) 몸의 자세

몸의 자세는 특정한 마음 상태를 유지하는 데 적합한 여건을 마련해 주기 때문에, 묵상의 중요한 조건 중 하나이다. 마찬가지로 우리의 감정이나 마음 상태에 따라 몸의 자세 또한 영향을 받을 수 있다. 예를 들어, 근육의 긴장, 무릎의 통증, 추위나 더위, 배고픔 등은 모두 묵상 중에 집중을 방해하는 요소가 될 수 있다. 우리는 이렇게 다양한 묵상의 자세에 대해 다음과 같이 말할 수 있다.

극도로 활동적인 유형의 사람들을 제외하면, 걷기는 묵상에 가장 적합하지 못한 방식이다. 설사 지나치게 활동적인 사람일 경우에도, 묵상은 교통이 혼잡한 도심이 아닌 고요한 자연이나 조용한 방 안에서 이루어져야 한다. 사실, 걷는 동안 사람은 묵상과 주변 환경을 동시에 신경 써야 하므로 집중력이 떨어질 수 있다.

---

45) 〔옮긴이 주〕 이는 아시시의 성 프란치스코가 지은 "태양의 찬가"(The Canticle of Brother Sun: Fratello Sole, Sorella Luna)를 가리킨다.

46) 〔옮긴이 주〕 이는 성 이냐시오가 모든 것에서 하느님을 찾는 은총을 얻는 것을 목표로 삼았던 『영신 수련』의 근본적인 목적이자, "넷째 주간"의 내용인 "하느님의 사랑을 얻기 위한 관상"(230~237항)을 가리킨다.

무릎을 꿇는 것은 그 자체로 매우 종교적인 자세임에도 불구하고, 묵상에는 적합하지 않다. 왜냐하면 얼마 지나지 않아 무릎에 통증이 생기고 묵상의 나머지 시간은 자연스럽게 이를 견디는 데 주의가 쏠리게 되어, 본래의 집중력이 흐트러지기 때문이다. 무릎을 꿇는 자세는 수덕이나 자기 수양, 혹은 전례 안에서의 예식적 기도나 구송기도에는 좋을 수 있으나, 묵상의 자세로는 적합하지 않다.

누워 있는 자세는 이론적으로는 묵상에 이상적인 자세이지만, 이 자세에서는 잠이 들 수 있다는 위험이 따른다. 엎드린 자세는 숨쉬기 어렵고 불편하므로 오랫동안 묵상하기에 적합하지 않으며, 옆으로 눕는 자세 또한 몸의 균형이 깨져 긴장을 유발하고, 오랫동안 안정된 묵상 상태에 도달하기 어렵다. 따라서 누운 상태로 묵상하려면, 손을 가슴이나 배 위에 두지 않고 허리 옆에 자연스럽게 두는 것이 중요하다. 손을 가슴이나 배 위에 올려놓으면 몸이 긴장할 수 있으므로, 편안한 묵상에 방해가 되기 때문이다. 정신분석학에서도 소파에 누워 있는 자세가 묵상의 자유 연상을 돕는 효과적이고 이상적인 자세라는 것을 발견했다.

서 있는 자세는 묵상에 적합하지 않다. 왜냐하면 오랜 시간 동안 묵상을 하면서 가만히 서 있기 어렵기 때문이다.

앉는 자세는 묵상에 가장 적합한 자세로서, 다면 몇 가지 간단한 규칙을 지켜야 한다. 의자는 편안해야 하지만 너무 푹신하지 않아야 하며, 머리를 기댈 수 있는 등받이가 있어야 한다. 이상적인 앉은 자세를 위해서는, 인위적이고 부자연스러운 무게 중심을 없애 편안함을 취할 수 있는 자세를 찾는 것이 중요하다. 동양에서는 "로터스 자세"(Lotus position)[47] 나 "터키식 자세"[48]로 명상을 많이 한다. 현대에는 등받이 없는 명상용 의자를 사용하기도 하지만, 서양 사람에게 이러한 자세는 익히기 어렵다.

왜 묵상할 때 몸의 자세가 그렇게 중요한가? 그 이유는 많은 사람들이 오랜 시간 동안 움직이지 않고 가만히 앉아 있을 수 있는 능력이 부족하기 때문이다. 실제로 우리는 자주 자세를 바꾸고 다리를 꼬거나, 의자에 앉아서도 몸을 끊임없이 움직인다. 이러한 모든 행동은 집중력을 방해한다. 따라서 묵상 잘하기 위해서는, 묵상 내내 움직일 필요가 없는 자기 몸과 그때의 상태, 환경에 맞는 적합한 자세를 찾아야 한다. 우리가 묵상에 집중하기 위해서는, 우리의 몸이 완전히 긴장을 풀고 이완돼 있어야 하기 때문이다.

몸에 적합한 자세를 찾는 것은 처음에는 불가능한 일처럼

---

47) 〔옮긴이 주〕 로터스 포즈(Lotus position)는 연꽃 모양을 닮아 붙여진 이름으로, 요가와 명상에서 전통적으로 사용하는 자세이다(파드마사나, Padmasana). 양쪽 다리를 겹쳐서 앉고 발은 반대쪽 허벅지 위에 올려놓기 때문에, 몸의 균형을 잡아 주고 오래 앉아 있어도 비교적 안정적이다. 완전 로터스 자세(두 발 모두 허벅지 위에 올림)와 반(半) 로터스 자세(한쪽 발만 허벅지 위에 올림)로 나뉜다. 이 자세는 척추를 곧게 펴게 하고 유연성을 향상시켜 명상에 적합한 자세를 유지하게 한다. 하지만 유연성이 부족한 사람이나 무릎, 엉덩이에 통증이 있는 사람에게는 어려울 수 있다.

48) 〔옮긴이 주〕 터키식 자세는 흔히 "양반다리"로 불리는 자세와 비슷하다. 다리를 교차시키고 바닥에 앉은 자세로, 서양에서도 로터스 자세보다는 비교적 쉽게 시도할 수 있다. 비교적 편안한 자세로, 다리에 무리가 덜 가기 때문에 유연성이 부족하거나 명상의 초보자들에게 적합하다. 로터스와 터키식 자세 모두 허리를 곧게 펴는 것이 중요하며, 이러한 명상 자세는 가톨릭 묵상에서도 적절하게 사용될 수 있다. 성당 좌석이나 등받이가 있는 의자가 아닌, 좌식 묵상을 선호하는 가톨릭 신자들이 이 방식을 활용한다면, 더욱 편안하고 집중력 있는 묵상기도를 하는 데 도움을 될 것이다.

보일 수 있다. 왜냐하면 여기에는 신체 구조의 다른 두 가지 원리(골격과 근육)가 서로 충돌하기 때문이다. 자세의 안정성은 뼈와 골격의 위치에 달렸지만, 이완은 근육의 위치에 달려 있다.[49] 골격과 근육의 두 가지 위치와 자세가 균형을 이루어야 묵상에 적합한 자세를 취할 수 있게 된다. 즉 묵상의 이상적인 자세는, 몸의 중심이 잘 맞춰져 있어 근육을 긴장시키는 추가적인 힘을 쓰지 않더라도, 스스로 자세를 유지하는 완전히 안정되고 이완된 상태라고 할 수 있다. 이상적인 자세를 찾기 위한 실용적인 수련 방법을 구체적으로 소개하면 다음과 같다.

우선 의자의 공간을 최대한 활용한다. 다리는 교차하지 말고 나란히 두며, 발은 편안하게 바닥에 닿아야 한다. 의자의 등받이가 너무 낮으면 기대지 않는 것이 좋다. 왜냐하면 어깨가 내려가면 머리가 뒤로 젖혀져 머리를 계속 곧게 세우려는 노력으로 인해, 일정 시간이 지나면 근육의 긴장이나 통증이 생길 수 있기 때문이다.

몸의 무게를 중앙에 두어야 몸체가 어느 방향으로도 기울어지지 않으며 중심을 지탱하게 된다. 몸의 중심이 되는 균형점은, 곧은 자세로 앉아 중심이 느껴질 때까지 머리를 들고 앞, 뒤, 좌, 우로 약간 구부려 보며 찾을 수 있다. 긴장이

49) 〔옮긴이 주〕 예를 들어, 어깨나 허리, 척추의 위치가 안정된 자세를 유지하더라도, 이를 유지하기 위해 근육은 긴장할 수 있다. 반면, 자세를 편하게 하여 근육은 이완되고 편할 수 있지만, 골격의 중심이 무너져 안정성은 떨어질 수 있다.

풀린 상태로 몸을 편안하게 의자 등받이에 기대며 몸의 균형을 잡을 수 있다. 또한 두 손은 자연스럽고 편안하게 옆으로 떨어뜨리거나 손바닥을 위로 하여 다리에 가볍게 닿도록 올려놓고 힘을 빼면서 균형감이 느껴지는 지점을 찾을 수 있다. 이 자세에서 그대로 눈을 감고, 머리, 목, 어깨, 팔, 다리 등 몸의 각 부분을 의식하며, 긴장이 이완되는 기분을 느껴 본다.

이와 같은 자세의 훈련은 몸과 마음이 긴장이나 불편함 없이 완전히 편안하고 이완된 상태를 만들기 위한 과정으로서, 일련의 이러한 수련들은 소위 "아우토겐 훈련"(autogenic training)[50]에 속한다.[51]

2) 집중의 정신적 조건

묵상에 필요한 또 다른 조건은 정신 집중이다. 모든 집중의 기술에서는 하나의 내용에 몰입, 단조로운 반복의 경험, 관념운동(ideomotor)[52] 이라는 세 가지 메커니즘이 작동한다.

---

50) 〔옮긴이 주〕 "아우토겐 트레이닝"(자율훈련법, Autogenes training)은 독일의 심리 치료학자 슐츠(J.H. Schultz)가 개발하였으며, 긍정적 사고와 정신적 훈련을 통해서 스트레스를 극복하는 이완 훈련 기법이다. 이 훈련은 가장 편안한 자세를 찾고 안정을 취하며, 어구를 반복해서 암송하거나 자기최면을 통해서 몸과 마음을 이완시켜 스트레스를 다스린다.

51) Cfr. P. Köster, *Lebensorientierung an der Bibel*, Kösel, Stuttgart, 1978, pp.24~25.

52) 〔옮긴이 주〕 관념운동(ideomotor)은 "ideo"(아이디어 또는 정신적 표현)와 "motor"(근육 활동)에서 파생된 용어로서, 1852년 윌리엄 카펜터(William

하나의 내용에 몰입한다는 것은 정신이 오직 하나의 주제와 내용에만 집중하여 머무르며, 다른 주제로 옮겨 가지 않는 것을 의미한다. 이러한 몰입의 예로는 십자가, 촛불과 같은 이미지를 떠올리며 묵상에 몰입하는 것을 들 수 있다. 특히 촛불의 이미지에 집중하는 것은 단체 묵상에서 흔히 사용된다. 촛불의 이미지 안에는 감탄이나 평화로운 마음을 불러일으키고 영감을 주는 신비로운 무언가가 있다. 성체조배 동안 현시된 성체 또한 묵상에 집중하고 몰입할 수 있게 돕는 초점의 대상이 될 수 있다. 이처럼 묵상 중에 고요히 한 가지 초점을 응시하거나 거기에 마음을 모으게 되면, 평소에 인지하지 못했던 생각과 감정들이 내면으로부터 떠오르게 된다. 이렇게 묵상은 우선 내면의 생각과 느낌이 자유롭게 발현하도록 이끌며, 이후 그 생각과 감정을 관찰하고 분석하는 과정으로 이루어진다.

앞서 언급한 하나의 초점에 몰입하는 메커니즘은 일상 안에서도 다양한 형태로 자주 나타나고 때로는 거의 자동으로 발생하며, 혼란스러운 삶 속에서 정신적 균형을 유지하는 데 도움이 된다. 우리는 가끔 이유도 모른 채 가만히 서서 무언가를 응시하는 순간을 경험한다. 이것이 우리의 정신이 휴식

Benjamin Carpenter)에 의해 처음 사용되었다. 카펜터는 근육의 움직임이 때때로 사람이 의식적으로 행동을 취하기로 하지 않고, 생각이나 정신적 이미지의 관념운동의 효과만으로 반사적으로 반응할 수 있다고 주장했다. 또한 윌리엄 제임스(William James)의 과학적 실험은 영적·초자연적 힘, 또는 신비한 "에너지"에 기인하는 많은 현상이 실제로는 관념운동 작용에 기인한다는 것을 보여 주었으며, 관념운동은 오늘날 최면술에서 암시가 작동하는 원리를 연구하는 개념으로 사용되기도 한다. 참조: 윌리엄 제임스, 『심리학의 원리』, 정명진 옮김, 도서출판 부글, 2022.

을 취하고 있는 상태라는 것을 이해한다면, 이러한 메커니즘을 묵상에 활용하는 것은 매우 유용할 것이다.

단조롭고 반복되는 흐름을 활용하는 것 역시 집중력에 도움이 될 수 있다. 우리가 몸을 움직이지 않고 고요하게 머물려고 해도, 외부 환경과 우리의 몸은 결코 완전히 멈추지 않는다. 하지만 인지 심리학에 따르면, 단조로운 반복과 직선적인 운동의 성격을 갖는 것들이 집중에 도움을 줄 수 있다고 알려져 있다. 이러한 단조롭고 반복되는 움직임은 예를 들어, 강이 흐르는 단조로운 소리나 반복되는 파도 소리, 혹은 시계의 똑딱거리는 소리, 구름의 움직임, 종소리, 벽난로 속 불꽃의 딱딱거리는 소리 등이 있다. 이러한 반복적이고 일정한 움직임이 지속되면, 정신은 이를 받아들이고 그 리듬에 맞춰 차분하게 적응하려는 경향을 보이며, 이 과정을 통해 정신은 편안함을 느끼며 진정되고 차분하게 집중할 수 있게 된다.

묵상의 대가들은 무엇보다 호흡의 리듬에 맞춰 내적 리듬의 움직임을 따라가는 것이 우선적으로 중요하다고 말한다. 호흡 기술의 중요성을 지나치게 과장하지 않더라도 두 가지 긍정적인 효과가 있는데, 하나는 정신적 긴장과 불안의 증상으로 나타나는 호흡의 불안정을 바로잡아 주고, 다른 하나는 호흡의 리듬에 몰입하며 마음의 동요를 줄여주고 정신 집중을 도와준다. 호흡 훈련은 동양의 묵상 방법에서 매우 자주 등장하며(예를 들어 그리스도교에서는 "예수" 이름을 반복해서 부르는 기도), 성 이냐시오 또한 이른바 "세 번째 기도 방법"에서 호흡의 리듬에 맞춰 단어를 발음할 것을 권장했다. 여기서 강조되는 것은 단조로움과 리듬감이다.[53] 이러한 범주에는 묵주기도나 호칭기도도 포함된다. 특히 로레토의 성모 호칭기도(Litany of Loreto)[54]는 원래 반복적인 리듬을 중시하는데, 아쉽게도 번역 과정에서 이러한 리듬감을 잘 살려내지 못하고 있다.

물론, 이러한 단조로운 반복과 리듬감은 그에 상응하는 내적 태도가 동반될 때 긍정적인 효과가 있으며, 그렇지 못할 때는 오히려 방해 요인이 될 수도 있다. 예를 들어, 잠을 자려고 할 때 물방울이 떨어지는 소리는 수면을 방해하기도 한다.

---

53) 〔옮긴이 주〕 이냐시오의 『영신 수련』 258항에서는 다음과 같이 설명하고 있다. "세 번째 기도 방법은 리듬을 이용하는 기도이다(…). 세 번째 기도 방법은 호흡, 즉 들숨과 날숨을 이용하여 주의 기도나 다른 기도의 한 단어를 말하면서 마음속으로 기도하는 것인데 한 호흡과 다음 호흡 사이에 하나의 단어를 말하는 식으로 한다. 그리고 호흡과 호흡 사이에는 그 단어의 뜻이나 기도가 지향하는 분을 생각하거나, 이와 같은 형식과 규칙에 따라 한 단어씩 천천히 주의 기도를 바친다." 로욜라 성 이냐시오, 『영신 수련』, 정체천 옮김, 이냐시오 영성연구소, 103쪽.

54) 〔옮긴이 주〕 로레토 호칭기도(Litany of Loreto) 혹은 라우레타노 성모 호칭기도(Litanie Lauretanee)는 1558년에 카니치오(Petrus Canisius, 1521~1597)에 의해 『라우레타노 성모 호칭기도』(*Litanie Lauretane*)로 출판되며, 16세기 이탈리아 로레토 성모 성지(Sanctuary of Loreto)에서 순례자들을 통해 암송되어 왔다. 이 기도의 각 구절은 "성모 마리아"를 향한 호칭으로 시작하며, 신자들이 "우리에게 자비를 베푸소서" 또는 "우리를 위하여 빌어 주소서"라는 응답을 리듬감 있게 반복하며, 성모 마리아의 다양한 역할과 품위를 기리기 위해 다양한 칭호를 붙여 찬미와 간구를 드리는 형식으로 구성되어 있다. 이 호칭기도는 개인 기도뿐만 아니라 공동체가 함께 기도할 때 자주 사용되고 특히 성모 마리아와 관련된 기념일, 축일이나 예식에서 많이 낭송되며, 성모 마리아를 향한 깊은 신앙과 사랑의 표현을 통하여 가톨릭 신자들에게 영적 위로와 평화를 주는 전통적인 기도문으로 널리 알려져 있다.

우리나라에서는, 특히 이 기도문을 축약하고 편집한 "오라토리움"(Oratorium) 기도를 사제를 양성하는 신학교에서 매주 토요일 혹은 성모 성월에 바치고 있다.

묵상을 관념운동(ideomotor)에 적용해 보는 것은 집중력을 돕는 또 다른 방법이 될 수 있다. 관념운동은 무서운 장면을 상상하면 몸이 긴장하거나 손이 떨릴 수 있는 것처럼, 머릿속에 떠오르는 감정이나 이미지의 심상이 신체 반응을 자동으로 자극하는 것과 관련된다. 즉 이 이론은 사람이 의식적으로 행동을 취하기로 결정하지 않았을지라도 신체운동과 관련된 생각만으로도 무의식적인 근육 운동 반응을 일으킨다는 현상을 설명하며, 영국 생리학자 카펜터(William Benjamin Carpenter)의 이름을 따서 카펜터 효과(Carpenter Effect)라고 불린다.

그는 사람이 어떤 움직임을 관찰하거나 상상하는 것에 집중하는 동안, 상상과 생각만으로도 그 행동을 실제로 실행하려는 경향이 나타나고, 해당하는 근육 신경이 자극받고 활성화된다는 사실을 입증했다. 미국의 실험주의 심리학자 윌리엄 제임스(W. James)는, 생각이 실제로 신체의 무의식적인 움직임을 유도하는 이 이론을 심리학적 원리로 인정했고, 이후 이 현상은 "관념운동의 법칙"(legge ideomotoria) 또는 "관념적 실재의 법칙"(legge ideoreale)으로 불리게 되었다. 이 법칙은 기본적인 신체 반응이나 행동을 이해하고, 감정이나 생각이 몸짓이나 표정으로 어떻게 나타나는지 설명하는 데 중요한 역할을 한다. 또한 어떤 생각이나 상상이 무의식적으로 신체에 반응을 일으킬 수 있다는 점에서 최면이나 암시 현상을 설명하는 데 사용된다.[55] 결국 관념운동 법칙은 우리의 생

---

[55] Cfr. "Ideomotoria/legge", in W. Arnold / H.J. Eysenck / R. Meili, *Dizionario di Psicologia*, Paoline, Cinisello Balsamo(Mi), 1986.

각이나 감정이 어떻게 신체의 무의식적인 반응을 끌어내고, 또한 생각과 감정이 의도적으로 억제될 경우 어떻게 신체운동과 반응이 차단되는지 이해하는 데 도움을 주는 중요한 이론이라 할 수 있다.

관념운동의 예는 수없이 많다. 거의 모든 사람이 고소공포증을 알고 있다. 매우 높은 곳에서 아래를 내려다보게 되면, 우리는 자동 반사적으로 그 가장자리 경계에서 뒷걸음치게 된다. 왜냐하면 아래로 떨어질 수 있다는 생각 자체가 근육을 움직이게 하기 때문이다. 그래서 높은 곳에 있을 때는 아래를 보지 말고 위를 보거나, 눈을 감고 평지에 있다고 생각하는 것이 도움이 된다. 이러한 관념운동의 원리는 "아우토겐 트레이닝"(자율훈련법, Autogenes training)[56]에서 많이 사용된다. 묵상 안에서도 "나는 지금 아주 평온하고 편안하다"라는 아우토겐 훈련법을 적용해 본다면 집중에 많은 도움이 될 것이다.

4. 묵상의 유형

지금까지 언급된 모든 것은 단지 묵상을 위한 준비 과정일 뿐이다. 또한 집중과 내적 평온함을 돕는 음악 감상, 그림 그리기, 꽃꽂이 예술 등도 이러한 묵상 준비 과정에 속한다. 하지만 이런 활동은 아직 묵상 자체가 아니라, 집중의

---

56) 이 책 '제3부'의 각주 50번을 참조하시오.

기술이라고 말할 수 있다.

이제 본격적으로 묵상기도의 유형을 다루면서, 특별히 전형적인 서양 그리스도교 문화에 더 친숙한 유형에 초점을 맞출 것이다. 아울러 이러한 유형을 살펴보는 과정에서, 묵상 안에서 일어나는 정신적 과정과 심리적 측면을 주목하게 될 것이다.

1) 상상(이미지) 묵상

이 묵상 방식은 특히 단체 기도 모임에서 점점 더 인기를 얻고 있다. 이 기도 안에서는 이미지를 상상하거나 떠올리는 것이 일종의 자극이 되어, 내면의 기억, 감정(사랑, 슬픔, 기쁨, 불안 등)이 활성화된다. 이미지를 상상하거나 떠올리는 동안 정확히 무슨 일이 일어나는가? 우리의 무의식은 기억, 인상, 막연한 반응들로 구성되어 있으므로, 같은 자극에도 사람마다 저마다 다르게 반응한다. 떠오르는 이미지에 집중하고 응시할 때 이미지의 세밀한 부분이나 요소 안에서 자기 자신을 발견하고 인식하여, 자신의 불확실한 기억과 감정이 새로운 형태와 의미를 갖추게 되는 심리적 효과를 얻게 된다.

이미지를 관상할 때 중요한 것은 얻고자 하는 목표나 결과를 미리 정해 놓지 않으며, 대신 이미지가 떠오르는 대로 스스로 이끌리도록 내버려두어야 한다. 게다가 이를 위해서는 이미지를 비판적인 눈으로 바라보지 말고, 내적 움직임에 자신을 맡겨야 한다. 이러한 묵상은 적어도 30~45분 동안 지속되어야 한다.

소그룹으로 이미지나 상상을 통한 묵상을 할 경우, 다음과 같은 몇 가지 규칙을 준수해야 한다. 첫째, 묵상이 끝난 후 각 참가자는 자신이 받은 인상과 반응을 표현할 기회를 가져야 한다. 둘째, 이 의사소통 과정은 단지 몇 단어나 몇 마디 말이 아닌, 최소한 한 문장으로 표현되어야 한다. 셋째, 기도의 내용을 나누는 사람과 경청하는 다른 참가자들 사이의 논쟁은 피해야 한다. 넷째, 참여자들의 집중력을 흐트러뜨리고 내면의 평온함을 깨뜨릴 수 있기 때문에, 농담이나 가벼운 말은 허용되지 않는다.

2) 단어 및 구절 묵상

단어 및 구절 묵상은 역동적인 면에서 이미지 묵상과 비슷하지만, 내적 자극을 활성화해 주는 것이 단어나 문장이라는 점에서는 다르다. 이러한 묵상 방식은 동양과 서양에 모두 잘 알려져 있다. 이는 단어나 문장을 소리 내어 발음하고 그것이 개인에게 미치는 영향을 느껴 보는 방식이다. 이 묵상 방법에 대한 비판 중 하나는 단어나 문구가 대개 문맥에서 벗어나 있다는 것이다. 그러나 심리학적 관점에서 보면, 문맥과 무관하더라도 이러한 단어나 문장 또한 주관적인 의미를 통해 개인의 감정에 독립적으로 영향을 미칠 수 있다는 점을 고려할 필요가 있다. 단어나 구절 묵상에서 주로 사용되는 단어로는 사랑, 자비, 선함, 혹은 "예수 그리스도는 주님이시다" "하느님은 위대하시다" "하늘에 계신 우리 아버지" 등이 있다.

3) 성경 묵상

성경 묵상은 성경의 특정한 주제나 내용을 중심으로, 자신의 삶이나 내면과 연결 지어 깊이 숙고하고 성찰하는 묵상의 한 형태이다. 쾨스터(P. Köster)[57]는 성경 묵상의 본질을 "소중한 거울 조각이 묻혀 있는 들판"에 비유하며 설명했다. 즉 성경 묵상은 마치 값비싸고 귀한 거울 조각이 숨겨져 있는 들판과 같으며, 어떤 사람이 그곳을 지나가다가 땅속에 반쯤 묻혀 반짝거리는 거울 조각을 발견하게 된다. 그는 그 조각을 집어 들고 더욱 가까이 살펴보며, 반사된 거울 조각에 비치는 자기 모습을 본다. 이에 자극받은 그는 나머지도 마저 찾기 위해 계속해서 땅을 파는데, 이는 결국 자신에 대해 더 많은 것을 발견하고 자신을 더 깊이 알아가는 과정이라고 할 수 있다. 이처럼 실제로 성경 묵상은 성경의 한 단락이나 문장, 구절 또는 이미지나 단어 안에서 자기 자신을 발견하고 인식하는 순간부터 시작된다. 자신에 대한 이러한 이해나 인식이 없다면, 진정한 의미에서 묵상이라고 할 수 없으며 단지 성경을 봉독하는 것에 불과할 뿐이다.[58] 성경 묵상은 다음의 세 가지 단계로 구성된다.

---

57) [옮긴이 주] 쾨스터(Peter Köster S.J.)는 예수회 사제로서 철학과 신학 및 문헌학을 공부했으며, 1981년부터 1997년까지 독일어권 IMS(Further Training Institute of the Orders)의 책임자로서 신학-영성 부서를 담당했다. 그는 성서-인간학적 기반 위에 영성생활을 연구해 왔으며, 수십 년 동안 영적 동반과 피정 지도를 맡아 왔다.

58) Cfr. P. Köster, *Ich gebe euch ein neues Herz*, Verlag Kath, Bibelwerk, Suttgart, 1978, p.32.

(1) 인식

성경 묵상 안에서 "인식"은 자신의 삶에 의미 있는 무언가를 발견하는 것을 의미한다. 성경의 본문이나 사화를 묵상하는 사람은 그 내용이 자신에게 개인적인 울림으로 다가오는 것을 느껴야 한다. 따라서 성경을 묵상하는 이는 자신의 마음에 와닿는 부분을 식별할 때까지, 스스로 본문을 깊이 이해하고 탐구해야 한다. 이를 통해 그는 자신에게 위안이나 큰 자극을 주는 진리를 발견할 수 있다. 따라서 성경 묵상은 단순히 성경을 읽는 것이 아니라, 하느님 말씀과 인격적으로 만나는 것이다. 이러한 관점에서 데이비드 레이(David A. Ray)[59]는 성경 묵상을 성경의 내용 자체가 아닌, "내용의 의미를 묵상하는 것"이라고 정의했다.[60]

(2) 인내

성경 묵상 과정에서 "인내"는 의미 있는 본문에 머물면서 그 의미를 충분히 이해할 때까지 다른 주제로 넘어가지 않는 것을 의미한다. 모든 묵상의 황금률 중 하나는 "절대 서두르지 않는 것"이다. 묵상 중에는 긴장을 느끼거나 압박에

---

[59] 〔옮긴이 주〕 데이비드 레이(David A. Ray)는 1977년에 출간된 책인 *The Art of Christian Meditation: A Guide to Increase Your Personal Awareness of God*의 저자로, 이 책에서 그는 시편 46편 10절을 깊이 성찰하며 내면의 고요함을 배우는 과정으로서 묵상이 그에게 어떻게 영적 성장을 가져다주었는지를 설명한다. 레이는 그리스도교 묵상 방법에 많은 영향을 미쳤으며, 그는 성경 묵상이 단순히 성경을 읽는 것이 아니라, 특정한 구절이나 사건에서 개인적인 의미를 발견하고 내면의 변화를 경험하는 것임을 강조한다.

[60] Cfr. D. Ray, *The Art of Christian Meditation*, Tyndale, Wheaton, 1977, p.17.

쫓기는 일이 없어야 하고, 마치 시간이 멈춘 것처럼 느끼며 그 시간에 온전히 머무르는 것이 중요하다. 즉, 항상 현재의 순간에 머물며, 지금 경험하고 있는 것을 직접 온전히 느끼는 것이 중요하다.

(3) 심화

성경 묵상의 마지막 과정은 심화 단계이다. 묵상을 하는 이가 선택한 본문을 바탕으로, 그 본문이 담고 있는 다양한 의미와 함의를 깊이 탐구하는 과정이 시작된다. 심화 단계에서는 본문에서 나오는 단어나 표현들이 내포하는 깊은 뜻과 그 본문에서 유추되는 다양한 신학적·정서적 참조를 여러 가지 측면에서 분석한다. 여기서는 본문에서 다루는 내용이 얼마나 넓은지, 혹은 얼마나 다양한 주제를 포함하는지는 중요하지 않고, 그 본문을 얼마나 깊이 이해하고 파고드는지가 중요한 사항이다. 또한 묵상 후에 같은 주제를 여러 번 다시 숙고하거나 성찰하는 것이 심화 단계에 도움이 된다. 즉 묵상하는 이가 같은 본문이나 주제의 묵상을 반복하면 할수록 점점 더 깊은 의미를 발견하게 된다.

4) 관심

그리스도교 전통에서 관상은 묵상의 최고 수준의 단계로 간주되어 왔다. 관상은 "내적인 눈"으로 사건을 바라보는 것과 같다. 이냐시오 성인은 예수님의 탄생 사건을 묵상하는 이가 주님의 작은 종으로서 예수님을 바라보고 말씀을 듣고 대화를 나누며, 마치 자신이 그 사건과 장면에 실제로 참여하는 것처럼 구체적이고 세세한 내용으로 몰입하여 들어가 볼 것을 제안했다.

묵상과 관상 사이에는 약간의 차이가 있다. 묵상 안에서는 인식 과정이 점진적으로 진행되는 반면, 관상 안에서는 주로 무의식에 의해 감정적·직관적 과정으로 진행되며 인식 과정은 오히려 퇴행한다. 프랭클은 창의적이고 영적인 무의식의 존재를 인정하면서, "무의식의 개념"을 제시했다. 영적 무의식은 아직 의식적으로 정의되거나 주제화되지 않은 존재나 경험을 담고 있다. 즉 우리의 정신이나 영혼의 깊은 곳에는 우리가 아직 완전히 의식하거나 깨닫지 못한 존재나 진리가 있으며, 이러한 것들이 영적 무의식 속에 잠재되어 있다. 이 무의식적인 존재는 관상을 통해 시간이 지나면서 점차 드러나고, 의식적으로 인식되거나 이해될 수 있게 된다.[61)]

5. 묵상의 어려움

우리는 앞서 묵상의 긍정적 효과에 관해 이야기해 보았다. 대개 묵상은 이런 긍정적 효과와 더불어 모든 사람에게 조건 없이 권장되기 때문에, 여기서 묵상으로 인한 위험 요소에 대해 언급하는 것은 다소 논란의 여지가 있을 수 있다. 그럼에도 불구하고, 모든 종교적 실천이 원칙과 기준 없이

---

61) Cfr. V.E. Frankl, *Dio nell'inconscio*, E. Fizzotti, Morcelliana, 1990.

무조건 모든 사람에게 권장될 수 있는 것은 아니며, 우리 각자는 자신의 영생생활의 고유한 스타일을 찾아야 한다. 다음과 같이 묵상 안에서의 몇 가지 위험 요소를 제시해 볼 수 있다.

1) 불안

심리적 기능과 관련하여, 묵상 중 과도한 이완 상태로 긴장이 풀어지면 자아를 통제하는 능력을 잃고, 무의식적인 상태로 접어들어 갑작스럽게 불안한 감정이나 생각이 떠오를 수 있다. 행동주의 심리학에 따르면, 사람은 끊임없이 외부의 시각, 청각, 촉각 등의 정보를 받아들이면서 외부 환경과의 상호 관계에서 안정감을 느끼고, 스스로를 통제하고 있다고 느끼게 된다. 하지만 이완 상태에서는 외부 세계와의 감각적 접촉이 감소하게 된다.[62]

이렇게 묵상 중 이완된 상태에서 인간은 외부 세계와 분리되어 자신의 내부에서 일어나는 예측할 수 없는 자극을 불편하고 낯설게 느끼게 된다. 이 상황에서는 더욱이, 외부 자극이 줄어들면서 자신의 방어 기제도 약화된다. 예를 들어 가수면 상태나 공상에 빠져 있을 때는 자신의 행동에 대한 인식이나 자제력이 약해지기 때문에, 덜 의식적으로 반응하거나 본능적이고 즉흥적인 행동을 할 수 있다. 행동의 결과에 대해 완전히 인식하지 못하게 되므로, 이 경우 자신의 행

[62] Cfr. F.B. Skinner, *About Behaviorism*, Knopf, New York, 1974, p.189.

동에 대한 책임을 덜 느끼게 될 수 있다. 결과적으로, 생각, 기억, 죄책감, 이미지와 같은 내적 자극과 감정이 내면에서 더욱 두드러지게 떠오르면서 마음을 어지럽히고 불안하게 만들 수 있다.

그러므로 특히 묵상 초심자에게는 묵상 중에 겪은 경험에 대해 함께 이야기할 수 있는 누군가가 동반해 주는 것이 중요하다. 실제로 상담 과정에서도 강한 영적 체험을 한 후 오히려 두려움과 불안을 느끼는 사람을 드물지 않게 만나게 된다. 더욱이 이런 사람에게는 욥의 불행, 이집트에서 요셉의 고난, 세례자 요한의 비극과 같은 지나치게 무거운 묵상 주제를 계속해서 선택하지 않도록 하는 게 좋다. 대신 착한 목자나 예수님의 부활과 같은 마음을 안정시켜 주는 주제를 선택하는 것이 바람직하다.

물론 앞서 언급한 위험이 반드시 나타나는 것은 아니며, 모든 것은 개인의 정신적 저항력에 달려 있다. 그러나 원칙적으로 묵상은 다른 영적 실천과 비교해 볼 때, 특히 영적 균형의 다양한 메커니즘이 요구되는 새로운 체험을 의미한다. 따라서 묵상은 정신적으로 쇠약한 사람이나 불안과 우울증에 시달리는 사람에게는 권장되지 않는다. 왜냐하면 묵상이 그들의 문제를 해결하는 데 도움이 되기보다는 오히려 증상을 악화시킬 수 있기 때문이다. 묵상은 어느 정도 정신적·심리적 균형이 잡힌 사람에게 적합하며, 정신적으로 불안정한 사람에게는 묵상보다는 심리상담이나 심리치료가 더 우선적으로 필요하다.

2) 거짓된 태도

그룹이나 단체에서 이루어지는 묵상이나 이에 대한 나눔은 자칫 거짓된 태도를 유발할 위험이 있다. 단체나 그룹은 개인에게 심리적 압박을 가하는 것처럼 느껴질 수 있으며, 이에 따라 누구도 자신의 모든 비밀을 다른 구성원들과 공유하려 하지 않게 된다. 그럼에도 불구하고 그룹이나 집단이 개인에게 모든 것을 공유하기를 강요한다면, 개인은 가면 뒤에 숨거나 진실하지 않은 방식으로 행동할 수 있다. 또한 묵상 중에 얻은 통찰이나 감정적 경험은 깊이 생각하고 표현할 시간이 필요하지만, 대부분의 그룹 활동에서는 제한된 시간 때문에 구성원 각자가 경험한 모든 것을 논의하는 과정이 충분히 이루어지지 않을 수 있다. 이러한 시간의 부족은 자신이 중요한 경험을 했음에도 불구하고 자신이 느낀 것을 표현하거나 공유할 기회를 얻지 못함으로 인해서 무력감이나 좌절감을 느낄 수 있다.

6. 묵상의 한계

묵상은 삶의 모든 문제를 해결해 줄 만능 해결책이 아니다. "묵상에만 집중하면 모든 문제가 해결될 것이다"라고 말하는 것은 옳지 않다. 따라서 이와 관련된 몇 가지 오해와 편견을 강조할 필요가 있다.

1) 묵상 자체가 사람을 성숙하게 만들지는 않는다

묵상이 즉각적인 긍정적 효과를 가져다준다는 점은 의심의 여지가 없다. 예를 들어, 묵상은 사람을 더 차분하고 신중하게 만들며, 내적 평화를 가져다준다. 또한 자기 평가를 향상시키며, 많은 내적 장애로부터 자유롭게 해 준다. 그러나 묵상만으로는 의지나 지성이 강화되는 것을 기대하기는 힘들다. 그럼에도 묵상을 통해 성숙해졌다고 착각에 빠지기 쉽다. 하지만 묵상 후에 기분이 좋아지거나 적어도 나아졌다고 해서, 실제로 더 성숙한 사람이 된 것은 아니다.

2) 묵상 자체가 자동으로 긍정적 효과를 가져오지는 않는다

깊은 묵상의 실천은 자기 삶의 본질과 존재의 심연과 만나도록 이끌기 때문에 일종의 "카타르시스"(정화)를 불러일으킨다. 이처럼 묵상은 내면의 평화와 정화를 도울 수 있지만, 지속적인 성장을 위해서는 묵상의 과정에서 드러난 문제점을 객관적으로 잘 다루고 해결하려는 내적 정화의 노력이 필요하다. 그렇지 않으면 영적 성장에 새로운 장애가 될 수 있으며, 영적으로 판단하고 식별하는 과정을 방해할 위험이 따른다. 이러한 위험성은 소위 "초월명상"(Transcendental Meditation)[63]

---

63) 〔옮긴이 주〕 초월명상(Transcendental Meditation, TM)은 인도 베다 시대의 전통에 기원을 두며, 마하리시 마헤쉬 요기가 만든 명상법으로 전 세계에서 가장 널리 수행하는 명상법 중의 하나이다. 초월명상은 호흡에 정신을 집중시키고 만트라(mantra)를 되풀이해서 외우며 마음을 차분히 가라앉히고 내적 평온함에 머무는 명상법으로, 이 수행법은 자기 존재의 가장 깊은 내면으로

에서 특히 지적된 바 있다.

묵상이 영적 성장에 방해가 되는 또 다른 경우는, 자신의 온 마음을 다해 진정성 있는 묵상을 하지 않거나, 자신의 문제를 회피하면서 단지 의무로만 임하게 될 때이다. 문제가 해결되지 않고 지속되면, 묵상이 단순한 의식이 되어 버리거나 내적 갈등을 유발할 수 있다. 이러한 상황에서 균형을 회복하려면 문제를 직면하여 해결하거나, 묵상을 중단하여 다른 방식으로 문제를 해결하는 과감한 결단이 필요하다. 최악의 경우 묵상 그 자체가 목적이 되어 버려 개인의 도덕적·직업적 삶과 단절된 상태로 이어질 수 있으며, 이에 따라 종교적 정신 분열 증상이 나타날 수도 있다. 즉 묵상과 실제 삶 사이에 괴리가 생기고, 궁극적으로는 영적 성장에 방해가 될 수 있다.

따라서 정기적인 묵상은 일상 안에서도 자신의 내면과 접촉할 수 있는 성숙한 사람에게만 권장될 수 있다. 이냐시오 성인은 묵상 이후에도 내면의 경험을 단순히 흘려보내는 것이 아니라, 지속적인 "의식 성찰"을 통해 묵상 내용을 정리하여 삶 속에 적용하고 실천하는 시간이 필요하다고 말했다. 사투라(Satura)[64]에 의하면, 규칙적인 묵상은 규칙적인 영성

몰입하게 하여 스트레스나 긴장을 이완시켜 주고 몸과 마음을 정화해 주며, 생명의 본질, 지혜, 창의력, 평화, 모든 행복의 근원을 찾게 해 준다고 알려져 있다.

64) 〔옮긴이 주〕 사투라(Satura)는 라틴어에서 유래한 개념으로, 고대 로마 문학과 철학에서 주로 사용하던 문학의 한 양식이다. 일반적으로는 사회적·정치적 문제를 비판하거나 풍자하는 작품이나 다양한 주제와 형식을 혼합하여 표현한 작품을 가리킨다.

생활을 살아가는 사람에게 적합하다고 강조하고 있다.

7. 집중을 방해하는 요인

우리가 살펴본 바와 같이, 묵상은 적어도 심리적 과정의 측면에서 여러 조건에 의해 영향을 받는다. 묵상의 집중을 방해하는 세 가지 주요 요인은 다음과 같다.

1) 산만함

영성생활을 열심히 살아가는 사람조차 묵상할 때 자주 주의가 산만해지고 집중이 잘되지 않는다고 호소한다. 산만함 속에서는 묵상 중에 생각이 다른 곳으로 떠나버려서, 우리가 생각하고 있던 주제와 상관없는 다른 생각이 자주 떠오르게 된다. 이때 우리는 자신이 주제에서 벗어난 생각을 하고 있다는 사실을 깨닫지 못하기도 한다. 또한 산만함 속에서 어떤 생각이 끈질기게 떠오르며 계속 반복되다 보면, 그것이 마치 우리의 영혼을 침범하고 마음을 지배하는 것처럼 강하게 느껴질 수 있다.

집중력 부족과 산만함은 그 원인을 분석함으로써 줄일 수 있다. 그 원인은 피로나 수면 부족, 또는 단순히 불편한 자세와 같은 신체적인 것일 수 있다. 하지만 산만함과 집중력 부족에 대한 해결책은 분명 그 원인을 제거하는 것이다.

산만함에는 또한 걱정이나 과도한 노력 등과 같은 심리적 원인이 있을 수 있다. 이 경우의 해결책으로 집중력을 향상시키는 기법을 사용하거나, 걱정이나 불안한 생각을 기도나 묵상으로 전환해서 마음을 차분하게 만드는 방법이 있다. 하지만 그럼에도 불구하고 산만함이 계속된다면, 지속적으로 떠오르는 분심을 없애기 위해 전략을 바꿔 볼 수 있다. 안소니 드 멜로(A. de Mello)는 다음과 같은 기술을 제시한다.

> "눈을 감거나, 더 도움이 된다고 느끼면 반쯤 뜨고 있어도 됩니다. 이제 마음속에 떠오르는 모든 생각을 관찰하세요. (…) 마치 창문에 서 있는 사람이 거리를 지나가는 사람들을 지켜보듯이 생각을 관찰하는 것입니다. (…) 이렇게 잠시 생각을 관찰한 후, 자신이 생각하고 있다는 사실을 인식하세요. 자신에게 '나는 생각하고 있다. (…) 나는 생각하고 있다. (…) 혹은 더 짧게 '생각하고 있다. (…) 생각하고 있다. (…)'라고 내면적으로 말해 보세요. 만약 생각이 떠오르지 않고 마음이 빈 상태라면, 다음 생각이 나타날 때까지 기다리세요. 생각이 나타나면 그것이 떠오른 것을 인식하거나, 자신이 생각하고 있다는 사실을 깨닫도록 하세요. 이 연습을 3~4분 동안 계속하세요. 이 연습을 하면서, 놀라운 발견을 할 수도 있습니다. 자신이 생각하고 있다는 사실을 인식하고 있을 때, 모든 생각이 일시적으로 멈추는 경향이 있다는 것입니다!"[65]

---

[65] Cfr. Anthony de Mello S.J., "Exercise 4: Thought Control". *Sadhana. A way to God: Christian Exercises in Eastern Form,* An Image Book, Doubleday, 1984.

이는 프랭클이 사용했던 주요 상담 기법의 하나인 "역설적 의도법"(paradoxical intention)[66]에 속한다. 이 기법을 이용해 생각이 더 이상 떠오르지 않게 되면, 이제 곧바로 묵상으로 되돌아갈 수 있게 된다.

2) 영적 메마름

"영적 메마름"이라는 용어는 묵상 안에서 아무런 위안을 찾을 수 없으므로, 묵상을 지속하기 위해 추가적인 노력을 기울여야 하는 정신적 상태를 설명하는 데 사용된다. 영적 메마름의 시기에는 가장 아름다운 생각조차 아무런 반향을 일으키지 않는 듯하고 영혼은 공허함을 느끼며, 묵상은 무거운 짐처럼 느껴지고 묵상의 시간은 마치 낭비되는 것처럼 여겨진다.

영적 메마름과 분심의 경계를 구분하는 것은 쉽지 않지만, 영적 메마름은 산만함으로 인해 발생할 수도 있다. 또한 영

---

66) Cfr. Viktor E. Frankl, *Man's Search for Meaning*, Pocket Books, 2006. 〔옮긴이 주〕 사람들이 특정한 생각이나 감정, 행동을 억제하거나 통제하려고 할수록 그 문제가 더 심화된다. 역설적 의도법(paradoxical intention)은 이때 사람들이 피하려고 하는 바로 그 행동이나 생각에 오히려 의도적으로 참여하도록 유도함으로써 불안이나 강박의 순환을 끊을 수 있게 하는 심리학적 기법을 말한다. 예를 들어, 사람이 공공장소에서 얼굴이 빨개지는 것을 두려워한다면, 역설적 의도는 그 사람이 일부러 얼굴을 빨갛게 하려고 시도하는 것이다. 이 접근방식은 두려워하는 결과를 피하려고 하지 않게 만들어, 힘을 빼고 더 편안하게 되며 불안의 순환에서 벗어날 수 있게 한다.

이 기법은 오스트리아의 신경학자이자 정신과 의사인 빅터 프랭클(Viktor E. Frankl)의 치료법인 로고테라피(logotherapy)의 주요 상담 기법의 하나로서, 사회적 불안, 강박 행동 등 여러 상황에서 유용하게 적용될 수 있다.

적 메마름은 도덕적인 원인에 의해 발생할 수 있다. 만약 사람이 죄와 결점, 태만과 쾌락으로 인해 자기 안에서 평화롭지 못하다면, 묵상은 실제 삶과 분리될 수 없으므로 묵상을 통해 하느님 앞에 나아갈 용기조차 없을 것이며, 묵상 자체가 부담으로 여겨질 것이다.

하지만 영적 메마름은 또한 초자연적인 원인으로도 발생할 수 있는데, 이 경우 영적 메마름의 상태는 성장을 위한 위기라 할 수 있다. 하느님께서는 우리가 단순히 일상적인 신앙생활을 넘어서, 더 큰 사랑과 헌신을 통해 관대하고 열린 마음으로 신앙의 깊이를 충실히 더해가기를 원하시며 우리를 초대하신다. 따라서 이럴 때는 성령께서 우리에게 원하시는 것이 무엇인지 물어야 한다.

3) 어둔밤[67)]

이 상태는 "영적 실망" 혹은 "영적 슬픔"이라고도 불리며, 묵상에 대한 거부감을 느끼고 하느님으로부터 버림받은 것처럼 느껴지는 영혼의 상태를 일컫는다. 리지외의 소화 데레사 성녀는 이러한 상태를 다음과 같이 탁월하게 묘사한다. "나는 어둠 속에서 목소리를 듣는 듯했다. '너는 언젠가 주님께서 위로와 기쁨을 주신다는 꿈을 꾸며, 이 밤에서 벗어

67) 〔옮긴이 주〕 십자가의 성 요한은 어둔밤을 "그 안에서 영혼이 지혜와 사랑과 기쁨을 만끽하는, 사랑이 넘치고 조용하며 평온하지만 혼란스러운 인식"의 밤이라 표현하였다(『가르멜의 산길』 2권 14장, 2). 십자가의 성 요한은 영혼의 네 가지 "어둔밤"에 대해 설명한다.

날 수 있을 것으로 생각한다. 하지만 네 꿈은 환상일 뿐이다. 너는 죽음을 기뻐할 수 있겠지만, 죽음은 네가 기다리고 있는 것을 주지 않을 것이다. 오히려 더 깊고 어두운 밤, 아무것도 없는 밤만 있을 뿐이다.'" 이처럼 이런 영혼의 상태에서는 모든 외적인 버팀목이 산산이 무너지는 것처럼 느껴지고, 유일하게 남아 있는 것은 오직 믿음뿐이다.

이 영혼의 어둔밤의 진정한 원인은 영혼 깊은 곳에서 이루어지는 정화이며, 이는 하느님께서 영혼을 신비적 일치로 이끄신다는 표징이다. 이러한 경험의 초월적 기원을 식별하는 데 도움이 되는 기준은 다음과 같다. 첫째, 완덕을 향한 진지한 열망이 지속되어, 여전히 진심으로 영적 성숙과 완덕을 추구하게 된다. 둘째, 묵상의 모든 어려움에도 불구하고 도덕적 삶에서 진보하여, 겸손하고 자비로우며 타인에게 세

첫 번째 밤(감각의 능동적인 밤)은 능동적으로 복음을 읽고 기도하는 등 영적 실천에 힘씀으로써 영적 만족과 마음의 평화를 누리는 시기이다.

두 번째 밤(감각의 수동적인 밤)은 앞에 말한 영적 수련과 수덕의 실천에서, 오히려 기도가 잘 되지 않고 메마름과 두려움을 느끼거나 더 이상 아무런 느낌을 받을 수 없는 시기이다. 그러나 이때야말로 하느님의 은총에 의해 영혼이 정화되는 때이다.

세 번째 밤(영혼의 능동적인 밤)은 마음의 감각으로는 영적 기쁨이나 위안, 평화를 느낄 수 없더라도 이와 상관없이 하느님을 사랑하고 하느님의 현존을 받아들이려고 노력하는 시기이다. 이 단계에서는 하느님의 현존이 자신의 주관적 느낌이나 이성을 초월한다는 것을 인식하기 시작한다.

네 번째 밤(영혼의 수동적인 밤)은 하느님의 현존 자체를 더 이상 느낄 수 없게 되면서, 하느님께 버려졌다고 느끼거나 자신의 존재 가치에 대한 부정, 공허, 두려움과 어둠을 직면하는 시기이다. 이 단계에서는 자신의 자아가 완전히 소멸되고 가장 깊은 영혼의 정화가 이루어지며 영혼은 하느님과 참된 일치를 경험하는 "신비체험"을 하게 된다. 참조: 십자가의 요한, 『가르멜의 산길』, 방효익 해설·역주, 기쁜소식, 2012; 십자가의 요한, 『어둔밤』, 방효익 해설·역주, 기쁜소식, 2012; 마누엘 루이스 후라도, 『영적 식별』, 박일 옮김, 가톨릭대학교출판부, 2010, 304~306쪽.

심한 주의를 기울이는 도덕적 덕목이 더욱 깊어진다. 심리학적 관점에서 볼 때, 의지는 흔들리지 않고 온전히 유지되며, 하느님께 점점 더 헌신하고 협력으로 나아간다. 셋째, 이전에 하느님께 받았던 은총에 대한 기억이 지배적이고, 하느님을 향한 그리움과 갈망이 영혼을 지배하게 된다. 넷째, 비록 묵상과 기도가 아무런 열매를 맺지 못하는 것처럼 보일지라도 내면의 활동인 관상과 자아 성찰은 여전히 온전하게 유지되고, 영혼은 여전히 하느님과의 관계에 충실하며 그분의 현존 안에 살아가고 있다.[68)]

영성의 대가들은 우울감과 영혼의 어둔밤을 혼동하지 않도록 주의하라고 경고한다. 우울감의 특징은 믿음과 삶의 기쁨을 상실하고 영적 공허감을 느끼는 것이다. 십자가의 성 요한은 영혼의 어둔밤을 이렇게 묘사한다. "감정이 좀처럼 느껴지지 않음에도 불구하고, 영혼은 여전히 살아 있다." 다시 말해, 우울한 사람은 자신에게만 집중하지만, 어둔밤을 겪는 사람은 여전히 하느님께로 향하며 당신 사랑의 법칙에 따라 인도되도록 자신을 내어 맡긴다. 따라서 우울감을 극복하기 위해서는 묵상하기보다는 심리치료를 받는 것이 요구된다.

68) Cfr. V. Marcozzi, *Ascesi e psiche*, Morcelliana, Brescia, 1963, pp.132~135.

제4부

덕의 심리학

규칙적인 영성생활이 결실을 맺는 열매는 바로 '덕'이다. 전통적 정의에 따르면, 덕이란 선을 행하기 위해 몸에 밴 습관이다. 심리적 맥락에서 덕은 통합적 훈련을 통해 학습되어 굳어진 행동 방식을 뜻한다.

제 1 장

용서와 화해

1. 심리학적·신학적 고찰

최근 몇 년간 용서에 대해 전문적으로 다룬 문헌들이 놀라울 정도로 증가했으며, 동시에 용서의 개념을 명확히 하려는 시도도 늘어났다. 학자들은 죄를 사면해 준다는 의미에서 "면죄"와 용서를 구별하고, 또한 시간의 경과로 잊히는 "망각"과 용서를 구별하는 데 주의를 기울여 왔다. 게다가 용서는 "화해"와도 같지 않다. 왜냐하면 용서가 반드시 화해로 이어지는 것은 아니기 때문이다. 그리고 용서와 "사과"는 서로 다른 심리적 과정으로 이루어지기 때문에, 이 둘 역시 구별되어야 한다. 하지만 용서를 다루는 전문적인 문헌들은 이러한 심리적 과정에 대해서는 비교적 적게 다루고 있다.

게다가 용서라는 주제는 일반적으로 받아들일 만한 답변을 제시하기 어려운 많은 심각한 문제를 제기한다. 이는 '용서'가 매우 복잡한 개념이기 때문이다. 예를 들어, 장 몽부르케(Jean Monbourquette)[1]는 용서를 '예술'로 정의하고, 미로슬라브 볼프(Miroslav Volf)[2]는 용서를 '기적'으로 정의하며, 마이클 램지(Michael Ramsey, 1904~1988)[3]는 용서를 '지혜'로 정의한다. 용서하기가 쉽고, 그래서 원하기만 하면 된다고 생각하는 사람도 있다. 반대로 진정한 용서는 거의 불가능하다고 확신하는 사람도 있다. 따라서 용서를 이해하고 연구하기 위해서는, 먼저 그 개념을 명확히 정립할 필요가 있다.

---

1) [옮긴이 주] 장 몽부르케(Jean Monbourquette, 1933~2011)는 캐나다의 심리학자이자 사제이다. 그의 연구는 심리학과 영성의 관계, 슬픔의 역동성, 죽어가는 사람의 동반, 용서의 심리적-영적 과정, 자존감 및 삶의 개인적 사명에 중점을 두었다. 특히 용서를 감정 치유의 과정으로 보고, 이를 통해 사람들은 감정적인 고통에서 벗어나게 될 수 있다고 주장했다. 그의 저서 *How to Forgive: A Step-by-Step Guide*는 용서를 배우고 실천하기 위한 실용적인 지침을 제공한다.

2) [옮긴이 주] 미로슬라브 볼프(Miroslav Volf, 1956년생)는 크로아티아의 개신교 신학자이자 대중 지식인이며, 신앙과 경제, 신앙과 화해 및 폭력, 종교 간의 관계, 신앙과 정치의 관계 등을 연구하였다. 특히 그는 전쟁과 갈등 상황에서 용서와 화해의 신학적 중요성을 논의하며, 그의 저서 *Exclusion and Embrace*에서 하느님의 사랑과 용서가 인간의 관계를 변화시키는 방식에 대해 깊이 다루고 있다. 이 책은 2002년에 종교 부문에서 권위 있는 그라베메이어 상(Grawemeyer Award)을 수상했고, *Christianity Today*는 이 책을 20세기 가장 영향력 있는 종교 서적 100권에 포함시켰다. 그는 현재 예일 대학교의 예일 신앙과 문화 센터(Yale Center for Faith and Culture) 소장으로서 신학 연구와 리더십 개발을 통해 삶의 모든 영역에서 신앙을 실천하려는 노력에 투신하고 있다.

3) [옮긴이 주] 마이클 램지(Michael Ramsey, 1904~1988)는 영국 성공회의 캔터베리 대주교로, 신학자이자 교육자, 저술가였다. 그는 세계교회협의회(1961~1968)의 회장을 지냈으며, 1974년 11월 15일 캔터베리 대주교직에서 은퇴하였다. 그의 작품들은 용서를 삶의 모든 측면에 적용할 수 있는 신학적 지혜로 제시하며, 이는 윤리적 판단과 결단의 결과임을 강조한다.

1) 용서의 복잡한 현실

일반적으로 한 단어가 너무 자주 또는 너무 쉽게 사용되면, 본래의 의미를 잃게 되는 현상이 생긴다. 사랑이나 우정 같은 단어들이 그러하며, 용서라는 단어도 여기에 속한다. 예를 들어, "나는 절대 그를 용서하지 않을 거야"라는 말을 하는 사람은, 이 무책임한 발언이 가져오는 비인간적인 결과를 깊이 생각하지 않는 경우가 많다. 또 다른 경우로, 술에 취한 자신의 남편을 "천 번이나 용서했다"라고 자랑스럽게 말하는 사람은 사실 자신의 남편보다 자기 자신을 더 많이 드러내고 있다는 것을 생각하지 못한다. 이렇듯 용서란 복잡한 개념이며 다루기 어려운 심리적 현실이다. 용서를 다루는 전문 서적에서는 용서, 사과, 화해와 같은 개념들을 다루며, 이와 더불어 다양한 현상에 따라 "치유를 위한 용서" "이기적인 용서" 등의 용어도 등장한다. 대부분의 심리학 연구에서는 '치유적 용서'를 다루는데, 왜냐하면 이는 심리학의 전문 영역에 속하기 때문이다.

2) 용서의 치유적 효과

치유적 관점에서 용서는 타인에게 직접적인 용서를 표현하거나 관계를 회복하려는 시도가 아니라, 자신을 괴롭히고 상처를 준 생각에서 벗어나 자신의 내적 평화를 되찾기 위해 용서를 선택하는 과정을 말한다. 이 경우, 용서는 타인을 향한 것이 아니라 우리 자신과 우리 삶의 질을 위한 것이다.

어쩌면 이는 일반적으로 생각하는 용서의 개념과는 맞지 않을 수 있다. 자신을 타인과 분리하는 이런 치료적 과정은 매력적으로 보일 수 있지만, 특히 공권력의 이름으로 불의가 발생하는 사회 수준에서는 적용될 수 없다. 더구나 용서만으로는 충분한 해결책이 될 수 없다. 왜냐하면 사회적 화해가 이루어져야만 사람들 사이의 손상된 관계를 다시 치유하고 회복시킬 수 있기 때문이다. 반면 치유적 용서의 경우, 타인과의 관계보다는 자신의 감정과 심리적 상태를 중점적으로 고려하기 때문에, 용서의 행위가 두 사람 사이의 연결 대신 개인 내부로만 국한되며 상대방과의 감정적·사회적 관계는 여전히 손상된 채로 남게 된다.[4] 그럼에도 불구하고 용서의 치유적 특성을 간과할 수 없으며, 많은 연구 결과를 통해 치유적 용서의 긍정적인 효과가 입증되는 경우가 많다.

한 연구에서는 용서하려는 마음가짐과 고혈압 사이의 관계를 밝히려 시도했다. 연구자들은 용서의 과정을 통해 분노로 인한 긴장이 완화되고 혈압에도 긍정적인 영향을 미칠 수 있다는 가설을 세웠으며, 연구 결과 이 가설의 타당성이 입증되었다.[5] 또 다른 연구에서는 피해자의 시각이 아닌, 타인에게 모욕을 줬다가 용서를 청하는 사람의 시각에서 심리 상태를 연구했다. 연구 결과 피해자가 사과를 받아들이면, 사과를 요청한 사람의 태도와 심리 상태가 긍정적으로 개선

[4] J. O'connor, "Fostering Forgiveness in the Public Square: How Realistic a Goal?" *Journal of the Society of Christian Ethics*, 22(2002), pp.168~169.

[5] D. Tibbits et al., "Hypertension Reduction Through Forgiveness Training", *The Journal of Pastoral Care and Counseling*, 60(2006) 1-2, pp.27~34.

되는 것으로 나타났다.[6] 노년층의 정신 상태를 연구한 결과, 무조건 용서한 노인들이 그들에게 상처를 준 사람의 사과를 기다리는 노인들보다 더 큰 영적 평온함을 얻게 된다는 사실이 밝혀졌다.[7]

다른 연구에서는 용서를 거부할 때 나타나는 부정적인 결과를 조사했다. 따라서 일반적으로 정리해 보자면, 타인을 용서하고 싶지 않거나 용서할 수 없는 사람은 과거에 얽매이게 되어 현재와 미래를 향해 마음을 개방하려는 의지가 줄어들게 된다고 말할 수 있다.[8]

3) 용서에 관한 통념

용서란 무엇이고, 또 무엇이 용서가 아니라고 정의될 수 있는가? 용서에 관한 인간의 인식 안에는 세 가지 통념이 자리 잡고 있다.[9]

용서에 관한 첫 번째 잘못된 인식은, 용서는 한 번으로 종결되는 일회적 사건이라는 생각이다. 누군가가 자신에게 상

---

6) C. Witvliet van Oyen, et coll., "Transgressors'Emotions and Physiology During Imagery of Seeking Forgiveness and Victim Responses", *Journal of Psychology and Christianity*, 21(2002) 3, pp.219~233.

7) N. Krause / C.G. Ellison, "Forgiveness by God, Forgiveness of Others, and Psychological Well-Being in Late Life", *Journal of the Scientific Study of Religion*, 42(2003) 1, pp.77~93.

8) J. Monbourquette, *L'arte di perdonare. Guida pratica per imparare a perdonare e guarire*, Edizioni Paoline, Milano, 1994, pp. 20~23.

9) J.L. Ramsey / A.G. Padgett, "The Wisdom of Forgiveness: Singing Like Birds in the Cage with Old King Lear", *Word and World*, 27(2007) 1, pp.40~49.

처를 준 사람을 용서하기로 결정했을 때, 종종 이를 단순한 드라마처럼 상상하는 경우가 많다. 드라마의 첫 회에서 그는 주인공으로 등장하며, 자신에게 상처를 준 사람 앞에서 용서한다는 감동적인 대사를 하거나 용서의 편지를 전해 주는 모습을 눈앞에 그리듯 상상한다. 드라마의 다음 회에서는 자신에게 상처를 준 사람이 주인공이 되는데, 주인공은 상상의 장면 속에서 베풀어진 용서를 기꺼이 받아들이는 모습으로 연출된다. 그런 다음 둘 사이의 평화가 회복되고, 악수나 화해의 입맞춤으로 이를 확인하는 결말로 이어진다. 하지만 불행하게도 현실은 전혀 그렇지 않다. 왜냐하면 용서는 크고 무거운 마음의 부담과 상처에서 서서히 벗어나는 경험과 같은 것이므로, 시간이 오래 걸리는 긴 과정이 될 수 있기 때문이다.

용서에 대한 두 번째 통념은 용서가 두 사람 사이의 지극히 사적인 문제이기 때문에, 당사자들 외에 다른 사람과는 전혀 상관없다는 생각이다. 그러나 현실은 두 사람 사이의 관계 단절이 친구나 가족, 친인척이나 지인들의 관계에도 영향을 미친다는 것을 보여 준다. 예를 들어, 부부가 서로 용서하지 않으면 자녀들 또한 고통받게 된다. 또한 여기에는 용서가 사랑의 증거라는 잘못된 생각이 연결되어 있다. 이러한 생각의 기저에는 "나를 진정 사랑한다면, 나를 용서해야 한다"라는 논리가 깔려 있다. 하지만 이는 일종의 강압이며 협박이다. 오히려 이와 반대의 논리로 "내가 너를 사랑하기 때문에 너를 용서한다"라고 말하는 것이 적합할 것이다.

세 번째 통념은 용서가 성격의 약함을 드러낸다고 믿는

것이다. 이는 아마도 가장 위험한 인식일 것이다. 왜냐하면 이런 인식에 따라서 사람들은 진정한 힘과 위대함을 용서에서 보지 못하고 복수에서 찾게 될 것이기 때문이다. 그럼에도 불구하고, 사실 용서야말로 가장 위대한 용기와 강한 윤리 의식, 그리고 깊은 영성이 전제되지 않는다면 실행하기 어려운 것이다.

4) 기억의 미로

구유고슬라비아 공산주의 군정에서 심리적 압박을 받으며 살아왔던 미로슬라브 볼프(Miroslav Volf)는, "자신이 겪었던 피해와 고통을 어떻게 기억하는가?"에 대한 관점에서 용서의 중요성을 분석했다.[10] 볼프는 악이 완전히 승리하려면 두 번의 승리가 필요한데, 첫 번째 승리는 악이 저질러질 때 이루어지고, 두 번째 승리는 악에 악으로 대응할 때 이루어진다고 주장하였다. 따라서 이러한 관점에서는 우리가 겪는 악(피해, 고통, 상처)을 어떻게 기억하는지가 중요한 관건이 된다.

인간의 기억은 피학대적이고(masochista) 자기 학대적인(autototurato)[11] 방식으로 작용할 수 있는데, 즉 우리가 모욕

---

[10] M. Volf, "God's Forgiveness and Ours: Memory of Interrogations, Interrogation of Memory", *Anglican Theological Review*, 89(2007) 2, pp. 213~325.

[11] [옮긴이 주] 성적인 차원에서 피학대증은 타인으로부터 물리적이거나 정신적 고통을 받고 성적 만족을 느끼는 병적인 심리 상태라 할 수 있다. 피학성애(被虐性愛)나 피학성 음란증(被虐性淫亂症)이라 부르기도 한다. 반대말은 가학성애(*sadism*)이다.

당하고 굴욕감을 느낀 사실만을 마음속에 계속 간직하며 떠올리는 것이다. 또한, 자신이 겪은 피해와 상처에 대한 기억이 강한 복수심을 동기로 해서 강화될 때는 가학적인(sadico) 방식으로 작용할 수도 있다. 두 경우 모두, 결과적으로 우리가 악에게 두 번째로 승리할 기회를 주는 셈이 된다. 왜냐하면 악이 우리 안에서 계속 살아남아 우리를 괴롭히기 때문이다. 따라서 자신이 겪은 모욕을 올바르게 기억하기 위해서는 단순히 그 사건을 떠올리는 데 그치지 않고, 모욕을 준 사람에게 그 행위가 어떤 의미였는지, 그리고 더 넓은 사회적 맥락에서는 그 행위가 어떤 의미가 있는지 분석하며, 겪은 일을 객관적으로 바라보는 관점이 필요하다. 사실상 기억이라는 것은 사적인 문제가 아니라, 항상 공적인 차원을 갖고 있다.[12)]

이런 차원에서 기억은 첫째로, 모욕을 당한 사람 자신에게 먼저 영향을 미치는 몇 가지 특징을 가지고 있으며, 오히려 이런 감정이 타인에게 미치는 영향은 간접적이다. 이 과정에서는 다음과 같은 질문에 대한 답을 찾으려 노력한다. "내가 모욕을 받은 시간은 나에게 어떤 의미가 있으며, 나는 이를 이해할 수 있는가?" "이 참혹한 기억은 내 삶의 기억 속에서 어떤 자리를 차지하고 있는가?" "나에게 모욕을 준 사람이

---

12) 〔옮긴이 주〕 이는 단순히 내가 받은 고통이나 모욕에만 집중하는 것이 아니라, 이를 준 사람이 왜 그런 행동을 했는지, 그가 처한 상황이나 환경은 어땠는지, 그리고 그 일이 사회적으로 어떤 영향을 미쳤거나 어떤 맥락에서 일어났는지를 이해하려 노력해야 한다는 것을 의미한다. 즉, 감정적 고통에 머무르지 않고 사건을 더 넓은 시각에서 이해하며, 올바르게 기억하고 성장하기 위한 태도를 제안하고 있다.

여전히 내 생각과 감정 속에서 큰 영향을 미치고 있는가 혹은 내 삶에서 더 이상 중요하지 않으며 감정적으로 내려놓을 수 있는가?" 이러한 질문을 통해, 나를 모욕한 사람에 대해 생각하지 않을 수 있으면서 나 자신을 위해서 스스로 답을 찾아야 한다.

둘째로는, 피해와 심한 고통, 그리고 악행이 어떻게 발생했으며, 그러한 일이 가능했던 환경을 살펴보며, 자신이 겪은 모욕에 대한 기억을 더 넓은 사회적 맥락에서 검토해야 한다. 예를 들어 헝가리 공산주의 정권의 경우에는, 박해와 신체적·정신적 고문, 투옥과 처형이라는 사회적 맥락을 기반으로 하고 있다. 악으로 인해 피해를 겪을 때, 우리는 "인간 안에서 '악'만을 볼 것인가, 아니면 그 안에 긍정적인 면과 부정적인 면이 모두 존재하고 있음을 바라볼 것인가"라는 두 가지 선택지를 가질 수 있다.

셋째로, 자신의 마음에 고통스러운 상처를 남긴 사람의 관점에서 살펴보아야 한다. 즉 우리가 당한 모욕을 되새겨 보며 동시에 이를 저지른 사람에 대해서도 생각해 볼 필요가 있다. 이와 관련해 흥미로운 정신 훈련을 소개하면 다음과 같다. 우선 자신을 괴롭힌 사람과 마주 앉아 그가 왜 그런 행동을 했는지 해명할 기회를 주는 상황을 상상해 보는 것이다. 이 과정에서 다음과 같은 질문을 던질 수 있다. "그는 왜 나에게 그런 일을 저질렀나?" "내가 기억하는 모든 것을 그가 실제로 나에게 저질렀는가?" "아니면 내 기억의 많은 부분이 왜곡되거나 과장된 상상력의 산물은 아닌가?" "만약 후자가 사실이라면, 어쩌면 나는 그에게 부당한 행동을 하는 건지도 모른다." 이러한 접근은 상대방의 행동을 이해하려는 시도와 함께, 자신의 기억과 감정이 정확한지 스스로 점검하는 과정이라고 할 수 있다.[13)]

고통을 올바르게 기억한다는 것은 그 고통을 올바르게 판단한다는 의미이기도 하다. 그러나 그리스도교적 관점에서는 악행을 저지른 사람을 단죄하는 것이 아니라, 그가 행한 악을 단죄하는 것이다. 이는 상대방의 전체적인 삶을 되돌아보며, 그 삶의 부정적인 행위만이 아니라, 미덕도 함께 있을 것으로 생각하는 것이다. 처음에는 조금 이상하게 보일 수도 있지만, 악행을 저지른 사람과 그가 저지른 악행을 구별하려는 생각도 우리에게 도움이 될 수 있다. 만약 나에게 고통을 안겨 준 사람과 천국에서 만난다면, 우리는 그가 우리에게 저지른 모욕을 여전히 기억할 것인가? 이런 기억이 천국에서 우리에게 어떤 이익이 되며, 그곳에서 어떤 행복을 느낄 수 있을까? 우리를 괴롭히고 박해한 사람을 우리의 적으로 정의하지 않는 세상을 상상할 수 있을까? 만약 그렇게 된다면, 용서는 이미 완벽히 이루어진 것이다.

5) 용서의 심리적 과정

용서는 심리적으로 복잡한 과정이다. 오타와 대학교(University of Ottawa)의 사목연구소 교수인 장 몽부르케(Jean Monbourquette)

---

13) M. Volf, "God's Forgiveness and Ours: Memory of Interrogations, Interrogation of Memory", *Anglican Theological Review*, 89(2007) 2, pp.222~223.

는 용서라고 할 수 없는 것들의 목록을 제시하며, 이 과정을 바탕으로 진정한 용서의 특성을 설명하였다.[14)]

용서한다는 것은 모욕당하기 전의 상태로 돌아가는 것을 의미하지 않는다. 우리는 종종 용서라는 개념을 화해와 혼동한다. 가족이나 동료 간의 관계에서는 화해가 용서의 논리적인 결과일 수 있다. 그러나 우리는 누군가를 용서할 수 있지만, 그 이후에도 화해가 뒤따르지 않는 상황도 생각해 볼 수 있다. 우리가 용서와 화해의 차이를 이해하려면, 이미 죽었거나 현재 존재하지 않는 사람을 용서할 수는 있지만 화해를 이야기할 수 없다는 것은 분명하다는 사실을 생각해 보면 된다. 만약 두 사람이 서로 용서를 진실로 받아들였다 하더라도 "현 상태"는 "원래 상태"로 회복되거나 복원될 수 없게 된다. 기분을 상하게 하는 모욕과 상처의 오물이 강물에 쌓이면, 처음의 강바닥으로 되돌아가기란 불가능한 것처럼 말이다. 모욕이나 상처를 받은 사람은 대개 두 가지 방식 중 하나로 반응하게 된다. 하나는 과거의 상처를 잊고 무시하며 아무 일도 없었던 것처럼 행동하고, 원래의 상태로 돌아가려고 시도하는 것이다. 다른 방식으로 반응하는 사람은 모욕을 단순히 지나치지 않고, 그 사건을 통해 배우거나 깨달은 점을 바탕으로 기존의 상황을 새롭게 바라보고, 그것을 개선하려고 시도한다.

용서한다는 것은 상대방의 책임을 면제해 주는 것을 의미

14) J. Monbourquette, *L'arte di perdonare. Guida pratica per imparare a perdonare e guarire*, Edizioni Paoline, Milano, 1994, pp.35~36.

하지 않는다. 우리는 "나는 그를 용서합니다. 그것은 그의 잘못이 아니기 때문입니다"라는 말을 여러 번 듣게 된다. 하지만 이는 용서를 위한 좋은 출발점이 아니다. 예를 들어, 타고난 본성, 교육, 문화적 환경 등과 같이 많은 이유가 정당화와 변명의 구실이 될 수 있다. 하지만 이런 맥락에서는, 누구든 완전한 자유를 누리지 못했다고 주장할 수 있으므로 쉽게 자신의 책임을 회피할 수 있으며, 결국 누구도 책임지지 않게 될 것이다. 이와 같은 거짓 용서는 종종 우리 마음의 상처와 모욕감을 덜어주려는 목적에 불과하다. 타인이 우리를 고의로 모욕한 것이 아니라고 믿게 된다면, 고통이 줄어들 것이기 때문이다. 하지만 상대방의 잘못에 대해 쉽게 용서하거나 이를 스스로 정당화한다면 마치 양날의 검처럼, 단기적으로는 고통을 덜어줄 수 있지만 장기적으로는 더 큰 문제를 일으킬 수 있다. 상대를 너무 쉽게 용서하게 되면, 자신의 감정이나 고통을 제대로 처리하지 못하거나 상대방의 잘못을 진지하게 다루지 않게 되는 위험이 있기 때문이다.

이러한 거짓 용서가 한편으로는 어느 정도 위안을 주게 되지만, 다른 한편으로는 상대가 "그런 일을 책임질 만큼 똑똑하지 않다"라는 인식에 따라 상대를 경시하고 조롱하게 만든다. 사실 그의 탓이 아니라며 타인을 면책해 주는 것은 그 사람을 완전히 무너뜨리거나 없애려는 것은 아닐지라도, 적어도 그 사람을 존중하지 않거나 그에게 굴욕감을 주려는 의도가 내포될 수 있다. 이렇듯 어떤 형태의 용서는 타인을 위로하거나 자유롭게 해 주는 것처럼 보일 수 있지만, 결국 상대에게 모욕감을 줄 수 있다. 물론 다른 사람보다 우월하거나 영향력 있는 위치에 있고 싶은 유혹은 누구나 매우 크기 때문에, 용서는 쉽게 도덕적 우월성을 나타내는 행위가 될 수 있다. 하지만 용서는 우리의 도덕적 우월성을 드러내려는 수단이 결코 아니다.

도덕적 우월함을 드러내기 위한 용서는 용서를 희화화하고 그 가치를 깎아내리려는 것에 지나지 않는다. 진정한 용서는 겸손한 분위기 속에서 이루어지며, 화해를 향한 길을 열어준다. 이러한 도덕적 우월성을 보여 주기 위해 행해지는 용서는, 다음과 같은 세 가지 유형의 사람들에게서 관찰된다.

첫 번째 유형은 강박적이고(compulsive) 의무적인 용서를 하는 신경증적인(neurotic) 유형으로 자신이 용서해야만 마음이 편안해지므로, 상대방이 자신의 용서를 받아들이기를 강하게 원하며 용서를 받아들일 것을 계속해서 강요하는 사람이다. 이는 심리적인 불안감이나 지나치게 걱정하는 강박적 성향에서 비롯된 것이라 할 수 있다.

두 번째 유형은 "호기심 많은" 유형으로, 상대방의 잘못이나 책임을 "직감적으로" 느끼려고 하고, 이를 통해 상대방이 어떤 잘못을 했는지 파악하려는 경향의 사람이다. 이런 사람은 자신의 선의와 용서하려는 준비가 되어 있음을 드러내려고, 상대방의 잘못을 실제 상황보다 과장하거나 더 크게 부풀리고 부각하려는 경향이 있다. 이 유형의 사람은 자신의 선의와 도덕적 우월성을 보여 주려는 욕구에서, 용서라는 행위에 대해 강박적인 집착을 보인다.

세 번째 유형은 자신을 "영원한 희생자"로 여기며, 끊임없이 다른 사람을 용서해야 하는 필요성을 느끼며 살아가는 사람이다. 전형적인 예는 알코올 중독자인 남편을 둔 아내로, 그녀는 남편이 술을 마시는 이유가 부부 사이의 관계가 잘되지 않기 때문이라는 사실을 모르지 않는다. 하지만 그녀는 자신의 책임을 돌아보지 않기 위해 의식적으로 모든 탓을 남편에게 돌리고, 남편에 대해 끊임없이 불평하면서도 그런 남편을 위해 희생하고 용서하는 자신이 알코올 중독인 남편에게 필요하다고 스스로 합리화한다. 그러나 사실은 그녀 자신이 알코올 중독자 남편을 필요로 하는 것이며, 그녀의 용서는 왜곡되고 거짓된 용서라고 할 수 있다.

결과적으로 진정한 용서는 타인에게 힘을 과시하는 것이 아니라, 특별히 자기 내면의 영적인 힘이 드러나는 과정이라고 할 수 있다. 따라서 진정한 용서를 할 수 있으려면 스스로 거짓 용서와 관용의 가면 뒤에 숨지 말고, 내면의 나약함을 인정하고 수용하기 위한 정신적이고 영적인 힘을 길러야 한다.

2. 신학적 접근

용서의 배경과 신학적 근거는, 그리스도인 정체성의 기초가 되는 십자가에서 돌아가신 예수님의 용서에서 그 출발점을 찾을 수 있다. "아버지 저들을 용서해 주십시오. 왜냐하면 저들은 저들이 한 일을 모르고 있습니다"(루카 23,34). 용서는 그리스도교의 핵심 개념이지만, 단순한 행위가 아니라 여러 가지 중요한 의미와 결과를 포함하고 있다. 용서라는 개념 자체는 원래 존재했어야 할 조화로운 상태가 깨지고 불균형이 생겼다는 것을 전제로 하며, 이미 깨진 관계나 조화를 회복하려는 신학적 의미를 담고 있다. 더 간단히 말하면, 용서는 용서할 무언가가 있을 때 가능하며, 용서할 만한 상처와 잘못이 존재했음을 인정하는 동시에 그것을 뛰어넘어 조화를 회복하려는 행위라고 할 수 있다.[15)]

용서는 정의와 밀접하게 연결된다. 우리는 구약성경의 가르침을 통해 용서가 정의를 배제하는 것이 아니라, 정의를 충족시키는 과정에서 실현되어야 한다는 것을 알 수 있다. 이는 인간의 용서에서도 마찬가지이다. 정의가 없는 용서는 두 가지 위험에 노출될 수 있는데, 하나는 순전히 "치유적 용서"이다. 이는 현대 심리학의 지나친 영향으로 불의를 충분히 고려하지 않은 채, 용서를 단지 고통받은 사람의 치유 과정으로만 인식하는 경우를 말한다. 또 다른 위험은 용서로 인해 계속 악행을 저지를 가능성이 높으므로, 용서는 정의를 회복하는 데 적합하지 않다는 의견에 있다. 이런 입장은 용서를 너무 쉽게 베풀어서는 안 된다고 주장한다.

종교심은 일반적으로 사람이 더 쉽게 용서할 수 있도록 도와준다. 그러나 이는 신앙생활의 수준에 따라, 무엇보다도 자신이 갖고 있는 하느님 상에 따라 크게 좌우된다. 만약 인간을 사랑하시고 용서하시는 하느님 상을 갖고 있다면, 타인을 용서하는 데 큰 도움이 된다.[16)] 종교심에 기초한 용서는

15) M.D. Lundberg, "From Conflict to Communion: An Examination of Christian Forgiveness", *Word and World*, 22(2002) 3, pp.295~303.

16) M. Webb et coll., "Religiosity and Dispositional Forgiveness", *Review for*

피해를 입은 사람이 복수하려는 모든 원한을 내려놓고, 상대방을 죄책감에서 자유롭게 해 주는 것을 전제로 한다. 아내에게 상처를 준 남편이 이후에 아내에게 용서를 구하는 한 예를 통해, 이 신학적 전제를 이해해 보도록 하자. 이때 아내가 "당신을 용서할게요, 하지만 먼저 내 앞에서 무릎을 꿇고 용서를 빌어야 해요"라고 말한다면, 사실상 아내는 남편을 용서한 것이 아니라 단죄한 것이나 마찬가지이다.[17)]

우리가 누군가를 기꺼운 마음으로 용서하는 것은 결코 쉽지 않다. 왜냐하면 용서하는 것이 마치 다른 사람에 대한 우리의 영향력을 잃어버리는 것처럼 느껴지기 때문입니다. 우리가 타인을 용서해 주지 않는 한, 우리 입장에서는 상대방이 우리의 영향력 아래에 놓인 것처럼 느껴진다. 하지만 진정으로 용서한다는 것은 상대방을 조종하려 하거나, 상대방이 우리 앞에서 자기 잘못을 깨닫고 굴욕감을 느끼기를 바라는 마음(예를 들어 무릎을 꿇고 사과하거나 저자세로 용서를 구하길 기대하는 것)을 포기하는 것이다. 진정한 용서란 우리 자신이 더 이상 상대방을 통해 힘을 얻으려 하지 않고, 상대방을 독립적이고 자유로운 존재로 존중하며 상대방의 사과를 요구하지 않는 것이다. 그럴 때 우리 자신 또한 자유롭게 된다. 우리가 기꺼이 용서하지 않는 한 상대방이 우리에게 저지른 불의가 우리를 끊임없이 괴롭히고 고통스럽게 하므로, 결국에는 상대방이 오히려 우리를 지배하는 것이나 마찬가지이

Religious Research, 46(2005) 4, pp.355~370.

17) M.S. Augsburger, "Justice in Forgiveness", *The Living Pulpit*, April-June (2005), pp.4~7.

다. 따라서 복수하고 싶은 마음은 상대방에게 당한 부당한 일이 계속해서 우리의 마음에 남아 있고, 그것이 상처가 되어 우리의 행동을 지배하고 있다는 증거이다.[18)]

1) 사회적 화해

용서는 세 가지 수준에서 이루어진다. 개인 차원에서는 다른 사람이 용서를 구하지 않더라도, 자신의 결단으로 상대방을 용서한다. 대인관계의 차원에서는 피해자가 베푸는 용서뿐 아니라, 용서를 받은 사람이 그 용서를 수용하는 것까지 포함된다. 사회적 차원에서의 용서는 단순히 잘못을 용서하는 것을 넘어, 과거에 발생한 악행이나 부당함에 대해 보상이나 회복이 필요하다는 관점을 포함한다. 따라서 사회적 차원에서는 단순한 관계의 회복을 넘어, 정의를 구현하고 고통을 해결하는 화해와 평화의 과정을 동반한다. 사회적 화해가 이루어지는 방식과 그것이 가능해지는 조건은 남아프리카의 신학자들에 의해 널리 연구됐다.[19)] 아파르트헤이트(Apartheid)가 붕괴하자 화해의 필요성이 대두되었다.[20)] 우리는 앞서 언급

18) 〔옮긴이 주〕 복수하고 싶은 마음은 사실 내가 여전히 과거의 부당함에 얽매여 있다는 증거이며, 따라서 진정한 자유를 얻으려면 그 부당함에서 벗어나야 하고, 그 방법의 하나가 바로 용서라는 것을 설명하고 있다.

19) J. O'connor, "Fostering Forgiveness in the Public Square: How Realistic a Goal?" *Journal of the Society of Christian Ethics*, 22(2002), pp.165~182.

20) 〔옮긴이 주〕 아파르트헤이트(Apartheid)는 남아프리카 공화국 국민당 정권에서 1990년대까지 실시한 인종차별 정책을 말한다. 1992년에 유색인종에게도 백인들과 같은 권리를 주는 법안이 통과되면서 흑인들에게도 투표권이 주어졌고, 이어서 1994년 4월에 치러진 총선에서 넬슨 만델라가 대통령에 당선되

한 남아프리카의 사례를 통해, 헝가리의 공산주의 붕괴 이후의 상황에서 과거의 상처를 치유하고 피해자와 가해자 사이의 관계를 회복하며 화해할 수 있는 교훈을 어떻게 얻고 적용할 수 있을지 고민할 필요가 있다.[21]

사회적 화해의 목적은 단순히 "나에게 좋은 것"이 아니라 "우리에게 좋은 것"을 추구하는 공동선을 보존하는 것이다. 또한 사회적 화해는 항상 미래를 바라본다. 즉 단지 지금 우리의 이익과 만족을 목적으로 하는 것이 아니라, 미래 우리 후손들에게 더 나은 미래를 선물하는 것을 목적으로 한다. 사회적 화해의 과정은 다섯 단계로 구분할 수 있다. 이 다섯 단계는 시간이 지나기만 한다고 자동으로 이루어지지 않으며, 직접 실천해야 이루어지는 능동적인 활동의 결과임을 강조하고 있다. 사회적 화해의 다섯 단계는 다음과 같다.

첫 번째 단계는 도덕적 악행이 저질러졌다는 사실을 인정하는 것이다. 용서는 우리가 과거에 겪은 배신이나 고통, 잔혹하고 끔찍한 일들에 대해 분명히 표현하고 인정할 때만 가능해진다. 전문가들에 따르면, "용서하고 잊는 것"이 아니라 "기억하고 용서하는 것"이 중요한 것이다.[22]

면서 아파르트헤이트는 결국 역사 속으로 사라졌다. 이 체제가 붕괴하면서, 피해를 본 흑인 공동체와 가해자였던 백인 정권 간의 관계 회복이 중요한 과제가 되었다. 이 시점에서 사회 전체의 화해를 위한 논의가 시작되었고, 이는 단순한 용서가 아니라, 정의 구현과 함께 이루어져야 하는 복잡한 과정으로 인식되었다.

21) 〔옮긴이 주〕 남아프리카의 사회적 화해 경험에서 어떤 교훈을 얻을 수 있으며, 또한 어떻게 실천할 수 있을지 고민하면서, 저자가 특별히 헝가리 사회의 예를 든 이유는, 저자가 헝가리 사람이기 때문이다.

22) J. O'connor, "Fostering Forgiveness in the Public Square: How Realistic a

두 번째 단계에서는 진실을 밝히는 것만큼 정의의 실현도 중요하다. 하지만 이 정의는 복수나 보복이 아니라, 잘못으로 생긴 피해나 상처받은 관계를 회복하기 위한 노력이어야 한다. 용서와 복수는 동일한 상황에 대해 취할 수 있는 두 가지 상반된 양극단의 반응이며, 둘의 연속선상에서 어느 방향으로 나아갈지는 우리의 선택과 의지에 따라 달라진다. 만약 누군가가 도덕적 피해에 대해 물질적 배상을 요구하거나 단순히 상대방에게 고통을 되돌려주려 한다면, 이는 복수를 나타낸다. 반면 "회복적 정의"(retributive justice)는 복수에서 비롯되는 것이 아니라, 피해에 대해 적절한 보상을 통해 문제를 공정하게 바로잡고, 미래를 위해 더 나은 관계를 회복하려는 필요성에서 나온다.

세 번째 단계는 미움과 원한 같은 감정을 심리적으로 억누르거나 복수하려는 마음을 그만두는 것이다. 달라이 라마는 복수와 폭력을 반대하며, 중국인과 티베트인이 함께 사는 법을 배워야 한다고 강조한다. 또한 그는 중국은 사라질 수 없고 티베트도 마찬가지이며, 두 나라는 항상 서로 가까이 있을 것이라고 주장한다. 이 원칙은 화해가 필요한 모든 사회에 유효하다. 예를 들어, 헝가리 사회도 둘로 갈라질 수 없으며, 오히려 함께 살아가는 법을 배워야 하는 것이다.

네 번째 단계는 원수의 인간성을 있는 그대로 받아들이는 것이다. 이는 인간의 윤리적 상태와 조건이 취약하다는 점을 인정하는 것을 전제로 한다. 만약 우리 모두 누구나 악을 저

Goal?" *Journal of the Society of Christian Ethics*, 22(2002), pp.170~178.

지를 수 있는 존재라는 것을 인정한다면, 다른 사람을 그렇게 쉽게 단죄하지는 않을 것이다. 한 불교 승려의 경험을 살펴보는 것이 이를 이해하는 데 도움이 될 수 있겠다. 한 번은 그가, 강간을 당해 몸과 마음에 너무 큰 상처를 받아 그만 스스로 목숨을 끊었던 12세 소녀를 배에서 구조하려 했다는 내용의 편지를 누군가로부터 받았다고 한다. 누군가 이런 이야기를 처음 듣는다면, 그 사람의 첫 반응은 당연히 희생된 소녀에 대한 연민과 가해자에 대한 분노일 것이다.

하지만 만약 우리가 상황을 더 깊이 이해해 본다면, 이를 다른 관점에서 볼 수도 있다. 만약 우리가 소녀의 입장에 서게 된다면, 해결책은 단순할 것이다. 총을 들고 가해자를 쏘는 것이다. 그러나 다른 관점에서도 생각해 볼 수 있다. 만약 우리가 그 범인이 자라난 마을에서 태어나고, 그와 똑같은 교육을 받아 왔다면, 어쩌면 우리도 그와 비슷하게 행동했을 가능성이 없지 않을 수 있다. 남아시아의 외딴 작은 마을들에서 수백 명의 아이들이 이런 비슷한 환경에서 태어나고 자라고 있다고 잠깐만 생각해 보자. 만약 우리가 개입하여 좋은 환경이나 수준 높은 교육과 문화를 계속 제공하지 않는다면, 이 아이들 모두가 결국 범죄자가 될 가능성이 아주 크다고 할 수 있을 것이다.

그러므로 앞서 언급했던 것처럼, 우리가 단죄를 위해 모든 가해자에게 총을 쏘기 시작한다면, 우리 자신에게 먼저 방아쇠를 당겨야 할지도 모른다. 왜냐하면, 어떤 의미에서는 우리 모두가 세상에 존재하는 악에 대한 책임이 있기 때문이다. 이렇게 우리가 이러한 보편적인 진리를 받아들인다면,

우리는 또한 모든 사람이 회심하고 새롭게 될 가능성이 있다는 사실을 열린 마음으로 받아들여야 할 것이다.[23]

다섯 번째 단계는 과거의 폭력이나 불의가 다시는 반복되지 않도록, 사회가 그에 대한 예방과 보장을 위한 평화적인 시스템과 조건을 마련하는 것이다. 물론 평화가 모든 사람이 친구가 되는 것보다는 서로를 존중하고, 최소한의 갈등 없이 살아가는 것에 중점을 둔다면, 평화로운 공존이 반드시 우정이나 친밀한 관계를 의미하는 것은 아니다. 서로 다른 사람이 함께 살아가는 공존 안에서조차, 우리는 단지 표면적으로 다툼을 피하려는 수동적인 관용에 만족하며 살아가야 할 때가 많다. 하지만 이것은 실질적인 해결책이나 깊은 화해를 의미하지는 않는다. 그러나 사회적 화해는 단지 현재를 살아가는 사람만을 위한 것이 아니라, 궁극적으로 우리의 자녀들이 더 이상 과거의 속박에 갇히지 않는 미래를 만들기 위한 열망에 달려 있다.

즉 진정한 사회적 화해는 현재 세대의 문제를 해결하는 것을 넘어, 미래 세대가 과거의 갈등과 상처를 더 이상 반복하지 않고 그것들에서 벗어나도록 돕는 것에 중점을 둔다. 여기서 다시 한번 치유적 용서와 진정한 용서의 차이가 드러난다. 치유적 용서는 자신과 자신의 미래에 초점을 맞추지만, 사회적 화해는 사회의 평화를 목표로 한다. 그럼에도 불구하고 여전히 사회적 화해에서 용서는 중요한 조건이 된다.

---

23) S.E. Nepstad, "Religion, Violence and Peacemaking", *Journal for the Scientific Study of Religion*, 43(2004) 3, pp.298~299.

따라서 화해를 이루기 위해서는 누군가가 용서해야 하며, 가해자와 피해자 양측의 입장을 모두 이해하고 감정적으로 치유될 기회를 주기 위한 과정으로, 진정한 화해와 용서가 이루어지기 위해서는 서로의 이야기를 듣고 이해하는 과정이 중요하다.[24] 이런 과정이 헝가리 사회에서 실제로 이루어졌는지 성찰해 볼 필요가 있다.

머레이(Leslie A. Muray)는 헝가리의 현실을 바탕으로 용서와 화해의 가능성과 조건을 분석한다.[25] 그의 출발점은 현재가 과거와 유기적으로 연결되어 있다는 사실이다. 우리는 과거를 현재 안에서 어떻게 받아들일지 자유롭게 결정할 수 있다. 즉 우리는 내면 깊은 곳에 솟아오르는 복수심으로 과거가 여전히 우리의 영적 세계를 지배하도록 허용할 수 있으며, 반대로 과거의 모든 아픔과 고통에도 불구하고 과거의 의미를 현재의 틀 안에서 바라볼 수도 있다. 그리하여 우리는 미래로 계속 나아갈 수 있는 한 걸음을 내디딜 수 있다. 이러한 "기억의 변형"은 용서 과정에서 매우 중요한 개념이다.

1956년 혁명 이후 헝가리에서는 혁명의 영웅들을 다시 인정하고 그들의 역할을 기리기 위해 거리 이름을 바꾸는 일들이 일어났지만, 이는 상징적인 제스처에 불과했다.

---

24) A. Moyo, "Reconciliation and Forgiveness in an Unjust Society", Dialog: *A Journal of Theology*, 41(2002) 4, pp.294~301.

25) L.A. Muray, "Pragmatism and the Forgiveness of the Past", *Encounter*, 64(2003) 3, pp.235~246.

왜냐하면 이는 단지 표면적인 변화이거나 상징적인 조치일 뿐 중요한 논의나 진실은 아직도 공개되지 않았을뿐더러, 혁명 이후에도 헝가리 사회의 실질적인 변화나 해결책을 마련하지 못한 채 여전히 해결되지 않은 많은 문제가 산재해 있기 때문이다.

2) 용서의 한계

과연 용서받을 수 없는 잘못이 있을까? 하느님의 자비에서 제외된 악인들이 과연 있을까? 복음의 가장 어려운 계명은 원수를 용서하는 것이다(마태 5,44). 이 말씀이 기록된 시점은 그리스도인들이 첫 번째 박해를 겪던 때였다. 순교 당한 이들에게 이 계명을 실천하는 것은 분명 쉬운 일은 아니었을 것이다. 박해 시대에 자신을 해친 사람을 용서하고 사랑하라는 예수님의 가르침은 잘못한 사람은 벌을 받아야 한다는 일반적인 정의의 기준과 충돌하기 때문에, 복음의 사랑 계명은 기존의 정의 개념을 뒤엎고 새로운 관점을 제시한다.

사랑은 증오로 인해 분열될 위험에 처한 세상에서 용기 있는 행동이다. 용서는 반복되는 폭력의 악순환을 멈추고 당사자들을 화해의 길로 이끈다. 그동안에도 "원수"는 여전히 "원수"로 남아 있다. 예수님의 말씀은, 원수와의 관계에서 폭력으로 인해 생긴 마음의 거리가 여전히 그대로 남아 있어 마법처럼 완전한 변화는 어렵겠지만, 그럼에도 불구하고 용서와 사랑을 통해 관계가 조금씩 개선될 수 있다는 의미로 이해할 수 있을 것이다.

과연 모두를 사랑하는 것이 가능할까? 혹시 예수님께서는 우리의 힘을 넘어서는 것을 우리에게 요구하시는 것일까? 이 질문에 대한 답은 그리스도의 십자가에서 찾을 수 있다. 우리는 부활에 대해서는 많이 생각하면서, 십자가 위에서 예수님께서 하신 마지막 말씀에는 크게 관심을 두지 않는 경향이 있다. 십자가 아래서는 악이 모든 것을 지배하고 있고, 예수님께서는 벗과 제자들, 심지어 사랑하시는 아버지께로부터도 버림받으셨다. 십자가 아래에서 예수님께서는 악의 심연을 오로지 겪으셨지만, 십자가 위에서는 용서를 통해 악을 물리치셨다.

예수님께서 "아버지, 저들을 용서하십시오. 저들은 저들이 하는 일을 모르고 있습니다"(루카 23,34)라고 말씀하실 때, 이는 단순히 큰 연민과 사랑으로 하신 말씀뿐만 아니라, 당신께서 정말로 인간적이셨기에 당시 당신 자신에게 가해진 잔인한 불의와 고통 또한 깊이 느끼시며 하신 말씀이었을 것이다. 그래서 예수님께서는 그 순간 용서라는 말을 입 밖으로 꺼내기 힘들 정도로, 인간적으로는 용서가 매우 어려운 일임을 예수님 당신 본인 또한 느끼지 않으셨을까 상상해 볼 수도 있을 것 같다.

이러한 예수님의 말씀은 우리를 감동하게 한다. 제자들에게 원수를 사랑하라고 당부하신 예수님께서 당신의 이름으로 원수를 용서하실 능력이 과연 없으셨을까? 사실 예수님께서는 "내가 너희를 용서한다"라고 말씀하지 않으셨다. 대신 당신 사랑보다 더 위대한 사랑인 하느님의 사랑 안에서, "아버지, 저들을 용서해 주십시오"라고 말씀하시며 하느님 아버지의 용서에 맡기셨다. 즉 예수님께서는 자신에게서가 아니라 하느님 안에서 용서의 은총을 구하셨다.

이와 비슷한 예로, 우리는 초대 순교자 성 스테파노가 자신을 돌 던져 죽이는 이들을 개인적으로 용서하는 것이 아니라, 그들을 위해 예수님께 용서를 청하는 장면을 떠올릴 수 있다. 십자가 위에서 예수님께서 보여 주신 용서는 우리에게 매우 충격적이면서도 용서의 본보기로 다가온다. 우리는 우리 자신의 능력이 아닌 하느님의 은총으로 말미암아, 우리가 연약하여 스스로 용서할 힘이 없을 때조차 우리의 원수를 용서해 주시기를 그분께 청할 수 있게 되었다.

제 2 장

침 묵

1. 침묵

침묵이 우리 영적 삶의 근본 조건 중 하나라는 것은 의심할 여지가 없다. 그런데 침묵이란 무엇인가? 이번 장에서는 침묵이란 단지 "말하지 않는 것"이 아니라, 하느님의 현존을 내용으로 하는 영적 태도라는 관점을 다룬다.

1) 침묵의 개념

침묵은 여러 의미가 있지만, 몇 가지 형태로 구분할 수 있다. 예를 들어 관상의 경이로움 속에서 마음으로 느끼는 침묵, 감정적으로 단절된 상태나 무기력한 상황에서의 침묵, 말없이도 공감과 신뢰를 나누며 연대감을 표현하는 침묵, 소통의 단절과 고립으로 나타나는 침묵, 불안과 두려움을 동반하는 침묵, 깊은 이해나 풍요로운 사랑으로서의 침묵, 기도 안에서 하느님과 깊은 대화로 이어지는 침묵, 극단적인 무신론의 형태로서의 침묵, 언어의 한계로 인해 말로 표현할 수 없는 상황에서의 침묵, 말을 초월하여 더 깊은 진리를 전달하는 침묵 등이 있다.

또한 지옥에 있는 영혼들이 겪는 침묵과 같이 악한 영에서 오는 희망 없이 고통스럽고 스스로를 억압하는 침묵, 자신에게만 몰두하며 말하지 않는 이기적인 침묵, 자기 생각이나 감정을 드러내지 않는 절제된 침묵, 위협적인 분위기를 조성하기 위한 의도적 침묵, 분노와 원한의 침묵, 현실이나 상황을 받아들이는 수용적 침묵, 약속을 지키기 위해 말하지 않는 침묵, 심적 부담으로 인해 자연스럽게 조성되는 침묵, 심리적·육체적 약함으로 인한 침묵, 반감으로 인해 말을 피하는 침묵, 말없이도 서로를 이해할 수 있는 우정의 침묵, 경외심과 감탄의 침묵도 있다.

이와 더불어 하느님과의 만남을 통해 이루어지는 영적 침묵과 악의적이고 부정적인 의도로 행해지는 침묵, 표면적으로는 고요해 보여도 내적으로는 소란스러운 침묵과 내적으로도 평온한 침묵이 있다. 또한 두려움과 공포로 인한 공황 상태의 침묵, 외교적·예술적·전례적 침묵, 극장, 교회, 도서관, 병원과 같은 특정 장소의 규칙이나 예절에 따라 유지되는 침묵이 있다. 부끄러움과 당혹감, 위협으로 인한 두려움에서 오는 침묵, 감정이나 생각으로 가득 찬 침묵과 내적으로 공허한 침묵, 집중력이 분산되거나 마음이 산란한 상태에서의 침묵이 있다. 그리고 의도가 명확하거나 명확하지 않은 침묵, 진실한 침묵과 거짓으로 위장된 침묵, 순수함에서 오는 침묵과 교활함에서 오는 침묵이 있으며, 끝으로 타인의 목소리나 하느님의 부르심에 응답하지 않는 침묵도 있다.[26]

마르티니(Carolo Maria Martini) 추기경은 경청에 필수적인 침묵, 말하기 위해 필요한 침묵, 말하지 않아야 할 때의 침묵, 자신을 내세우지 않고 낮추는 겸손의 침묵에 대해 이야기한다. 침묵은 우리가 자신과 대면하고 삶에 대한 진지한 질문을 던질 기회로서 이 과정에서 우리는 자기 행동과 결정에 대한 책임감을 깨닫게 되고, 진정으로 중요한 것이 무엇인지 깨닫고 그것을 위해 살아가려는 결심을 다지게 된다.

2) 침묵의 역사

초기 수도생활에서는 침묵이 중요한 덕목으로 여겨지기는 했지만, 11세기 이후처럼 그것을 규율적이고 체계적인 실천으로 엄격히 다루지는 않았다. 대신 침묵의 본질적인 마음가짐과 영적인 태도를 더 중요하게 여겼다. 즉 말씀에 귀 기울이고 자신의 내면에 현존하는 하느님 나라에 모든 관심을 집중하는 자연스러운 내적 상태와 자기 자신을 버리고 자신을 전적으로 하느님께 바치는 영적 태도로 침묵을 이해하였다. 따라서 침묵은 수도자에게 있어 자신을 내려놓고 오직 하느님 사랑에 집중하며, 하느님과 깊은 대화와 교감을 할

---

[26] Cfr. Massimo Baldini, *Il silenzio dei padri del deserto*, Modern book, 1987.

수 있게 해 주는 중요한 환경으로 이해되었다. 또한 침묵은 형제들과의 관계에서도 수도자가 쓸데없는 말을 피하고 필요한 말만 하도록, 말을 절제된 방식으로 사용하게 돕는 역할을 하였다. 침묵은 형제들을 사랑하는 것과 성경을 묵상하는 법을 배우는 것이라는 두 가지 목적을 가진다.

(1) 수도 전통의 침묵

교부들에게 침묵은 고독을 깨닫고 실현하는 길이었기 때문에, 영적·도덕적·수덕적·신비적 삶을 위해 매우 중요했다. 사막의 교부들은 침묵을 하느님께 나아가는 가장 확실한 방법으로 칭송했다. 아르세니우스(Arsenius)[27]는 "나는 말을 후회한 적이 많지만, 침묵을 후회한 적은 없다"라고 말했다. 알렉산드리아의 클레멘스(Clement of Alexandria)는 침묵을 가장 높은 형태의 관상이라고 정의했고, 위-디오니시우스(Pseudo-Dionysius Areopagita)는 하느님을 알기 위한 신비적 침묵의 가치를 강조했다. 나지안주스의 그레고리오스(Gregorius Nazianzenus)는 사막에서의 고요한 침묵은 하느님과의 관계를 더욱 가깝게 하고 영적 성장을 이루게 하는 거룩한 삶의 원천이라고 말했다. 그리고 그는 하느님을 찬미하는 것을 "침묵의 딸"이라고 불렀는데, 이는 하느님께 대한 진정한 찬미는 고요한 마음과 침묵 속에서 우러나온다는 의미이다.

---

27) 〔옮긴이 주〕 사막의 교부 아르세니우스(Arsenius)는 5세기 기독교 수도승이자 금욕주의자로, 이집트 사막으로 은둔하여 고독과 기도의 삶을 살았다. 그는 침묵, 묵상, 겸손에 대한 깊은 헌신으로 잘 알려져 있으며, 그의 동시대 사람들은 그를 매우 존경하여 대 아르세니우스(Arsenius the Great)로 불렀다.

교부들의 침묵은 단순히 말하지 않는 것도, 공허하고 무기력하고 불분명하며 고집스러운 것도 아니었다. 이 침묵은 관상적이고 마치 여명의 동이 트는 것처럼 새로운 영적인 인식과 가능성을 열어 주는 것이다. 또한 이 침묵에서 나오는 강력하고 근본적인 힘은 하느님께 대한 경외심과 신비로움을 체험하게 하며, 이 체험을 통해 우리는 더욱 진정한 자신을 발견하고, 하느님의 사랑을 깨닫고 전할 수 있게 된다.

수도생활에서 침묵의 역사를 살펴보면, 침묵의 중요성은 단순히 말하지 않는 데 있는 것이 아니라, 그 침묵을 통해 다른 사람과의 관계에서 형제애가 이루어지도록 더욱 사랑으로 다듬고, 하느님과 사랑스러운 대화를 촉진하며 사람과 하느님 사이의 친밀한 관계를 깊게 만드는 데 있다. 다행히도 오늘날 우리 시대의 침묵에 대한 해석은, 엄격하고 때때로 비인간적인 관습과 규율을 요구했던 지난 세기와 근대 초기보다는 초기 수도 전통의 관점에 더 가까워지고 있다.

(2) 침묵의 모범이신 예수 그리스도

모든 수도자에게 침묵이 하느님과의 친교와 소통으로 이어지는 중요한 실천이자 태도로서의 역할을 한다는 것은 의심할 여지 없는 사실이지만, 이는 그리스도교 종교 생활에서 침묵을 정당화하는 이유가 될 수는 없다. 오직 예수 그리스도의 모범만이 그 이유이며, 예수님의 침묵만이 수도생활에서 침묵의 정당성을 갖는 규범이 된다.

모든 수도생활을 그리스도를 중심으로 해석하려는 교회의 보편적인 경향은, 침묵에 대한 초기 수도 전통에 근거하고 있다. 즉 그리스도의 침묵이야말로 오늘날 내면의 고요함을 찾기 위해 침묵과 고독을 살아가려는 수도생활의 모든 노력에 근본적인 의미를 부여한다. 따라서 소음과 산만함, 내면의 분열과 소통의 어려움이 증가하는 시대에, 수도자가 고요하고 평온하게 마음을 집중하고 기쁨을 누리는 삶을 살아가는 증거는 바로 하느님 아버지의 뜻에 일치하시는 그리스도의 근본적인 태도에 참여하여, 결국 그리스도의 침묵을 살아가는 것이다.

모든 수도자는 고독과 친교, 침묵과 대화 사이에서도 내적인 균형과 평정심을 갖고 공동체적으로 살아가도록 부르심을 받았다. 동시에 하느님 아버지와 형제들, 그리고 자기 자신에 대한 사랑을 추구하면서도 모든 생명력을 평화롭게 통합하는 하나의 길을 개인적으로 살아가도록 부르심을 받았다. 수도자의 본질적인 침묵은 중세의 한 수도승이 "나의 문법은 그리스도이다"[28]라고 표현한 것처럼, 일상적인 삶을 통해 "예수"라는 한 마디를 표현할 수 있는 능력을 갖춰야 한다. 따라서 "예수"라는 말은 예수님에 대한 증언과 침묵으로 이루어진 수도자 고유의 언어가 되어야 한다. 이는 오늘날 수도생활의 과제이며, 아마도 세상과 말로 대화하는 것보다, 그리스도를 삶의 중심으로 삼아 자신의 삶을 통해 예수 그리스도를 증언하는 것이 더 중요한 일이 될 것이다.

---

28) 〔옮긴이 주〕 그리스도를 중심으로 한 삶을 살며 모든 행동과 말이 그리스도를 반영해야 한다는 뜻이다.

2. 침묵의 찬미

『가톨릭 교회 교리서』는 침묵을 이해하는 데 도움이 되는 폭넓은 신학적·영적 관점을 제공한다. 교리서는 교황 바오로 6세가 1964년 1월 5일 '성가정 축일'에 나자렛의 복되신 동정 마리아 성당에서 했던 강론을 인용하면서, 성가정을 침묵의 본보기로 제시한다. 이 강론은 '성가정 축일' 성무일도 독서 기도에 나와 있다.

"나자렛 성가정은 우리가 예수님의 생애를 이해하기 시작하는 학교, 곧 복음의 학교입니다(…). 첫째는 침묵에 대한 가르침입니다. 정신을 위하여 불가결하고도 놀라운 환경인 침묵을 중시하는 마음이 우리 안에 성장하기를 바랍니다. (…) 다음으로는 가정생활에 대한 가르침입니다. 우리는 나자렛에서 가정생활이 무엇인지를, 그리고 그것이 지니는 사랑의 친교, 간소하고도 소박한 아름다움, 그리고 성스럽고 침해할 수 없는 특성을 배워야 합니다. 끝으로는 노동에 대한 가르침입니다. '목수의 아들'의 나자렛집에서, 우리는 인간 노동의 준엄하고도 구원적인 의미를 이해하고 이를 찬미하고자 하며(…). 결론적으로 여기 나자렛에서 우리는 세계의 모든 노동자에게 인사를 보내고, 노동자들의 위대한 모범이시요 그들의 신적인 형제이신 분을 보여 드리고자 합니다."[29]

---

29) 『가톨릭 교회 교리서』 533항.

1) 침묵의 흠숭

"흠숭은 창조주 앞에서 피조물임을 깨달은 인간이 취하는 기본자세이다. 흠숭은 우리를 지어 내신 주님의 위대함과 우리를 악에서 구해 내시는 구세주의 전능을 드높이는 것이다. 흠숭은 '영광의 하느님' 앞에서 인간이 마음을 쏟아 꿇어 엎드리는 것이며, '언제나 더욱 위대하신' 하느님 앞에서 존경어린 침묵을 지키는 것이다. 지극히 거룩하시며 최고의 사랑을 받으셔야 할 하느님께 대한 흠숭은 우리를 겸손하게 하고, 우리의 간청에 대한 확신을 심어 준다."[30)]

2) 은수생활의 침묵

"은수자들은 세 가지 복음적 권고를 언제나 공적으로 선서하지는 않지만, 세속으로부터 더욱 철저하게 격리되어 고독의 침묵과 줄기찬 기도와 참회 고행으로 하느님 찬미와 세상의 구원에 자기 신명을 바친다."[31)] "은수자들은 그리스도와 인격적 친교를 이루는 교회 신비의 내적 측면을 보여 준다. 사람들에게 드러나지 않는 그들의 은수생활은 주님을 침묵으로 선포하는 것이다. 은수자에게는 주님만이 보는 것이기에 주님께 자기네 삶을 바친다. 은수생활이야말로 사막의 영적 싸움에서 십자가에 못 박히신 분의 영광을 찾아야

---

30) 『가톨릭 교회 교리서』 2628항.

31) 같은 책, 920항.

하는 특별한 소명이다."[32]

3) 거룩한 하느님 이름의 침묵

"계시된 모든 말씀들 가운데 독특한 것이 하나 있는데, 그것은 하느님께서 당신 '이름'을 계시하신 것으로서, 하느님께서는 당신 자신의 신비 안에서 당신을 계시하신다. 이름은 다만 신뢰하고 절친한 사람에게만 알려 주는 법이다. '하느님의 이름은 거룩하시다.' 그러므로 인간은 하느님의 이름을 함부로 사용하지 못한다. 인간은 사랑이 넘치는 흠숭의 정으로 침묵 가운데 하느님의 이름을 상기해야 한다. 인간은 오직 하느님을 찬미하고, 찬양하고, 찬송하기 위해서가 아니면, 자신이 하는 말 중에 하느님의 이름이 오르내리게 하지 말 것이다."[33]

4) 주일의 침묵

"주일은 내적이고 그리스도인다운 생활이 다져지도록 촉진해 주는 반성과 침묵, 교양과 묵상을 위한 때이다."[34]

---

[32] 같은 책, 921항.
[33] 같은 책, 2143항.
[34] 같은 책, 2186항.

5) 침묵의 기도

"하느님께서 아브라함을 부르시자, 그는 '주님께서 분부하시는 대로'(창세 12,4) 바로 길을 떠난다. 그의 마음은 전적으로 '말씀을 따랐으며' 그는 순종했다. 하느님의 뜻에 따라 행동하기로 하는 마음의 귀 기울임이 기도의 본질적인 요소이며, 말은 부수적인 요소이다. 아브라함의 기도는 먼저 행동으로 표현된다. 말이 없는 사람이었던 아브라함은 머무는 곳마다 주님께 제단을 쌓는다. 나중에야 비로소 말로 표현된 그의 첫 기도를 우리는 발견하게 된다. 그 기도는 실현될 것 같지 않은 하느님의 약속을 그분께 상기시켜 드리는 은근한 탄식이다. 이렇게 처음부터, 기도의 극적인 일면, 곧 하느님의 성실성을 과연 믿어야 하느냐 하는 믿음의 시련이 나타난다."[35]

6) 관상기도의 침묵

"관상기도는 침묵이다. 곧 '다가올 세상의 상징' 또는 '말 없는 사랑'처럼, 침묵 속에서 하는 기도이다. 관상기도 중에 하는 말은 상황한 이야기가 아니라 사랑의 불을 시피는 불쏘시개와 같다. '외적인' 사람은 견딜 수 없는 이 침묵 중에 성부께서는 강생하시고, 고통받으시고, 돌아가시고, 부활하신 당신의 '말씀'을 우리에게 들려주시며, 자녀가 되게 하시는

35) 같은 책, 2570항.

성령께서는 우리를 예수님의 기도에 참여하게 하신다."[36]

3. 침묵의 구체적 형태

1) 감각의 침묵

초기 양성 과정에서는 감각의 침묵을 배우고, 침묵 안에서 자기 자신 안에 머무르는 법과 영혼 안에서 성령의 말씀을 듣는 법을 알며, 이를 통해 그리스도의 언어를 배우는 것이 강조된다. 하지만 현대의 새로운 세대의 수도자들에게는 '소리'와의 관계에 있어 완전히 새로운 방식으로의 변화가 필요하다. 왜냐하면 이들은 음악, 리듬, 움직임, 정보, 광고, 이미지 등 '소리'와 시각적 요소가 가득한 환경에서 자라왔기 때문이다. 비록 이러한 환경이 그들의 일상이 되었지만, 그럼에도 불구하고 어떤 경우에는 이러한 자극적인 요소들에서 벗어나기 위한 일종의 "해독과정" 같은 특별한 노력이 필요하며, 결국 수도생활은 그리스도를 중심으로 더 큰 침묵과 함께 통합적이고 점진적으로 발전해 나아가야 한다.

이와 더불어 수도생활을 준비하는 사람은, 소통에는 꼭 '대화'만이 아니라 '함께 하는 그 자체'와 '침묵의 시간' 또한 포함된다는 사실을 알아야 한다. 따라서 단순한 대화가 아니라, 진정한 대인관계나 인격적인 소통에 대한 학습이 이루어

---

36) 같은 책, 2717항.

져야 한다. 많은 젊은이가 외로움과 고립감으로 힘들어하고, 또는 감정이나 의사 표현 능력이나 자신과 관계 맺는 능력, 그리고 타인과의 관계 형성 능력에 큰 어려움을 겪고 있다. 하지만 이런 어려움에도 불구하고, 이들은 아주 순수하고 손상되지 않은 내면 깊은 곳으로부터 그리스도께서 자신을 수도생활로 초대하시는 부르심을 체험하게 된다. 이 부르심의 초대는 그들의 신비로운 내적 침묵 속에서 느껴지며, 이는 그들에게 그리스도를 따르라는 부르심으로 인식하게 된다.

수도생활에서의 침묵은 겉으로 보기엔 존재하지 않는 것처럼 보이는 하느님을 받아들이는 법을 배우도록 돕는다. 하느님께서는 수도자의 마음을 하느님께로 집중할 수 있게 해주는 은총을 내려 주시고, 또한 특히 정화된 영혼에는 단순히 보이는 것 이상의 초월적인 하느님의 존재를 경험할 수 있는 특별한 은사를 베푸신다. 이러한 침묵의 경험은 현대 사회에서 흔히 나타나는 "무관심"과는 반대되는 경험이다. 여기서 무관심은 게으름이나 고통의 쓰라림, 오만함과 어리석음에서 비롯되며, 사람과 사물에 대해서 관계를 맺지 못하고 내적 무감각과 고립에 빠진 상태를 말한다. 하지만 이런 무관심조차도 진정한 침묵으로 바뀔 수 있다. 진정한 침묵이란 욕망, 이성적 판단, 열정으로부터 자유로워지는 것을 의미하고 이를 통해 사랑의 질서를 세우고, 하느님께서 주신 모든 것을 있는 그대로 받아들이며 특히 인간 존재에 초월적인 의미를 되찾아 주는 것이다. 이는 단순히 무심함이나 회피가 아닌, 침묵을 통해 수도자들이 하느님과 더 깊은 관계를 맺고 자신의 삶과 세상의 의미를 재발견하려는 깊은 태도를 의미한다.

하느님의 모상대로 창조된 인간 존재의 깊은 뿌리는 하느님의 "신성"과 닿아 있다. 이 "신적 근원"은 세상을 움직이고 발전시키는 모든 힘의 기원이자, 하느님의 계획을 이해할 수 있는 출발점이 된다. 따라서 수도자들, 특히 관상생활을 하는 이들의 침묵은 바로 이 "신적 근원"으로 이들을 이끌어 간다. 수도자들이 실천하는 침묵은 단순히 말하지 않는 행동이 아니라 그리스도의 침묵에 동참하는 행위이다. 이 침묵을 실천하는 이유는 무엇보다 하느님에 대한 갈망과 형제애적 사랑에 있다. 따라서 수도생활에서 침묵은 단순히 말하지 않는 것이 아니라 고독과 외적 침묵, 세상과의 단절 같은 외적 실천을 통해, 형제애와 하느님 사랑을 추구하는 본질적인 실천이 된다.

2) 순례자의 침묵

순례자의 조건은 불안정한 삶을 받아들이면서 또한 당당히 드러내는 것이며, 자신의 믿음과 목표를 위해 안정적인 삶을 포기하고 새로운 여정을 선택하는 것이다. 이런 삶의 조건 속에서, 순례자는 그 상태에 내재된 "침묵"의 의미를 깨닫는다. 순례자는 새로운 환경, 사람들, 유혹 등이 있어도 이에 흔들리거나 집중력을 잃지 않고, 자신의 최종 목표에만 집중하며 자신의 길을 계속 나아간다. 이성과 과학, 인간 사고의 성취가 강조되는 세상에서도, 수도자는 순례자의 침묵을 통해 단순함과 진실함을 증언한다. 그는 하느님께 신뢰를 두고 자신을 맡기며, 온전한 일치를 이루기 위해 살아가려 노력한다.

3) 소공동체의 침묵

공동체에서는 새로운 방법을 통해 외적 침묵의 가치를 재평가하려는 경향이 나타나고 있다. 수도자들은 매일의 하루 중 침묵과 고독의 시간을 반드시 가져야 한다. 그러나 많은 수도 공동체에서는 통신 매체나 그 밖의 다양한 의사소통 수단의 사용으로 인해, 꼭 필요한 기본적인 침묵조차 크게 위협받고 있다. 또한, 제한된 거주 공간에서 생활해야 하는 소공동체 형태의 특성상, 외적 침묵을 유지하거나 기도, 영적 독서, 묵상을 위한 물리적 공간을 마련하는데 어려움이 발생한다.

따라서 수도 공동체는 특별히 활동적인 수도자들이 바쁜 일상에서도 침묵과 기도를 경험하고 내면의 평화를 찾을 수 있도록 도움을 주는 역할을 해야 한다. 이를 위해서는 단순히 물리적 공간을 나누는 것을 넘어, 서로를 위해 희생하고 관대하게 마음을 여는 태도가 필요할 것이다.

4) 침묵의 특별 공간 및 전용 센터

약 20년 전 직접 사도직 활동을 수행하는 거의 모든 활동 수도회에서는, 수도 공동체원들의 고독과 휴식, 기도 시간을 상당 시간 동안 보장하고 마련해 줄 수 있는 전용 시설을 설립하려는 움직임이 시작되었다. 이 전용 센터는 하느님과 만나는 곳이며, 수도회의 사도직 활동의 중심을 회복하고 지나친 활동과 내적 혼란으로 인해 위기를 맞고 있는 자신의 정체성을 회복하기 위한 공간이 되어 왔다. 이러한 시설을 보유하지 않은 수도회는, 모든 구성원이 일정 기간이라도 침묵과 고독의 분위기를 경험할 수 있도록 다른 수도원이나 피정의 집과 같은 다른 장소에서 머물 기회를 제공해야 한다.

이렇게 특성화된 공간에서 침묵과 고독을 위한 시간을 갖는 것이 중요하지만, 이는 수도자가 일상적인 삶의 리듬 속에서 매일 침묵을 유지하고 내적 평화를 찾아야 하는 노력과는 결코 대체할 수는 없다. 따라서 지나친 활동이나 분주함은 수도자의 내적 평화를 깨뜨릴 수 있음을 경계하고, 단기적인 특별 공간에서뿐 아니라 매일의 일상적인 리듬 속에서도 고독과 침묵을 실현하려 노력해야 한다.

5) 주일

수도생활에서 주일은 침묵을 창조하고 추구하는 데 있어 특권적인 시간으로 여겨져야 하며, 이 시간은 전적으로 하느님과의 일치와 흠숭, 감사의 실천으로 봉헌되어야 한다. 단순히 외적으로 말하지 않는다고 해서 그것이 진정한 침묵이 되는 것은 아니며, 오히려 혼란스럽고 소란스러운 내적 소음이 될 수 있다. 따라서 주일을 단순히 육체적·심리적 휴식의 날로 전환하거나 여러 가지 "긴급한" 일들로 가득 채우는 유혹을 극복해야 한다. 결국 주일은 단순히 쉬는 날이나 바쁜 일로 채워지는 날이 아니라, 침묵의 신비 안에서 말씀과 성찬례를 중심으로 예수 그리스도와 하느님께 완전히 봉헌된 날로 재평가될 필요가 있다.

6) 영신 수련

매년 영신 수련이나 특별한 침묵의 시간을 통해, 수도자는 사도직 활동 안에서도 관상과 경청을 조화롭게 이어 나갈 수 있는 능력을 갖추게 된다. 많은 수도 공동체에서는 이러한 시간이나 기회를 희망하는 회원들에게 "안식년"(anno sabbatico)을 제공한다. 이 기간은 자신의 삶 전체를 하느님 안에서 깊이 성찰하며, 하느님 앞에서 자신의 약점이나 한계를 있는 그대로 드러내고 오직 하느님의 사랑과 은총 안에서 자신을 다시 찾는 경험이 된다. 또한 일상에서 쌓인 복잡한 일들, 불필요한 걱정, 사소한 문제들을 뒤로하고, 하느님과의 관계, 자신의 성소, 형제애와 같은 가장 중요하고 근본적인 가치를 재발견하는 특별한 시간이다. 수도자는 이 시간을 통해 자신을 새롭게 하고 내면의 평화와 영적 활력을 얻는 계기로 삼는다.

7) 특별한 상황

다양한 사도직을 가진 여러 형태의 수도생활에서는, 각 수도자가 겪는 침묵의 특수한 상황을 고려해야 한다. 질병, 노령, 혹은 다른 상황으로 인해 수도자가 사도직에서 멀어지는 경우, 공동체는 고통받으시는 그리스도의 침묵을 함께 나누려는 열망으로 이들을 받아들여야 한다.

바쁜 활동과 휴식으로 이루어지는 자연스러운 삶의 리듬 안에서, 침묵을 단순한 활동 중단이 아니라, 내면의 평화와 자기성찰을 위한 시간으로 활용해야 한다. 또한 침묵을 통해, 효율성과 성과에 집착하여 끊임없이 바쁘게 움직이고 무언가를 이루어야 한다는 압박에서 벗어나야 한다. 때로는 개인적인 어려움이나 위기로 인해, 활동적이고 빛나던 일이 멈추게 되며 내적으로 고립될 수도 있다. 하지만 이러한 개인적 위기를 광야에서 유혹받으신 그리스도의 고독과 침묵에 깊이 연결 지어 바라본다면, 이는 단지 고립된 침묵이 아니라 삶에 새로운 활력을 불어넣는 기회가 될 수 있다.

8) 연대적 침묵

수도생활의 또 다른 외적 침묵의 형태는 여러 공동체가 처한 박해의 상황에서 나타난다. 수도자는 가난한 이들과 동일시함으로써, 아무에게도 존재하지 않고 살아가거나 소리를 낼 수 없거나, 사라진 이들의 침묵에 동참한다. 이러한 상황에서 "소리 없는" 이들과의 연대는, 가난한 이들의 공동체 안에 당신의 침묵으로 함께 하시는 그리스도의 연대를 더욱 분명히 드러내 준다. 침묵은 말보다는 행동과 희생을 통해, 진정한 사랑과 신앙의 메시지를 전하는 "최고의 웅변"으로 바뀌기 때문에, 이러한 침묵의 연대와 헌신은 때때로 순교에까지 이를 수 있다.

많은 수도 공동체가 사도적 활동 안에서 즉각적인 결과나 성공을 추구하는 효율성의 유혹에 직면한다. 이러한 유혹 역시, 예를 들어 자신이 중요하거나 진지하게 받아들여지지 않거나 즉각적이고 두드러진 결과를 내지 못하는 상황을 받아들이는 침묵의 길을 통해 극복될 수 있다.

9) 토착적 침묵

토착화는 오늘날 많은 수도생활 공동체나 단체가 배우고 있는 또 다른 형태의 침묵 실천이다. 선교지에서 사도적 봉사를 수행할 때는 기존의 방법론과 체계, 신학적 확신을 잠시 멈추고, 각 문화와 환경 안에서 새로운 방식으로 독특하게 드러나시는 하느님의 새로움 앞에서 침묵으로 머물러야 한다. 그러기 위해서는 활동을 줄이고, 침묵 안에서 육화되신 말씀을 배우고 깨닫고 묵상하는 것에 주의를 기울여야 한다.

10) 사도직의 침묵

수도자는 "사도직 활동 안에서의 침묵"에 대해서도 다루어야 한다. 수도자는 신자들에게 신앙의 길을 안내하고 가르치는 분은 성령이시며 결코 수도자 자신이 아니라는 사실을 알고, 실제로 자신의 사도직 활동 안에서도 침묵을 실천해야 한다. 수도자는 사도직 활동에서 종종 고통을 동반하는 침묵을 받아들일 수 있어야 하지만, 또한 이웃에 대한 환대와 수

용, 이해, 용서, 화해, 사랑의 존재로서 하느님의 침묵을 받아들이는 법 또한 배워야 한다.[37)]

[37)] Cfr. C. Kaufmann, "Silenzio" in *Dizionario teologico della vita consacrata*, Ancora, Milano, 1994.

제 3 장

여가 시간

우리의 영성생활에는 내적·외적인 두 가지 측면이 있다. 내적인 측면은 완덕을 향한 내적 투쟁과 관련이 있고, 외적인 측면은 우리에게 주어진 부르심과 사명이 타인에 대한 사랑과 봉사로 향하는 것이다.

이러한 맥락에서 오늘날 현대 세계에서 매우 중요한 주제인 "여가 시간"에 대해 이야기해 보자. 만약 주제가 우리 삶에 해당하지 않는다면, 우리는 그저 주님께 감사드리며 대신이 어려움과 부담에 짓눌려 있는 다른 사람을 이해하려 노력하고 기도해 주어야 할 것이다. 그러나 주일과 공휴일, 휴일과 휴가, 휴식 시간과 같은 여가 시간의 전체적인 차원은 우리 모두에게 영향을 미친다. 따라서 우리는 여가 시간과 관련된 문제 영역을 식별하고, 회복하거나 재평가할 만한 영적 가치를 찾도록 성령의 도우심을 청해야 한다.[38)]

1. 여가 문화의 새로운 지평

1) 20세기, 위대한 희망의 시간

"여가 시간"이라는 개념은 20세기 초, 산업혁명 이후 잇따르는 과학기술의 발전이 일어나면서 등장했다. 무한정 발전하는 경제적 전망은, 기계가 인간을 여러 가지 속박에서 해방하고 자유롭게 하여 인간에게 막대한 양의 여가 시간을 선사할 것이라는 기대를 품게 하였다.

이러한 희망은 수도 공동체에서도 이상한 것이 아니었다. 과거에는 세탁하거나 집을 청소하거나 기타 여러 작업을 수행하는 데 오랜 시간이 걸렸지만, 이후 세탁기와 같은 기계가 등장하고 빠른 교통수단이 개발되면서 여행에 드는 시간도 절약할 수 있게 되었다. 이렇게 해서 주말, 토요일 휴무, 여름휴가와 같은 개념이 생겨났다.

2) 실망에서 논쟁으로

처음에는 여가 시간이 인간에게 자유와 여유를 줄 것이라는 기대와 희망이 있었지만, 그 기대와 희망이 꺾이는 데는 오래 걸리지 않았다. 현실에서는 오히려 여가 시간을 빼앗으려는 움직임이 나타났다. 처음에는 라디오, 그다음에는 텔레

38) Cfr. S. De Fiores / T. Goffi(a cura di.), "Tempo libero" in *Nuovo Dizionario di Spiritualità*, San Paolo, Cinisello Balsamo, 1985.

비전, 신문, 영화가 등장하며 여가 시간을 빼앗았다. 휴일에는 거대한 자본주의 아래 설계된 유흥, 관광 산업이 계획하고 정해 놓은 목적지로 사람들을 이끌었다. 이렇게 여가 시간은 점차 "자유롭고" "놀이적인" 본래의 성격을 잃어버리고, 개인적인 즐거움이나 여유로운 공간으로서의 의미도 왜곡되기 시작했다.

수도자도 이러한 실망에서 자유롭지 않았다. 먼저 "휴식" 또는 "쉼"의 개념이 사라지고, 대신 그 시간에 TV나 인터넷, 기타 다양한 활동에 이끌리거나 빠져들고 있다. 이렇게 온전히 쉬지 못하게 되는 실망스러운 여가 시간이 되는 세 가지 주요 원인이 있다.

(1) 휴일의 질적 퇴보

세속화된 사회에서 휴일은 신앙이나 영적·종교적 가치에 참여하고 표현하는 시간이 되지 못한다. 또한 단지 소비만을 추구하는 거대한 소비주의적 행위로 변질된 휴일 안에서는 삶의 활력을 주는 기쁨과 보람, 즐거움과 같은 인간 구조의 본질적인 요소들을 찾을 수 없게 되고, 단조로우며 지나치게 계획적이고 관료화된 특성 안에서 유머와 자유로운 상상력, 창의력이 설 자리를 잃게 된다. 따라서 진정으로 잘 쉬고 영적으로 평화로운 시간을 즐길 수 있게 해 주는, 휴일의 인간적이고 창의적인 본래의 목적과 본질을 되찾아야 한다.

수도자 또한 주일을 어떻게 보내고 있는지 스스로 성찰해 볼 필요가 있다. "주일을 여타의 다른 날과 다르게 만드는 영적 시간이 무엇인가"를 성찰해 보며 신앙적으로 특별한 의미를 갖게 하는 요소를 점검해 볼 필요가 있다. 또는 주일에 수도 공동체 안에서 기쁨을 나누는 시간이 있는지, 동료 형제, 자매들과 함께 교제하거나 산책하러 나가거나 사회적 행사에 참여하는 식으로 의미 있는 활동을 하거나, 아니면 평소와 똑같은 일상을 반복하고 있는지 등, 자신이 어떤 여가 활동을 하고 있는지 고민할 필요가 있다.

(2) 오락과 놀이 문화의 상품화

프로 스포츠는 심하게 상업화되어, 더 이상 순수한 경쟁이나 즐거움을 위한 활동이 아니라 돈을 벌기 위한 산업이 되었다. 선수들은 돈을 벌기 위한 상품처럼 취급되고, 경기도 상업적 이익을 추구하는 방식으로 진행된다. TV 프로그램이나 영화 등 다양한 형태의 오락 활동이나 콘텐츠 역시 마찬가지로 시청자의 관심을 끌기 위해, 사람들의 취향이나 관심사를 이용하여 의도적으로 조작, 제작되거나 편집되기도 한다. 우리는 이렇게 상업화, 상품화된 오락과 놀이 문화가 제공하고 있는 것들에 대해 얼마나 자유로운가? 과연 "달리 할 일이 없어서 TV를 보고, 또한 특별히 선택의 여지가 없으므로 제공되는 프로그램을 보는 것뿐"이라고 말하는 것으로 충분할까? 이 시점에서 우리는, 우리가 선동되고 조작되어 제공되는 것들을 보는 대신, 이러한 것들을 아무것도 보지 않을 수 있는 내적 자유를 과연 가졌는지 스스로 물어보고 성찰해 볼 수 있어야 한다.

(3) 관광 산업의 대중화

여름과 겨울 시즌 동안 수백만 명의 사람들이 한 곳에서 다른 곳, 또는 바다나 산으로 이동한다. 이러한 모습은 비록 규모와 정도는 작지만, 영어로 "Week-end"라고 일컫는 "주말"마다 반복되는 눈에 띄는 현상이다. 여기서 대중 관광은 많은 사람들이 주말의 여가 시간을 보내는 중요한 활동 중 하나이다. 하지만 이 거대한 관광 산업도 역시 사람들이 여행을 떠나도록 유도하고, 그로 인해 경제적 이익을 얻으려는 것처럼, 사람들을 경제적으로 조작하는 방식으로 운영되고 있다.

우리는 이렇게 자문해 볼 수 있다. "우리는 어느 정도까지 이러한 선동과 조작의 노예가 되어 있는가?" "만약 우리가 수도 공동체나 일상적 삶에서 벗어나 먼 곳으로 떠나고 싶어 한다면, 그 이유가 단순히 피곤해서가 아니라, 우리가 그만큼 매스미디어와 상업적 선동과 조작의 상황에서 자유롭지 않다고 느끼기 때문은 아닐까?" 현대의 세속적·소비주의적 문화를 너무 과도하게 비판만 할 것이 아니라, 스스로의 내면을 들여다보며 진지하게 이러한 질문을 던져볼 필요가 있다.

3) 놀이하는 인간(Homo ludens)

다른 한편으로, "여가 시간"이 잊혔던 인간 존재의 놀이적 측면을 재발견하게 했다는 사실을 인정해야 한다. 휴고 라너(Hugo Rahner)의 "놀이하시는 하느님"(Deus ludens) 신학이 탄생했을 뿐만 아니라, 유명한 사회학 서적 『호모 루덴스』(*Homo ludens*, 놀이하는 인간)도 등장했다. 이러한 사상에서 "놀이"의 개념이 출발하는데, "놀이" 안에서 인간은 무엇에도 종속되지 않고 자유롭게 존재하며, 사실상 인간의 모든 능력이 "놀이"에서 그 동력을 얻는다는 것이다. 여기서는 하느님의 창조 행위 또한 하나의 '놀이'로 보며, 예수 그리스도를 마술사와 같이 "놀이의 주관자"로 본다. 창조주의 계획에 따르면, 에덴동산에서 해야 할 인간의 노동은 본래 고통스럽거나 힘든 것이 아니라 "정원을 가꾸는 놀이"처럼 창의적이고 즐거운 활동이었다는 것이다. 노동이 인간에게 저주가 된 것은 인간이 타락한 이후의 일이다.

따라서 여가 시간은, 아담과 하와가 죄를 짓기 전에 에덴동산에서 누리던 평화롭고 즐거운 삶이라는 "인간 본래의 상태"의 기억을 회복하는 것이다. 또한 마치 "영원한 놀이"와 같이, 더 이상 고통이나 슬픔이 없는 완전한 기쁨과 자유를 회복하고, 이상적 미래를 미리 맛보게 하는 중요한 시간이라 할 수 있다.

2. 현대인의 여가 시간

그러나 오늘날 일부 계층의 사람들에게 여가 시간은, 여전히 접근하거나 생각조차 하기 어려운 것일 뿐이다.

1) 가난한 사람들에게는 존재하지 않는 여가 시간

실업자와 비정규직 노동자들은 소득이 적고 수입이 불안정하여 여가를 즐길 시간이나, 그 시간을 누릴 비용이 없다. 일이 없을 때 시간은 비게 되지만 하루하루 가정 살림을 위한 경비와 생계 문제를 해결해야 한다는 걱정으로 가득 차 있으므로, 이렇게 어려운 문제에 묶여 있는 시간을 '자유로운 시간', 진정한 여가 시간이라 부를 수 없다. 진정한 휴식이나 안식을 보장받지 못하는, '노예 상태'나 마찬가지이기 때문이다.

2) 임금 노동자의 여가 시간

임금 노동자의 여가 활용은 통근 노동자 혹은 전문 기술직 노동자에 따라 크게 달라진다. 하지만 아마도 여기서 더 중요한 것은 노동자들이 여가 시간에 대해 가지는 태도일 것이다. 가전제품의 도움으로 가사 노동의 수고가 덜어진 여성들까지 포함된 많은 임금 노동자에게, 일반적으로 노동 시간의 감소와 여가 시간의 증가가 곧바로 사회·문화적 활동 및 자유로운 자기 계발의 증대로 이어지는 것은 아니다.

"가난한 사람들은 시간을 겪고 있지만, 이를 지배하지는 못한다"라는 말처럼, 노동자들은 근무 외 시간을 종종 수동적이고 비판 없이 텔레비전을 보는 데 할애하며, 주말이나 휴일에는 자신의 시간을 즐기고 의미 있게 보내기보다는, 다른 사람들과 함께 스포츠 경기를 응원하며 허전함과 공허함을 메우려는 모습을 보인다.

이러한 차원에서 우리는 아마도 스스로를 더욱 잘 이해하게 될 것이다. 즉 우리 역시 가전제품 덕분에 일상적인 수고가 덜어졌지만, 그렇게 얻게 된 여가 시간을 통해 고귀한 가치와 의미를 찾지 못하는 자신을 발견하게 될 것이다.

3. 여가 시간의 영성신학적 관점

1) 놀이의 현대 신학적 관점

"놀이하는 인간"(Homo ludens)에 대한 조직신학적 연구는 비교적 최근에 시작되었다. 요한 하위징아(Johan Huizinga)는 그의 저서 『호모 루덴스』(*Homo ludens*, 놀이하는 인간)의 결론에서 성경 잠언에 나오는 한 구절을 언급하며 인간 삶의 놀이적 측면에 대한 신학적 반성을 촉구하고, 동시에 "놀이하시는 하느님"(Deus ludens)의 속성을 언급한다. 이 구절에서는 "정의와 통치의 근원이신 영원한 지혜는, 모든 창조 이전에 하느님 앞에서 자신의 즐거움을 위해 놀았고, 지상에서도 인간과 함께 놀이를 즐겼다"라고 말하고 있다. 이 신학적 제안을 처음으로 수용한 신학자 중 한 명이 후고 라너(Hugo Rahner)이다. 그는 성 토마스 아퀴나스의 영성에서 놀이 활동에 대한 그리스도교적 해석의 토대를 재발견했으며, 신학적 범주로서 "놀이" 혹은 "쉼, 여가"의 개념을 새롭게 정립하는 데 기여했다.

2) 휴일과 여가 시간의 회복

소비주의 사회가 초래한 변질된 휴일의 본래 의미에 반발하여, 오늘날 "휴일 및 여가의 신학"은 노동신학의 필수적인 분야로 자리 잡고 있다. 이 신학은 여가와 노동 사이의 분열을 극복하고, 이 분열을 촉진한 과도한 활동주의의 확대를 막는 데 목적을 두고 있다. 특히 이 신학은 예를 들어 "휴일과 관상" 사이의 관계를 살펴보는 것처럼, 대중 종교가 표현하는 가치들과 대중들이 생각하는 휴일의 의미에 주목한다. 따라서 성경 말씀을 근거로 하는 노동신학에서는 단순히 인간이 노동하는 "여섯 번째 날"만을 다룰 것이 아니라, 하느님께서 쉬시는 안식일의 "일곱 번째 날"도 포함해야 한다. 즉 여기서는 일만 중요한 것이 아니라, 하느님과의 관계를 유지하기 위해 '쉬는 시간'과 '관상기도' 같은 깊은 성찰의 시간이 강조된다. 그러므로 "일곱 번째 날" 하느님과의 깊은 만남을 통해 "여섯 번째 날"까지의 노동과 활동이 신앙적 의미를 찾게 되고, 더 나아가 우리의 삶 전체가 하느님 안에서 영적으로 자유롭고, 거룩하고 풍성한 의미를 갖게 된다는 것이다.

3) 여가의 가치 부여

앞서 간략하게 언급되었던 신학적 전망은, 늘어난 여가 시간을 통해 개인과 시민사회, 그리고 교회 공동체가 의미와 가치를 부여할 기회를 제공받는 데 도움을 줄 수 있다.

4) 개인의 문화적·영적 자기 계발

일상적인 노동의 부담과 피로에서 해방된 시간은 그 자체로 양면성을 지닌다. 여가 시간이 그냥 아무것도 하지 않는 "텅 빈 시간"으로 남아 있게 되면, 사람들은 자기 자신을 잃어버리는 느낌을 받을 수 있다. 이렇게 되면 스트레스가 쌓이고 권태로워지며, 심지어는 정신적으로 불안정해질 수도 있다. 또한 이 시간을 제대로 활용하지 못하면, 다른 사람이나 미디어, 광고 같은 "보이지 않는 설득자들"이 이 시간을 지배하게 된다. 즉 우리가 원하지 않아도 그들이 우리에게 영향을 끼치며, 폭력적이고 부정적인 내용으로 이 시간을 채울 수도 있다. 반면 이 시간은 개인적으로 중요하고 어쩌면 누구도 대신할 수 없는 자기 계발의 기회로 전환할 수 있다. 예를 들어 이 시간에 적절한 독서를 통해 개인의 문화적·영적 관점과 이상을 숙고하고 심화시킬 수 있다.

우리는 "특히 주일이나 휴일과 같은 여가 시간에 어떤 책을 읽고 있는가?"라는 질문을 스스로 던질 수 있다. 또한 우리는 의식적으로 시간을 내어 영적 성장과 신앙에 도움을 주는 책을 읽는 데 더 많은 여유를 가져야 한다. 즉 영적 독서, 전기, 신학 서적이나 교회 문헌을 읽으며 자신의 종교적·영적·문화적 세계를 확장하고 신앙 안에서 성장할 기회로 삼아야 한다. 이는 주말이나 공휴일과 같은 여유로운 시간에 특히 실천할 방법으로 제안된다.

5) 타인과 공동체의 재발견

특히 축제나 휴일과 같은 여가 시간은 일반적으로 가족이나 지역 사회, 그리고 본당 공동체 사람들과 여유 있고 편안한 만남을 가질 기회가 된다. 사목자가 주일미사 전후에 신자들과 만나는 것은 단순한 만남을 넘어선 사도직 활동의 일환이다. 신자들에게 또한 사목자와의 만남은 매우 큰 의미를 지니며, 사목자에게도 신자들과의 만남은 자신의 성소와 소명을 강화하고 풍요롭게 만드는 경험이 된다.

수도자나 축성 생활자(혹은 봉헌 생활자)[39] 사이에서도 축제나 휴일은 평소와는 다른 방식으로 다른 사람들과 함께 시간을 보낼 기회가 된다. 일상적인 작업 환경을 벗어난 타인과의 만남은 새로운 관점과 통찰을 얻을 기회가 되며, 서로의 재능과 문제를 공유하고 함께 고민하는 것을 통해 각자의 행복과 흥미, 능력을 발견하며 발전하게 된다. 또한 이 시간은 집단적인 노력과 협력을 통해 정의와 연대에 기반한 더 나은 공동체를 만들기 위해 참여하는 기회도 된다. 끝으

---

39) 〔옮긴이 주〕 넓은 의미에서 "축성생활"은 세례성사와 혼인, 성품성사로 축성, 봉헌된 평신도와 성직자 모두에게 해당되지만, 라틴어 "vita consecrata"는 서원이나 그와 비슷한 서약을 통해 세 가지 복음적 권고(청빈·정결·순명)의 의무를 받아들이는 그리스도인의 고정된 생활 형태를 가리킨다. 제2차 바티칸 공의회 이후 새 교회법전은 재속회, 은수생활, 동정녀회, 사도 생활단 등을 모두 이에 포함하고 있다.

종전에는 "봉헌생활"로 번역하였으나, 2012년부터 "봉헌생활"과 "축성생활" 두 용어를 함께 사용하고 있다. 인간이 하느님께 자신을 봉헌하는 차원에서 너무 제한적 의미로 이해됐던 축성생활을, 하느님의 부르심에 응답하는 의미에서 "축성된 삶"이라는 의미로 확장하면서 사제, 수도자의 삶과 사명에 대한 본질적인 의미를 더욱 잘 파악할 수 있게 되었다.

로, 이 순간은 다양한 차원에서 그리스도교적 사랑을 구체화하고 실현하는 데 중요한 기회와 시간이 된다. 즉 여가 시간은 단순한 휴식을 넘어, 타인이나 공동체와의 관계 속에서 기쁨과 영적인 풍요를 찾는 특별한 시간이 될 수 있다.

6) 여가와 놀이의 기쁨

즐거움과 긴장을 푸는 시간은 여가 시간에서 중요한 부분을 차지하며, 단순한 재미를 넘어 영혼에 긍정적인 영향을 줄 수 있는 의미 있는 시간으로 볼 수 있다. 제2차 바티칸 공의회[40] 역시 일을 하는 시간과 휴식 및 긴장 해소의 시간이 서로 균형을 이루어야 한다는 필요성을 강조한다. 다양한 형태와 수준의 유용하고 고상하며 적절한 놀이를 통해, 인간은 마음과 감각이 자유로워지고 또한 섬세하고 강렬한 기쁨의 충만함을 경험하게 되는데, 이는 오직 성령께서만이 주실 수 있는 것이다. 즉 놀이는 단순한 휴식이나 재미를 넘어, 인간의 영혼을 고양하고 하느님과의 관계를 깊게 할 수 있는 의미 있는 활동으로 자리 잡게 된다. 따라서 영적인 관점에서 볼 때 여가와 놀이는 단순한 즐거움을 넘어, 한편으로는 과거 순수한 인간에게 주어졌던 기쁨의 낙원으로 회귀하는 향수의 시간이 되고, 다른 한편으로 하느님의 자녀들이 약속된 최후의 기쁨을 미리 맛보는 희망의 경험이 된다.

---

40) 〔옮긴이 주〕 참조: "기쁨과 희망"(*Gaudium et Spes*), 제2차 바티칸 공의회 「현대 세계의 교회에 관한 사목 헌장」 제67항.

4. 여가 시간의 해방

여전히 질문은 남아 있다. "우리는 정말 여가 시간을 스스로 통제하고 있는가, 아니면 광고 매체들이 제공하는 콘텐츠에 영향을 받는 사실상의 통제를 당하고 있는가?" 앞으로 우리는 어떻게 여가 시간을 해방하고 이를 영적인 가치로 변화시킬 수 있을지 성찰해 봐야 할 것이다.

1) 사회적 조건

사회적 조건 중에서 가장 중요한 요소는 대중매체(mass media)이다. 대중매체의 운영 방식에 따라 개인이 선택하는 여가 시간의 사용 방식, 소비 습관, 오락(TV 드라마나 예능 및 영화 등), 관광 등의 방식은 통제와 영향을 받게 된다. 예를 들어, 광고는 사람들이 특정 제품을 구매하도록 유도하고, 영화, TV 쇼, 음악 등 다양한 오락 콘텐츠는 사람들이 무엇을 보고, 무엇을 즐길지 간접적으로 강요하거나 제한하며, 대중매체는 특정한 여행지를 선택하도록 만들 수 있다.

이와 관련하여, 우리가 단순히 할 일이 없고 시간이 남는다고 해서 아무 생각 없이 TV를 켜고 그저 방송되는 아무 프로그램이나 시청한다면, 특정 프로그램의 시청률에 포함되는 소비 착취와 조작에 "소비자"로서 이용당하는 셈이 될 뿐만 아니라, 이는 영적이지도 성숙하지도 않은 일이 될 것이다. 대신 여가 시간을 성숙하게 보내는 방법은 무계획적이고 수동적으로 행동하기보다, 어떤 콘텐츠를 소비할지 미리

정하고 선택하는 태도가 필요하다. 예를 들어, 자연 다큐멘터리, 문화 프로그램, 스포츠 등 관심 있는 프로그램을 미리 조사하고 선택하거나, 보고 싶은 장르나 감독의 작품 및 특정 영화를 미리 정해서 보듯이, 여가 시간을 사전에 계획하고 의도적으로 선택하는 것이 매우 중요하다.

2) 영성적 조건

여가에 대한 사회적 인식 변화의 필요성과 함께, 여가 시간을 올바르게 활용할 수 있는 개인적인 교육과 훈련의 필요성에 대한 관심도 커지고 있다. 이러한 개인 교육은 이제 더 이상 청소년기에만 국한되지 않고, 삶의 모든 단계에 걸쳐 이루어져야 한다. 그래서 구체적으로는, 예를 들어 민주적인 방법과 태도, 미디어를 비판적으로 사용하는 방법, 여가와 오락 및 놀이와 관광 시간의 활용법 등에 대한 내용이 포함되는 지속적인 교육이 필요하다.

과거에는 우리의 일상생활에서 많은 것들이 정해진 고정된 규칙에 따라 이루어졌지만, 지금은 많은 분야에서 그런 고정된 규칙이 사라졌다. 따라서 이러한 시대에는 더욱이 다양한 의견을 존중하면서도 자신의 정체성을 찾고, 보다 자기주도적이고 독립적인 성숙한 삶을 살아가기 위해 올바른 민주주의 교육 필요하다.

3) 여가와 놀이에 대한 영성 교육

그리스도교 전통은 나태나 태만을 비판하는 데 있어 일치된 태도를 보인다. 즉, 사람들에게 유익하고 의미 있는 일을 하도록 장려하는 동시에, "일곱 번째 날"(주일, 안식일)의 중요성 또한 강하게 지지한다. 주일은 단지 쉬는 날이 아니라, 영적으로 쉬면서 하느님과의 관계를 깊게 하는 날로 간주되기 때문이다. 하지만 최근 몇 년 동안, 특히 일요일에도 상점들이 문을 여는 문제에 대한 논란이 있었으며, 이는 주일의 거룩함을 지키려는 그리스도교 전통과 상업화 사이의 갈등을 드러낸다. 많은 사람이 상업적 활동으로 주일을 보내고 있지만, 그리스도교 전통은 여전히 주일을 거룩한 날로 간주하며 그 가치를 강조하고 있다.

이런 상황에서 교구와 수도회는 사람들에게 영적 콘텐츠를 제공하는 데 더 적극적인 역할을 해야 할 것이다. 예를 들어, 여전히 많은 사람이 관광지에 있거나 관광 명소로 알려진 수도원을 기꺼이 방문하고 있다. 많은 사람이 수도원에 가서 수도자들이 드리는 기도나 예배에 참여하면서 신앙 체험이나 영적인 내적 경험을 하며, 이를 통해 참여자들은 영적인 의미와 내면의 평화를 찾고자 한다. 본당이 되었든 수도원이 되었든 이는 단지 관광지가 아니라, 사람들에게 영적인 평화와 신앙 체험의 기회를 제공해 줄 수 있는 거룩하고 의미 있는 장소와 공간이 되어야 한다는 점을 시사해 준다.

4) 매스미디어(대중매체) 교육

매스미디어를 통해 사용자에게 전달되는 메시지는 매우 많고 다양한데, 이를 제대로 이해하고 비판적으로 분석하기는 어렵다. 특히 이미지와 소리를 동반하는 메시지는 사람들에게 더욱 강한 영향을 미치기 때문에, 이를 비판적으로 받아들이는 능력이 중요하다. 따라서 매스미디어의 사용자, 특히 신자들이 매스미디어를 제대로 활용할 수 있도록 기술적이고 도덕적인 교육을 제공할 필요가 있다.

요즘 뉴스는 단순히 "제시"되는 것이 아니라 "만들어지기" 때문에 각별한 주의가 필요하다. 예를 들어, 뉴스에서 중요한 사건을 처음에 배치하거나 신문 첫 페이지에 놓는 등의 방식으로 사람들의 관심을 끌고, 때로는 제목이 자극적이지만 실제 내용과는 맞지 않는 경우가 많다. 따라서 신자들에게 이러한 방식으로 만들어지는 왜곡된 정보나 오해를 피하도록 돕고, 정확하고 비판적인 시각으로 정보를 받아들일 수 있는 능력을 키워 주는 교육이 제공되어야 한다.

4. 결론

여가 시간에 대한 성찰을 마무리하면서 몇 가지 질문을 던져본다. "여가 시간에 나는 무엇을 하는가?" "나는 그 시간이 만족스러운가, 지루한가?" "여가 시간에 나는 개인적인 시간을 갖는가, 사회적인 활동을 하는가?" "여가 시간의 휴식과 쉼은 나의 영성생활에 어떤 영향을 주는가? 이 시간을 나의 영성에 중요한 부분으로 여기는가, 아니면 별로 관련 없다고 보는가?" 이와 같은 질문은, 우리가 진정한 영적 휴식과 강렬하게 투신하는 일상의 삶을 더욱 균형 있게 살아가기 위한 깊은 통찰을 주는 데 조금이나마 도움이 될 것이다.

제5부

진화 심리학과 영성생활

제 1 장

진화 심리학과 거룩함

1. 들어가는 말

이 연구는 파올로 몰리나리(Paolo Molinari) 신부가 제시한 거룩함에 대한 특별한 정의에서 출발한다. 여기서 그는 인간의 정신 구조를 은총의 작용과 직접적인 관계에서 고려하며 다음과 같이 말한다. "그러므로 거룩한 사람이란, 유한하지만 반복될 수 없는 독특한 본성, 자질, 개인적 환경, 소명과 같이 '그리스도께서 베풀어 주시는 은총의 양에 따라서' 그가 받은 은총에 자신을 개방하고 응답하며, 그리스도와 일치하고 그리스도께서 그 안에서 살게 하는 특정한 실존을 온전히 살아가는 사람이다."[1] 본 연구는 진화 심리학의 관점에

[1] P. Molinari, "Santo", in S. De Fiores / T. Goffi(edd.), *Nuovo Dizionario d Spiritualità*, San Paolo, Cinisello Balsamo(MI), 1985.

서 이러한 연관성을 분석하고자 한다.

심리적 특성과 거룩함 사이의 관계에 관해 이 연구를 정당화시켜 주는 신학적 틀은, "은총은 본성을 부정하거나 제거하지 않고, 오히려 그것을 전제하고 완성한다"[2]는 잘 알려진 신학적 진리에 근거한다. 따라서 은총은 인간의 본성을 토대로 하여, 인격이 성숙하고 변화되는 여정을 동반한다. 이러한 예로, 극적인 회심 이후에도 여전히 다혈질적이고 급한 성격이 남아 있는 바오로 사도를 생각해 볼 수 있다.

인간의 심리적 구조는 종교심의 발달이나 영적 성숙이 인격의 발달로부터 분리된 것이 아니라, 오히려 전체적인 인격의 발달에 영향을 받으며 하느님과의 관계 안에서 해석하려는 노력으로 나타난다.

이 연구는 거룩함의 특성이 사람의 연령대에 따라 나타나는 전형적인 심리적 특성의 틀 안에서 발견된다는 가설을 전제로 출발한다. 연령대를 나누는 것은 매우 광범위하고 포괄적이기 때문에, 이를 더욱 명확하게 하기 위해 이번 장에서는 청소년, 청년기, 성인기 및 중년기, 장년기 및 노년기와 같이 세 가지 범주만 포함하기로 한다. 우리는 특히 종교심의 발달 과정에 초점을 맞추고 이 세 연령층의 "심리학적 핵심 주제"를 분석하고 추적하면서, 순교자가 아닌 몇몇 '하느님의 종'(가경자)이나 복자, 또는 성인들의 영성 안에서 이 과정이

---

[2] 〔옮긴이 주〕 토마스 아퀴나스는 믿음과 이성의 상호보완적 관계를 강조하며, "은총은 본성을 파괴하지 않고 완성한다"(Gratia non tollit naturam, sed perficit)라고 말했다. 즉 은총이 인간 본성을 향상하고 완성하는 역할을 한다고 설명한다.

어떻게 나타나는지 살펴보고자 한다. 최근 있었던 심포지엄의 "시간과 영성"이라는 주제의 맥락에서, 우리가 다루게 될 연구의 주제를 "거룩함은 중요하고 특정한 시간(kairós)[3]에 나타난다"라고 표현할 수도 있을 것이다.

2. 청소년기와 청년기

청소년기와 청년기의 발달 기간을 정확히 특정하는 것은 쉽지 않다. 그러나 영적 준비나 성숙을 위한 준비 과정이 인생에서 최대 30년까지 이어질 수 있다는 것을 고려할 때, 이 기간을 우리 연구의 실질적인 목적에 맞는 청소년, 청년기로 설정할 만하다. 우리는 특히 이 기간의 "심리학적 핵심 주제"에 관심을 둔다.

인지적 측면에서, 취학 연령기의 어린이는 타인이 자신과 다른 복잡한 성격, 동기 및 감정이 있다는 것을 점점 더 인식하게 되는 복잡한 "마음 이론"[4]을 발전시킨다고 할 수 있

---

[3] 〔옮긴이 주〕 카이로스(kairós)는 "때(kairós)가 차서 하느님의 나라가 가까이 왔다"(마르 1,15)라는 복음 말씀처럼, 무엇을 하기에 중요하고 특별한 순간, 적합한 순간 또는 하느님께서 개입하시는 순간, 거룩한 (영적인) 시간을 의미한다. 반면 크로노스(Chrónos)는 이 세상에서 흘러가는 연대기적이고 일반적인 시간을 뜻한다. 즉 신앙과 영성에서 거룩함은 단순히 시간이 흘러가는 동안(Chrónos) 이루어지는 것이 아니라, 하느님이 섭리하시는 '특별한 순간이나 기회'에 나타나며, 이 카이로스(kairós)의 때에 더욱 깊고 중요한 의미를 갖는다는 의미이다.

[4] 〔옮긴이 주〕 마음 이론(theory of mind)이란 나와 남의 생각과 마음을 이해하는 능력을 가리키며, 자신과 타인에 대한 공감과 이해 능력 정도를 평가하는 기준으로 사용되는 심리학 용어이다. 마음 이론은 타인이 자신과는 다른

다. 동시에 이 시기 어린이는 타인과 적절하게 융화되기 위해 자기 행동을 조절하는 능력이 더욱 향상된다. 감정에 대한 이해의 확장은 사회적 상호작용에 있어, 무엇보다 타인의 정서적 경험에 대한 더 큰 민감성과 더욱 강한 공감 능력과 같은 몇몇 중요한 결과로 이어진다. 젊은 성인(saint)에게서는 고통받는 사람에 대해 깊은 연민을 갖는 특징이 자주 관찰된다.

또한 취학 연령기 어린이는 자신에 관한 생각과 자기 행동에 관한 생각을 발전시켜 나간다. 개인적으로든 학업적으로든 자기 능력과 한계를 더 많이 인식하게 되면서, 더욱 자기 비판적으로 되고 자신의 자존감은 종종 큰 타격을 입게 된다. 그러나 목적을 위해 자신의 반응을 전략적으로 조절하는 법을 배우면서, 자신에 대한 이해력과 더불어 자기 통제력이 크게 발전한다.[5] 어린이와 청소년기의 영성생활에서 나타나는 또 다른 전형적인 특징은, 자아 포기와 희생을 통해 자기 고유의 수덕적 길을 찾는 것이다.

청소년기에 접어들면 청소년기 사고의 특징인 자기중심성이 나타나는데, 이는 스스로 타인에 대한 자신의 중요성을 과대평가하게 만든다. 이러한 특징은 많은 청소년들로 하여금 성인이 되어 위대하고 영광스러운 업적을 이룰 것이라는 개인적인 착각이나 환상을 갖게 하거나, 또는 언제나

신념, 욕구, 의도, 관점 등의 정신 상태(mental state)를 가지고 있다는 것을 이해하면서 마음을 읽는 능력이라고 할 수 있다.

[5] Cfr. K. Stassen Berger, *Lo sviluppo della persona*, Zanichelli, Bologna, 1996, pp.285~286.

무대의 중심에 서 있는 자신이 끊임없이 모든 사람의 관심을 끌 수 있다고 상상하게 만든다. 종교적 맥락에서 볼 때는, 이 시점에 미래의 위대한 업적을 이루기 위한 소명을 결정하게 된다.

골드만(R. Goldman)[6]은 어린이와 청소년의 종교심 발달 목표로 개인 정체성의 확립, 윤리적 기준과 개인 선택의 필요성을 언급한다. 윤리적 기준은 부분적으로 정서적이며 지성적인 특성이 요구된다. 정서적 측면에서 청소년은 어떻게 행동해야 할지를 알려 줄 수 있고 의지할 수 있는 권위 있는 누군가를 필로 한다. 다른 한편 지성적인 차원에서는 단순히 타인의 가르침을 따르는 것이 아니라 스스로 생각하고 탐구하면서 건강하고 확실한 가치관(예를 들어, 정직, 배려, 책임감 같은 것들)을 세우고, 자신이 믿는 가치가 논리적으로 옳고 타당하다는 것을 확신하며 스스로 그 가치를 지키고자 하는 욕구가 커지게 된다.[7]

어린이의 종교 발달의 또 다른 특징은 구체적이고 특정한 행위와 관련된 죄의식이 생긴다는 것이다. 이 시기에 하느님은 여전히 사랑보다는 정의에 더 관심을 가지신 분으로 여겨진다. 아마도 이러한 맥락에서 많은 어린 성인(saint)에게 죄인들의 회개를 위해 기도하고 희생하려는 강한 욕구가 생겼을 것이다. 이와 같은 사례는 대표적으로 파티마의 프란치

---

[6] 〔옮긴이 주〕 로널드 골드만(Ronald Goldman)은 영국의 종교교육 학자로서 종교 사고 발달 이론을 정립하였고, 아동기, 청소년기의 종교 사고 발달과 기독교 교육에 큰 공헌을 하였다.

[7] Cfr. R. Goldman, *Readiness for religion*, London, Routledge and Kegan Paul, 1966, p.68.

스코와 히야친타, 리지외의 성녀 테레사, 성모 통고의 가브리엘 등 여러 성인의 모습에서 나타난다.

종교적 사고의 발달은 어린이로 하여금 자신에게 일어나는 일뿐만 아니라 왜 그런 일이 일어나는지를 이해하려고 노력하게 한다. 이 과정에서 아이들은 어려운 상황이나 이해하기 힘든 일을 겪을 때 단순히 눈에 보이는 이유만 생각하는 것이 아니라, 종교적 가르침이나 부모님, 주변의 다른 어른들을 통해 배운 영적 가치와 믿음에 의존하여 그 이유를 스스로 설명하고 납득하려고 한다.[8] 이렇게 종교적 맥락에서 삶의 의미를 찾는 과정은, 소아마비에 걸린 11세 소년 토니(Tony)의 다음과 같은 표현을 통해 살펴볼 수 있다. "네가 이 세상에 존재하는 데는 이유가 있어. 주님은 네가 어떤 일을 하기를 바라셔. 만약 네가 무엇을 해야 할지 모른다면, 그걸 찾아내기 위해 무엇이든 해야 해. 어쩌면 시간이 걸릴 수도 있고 실수할지도 몰라. 하지만 기도하면 주님께서 너를 올바른 길로 인도해 주실 거야. 주님은 너에게 지도가 그려진 종이를 주시지는 않아. 분명히 그러실 거야! 대신 뭔가를 속삭이실 거야. 처음에는 그게 잘 들리지 않을 수도 있어. 하지만 믿음을 가지고 계속 주님께 기도한다면, 너는 결국 주님의 속삭임을 듣게 될 거야."[9]

또한 어린이와 청소년의 심리에서 나타나는 흥미로운 특징 중 하나는, 그들이 어른들보다 죽음을 더 쉽게 받아들인다는

---

8) Cfr. R. Coles, *La vita spirituale dei bambini*, Rizzoli, Milano, 1992, p.121.
9) R. Coles, *La vita spirituale dei bambini*, p.157.

점이다.[10] 아동기와 청소년기의 영적 삶에서 죽음을 쉽게 받아들이는 이와 같은 태도는, 콜스(Martin Robert Coles)[11]가 소아마비를 앓으며 인공호흡 장치에 의존하며 지내던 11살 소년 토니(Tony)에 대해서 기록했던 다음의 일화에서 잘 나타나고 있다. "갑자기 토니는 자신에게 이렇게 말했다. '토니, 너는 너 자신을 구할 수 없고, 그 누구도 너를 구할 수 없어. 너는 하느님의 손에 달려 있으니, 하느님께서 너를 살게 하시거나 아니면 네가 곧 그분을 만나러 가게 하실 거야!'"[12]

어린이의 영적 발달에 관한 마지막 특징은 하느님과 인격적인 관계를 맺을 수 있는 능력이며, 이는 어린이의 신앙 성숙도를 평가할 수 있는 중요한 특징이다. 실제로 콜스(Martin Robert Coles)는 12살 소년이 예수님과의 "관계"에 대해 이야기하는 사례를 다음과 같이 기록했다. "단순히 현재만이 아니라 내일의 삶을 바라보고 싶다면, 예수님을 친구들만큼

---

10) Cfr. M. Nagy, "The child's theories concerning death", in *Journal of Genetic Psychology,* 73(1948), pp.3~12.

11) Cfr. R. Coles, *Children of Crisis,* Back Bay Books, 2003.
〔옮긴이 주〕 마틴 로버트 콜스(Martin Robert Coles)는 1929년 매사추세츠주 보스턴에서 태어났으며, 1946년 하버드 대학교에 입학하여 영문학을 전공했다. 1963년 에릭 에릭슨의 권유로 하버드 대학교 건강 서비스에 연구 정신과 의사로 일했으며, 1977년에 정신과 및 의학 인문학 교수가 되었다. 그는 하버드 대학교를 포함한 다양한 학교에서 수업을 가르쳤으며, 여러 세대의 하버드 학부생과 대학원생에게 많은 영향을 미쳤다.
그는 특히 소아과, 아동정신과 전문의로 일했으며, 특히 어린이의 도덕적·사회적·영적 감수성을 연구했다. 어린이와 부모가 변화에 대처하는 방법을 기록한 그의 다섯 권짜리 저서 『위기의 아이들』(*Children of Crisis*)의 제2권과 제3권으로 그는 퓰리처상을 받았다. 1972년 『타임』 지는 커버스토리로 콜스 교수를 '생존하는 정신과 의사 가운데 미국에서 가장 영향력 있는 인물'로 선정했다.

12) R. Coles, *La vita spirituale del bambini,* p.125.

자주 생각해야 해. 예수님과 좋은 관계를 맺고 있다면, 예수님은 언제든지 우리를 도와줄 준비가 되어 계셔. 특히 중요한 순간[13]에 예수님이 함께 계신다는 믿음이 있으면 다른 것은 필요 없어. 그것만 있으면 충분해."[14] 이러한 관점에서 우리는 예수님과의 인격적 관계를 깊이 경험한 리지외의 소화 데레사나 성모 통고의 성 가브리엘과 같은 어린 성인들을 떠올리지 않을 수 없다.

젊은 성인(saint)은 영웅적 덕목을 지닌 사람으로 변모하려는 고귀한 이상을 향한 열정에 이끌린다. 이는 아직 자신의 이상을 발견하고 성취하지 못한 젊은이의 심리적 구조를 완벽하게 반영하고 있다. 젊은 성인의 삶에 대한 기록은 곧 악행을 거슬러 투쟁하고 덕행을 향해 싸워 나가는 과정을 담은 수덕의 지침서와 같다. 여기서 핵심 주제는 자아 포기의 덕을 닦는 것으로써, 덕을 쌓는 데 성공하고 그 덕을 더욱 강화해 나가는 것을 통해 영웅적인 덕목을 배워 나간다. 영적 측면에서 볼 때 이 시기의 주요 과제는 "개인 신앙심의 형성"이다. 이 과정은 하느님과의 개인적인 관계를 바탕으로, 자신의 성화와 완덕을 향한 고유의 길을 찾는 것이다.[15]

이 첫 번째 시기에는 젊은이가 어떤 방식으로든 자신을 발견하고 성취하는 과정에 있으므로, 자신에 대해 집중적인

---

13) 〔옮긴이 주〕 여기서는 죽음이나 인생의 큰 어려움, 혹은 하느님 앞에 서는 날을 의미한다.

14) R. Coles, *La vita spirituale dei bambini*, p.239.

15) Cfr. V.B. Gillespie, *The Experience of Faith*, REP, Birmingham, Alabamal, 1988, p.127.

관심을 갖는 경향이 있다. 이러한 과제는 청년이 자기 영혼의 정화와 수덕에 대해 걱정하고 신경 쓴다는 의미에서, 필연적으로 그를 "자기중심적" 태도로 이끈다. 이에 따라 젊은이의 영성에는 다음과 같은 특징들이 나타난다. 즉 하느님과의 만남에서 강렬한 충동을 느끼고, 자신의 정체성을 찾고자 하는 욕구의 일환으로 수덕에 대한 열망이 생겨난다. 이 과정에서 나타나는 덕목들은 복음을 깊이 이해하고[16] 자신의 의무를 수용하면서 순명의 삶으로 변모하며, 종교적 의무를 충실히 따르면서 신앙과 일상생활을 일치시키는 것이다.

젊은이의 거룩함에 관한 기본적인 질문 중 하나는 영웅적 덕목에 대해 이야기할 수 있는 최소 나이가 얼마인가이다. 한 연구에 따르면, 상당히 이른 나이에도 거룩함에 도달할 수 있는 것으로 나타났다. 이러한 영웅적 덕행을 발휘하는 데 요구되는 성숙함에 도달하기 위해서는 이성의 온전한 사용과 윤리적 식별력, 진리를 받아들이는 능력, 비판적 사고와 성찰하는 능력, 깊은 확신과 결심의 지속성, 덕목에 자신의 에너지를 집중시키는 능력, 고귀한 이상에 끌리는 마음과 강렬한 사랑의 체험, 자신의 나이에 따른 어려움을 극복할 수 있는 능력 등과 같은 요소들이 전제되어야 한다.[17] 심리학은 젊은 나이에도 영웅적 덕목의 실천을 위한 이러한 능력들을 갖추는 것이 가능함을 뒷받침해 준다.

이 주제에 대해 개인적인 생각을 덧붙이자면, 아주 어린

---

[16] 〔옮긴이 주〕 예를 들어, 십자가에 매달려 못 박히신 예수님, 통고의 성모님과 같이 특정 장면에 자주 머물러 묵상하는 것이다.

[17] Cfr. V. Lelievre, *Les jeunes peuvent-ils être canonisés?*, Téqui, Paris, 1984.

나이에도 비범한 신앙심을 보여 준 몇몇 유명한 성인들의 사례를 읽게 된다. 예를 들어 헝가리의 성녀 엘리사벳은 어린 시절 교회 담장에 입맞춤하고 그 주위에서 춤을 추었고, 아빌라의 대 데레사 성녀는 네 살 때 이미 은수자 생활을 갈망하였고, 이 밖에도 어린 나이에 정결 서원을 했던 많은 성인·성녀가 있다. 많은 사람들은 이런 이야기를 단순히 성인들의 전기를 과장한 이야기나 전설쯤으로 여기기도 하지만, 이 문제를 조금 다르게 접근할 수도 있을 것 같다. 만약 모차르트와 같은 음악 천재나 혹은 다른 수학 천재들과 같이, 인간의 성장 과정에서 이른 시기에 이미 여러 분야에서 특출난 재능을 보인다면, 마찬가지로 어린 나이에 신앙적 재능이 뛰어난 종교적 천재 또한 존재하지 않으리란 법은 없을 것이다.

여기서 우리는 성 루이지 곤자가, 성 스타니슬라오 코스트카, 통고의 성 가브리엘, 성 도미니코 사비오, 파티마 성모님 발현을 목격한 성 프란치스코와 성녀 히야친타, 루르드의 성모님 발현을 목격한 성녀 베르나데트 수비루, 리지외의 소화 데레사 성녀 등 젊은 성인, 성녀의 거룩함 속에서 그동안 앞서 언급했던 특성이 확인될 수 있을 것이라는 가설을 세워볼 수 있다. 이 중 대표적인 예로 젊은 하느님의 종인 마리아 카르멜리나 리오네의 영적 체험과 특징을 살펴보기로 하자.

3. 젊은 성덕의 모범인 마리아 카르멜리나 리오네

마리아 카르멜리나 리오네(Maria Carmelina Leone)는 1923년 7월 11일 이탈리아 팔레르모(Palermo)에서 태어나 1940년 10월 1일 결핵으로 세상을 떠났다. 카르멜리나 리오네의 전기를 쓴 작가는 리오네의 삶을 "그녀의 삶은 자신을 감추며 스스로 고립된 삶을 살아가려고 꾸준히 노력하는 특징을 보이지만, 그럼에도 불구하고 운 좋게 그녀와 가까워진 사람들은 그녀의 높은 영적 감각을 느끼며 그녀에게 쉽게 매료되었다"라고 묘사하였다. 작가의 이 표현이야말로 그녀의 영적 삶을 이해하고, 그녀가 짧은 생애 동안 전하려 했던 메시지를 해석하는 핵심 열쇠가 될 것이다.[18]

젊은 성덕의 특징 중 하나는 극적인 회심이 없이 어린 시절부터 시작된 조숙하고 단순한 신앙심인 경우가 많다. 예를 들어 리지외의 소화 데레사 성녀, 성 스타니슬라오 코스트카, 성 도미니코 사비오, 파티마의 프란치스코와 히야친타 등이 이에 해당한다. 물론 예외도 있다. 예를 들어, 통고의 성 가브리엘은 강렬한 회심을 체험했던 것으로 보인다. 카르멜리나 리오네 역시 아주 어린 시절부터 특별히 신앙심이 깊었으며 경건한 품행, 종교 예식에 대한 애성과 가난한 사람들을 향한 연민의 마음을 보여 주었다.

그녀 영성의 기본적인 특징은 하느님의 뜻에 온전히 순응

---

[18] A. Giannino, *Adolescente a Palermo. Itinerario di una santità. Cenni biografici della Serva di Dio M. Carmelina Leone*, Palermo, 1988.

하는 삶이었다. 이는 고통 속에서도 하느님과 끊임없는 일치를 이루며, 하느님의 뜻에 자신의 모든 것을 바치는 것이었다. 이를 위해 그녀는 세상의 혼란과 소음에서 벗어나 늘 기도에 열중하였고, 실제로 그녀는 항상 매우 고요하고 차분한 태도로 정신을 모으기 위해 노력하였다.

이 젊은 성인의 또 다른 임무는 올바른 길을 탐구하고, 주요한 덕행을 통해 드러나는 자신의 수덕적 정체성을 발견하는 것이었다. 카르멜리나의 전기를 살펴보면, 종교적으로 열심히 헌신하는 젊은 시기의 삶에서 중요한 문제 중 하나는 공동의 목표에 도달하기 위해 "특별하고 개인적인 여정"을 선택하는 것임을 알 수 있다.[19] 또한 카르멜리나의 전기에서는, 그녀의 특별한 은사(karisma) 중 하나로 교리 교사로서의 열정이 언급된다. 그녀는 열정적이고 독실했으며, 교리 교육을 전하는 데 탁월한 능력을 갖추고 있었다.

그녀 영성의 또 다른 특징은 십자가에 대한 깊은 신심이었다. 그녀는 예수님의 고통스러운 수난을 묵상하며 기도하는 것을 매우 사랑했다. 특히 그녀의 아버지가 예수님의 수난 이야기를 들려주면, 그녀는 깊은 신앙과 경건한 마음으로 그 이야기를 되새기며 감격의 눈물을 흘리곤 했다. 그리고 십자가의 상처에 입을 맞추며 "주님, 이 죄인들을 용서하소서"라고 열정적으로 기도하곤 했다. 주님의 수난을 끊임없이 기억하고 함께 고통받으며 죄인들을 구원하고자 하는 그녀의 열망은 그녀의 고해 신부이자 영적 지도 신부의 지도하

---

19) Cfr. A. Giannino, *Adolescente a Palermo*, p.35.

에, 엄격한 속죄의 삶을 살도록 카르멜리나를 이끌었다.

젊은 성인, 성녀에게는 고통조차 영적 여정의 일부가 된다. 오랜 투병과 계속되는 고통에 시달리던 통고의 성 가브리엘(1832~1862)은 자신의 고통보다 성모님께서 겪으신 고통을 생각하며 "나의 하늘나라는 사랑하는 어머니 마리아의 고통 속에 있다. (…)"라고 기술했다. 리지외의 소화 데레사 성녀, 파티마의 성 프란치스코와 성녀 히야친타에게서도 이와 같은 모습을 발견할 수 있다. 이처럼 사랑으로 자신을 온전히 내어 주며 봉헌하는 삶을 따랐던 젊은 성인들의 모범을 따라, 카르멜리나 리오네 역시 당시에는 치료법이 없었던 결핵을 앓으면서 자신의 고통을 하늘나라의 신랑에 대한 위대한 사랑의 행위로 받아들였다. 그녀 아버지의 증언에 따르면, 그녀는 고통 중에 예언적 어조로 "예수님께서는 제가 당신의 신부가 될 것이기 때문에, 제 삶이 고통으로 가득할 것을 알려 주셨습니다"라고 말했다.[20] 또한 파티마의 성 프란치스코와 성녀 히야친타, 리지외의 소화 데레사와 같은 다른 젊은 성인들을 떠올려 보면, 그들 영성의 특징적인 요소로서 죄인들을 위해 자신의 고통을 받아들이고 기꺼이 희생하는 태도를 확인할 수 있다.

젊은 성인들의 또 다른 전형적인 특징은 가난한 이들을 향한 우선적인 사랑이다.[21] 잘 알려진 몇몇 성인들의 삶을 간단히 살펴보기만 해도 이런 사랑을 쉽게 발견할 수 있다.

---

20) Cfr. *Ibid.*, p.51.

21) Cfr. *Ibid.*, p.19.

예를 들어, 스물넷의 젊은 나이에 세상을 떠난 헝가리의 성녀 엘리사벳과 자선의 순교자로 불린 성 루이지 곤자가는 타인을 위한 자선 활동으로 유명했으며, 실제로 병자들을 돌보다 병에 걸려 세상을 떠났다. 카르멜리나 리오네의 삶 역시 가난한 이들을 향한 풍부한 사랑과 관대함으로 가득 차 있다. 그녀의 아버지가 전하는 일화 하나를 소개하면 다음과 같다. 카르멜리나의 아버지는 야간 경비원이었다. 한 번은 그녀의 아버지가 야간 근무를 끝내고 대낮에 잠에서 깨어 침대에서 일어나 신발을 신으려고 했는데, 신발이 보이지 않았다. 그는 화가 나서 아내를 불러 나무랐다. 그러자 어린 카르멜리나가 장난기 어린 미소를 지으며 "엄마는 신발에 대해 아무것도 모를 거예요. 하지만 저는 알아요"라고 아버지에게 말한다. 사건의 경위는 즉 이렇다. 그날 아침, 추위에 떨며 맨발로 지나가는 한 노인을 보고, 그녀는 뜨거운 연민에 마음이 움직여 아버지의 신발을 가져다가 그 노인에게 주었다고. (…) 이렇게 그녀는 사랑 가득한 순수함으로, 자신의 행동을 아버지께 고백했다.

이미 언급했듯이, 젊은이가 죽음을 두려워하지 않는 특징은 마리아 카르멜리나 리오네의 짧은 생애에서도 찾아볼 수 있다. 그녀는 여러 번 자신이 어린 나이에 죽을 것이라고 말했다. 어느 날, 한 친구가 그녀에게 수녀님이 되고 싶은지 묻자 그녀는 이렇게 대답했다. "수녀님이 되고 싶은 것은 어쩌면 고통받는 이들을 위로하고 영혼들을 구하기 위한 나의 바람일지도 몰라. 하지만 안타깝게도 나는 이런 행운을 누릴 수 없을 거야. 왜냐하면 나는 아주 어린 나이에 죽을 테니까."[22] 그녀의 마지막 유언은 다음과 같다. "거룩하신 동정 마리아님, 제 영혼을 데리러 와 주세요. (…) 죽음은 전혀 두렵지 않아요. (…) 저는 너무나 행복합니다."[23]

마지막으로 또 한 명의 젊은 "하느님의 종"에 대해서 간략하게 언급하고자 한다. 그는 바로 니콜라 도노프리오(Nicola D'Onofrio)란 젊은이로서, 가밀로회(Camillians)[24] 수도자이며 과거 로마 교황청립 그레고리오 대학교(the Pontifical Gregorian University)의 학생이었다. 니콜라는 1943년 3월 24일 아브루초(Abruzzo) 지역 키에티(Chieti) 교구의 빌라마냐(Villamagna)에서 태어났으며, 1964년 6월 12일, 21세의 젊은 나이에 기형육종(trato-sarcoma)[25]으로 생을 마감했다. 죽음이 임박한 현실에 대해 친구들과 대화하는 동안 그는 그 주제를 피하지도, 지나치게 비극적으로 다루지도 않았으며, 오히려 평온하고 차분하게 직면하며 그 모든 것을 받아들였다. 그를 곁에서 지켜본 사람들은 그를 보며 마치 이미 천국에서 살고 있는 사람과 접촉하는 듯한 느낌을 받았다고 회상한다. 그에게는 저세상의 삶이 이미 그의 현재 삶 속에서 현실처럼 느껴

22) *Ibid.*, p.42.

23) *Ibid.*, p.62.

24) 〔옮긴이 주〕 '병자들의 목자' 또는 '병자들의 봉사자 수도회'〔Order of the Ministers of the Sick (M.I.)〕로 알려진 가밀로회는 1582년에 성 가밀로 데 렐리스(Camillus de Lellis) 신부에 의해 시작됐다. 가밀로회는 병자와 고통받는 이들에게 봉사하는 것을 주된 사명으로 삼으며, 특히 육체적·영적 치유에 헌신하고 있다.

25) 〔옮긴이 주〕 기형 육종 또는 기형종을 일컫는다. 테라토마(teratoma)는 종양학에서 비정상적으로 분화된 세포로 구성된 종양을 말하며 '기형종'으로 번역된다. 또한 육종(sarcoma)이란 뼈, 연골, 근육, 지방, 신경, 혈관 등에서 발생한 종양을 말한다.

지는 독특한 분위기가 있었다는 것이다. 그의 인생은 너무 이르게 저물어 가는 듯했지만, 그는 이를 평화롭고 초월적인 태도로 받아들이며 살아갔다.[26]

4. 성인기

성인기 연령대의 심리학적 핵심 주제에 관해 연구해 온 많은 이가 성인의 사고가 성인 개인이 맡은 특정한 책임에 기반하여 형성된다고 믿는다. 클라우스 워너 샤이(Klaus Warner Schaie)[27]에 따르면, 성인이 책임을 맡고 성인기의 목표를 설정할 때 다섯 단계의 인지적 과정을 거칠 수 있다. 습득 단계(Acquisitive Stage)에서는 지식과 정보, 기술을 습득하고 사용하여 자신을 세상에 드러내고 자리 잡으려는 노력이 이루어진다. 성취 단계(Achieving Stage)에서는 장기적인 목표를 세우고 스스로 설정한 인생의 목표에 적합한 과업에서 최선을 다한

---

26) Cfr. F. Ruffini, *Vivere e morire d'amore, Il Servo di Dio Nicola D'Onofrio, camilliano*, 13.

27) 〔옮긴이 주〕 클라우스 워너 샤이(Klaus Warner Schaie, 1928~2023)는 발달 심리학 분야에서 중요한 공헌을 한 미국의 심리학자이자 노년학자로, 생애 전반의 인지 발달에 관한 연구로 잘 알려져 있다. 그는 사람들이 나이에 따라 인지 기능을 어떻게 사용하는지를 설명하는 "다섯 가지 인지 발달 단계 이론"을 제안했으며, 1956년부터 시작된 "시애틀 종단 연구"(Seattle Longitudinal Study)를 통해 다양한 연령대의 사람들이 시간이 지남에 따라 인지 능력이 어떻게 변화하는지를 연구했다. 특히, 노년기와 중년기에 인지적 능력이 어떻게 변화하는지에 대한 연구를 많이 수행했다. 그의 연구는 성인기의 발달적 특징을 이해하는 데 중요한 기초를 제공하며, 특히 노년기에도 인간의 학습과 적응이 가능하다는 점을 강조했다.

다. 또한 결과를 균형 있게 조율하는 방식으로 삶의 현실 문제를 해결해 나간다. 책임 단계(Responsible Stage)에서는 가정과 직장에서 또는 지역 사회의 일원으로서 책임을 지게 된다. 실행 단계(Executive Stage)에서는 직장, 학교, 도시 행정 등을 전체적으로 관리하는 역할과 같이 넓은 사회적 체계에 관심을 가진다. 아울러 복잡한 시스템과 관계를 통합하게 되는 시기이다. 끝으로 재통합 단계(Reintegrative Stage)에서는 사회적 참여와 책임으로부터 어느 정도 벗어나게 되고 생각의 방향이 변하며, 삶 전체에 의미를 되돌아보며 재해석하는 시도로 이어진다.[28)]

성인기의 성인(saint)에게서 살펴볼 수 있는 특징적인 영적 주제는 "사도직의 도약"이다. 성인기의 목표는 하느님의 창조 계획 안에서 자신의 고유한 소명을 발견하고, 그 소명에 맞는 사명으로 변모하는 것이다. 이를 위해서는 사명에 헌신할 수 있는 몇 가지 덕목을 갖추어야 하는데, 필요한 덕목은 다음과 같다. 즉 자기중심주의에서 벗어나 "타인 중심의"(hetero-centrato) 이타적 태도를 가능하게 하는 내적 자유를 지닐 필요가 있다. 또한 이는 자기 사명의 신적 기원을 깨닫게 하는 굳건한 믿음과 성령의 표징을 감지하고 이를 읽어낼 수 있는 식별 능력을 갖춰야 한다. 끝으로 사도직을 수행하기 위해서는, 사명에 대한 지속적인 헌신을 가능하게 하는 열정이 요구된다. 이 모든 덕목은 성인이 자신의 사명을 이해하고, 이를 충실히 수행하는 데 필수적인 요소가 된다.

---

28) Cfr. K. Stassen Berger, *Lo sviluppo della persona*, pp.396~397.

이처럼 모든 영성생활은 사도직 수행을 위한 지향에 따라 가능하게 될 것이며, 이는 일상생활 속에서 자신의 일과 사명을 수행하며 살아가는 "육화의 영성"이라 부를 수 있을 것이다. 이 "육화의 영성"으로 나아갈 수 있게 해 주는 덕목은, 자신에 대한 "초연함"(indifferentia)[29]으로 드러나는 내적 자유, 자신의 소명에 대한 흔들림 없는 확신으로 표현되는 믿음, 일상생활에서 창의성으로 드러나는 식별력, 그리고 지속

---

29) 〔옮긴이 주〕 원문에서는 이탈리아어 "disinteresse"(영어 disinterest)로 표기하였다. 이 단어는 "무관심"을 뜻하는 용어로, 유사한 단어로 이탈리아어 "indifferenza"(영어 indifference)가 있다. 하지만 이 단어는 성 이냐시오 로욜라가 『영신 수련』 23항(원리와 기초)에서 영적 자유를 얻기 위한 내적 태도로서 "초연함"의 의미로 사용하였다. 따라서 이 책에서도 성 이냐시오 로욜라가 사용했던 영적 의미를 살려, "내적 자유"를 얻기 위한 "초연함"(라틴어 *indifferentia*)으로 표기함을 일러둔다.

초연함(*indifferentia*)은 예전에 "중용" "불편심"으로 번역되었던 단어로서, 성 이냐시오의 『영신 수련』 23항 "원리와 기초"에 나오는 용어이다. "사람이 창조된 것은 우리 주 하느님을 찬미하고 경배하고 섬기며 또 이로써 자기 영혼을 구하기 위함이다. (…) 그러므로 그것들이 이 목적에 도움이 되면 그만큼 사용할 것이고, 이 목적에 방해가 되면 그만큼 버려야 한다. 또 그 자체로 금지되지 않고 우리의 자유 의지에 맡겨져 있는 것에 있어서 우리는 모든 피조물들에 대해 초연해지도록 힘써야 한다. (…) 그리고 다른 모든 일에서도 이와 마찬가지로, 오직 창조된 목적으로 우리를 더욱 이끄는 것을 원하고 선택하도록 해야 한다"(『영신 수련』 23항). 즉 이냐시오가 말하는 초연함이란 모든 피조물을 대함에 있어서 한쪽으로 기울어짐 없는 태도를 말한다. 이는 "하느님의 영광을 위해"(*ad majorem Dei gloriam*) 당신이 원하시는 것을 나도 늘 원하게 되는 준비를 갖추는 것이다. 이런 초연함을 통해 우리는 자신이 창조된 목적에 "더욱더"(*Magis*) 부합되는 것을 원하고 선택하게 된다. 영적 여정의 시작에서 수련자에게는 이러한 초연한 자세가 요구된다. 초연한 자세는 수동적인 관심이 아니라 하느님의 빛 안에서 모든 것을 이해하고 이기적인 마음에서 벗어나 하느님을 적극적으로 인식하는 것이다. 이냐시오는 우리가 하느님 은총에 감사하며 무질서한 애착을 제거하여(『영신 수련』 189항) 초연함을 유지할 때(『영신 수련』 23, 157, 169항) 영적 자유를 누릴 수 있다고 말한다. 참조: 파르마난다 디바카, 『내적 인식의 여정: 성 이냐시오 로욜라의 영신 수련에 대한 체험적 성찰』, 심종혁 옮김, 이냐시오영성연구소, 1994; 존 J. 잉글리쉬, 『영적 자유』, 이건 옮김, 가톨릭출판사, 1996.

적인 인내로 나타나는 열정이다. 이 모든 덕목은 사람의 영적 삶을 구체적인 일상에서 실천하고 발전시킬 수 있게 돕는다.

성인기의 성인(saint)은 자신의 사명을 실현하는 삶을 지향한다. 이는 이들의 심리적 특징이 책임감과 목표 지향성에 뿌리를 두고 있음을 반영한다. 즉 이들은 자신의 삶을 통해 구체적인 사명을 실현하거나, 단순히 개인적인 목표를 넘어서 다른 사람들에게 기여하고 새로운 가치를 창조하며 다음 세대를 위해 무언가를 남기는 “생산성”(generativity)에 집중한다. 그러므로 성인기 성인(saint)의 생애는 단순히 개인적인 경험이 아니라, 그가 이루어 낸 큰일이나 사명이 기록된다. 예를 들어, 그가 어떤 단체를 만들었는지, 어떤 선교 활동을 했는지, 또는 세상에 어떤 가치를 남겼는지가 그의 이야기의 핵심이 된다. 이러한 삶과 영성을 보여 주는 대표적인 인물로는 아빌라의 성녀 데레사, 로욜라의 성 이냐시오, 돈 보스코 성인, 성 빈첸시오 드 폴이 있다. 현대 인물로는 성 샤를 드 푸코,[30] 성녀 마더 테레사, 복자 야고보 알베리오네[31] 등이 있다. 이들은 모두 확고한 책임감과 의식으로 자신에게 맡겨진 사명을 실천에 옮겼다. 여기서는 이러한 영성의 전형적인 예로 메리 워드(Mary Ward)의 영적 체험과 특징을 살펴보기로 하자.

---

30) 〔옮긴이 주〕 저자 당대에 샤를 드 푸코는 복자였으나, 2022년 5월 15일 프란치스코 교황에 의해 시성되었기 때문에, 성 샤를 드 푸코로 표기하였다.

31) 〔옮긴이 주〕 야고보 알베리오네 신부는 성바오로 수도회의 창립자이다.

5. 불가능한 사명을 수행한 메리 워드[32] 수녀

메리 워드(Mary Ward) 수녀[33]는 1585년 1월 23일 영국 북부지방 요크셔(Yorkshire)의 리폰(Ripon) 근처 멀위드(Mulwith)의 열심한 가톨릭 귀족 가문에서 태어났다. 그녀는 평화로운 유년 시절을 보냈지만 아버지의 반대에도 불구하고 가톨릭 교회가 박해[34]를 받는 고국을 떠나, 1606년 6월 스페인령 네덜란드 지방의 작은 도시인 생토메르(Saint Omer)의 관상 수녀원인 성녀 글라라의 가난한 자매 수녀회에 입회한다. 하지만 1년도 채 되지 않아 그 수도원을 떠나서, 1609년 영국의 동료 수녀들과 함께 생토메르에 공동체를 설립한다. 하지만 여기서도 자신의 소명을 발견하지 못한 그녀는 영국으로 돌아와 런던에 새로운 공동체를 설립한다. 그녀의 큰 꿈은 소녀들을 위한 무료 학교를 마련하는 것이었다. 그녀는 이를 실현하기 위해, 교황청의 인준을 얻기 위한 모든 노력을 기울였다. 그녀는 이를 위해 세 번이나 로마를 방문했으며, 그러는 동안 이탈리아, 벨기에, 독일 등 유럽의 여러 나라에도 분원을 설립하였다.

하지만 안타깝게도 그녀의 바람은 이루어지지 않았고, 교황 우르바노 3세가 발표한 결정적인 공동체 설립 금지 교서

---

32) 〔옮긴이 주〕 메리 워드(Mary Ward) 수녀는 "예수 수도회"의 창립자이다.

33) 〔옮긴이 주〕 2009년 교황 베네딕토 16세에 의해 "하느님의 종"(가경자)으로 선포되었다.

34) 〔옮긴이 주〕 헨리 8세는 영국 국교회 창설 후 수장령을 발표하고, 엘리자베스 여왕은 통일령을 내려 가톨릭교회를 박해하고 모든 예배 의식을 국교회의 의식과 기도로 통일시키려 하였다.

로 인해 그녀가 설립한 영국 여성을 위한 수도회(Institute of the English Ladies)는 1631년 1월 13일 해체되었다. 메리 워드는 이단 혐의로 고발되어 독일 뮌헨 근처의 앙제(Anger) 수도원 감옥으로 옮겨져 투옥되는 신세가 되었다. 이후 그녀는 1645년 1월 30일 영국 요크(York) 근방의 헤워스(Hewarth)에서 생을 마감했으며, 오즈볼드윅(Osbalwick) 교회 묘지에 묻혔다. 그녀의 묘비에는 다음과 같이 적혀 있다. "1645년 1월 20일[35] 숨을 거둔 메리 워드는 가난한 이들을 사랑하고, 그들과 함께 살고 죽고 부활하기 위해 온 생애를 바쳤다."[36]

메리 워드의 모든 영성은 "사명 중심의 영성"이라는 말로 표현될 수 있다. 그녀의 삶의 이야기는 "포기를 모르는 여성" "개척자의 비극" 등 여러 방식으로 묘사될 수 있으며, 이는 전기 작가들에게 훌륭한 소재가 될 만하다. 이처럼 성인기에 접어든 성인(saint)이 큰 사명을 수행하기 위해서는, 모든 심리적 에너지를 사용할 수 있게 해 주는 내적 자유가 필요하다. 메리 워드는 의로운 영혼의 현시(vision of the Just Soul)를 받고 이를 깨달았다. 하느님께서 그녀에게 말로 표현할 수 없을 만큼의 아름다움을 지닌 정의로운 영혼을 보여 주셨고,

---

35) 새로 개정된 달력에 따라 그녀의 선종 시기는 60세 하고도 8일째 되는 날인 1월 30일이다.

36) 메리 워드의 삶에 관하여 수많은 전기들이 존재하는데, 여기서는 단지 그녀의 영적인 삶을 짧게 재구성하는 데 유용한 몇 가지 책들을 소개한다: W. Nigg, *Una donna che non si arrese: Mary Ward, Gribaudi*, Torino, 1985; A. Lopez Amat, *Mary Ward. Il dramma di una pioniera*, Trento, 1994; M. I. Wetter, *Lettere di formazione*, a cura della Provincia Italiana dell'Istituto B.V. Maria, 1988; Id., *Mary Ward: parole per la vita*, 1st. B.V. Maria, Rovereto, 1999.

이 환시를 통해 메리는 위로받고 확신을 얻으며 하느님과 깊이 일치하였다. 또한, 이 경험을 통해 그녀는 그녀가 앞으로 이끌게 될 수도회의 지도자로서 마주하게 될 사명과 도전을 받아들이고 극복할 수 있는 마음의 준비와 내면의 자유를 갖추게 되었다.

다른 "성인"(saint)이나 "하느님의 종"에게서도 이러한 내적 자유가 어떻게 드러나는지 관찰하는 것은 흥미롭다. 그중 한 예가 바로 복자 야고보 알베리오네 신부인데, 사람들은 그를 종종 무례하고 건방지게 느꼈지만, 다른 한편으로는 사실 그가 "거짓 겸손"에 사로잡히지 않았으며 누구를 만나도 두려워하지 않았음을 시사한다. 그는 사명을 위한 긴 여정이나 어려운 소임도 두려워하지 않았으며, 거의 무모할 정도로 대담하고 용감했다. 마더 테레사 성녀 또한 과학자, 정치인, 교회의 고위 성직자나 인사들 앞에서 연설할 때 전혀 당황하거나 주눅 들지 않았다. 다시 메리 워드로 돌아와서, 우리는 전기 작가가 전하는 유명한 "다이아몬드 일화"를 통해 불의에 맞서는 그녀의 용기를 볼 수 있다.

"메리 워드의 담대함과 용기는 이 시기에 있었던 한 사건에서 잘 드러난다. 당시 자신의 추종자들과 함께 메리를 추적하던 수도원장 대주교는 그녀에 대해 회자되는 이야기를 들으며 그녀를 매우 궁금해했다. 메리는 이 사실을 알고, 그의 호기심을 만족시키고 동시에 자신을 반대하던 그의 태도를 누그러뜨리며, 여성을 상대로 싸우는 대주교의 행동을 부끄러워하게 만들기로 결심했다. 그래서 그녀는 대주교의 집인 램버스(Lambeth) 궁을 찾아갔다. 이 모습을 본 그녀의 동료들은 두려움에 불안해하였다. 이에 대해 메리의 전기작가 메리 포인츠(Mary Poyntz)는 이렇게 기록하고 있다. '하느님께서는 대주교가 집에 없도록 마련하셨다. 하지만 메리는 자신이 대주교를 만나러 다녀간 사실을 알리려고, 자신이 끼고 있던 다이아몬드 반지로 유리창에 자신의 이름을 새겼다.'"[37]

메리 워드의 용기를 보여 주는 많은 일화 중 하나는 교황 우르바노 8세와의 만남이다. 메리는 자신만의 확신과 용기를 가지고 교황을 찾아갔고, 외교적인 타협 없이 특유의 거침 없는 탄원을 제기하며 단호하고 단도직입적으로 본론을 꺼냈다. 특히 "제 계획은 이미 하늘에서 승인받았습니다"라고 말하는 그녀의 자신감과 확신은 놀라울 정도로 인상적이었다. 그녀의 용기와 끈기를 보여 주는 또 다른 에피소드는, 그녀가 4월 19일 와인프리드(Winefrid)에게 보낸 편지에 직접 기록되어 있다. "우리는 우리를 만나 줄 주교들을 오랫동안 기다렸지만 그들은 오지 않았습니다." 그리고 이어서 이렇게 덧붙였다. "우리가 스스로 로마를 떠날 것으로 생각하지 마십시오. 우리가 떠나게 된다면, 쫓겨나는 것이지 스스로 떠나는 일은 없을 것입니다. 쫓겨나지 않는 한 우리는 이곳에 머물 것입니다(…)."[38]

하지만 이러한 용기에는 큰 대가가 따르는 법이다. 개척자적인 성향을 지닌 성인(saint)은 자신에게 주어진 사명이 있

37) A. Lopez Amat, *Mary Ward*, pp.68~69.

38) Mary Ward, *Various Papers*, IV.

다는 굳건한 확신에 이끌리지만, 결국 누구에게도 이해받지 못하며 고독한 길을 걸어가야 하는 운명에 놓이게 된다. 이런 이들의 영적 삶에서 중요한 과제 중 하나는 겸손을 배우는 것이다. 메리 워드가 검사성성(Sanctum Officium)[39]에 의해 체포될 당시, 일부 사람들은 그녀가 저항할까 봐 걱정했지만, 그녀는 매우 단호하면서도 유쾌한 어조로 이렇게 대답했다. "어째서 경께서는 나를 이단자로 규명하고 또 그렇게 다루면서도 명예를 말하십니까? 정말로 제 명예란 하찮은 것이겠군요!" 그녀는 심지어 한밤중에 집을 떠나라는 말을 거부하며, "세상 어떤 이유로도 그렇게 하지 않을 것입니다. 저의 이런 상황이 널리 알려질수록 더 좋습니다. 어둠을 쫓는 것은 제 결백을 모독하는 일이 될 것입니다. 저는 항상 빛을 사랑했고 모든 행동을 항상 공개적으로 해왔습니다"라고 차분하고 단호하게 말했다.[40]

이런 성인들은 놀라운 용기와 지혜로 미지의 영토를 정복하는 "하느님의 전사"이다. 메리 워드의 활동은 그녀의 단체를 해산하라는 교황 칙서에서 "(…) 영국의 여성들이 대담하게 주님의 영역에 뛰어들었다(…)"라고 기록되었다. 이 표현

---

39) 〔옮긴이 주〕 검사성성(S. Officium) 혹은 이단 심문소(S. Congregatio Inquisitionis)는 1542년 교황 바오로 3세에 의해 신설된 로마 종교재판소(Inquisizione Romana)의 공식 명칭 중 하나로, 교회의 신앙 교리를 보호하고 이단을 조사, 처리하는 역할을 담당했다. 검사성성은 1908년 교황 비오 10세에 의해 성무성성(Sancti Officii)으로 개칭되었다. 이후 1965년 12월 7일, 제2차 바티칸 공의회의 폐막과 함께 새로 제정된 교회법에 따라 '신앙교리성'(Congregatio pro Doctrina Fidei)이라는 현재의 이름으로 개편되었다. 신앙교리성은 교황청의 9개 심의회 가운데 가장 오래된 주요 기관으로서 주로 신앙과 교의, 교리를 감독하는 업무를 맡고 있다.

40) Cfr. A. Lopez Amat, *Mary Ward*, pp.184~185.

은 비난처럼 들리지만, 사실 그녀의 용기와 결단력을 칭찬하는 말로도 받아들일 수 있다. 이러한 일을 해내기 위해서는 강한 믿음이 필요하며, 이는 성숙한 신앙을 지닌 성인들의 중요한 특징 중 하나이다. 즉, 메리 워드는 자신의 신앙을 바탕으로 큰 용기를 가지고 어려운 일을 시도했으며, 그 용기는 교회에서도 높이 평가되었다는 것을 의미한다.

이러한 성인들의 특징 중 하나는 하느님의 섭리에 대해 큰 신뢰를 가졌다는 것이다. 그들은 자기 사명의 정확한 성격도 알지 못한 채, 거의 맹목적인 신뢰로 그 사명을 받아들인다. 이는 "영광의 환시"로 불리는 메리 워드의 유명한 영적 체험을 통해 드러난다. 그녀가 거울 앞에 섰을 때, 자신이 가르멜회 수녀가 되어서는 안 된다는 것을 깨달았다. "나는 이 큰 선물이 무엇인지 알 수 없었지만, 그것이 가져올 하느님의 영광이 말로 표현할 수 없을 정도로 웅장하게 다가왔다. 내 영혼은 충만해졌고, 그 황홀한 오랜 시간 동안 그저 '하느님께 영광, 영광, 영광'이라는 말 외에는 아무것도 느끼지도 듣지도 못했다."[41]

하느님의 섭리에 대한 이러한 신뢰는 소명에 대한 확신으로 나타나며, 동시에 모든 의심이 사라지는 시점에 이르게 된다. 그녀의 전기는, 메리 워드가 1611년 전염병인 홍역을 앓은 후 이러한 확신에 도달했다고 기록하고 있다. "그때가 메리 워드의 삶에서 결정적인 사건이 일어난 때였다. 홍역에서 회복 중이던 그녀는 아직 침대에 누워 있었고, '공동체에

---

41) *Ibid.*, p.45.

공통된 규정을 마련하여라'(이는 수도회 회헌을 말한다)와 같은 말을 지성적으로 인식했다. 이 말씀은 그녀에게 하느님께서 주신 것이라는, 의심할 수 없을 만큼 큰 빛과 힘, 그리고 확신을 주었다."[42] 그 후 1619년 4월에 알베르가티(Albergati) 교황 대사에게 보낸 편지에서, 그녀는 자신의 확신을 이렇게 표현한다. "하느님께서 이 공동체의 진정한 실천에 관한 크고 작은 일들에 대해 계속해서 저에게 주시는 빛은 쉽게 설명할 수 없을 정도로 강력합니다."[43]

성인기 성인(saint)의 영성에서 또 다른 특징은 일종의 투쟁심으로 나타나는 창조적 사랑이다. 오랜 세월 동안 추구해왔던 하느님의 뜻이 마침내 분명해졌다. 1611년 말, 메리 워드가 거의 27세에 접어들었을 때 하느님의 때가 그녀에게 다가왔다. 이제 그녀의 남은 생애는 앞으로 일어날 모든 어려움에도 불구하고, 그녀가 찾은 하느님의 뜻을 실천하려고 노력하는 것이 되었을 것이다. 그리고 그녀가 추구했던 것은 교회 안에서 완전히 새로운 것이기 때문에, 이를 실현하는 일은 엄청난 어려움이 따를 수밖에 없었을 것이다. 이 일은 정말로 진지하고 용감한 일이었기 때문에, 스페인 속담에 비유하자면 "플랑드르에 기둥을 꽂는 일"(poner una pica en Flandes)[44]이었다. 따라서 메리워드가 해야 했던 일은 우선

42) *Ibid.*, p.47.

43) W.M. Immolata, *Lettere di formazione*, p.107.

44) 〔옮긴이 주〕 이는 매우 어려운 임무나 도전적인 일을 수행한다는 의미의 스페인어 속담이다. 16세기에는 스페인과 네덜란드 사이에 긴 전쟁이 있었다. 당시 네덜란드의 플랑드르는 스페인에 군사 전략적으로 매우 중요한 지역이었지만 이 지역을 완전히 정복하거나 지배하는 것은 매우 어려운 일이었기 때

플랑드르(Flanders)에서 자신의 사명을 시작하고 그곳에서 성공적으로 정착한 후, 그다음 이를 유럽 전역으로 확장하는 것이었다.[45)]

메리 워드는 자신의 사명에 대해 강한 인식을 갖고 있었으며, 이 감각은 점차 발전해 나갔다. 그녀는 수녀가 되기 위해 성 글라라의 가난한 자매 수녀회에서 1년 동안 구걸 생활을 하던 중, 프란치스칸 방문객이었던 안드레아 데 소토(P. Andrea de Soto) 신부의 권유로 서원하지 않았으며, 결국 기존 수녀회의 봉쇄 생활과 구걸 생활이 자신의 소명이 아님을 깨닫게 되었다. 이는 그녀가 전혀 예상치 못했던 말씀이었고, 그녀에게는 매우 강렬한 체험이 되었다. 그녀는 곧바로 응답하지는 않았지만, 그녀의 얼굴은 감사함으로 빛났다. 그녀는 다시 소임으로 돌아왔지만, 여전히 관구 신부님(P. Andrea de Soto)이 자신에게 했던 말씀에 대한 놀라움과 감탄으로 충만해 있었다. 그뿐만 아니라, 갑자기 영국의 소녀들을 위한 글라라 수녀회를 설립하고자 하는 강렬한 열망을 느끼게 되었다.[46)]

자기 자신과 영혼을 찾고 겸손과 순명이라는 특유의 덕목을 추구했던 메리 워드의 "영적 청소년기"가 이제 막을 내리고, 22세에 이르러 더욱 확고한 지향으로 자신의 사명을 위

문에, "플랑드르에 기둥을 꽂는다"라는 표현은 불가능하거나 매우 어려운 임무를 달성한다는 의미로 사용됐다. 따라서 이 속담은 메리 워드가 기존의 틀을 깨고 새로운 것을 시작하거나 매우 도전적인 일을 성취하는 것을 강조하기 위해 사용되었다.

45) Cfr. A. Lopez Amat, *Mary Ward*, p.48.

46) Cfr. *Ibid*., p.35.

해 끊임없이 나아가는 보다 성숙한 "영적 성인기"가 시작된다. "그녀는 생토메르(Saint Omer)에서 멈추지 않았다. (…) 그녀는 이 신앙의 모험에 몸을 던졌으며, 그녀의 생각은 미래로 가득 차 있었다." 이러한 사명에 대한 그녀의 집념 안에서 우리가 흥미롭고 중요하게 살펴보아야 할 점은, 그녀에게는 어떤 열매를 맺느냐 하는 것 보다 "주님을 따르려는 확고한 결심과 헌신"이 중요했으며 그것만으로도 충분했다는 것이다. 이처럼 즉각적인 성과보다 소임에 대한 책임과 헌신을 중요하게 여기는 태도는 성 샤를 드 푸코나 복자 야고보 알베리오네 신부에게서도 볼 수 있다. 특히 알베리오네 신부는 "말이 필요하지 않습니다. 다만 행동하는 것이 필요합니다"라고 말했다. 엔리코 바라글리(P. Enrico Baragli) 신부는 알베리오네의 성격을 다음과 같이 묘사하며, 마치 그의 성격을 한 장의 사진처럼 정확히 그려 내고 있다. "알베리오네 신부는 이론가라기보다는 행동하는 사람이었습니다. 그는 아이디어를 떠올리고, 구체적인 계획을 세우고, 실제로 실행에 옮기는 데 탁월한 사람이었습니다."[47]

심리학적으로 이런 태도는 긍정적인 의미에서 일종의 "불안감" 또는 "끊임없는 마음의 동요"로 설명할 수도 있다. 이는 바오로 사도가 "그리스도의 사랑이 우리를 재촉합니다"(Caritas Christi urget nos)[48]라고 표현한 것과 비슷한 개념이다.

---

47) M. Sgarbossa, *Alberione*, Paoline, Milano, 2000, p.202.

48) 〔옮긴이 주〕 쉽게 말해 하느님의 사랑을 깊이 느끼며, 그 사랑이 자신을 가만히 있을 수 없게 만들고 끊임없이 앞으로 나아가도록 재촉한다고 믿는 태도를 의미한다. 이 불안감은 단순히 불편함이 아니라, 더 나은 길을 찾고 하느님의 뜻을 따르려는 긍정적인 내적 동력이 된다.

메리 워드는 심지어 자신이 설립한 수도원을 떠나기도 했다. 샤를 드 푸코 또한 자신의 삶에서 큰 변화를 여러 번 겪었다. 처음에는 수도회에 들어가 기도와 묵상 중심의 관상적인 삶을 살았지만, 이후 나자렛에서 예수님처럼 겸손한 종의 삶을 살기로 선택했다. 그 후에는 다시 아프리카로 가서 은수자의 삶을 살았다. 이들 모두는 과거에 연연하지 않고, 항상 앞으로 나아가야 한다는 강렬한 내적 충동을 느꼈다. 야고보 알베리오네 신부 역시 이러한 삶을 살았다. 그의 거의 모든 업적이 사람들에게 인정받지 못했지만, 그는 항상 앞을 내다보며 종종 사람들을 놀라게 했다. 메리 워드의 전기 작가 로페즈 아맛(Lopez Amat)은 과거와 현재에 안락하게 안주하려 하지 않는 메리 워드의 "불안정성"의 상태에 대해 잘 묘사하고 있다. "그녀는 하느님께서 그녀에게 무엇을 원하시는지 알지 못했지만, 하느님께서 그녀가 글라라회에 머무는 것을 원치 않으신다는 것은 분명히 알고 있었다."[49]

앞서 살펴보았듯, 사람은 사명을 실현하기 위해 인간적 자질이나 심리적 특성 등 자신의 모든 "재능"을 사용한다. 메리 워드의 경우, 그녀가 사용한 "매우 인간적인" 수단 중 하나는 바로 그녀의 매력이었다. "메리 워드는 사람을 끌어당기는 아름답고 온화한 힘을 자신의 매력으로 발견했다." 또한 알베리오네 신부는 엄청난 업무 능력을 가지고 있었고, 여기에 그의 영리함까지 더해 활용했다. 샤를 드 푸코는 자신의 군사적 능력[50]을 활용하는 데 주저하지 않았다. 즉 이

---

49) A. Lopez Amat, *Mary Ward*, p.42.

들은 각자가 가진 인간적인 재능과 강점을 최대한 활용하여 하느님의 사명을 이루어 냈다.

요약하자면, 성인기의 모든 노력은 자신의 사명을 실현하고 성취하는 데 집중되어 있으며, 그들의 모든 영성은 이러한 목적을 이루기 위한 "실제적인 임무를 수행하는 영성"으로 변모된다고 말할 수 있다.

6. 노년기

노년기의 심리학적인 핵심 주제를 찾으려면 우선 노년의 지혜에서 출발해야 한다. 즉 이는 연장자[51]가 젊은이보다 더 현명하고 사려 깊다는 생각과 연관된다. 이와 또 밀접하게 연관된 다른 생각은, 노년기에는 더욱 영성적이 된다는 것이다. 수 세기에 걸쳐 많은 문화권에서 매우 고령의 사람들이 영적 지도자가 되었고, 그들은 교회의 "원로"였다. 물론, 지혜를 측정하기 어려운 것처럼 영성(spirituality)을 측정하는 것 또한 어렵지만 노년기 영성의 중요성에 관한 모든 연구를 종합해 본 결과, 이 시기에 종교적 신앙, 기도 및 영성이 전반적으로 증가하는 것으로 확인되었다.[52]

---

50) 〔옮긴이 주〕 샤를 드 푸코는 1876년 육군사관학교에 진학하고 기병 학교를 졸업한 뒤 소위로 임관하였던 직업 군인이었다. 그는 알제리, 모로코, 튀르키예, 시리아, 사하라 사막, 팔레스타인 일대 등을 탐험하고 은수자 생활을 하는 데 있어서 군사 능력과 지리학에 대한 지식을 활용하였다.

51) 〔옮긴이 주〕 이 책에서는 "노인"이라는 용어 대신, "나이가 많은 사람"을 뜻하는 "연장자"로 표기하도록 한다.

영성적인 핵심 주제와 관련하여, 노년기의 목적은 삶의 모든 측면을 하느님 사랑으로 통합하여 삶을 종합하고 정리하는 것이다. 기본적인 태도는 "하느님 중심적"으로 변하며, 이는 자신 삶의 모든 사건을 하느님의 섭리 안에서 바라보려고 애쓰는 것을 의미한다. 이러한 관점에서 길레스피(Virgil Bailey Gillespie)[53]는 "누군가가 나이가 들면, 하느님께 속한다는 것이 무엇을 의미하는지 점점 더 깊이 깨닫고 느끼기 시작한다"라고 말했다. 즉, 노년기는 자신의 삶을 하느님과의 관계 속에서 깊이 이해하고 받아들이는 시기라고 할 수 있다.[54]

노년기의 덕은 내면에 대한 돌봄, 겸손의 추구, 삶의 통합 등 다양하게 표현될 수 있다. 그러나 이 모든 요소는 현대 영성 작가들이 말하는 "일상생활의 신비"라는 개념 안에 포함될 수 있다.[55] "일상생활의 신비"에서 나타나는 특징은,

---

52) K. Stassen Berge, *Lo sviluppo della persona*, p.537.

53) 〔옮긴이 주〕 버질 베일리 길레스피(Virgil Bailey Gillespie, 1942~2018)는 미국의 신학자이자 교육자로, 주로 심리학이나 영성신학의 맥락에서 노년기의 영성에 관해 연구하였다. 특히 하느님 중심적 사고와 하느님과의 관계 속에서 나이가 들면서 얻는 깊은 이해를 중요하게 여겼으며, 노년기의 신앙과 영성에 관한 중요한 관점을 제공하였다. 그는 30권 이상의 저서와 수백 편의 논문을 저술하며, 종교교육과 신앙 발달 분야에 큰 영향을 미쳤다. 1988년에 출판된 그의 대표 저서 '신앙의 체험'(The Experience of Faith)은 종교교육과 신앙 체험에 대한 깊은 통찰을 제공하며, 신앙의 본질과 그 경험에 대해 탐구한다.

54) V.B. Gillespie, *The Experience of Faith, Religious Education Pr*, 1998, p.216.

55) Cfr. P. Mommaers, *Was ist mystik?, Insel*, Frankfurt am Main, 1979; J. Sudbrack, *Mistica, Piemme*, Casale Monferrato, 1992; M. Neuman, "Mystical moments in daily life", in *Review for Religious*, 56(1997), pp.72~78.

자신의 한계 수용, 하느님 현존에 대한 인식, 침묵과 내적 생활의 발견, 하느님의 조건 없는 사랑에 대한 인식, 긍정적 지향, 겸손, 완전한 포기와 전적인 의탁이다. 이러한 역동성을 보여 주는 대표적인 인물은 복자 요한 23세이다. 그러나 여기서는 이러한 영성의 전형적인 예로 아고스티노 베아(Augustin Bea SJ, 1881~1968) 추기경의 영적 체험과 특징을 살펴보기로 하자.

7. 깊은 내면과 신앙을 지닌 아우구스티노 베아 추기경

아우구스티노 베아(Augustin Bea S.J.) 추기경의 영적 삶을 재구성하기 위해서는 그의 전기와 일기를 참조해야 한다.[56)] 아우구스티노 베아는 1881년 5월 28일 독일 바덴(Baden) 남부의 작은 마을 리드뵈링겐(Riedboehringen)에서 외동아들로 태어났다. 1902년, 21세의 나이에 예수회에 입회하여 수련기를 보냈다. 수련기를 마친 후 철학을 공부했으며, 인스브루크(Innsbruck)에서 문학을 공부할 예정이었으나, 한 학기를 마친 뒤 신학 공부를 위해 네덜란드로 보내졌다. 1912년 8월 25일 사제로 서품받았으며, 1914년에 그레고리오 대학교(Pontifical Gregorian University)에서 신학 과정을 끝마치게 된다. 신학 과정을 마친 후 베를린 대학교로 보내져 동방 고대

---

56) A. Bea, *Diario di un Cardinale*, Paoline, Alba, 1970; S. Schmidt, *Agostino Bea, il cardinale dell'unità*, Città Nuova, Roma, 1987.

사와 언어를 연구했다. 3년 동안 독일 남부 지역의 예수회 관구장으로 활동한 뒤, 로마로 호출되어 예수회 국제 신학원의 원장직을 맡았다. 1924년부터 그레고리오 대학교에서 성서신학(신약성경)을 가르쳤고, 동 대학 교황청 성서연구원(Pontifical Biblical Institute)에서 성서의 "영감"(Inspiration)에 관한 학문적 주제를 강의했다. 1930년 7월 2일, 그는 그레고리오 대학 교황청 성서연구원의 학장으로 임명되었으며 같은 해에 "Biblica" 잡지사의 이사를 역임하였고, 1949년까지 학장직에 재직했다. 1968년 11월 16일을 기해 선종하였다.

젊은 예수회원 시절부터 성숙한 교수 재직 시기에 이르기까지, 아우구스티노 베아의 삶은 끊임없는 도전과 변화무쌍한 변모로 특징지어진다. 그의 "진정한 소명과 사명"은 1959년 78세의 고령에 추기경으로 임명되면서 시작되었다. 전혀 예상치 못했던 새로운 사명이 늦은 나이에 갑작스럽게 주어지는 것은, 이러한 부류의 사람들에게 나타나는 특징 중 하나이다. 예를 들어, 구약성경의 아브라함, 사라, 그리고 늦은 나이에 아이를 갖게 된 엘리사벳과 같은 "위대한 연장자들"을 떠올릴 수 있다. 이러한 "은총의 도전"을 맞이하기 위해서는, 젊은 시기에게는 아직 나타나지 않는 몇 가지 특별한 덕목이 요구된다.

그의 일기에서 드러난 내용을 토대로, "일상의 신비적 삶"이란 개념에서 출발하는 베아 추기경의 영성의 특성을 네 가지 주제로 분류할 수 있다. 첫째, 하느님의 현존 안에서 살아가려 노력하고 자신의 내면에 대해 깊이 성찰하는 하느님 중심의 태도이다. 둘째, 사명의 위대함을 인식하면서 동시에 자신의 한계와 죄를 깨닫는 겸손의 태도이다. 셋째, 과거부터 현재까지의 인생의 맥락 안에서 하느님의 은총을 인식하며 삶을 통합하려는 태도이다. 넷째, 그리스도 중심의 영성과 성체 신심 안에서 구체적으로 드러나는 하느님의 조건 없는 사랑을 수용하는 태도이다.

1) 하느님 현존 안에 살아가기

베아 추기경의 일기에서 반복되는 주제 중 하나는 내적 삶에 대한 관심이다. 그는 1960년 8월 24일부터 31일까지 진행된 영신 수련 동안 다음과 같이 기록했다. "(…) 외부 활동에도 불구하고, 내적으로 집중하며 외적인 것들에 빠지지 않도록 노력해야 한다. (…)"(일기, 81항). 또한 예수님께서 광야에서 받으신 유혹에 대해 묵상하며 이렇게 덧붙인다. "나는 무엇보다 기도하며 하느님의 말씀으로 살아가는 내적인 사람이 되기 위해 노력해야 한다"(일기, 89항). 이는 그가 기도 생활과 내면의 깊은 신앙을 유지하기 위해 얼마나 헌신했는지 보여 준다.

또한 그는 1961년 영신 수련 기간에 창조에 대해 묵상하며, 다음과 같이 자신의 결단을 표현했다 "나는 내 삶의 마지막 순간까지 그분께서 나를 두고자 하시는 바로 그 자리에, 오직 그분만을 위해 존재한다. 이것이 지금과 함께 세세대대로 영원히 나의 의무이자 명예이며, 나의 구원이다"(일기, 113항). 아울러 같은 수련 중 그는 스스로를 이렇게 격려했다. "(…) 나는 하루 동안 묵상과 하느님과의 일치를 위해,

지금까지 해왔던 것보다 훨씬 더 진지하고 집중적으로 노력해야 한다"(일기, 116항). 이는 그가 하느님과 깊은 관계를 지속적으로 추구하고, 자신의 삶을 철저히 하느님께 봉헌하고자 했던 결의를 잘 보여 준다.

2) 겸손

겸손에 대한 고민은 베아 추기경의 일기에서 주로 숙고되는 매우 중요한 주제이다. 그는 자신의 성격적 약점을 깊이 자각하고 있었으며, 나이가 들었다고 해서 스스로를 과대평가하거나 착각하지 않았다. 이와 관련된 일화가 있다. "조급함, 예민함, 자신을 드러내고자 하는 욕망, 기도와 신심 행위에 집중하지 못하는 것, 무질서한 일 처리[57] 등 (…) 이 모든 것이 내가 내적으로는 자유로워야 하지만, 실제로는 자유롭지 않다는 것을 보여 준다. 이 모든 결핍의 바탕에는 충분히 맞서 싸우려 하지 않는 성향이 자리 잡고 있다. 따라서 나는 고령에도 불구하고, 지금도 계속해서 이러한 나의 성향에 주의를 기울이고 체계적으로 싸워야 한다"(일기, 115항). 이는 그가 나이가 들어서도 끊임없이 자신의 약점을 성찰하고, 내적 자유를 얻기 위해 노력한 모습을 잘 보여 준다.

1년 후 1962년 베아 추기경은 영신 수련 중 죄를 묵상하면서, 이번에는 사제들의 죄와 관련하여 다시 겸손이라는 주

57) 〔옮긴이 주〕 이는 해야 할 일들을 정리하지 않고 무작위로 처리하거나, 시간을 잘 관리하지 못해 일을 계획적이고 효율적으로 처리하지 못한다는 것을 의미한다.

제로 돌아왔다. “(…) 특히 종교적 분야에서 지식적 차원에서 더 많이 알수록, 그리고 극기와 금욕, 고행을 통해 의지가 더욱 강해질수록 죄는 더욱 심각하고 무거워진다. 바로 이런 이유로 사제와 수도자의 죄는 일반 신자의 죄보다 더 크고 더 심각하다. 여기에 더해, 사제와 수도자는 다른 이들이 일반적으로 누리는 것보다 더 효과적인 보호와 더 큰 도움을 받는 은총 지위에 있다. 그런데도 나는 사제와 수도자가 자주 넘어지는 것을 보게 된다. 이러한 사실은 내가 큰 겸손을 가지도록 하고 나 자신을 너무 믿지 않도록 경계하며, 하느님께 깊은 감사를 느끼게 한다”(일기, 146항).

3) 삶의 통합

베아 추기경은 1960년 영적 훈련 중 다음과 같이 기록했다. “내 삶은 하느님께서 나를 이끌어 주신 섭리의 연속이며, 나는 이를 경외심으로 바라볼 수밖에 없다”(일기, 96항). 또한 그는 1962년 다가오는 공의회의 분위기 속에서 영신수련 동안, “인간은 창조되었다”라는 진리를 묵상하며 자신의 과거 안에서도 활동하시고 섭리하신 하느님 은총의 손길을 다음과 같이 묘사했다.

“인간은 창조되었다. 즉 내가 가진 모든 것은 죄를 제외하고는 아무것도 내 것이 아니며, 육체적 생명과 물질적·영적 능력까지 포함한 모든 것이 하느님으로부터 온 것이다. 하느님께서 나에게 어떤 축복을 부여하실지는 전적으로 당신의 의지에 달려 있다. 게다가 하느님께서 나를 위해 지금까지

이 모든 것을 지켜 주셨다는 사실 또한 당신의 순수하고 단순한 선물이다. 이런 수준과 완벽함, 그리고 지금까지 받은 교육과 성장의 기회들을 과연 나 혼자 힘으로 가질 수 있었을까? 여기엔 하느님의 분명한 의도가 있었을 것이다. 바로 하느님의 의도는 내가 이 모든 것을 당신의 영광을 위해, 그리고 교회와 사람들을 섬기는 데 사용하라는 것이다. 오직 이런 이유로 하느님께서는 지난 50년 동안 나를 지금 있는 자리에 두셨다"(일기, 144항).

그런 다음 그는 계속해서 다음과 같은 내용으로 돌아온다. "어린 시절부터 나는 주님께서 모든 것을 어떻게 이끄시고 인도하시는지에 관한 가장 분명한 증거를 발견했는데, 그것은 종종 인간의 의지와 의도에 거슬러 이루어진 것이었다"(일기, 146항).

삶의 통합적 이해라는 맥락에서 그는 미래에 대한 생각, 특히 죽음에 대한 성찰을 시작한다. 베아 추기경은 환상이나 착각에 빠지지 않았으며, 나이가 많고 죽음이 가까워졌음을 일기에서 자주 언급했다. 1962년에 그는 이렇게 적었다. "내 죽음이 이제 멀지 않았다는 생각은 나를 전혀 괴롭히지 않는다. 나는 그리스도와 함께 있기 위해 죽기를 바란다. (…) 나는 깨끗한 양심과 하느님께서 맡기신 임무를 다했다는 생각으로 죽음을 준비해야 한다"(일기, 147항).

4) 하느님의 조건 없는 사랑의 수용

하느님의 조건 없는 사랑을 수용한다는 말은, 하느님의

사랑을 받아들이는 것을 의미하며 그분의 자비를 찬미하는 것으로 드러난다. 베아 추기경은 모든 것이 하느님의 은총 덕분이며, 자신의 삶이 하느님의 자비에 대한 찬미가임을 깊이 인식하고 있었다. 그는 1961년 영신 수련 중에 체험했던 회심에 대한 묵상을 언급하면서, "너의 죄는 용서받았다"라고 하신 예수님 말씀을 자신에게 적용하며 다음과 같이 덧붙인다.

"그리고 나는 하느님의 말씀을 믿어야 한다. 예수님께 용서받은 죄 많은 여인이 예수님께 모든 것을 맡기고 헌신했던 것처럼, 이제 나는 사랑 안에서 그분께 모든 것을 드려야 한다. 사랑에 헌신하는 정도는 용서의 크기를 결정한다. 그 죄 많은 여인의 사랑은 너그러웠다. 그녀는 이전에 소중히 여겼던 모든 것을 희생제물로 바치고, 구세주의 사랑에 말없이 자신을 맡겼다. 탕자의 비유 속 둘째 아들, 회개한 베드로, 십자가 위의 강도도 이같이 하였다. 중요한 것은 하느님께 대한 믿음과 신뢰를 바탕으로, 사랑으로 충만한 삶을 시작하고, 이를 끝까지 실천하며 헌신적으로 살아가는 것이다"(일기, 116항). 이 말씀은 베아 추기경의 영성을 표현하고 있으며, 더 나아가 일반적으로 모든 고령의 성인(saint)의 영성을 담고 있는 틀이라고 할 수 있다.

8. 결론

이 연구는 진화 심리학의 관점에서 다양한 연령대의 거룩함(성덕)의 특징을 재해석하려는 시도이다. 지금까지의 분석은 대단한 결론을 내릴 수 있을 정도는 아닐지 모르겠지만, 이를 통해 개인의 거룩함을 평가하는 데 이론적인 지침이 될 만한 몇 가지 지표들이 드러난 것으로 보인다. 그러나 『가톨릭 교회 교리서』에서 언급한 바와 같이[58] 거룩함이 모든 그리스도인의 소명이라면, 우리의 분석은 영적 지도와 같은 실질적인 차원에서도 몇 가지 제안을 제공할 수 있다. 이러한 맥락에서 두 가지 결론을 내릴 수 있겠다.

첫 번째 결론은 다소 실용주의적 관점에서, 성덕에 이르기에 너무 늦은 때는 없다는 것이다. 혹은 더 정확히 말하자면, 모든 연령대가 성덕에 적합하지만 각 연령대의 거룩함은 각각의 심리적 상황에 따라 다르게 나타난다. 청년기 젊은이의 성덕은 일반적으로 자신의 정체성을 찾기 위한 도덕적 노력으로 특징지어진다. 즉 신앙의 길로 나아가려는 시도가 이들의 강한 자의식에 나타나며, 그들의 성덕은 종종 급진적인 수덕으로 표현된다. 완숙한 성인기의 성덕은 대개 사도적 열정과 타인에게로 집중된 관심으로 특징지어지며, 그들의 영성은 일상생활 속에서 "육화된" 영성이다. 마지막으로, 노년층의 성덕은 자기 내면을 돌봄으로써 드러나는 하느님에 대한 인식, 그리고 하느님 중심의 영성이라는 특성을 보인다. 따라서 이 연령층의 영성은 "일상 안에서의 신비"를 체험하는 특징을 보인다.

---

58) 『가톨릭 교회 교리서』 2013항에서는 "인간은 모두가 성덕의 소명을 받았다"라고 설명하고 있다.

두 번째 결론은 거룩함의 역동성에 관한 것으로, 성덕이 개인의 심리적 구조에 억지로 추가되어 덧붙여진 것이 아니라, 오히려 그 사람 본래의 특성과 본질적으로 맞아떨어져, 그 사람의 완덕을 위한 필수적인 부분이 된다는 것이다. 모든 사람은 각각 독특하며 각자 서로 다른 여러 가지의 "길"이 존재하지만, 각자는 자신의 심리적 구조와 양립할 수 있는 자신만의 고유한 길을 찾아야 한다.

제 2 장

노후 문제, 도전과 과제

모든 통계는 선진국에서 노년층의 숫자가 계속 증가하고 있음을 보여 준다. 노년에 대해서는 생물학적·심리학적·사회학적·인구통계학적·법학적·영성적 차원의 다양한 방식과 관점에서 이야기할 수 있다. 하지만 이번 장에서는 노년에 대한 심리적·영적·사목적 측면만을 심도 있게 다뤄보고자 한다.

심리적 관점에서 연장자는 노년기에 접어들기 전부터 동료들과 우정을 쌓고 사회적·직업적 일들에 관심을 갖는 데 익숙해질 필요가 있다. 왜냐하면 이를 통해 삶의 활력을 유지할 수 있기 때문이다. 영적 차원에서 연장자는 "신앙과 사랑, 그리고 인내 안에서 분별 있고 위엄있으며, 현명하고 굳건한"(티토 2,2~5) 이들로 부르심을 받았다. 사목적 측면에서 연장자는 죽음의 신비를 받아들이고 주님과의 만남을 준비하며, 영원한 생명과 부활의 신비를 발견하는 것이 요구된다.

1. 노년의 심리학적 의미

인간의 생애 주기는 일반적으로 다음의 세 단계로 구분된다.[59] 첫 번째 단계는 인간의 삶에서 가장 기초를 다지는 시기이다. 어린 시절과 청소년기의 취학, 교육제도와 고등학교 이후의 대학, 전문학교, 직업 교육을 통해 관심 분야를 더 전문적으로 배우고 진로를 선택하는 초기 준비 과정이다. 이 과정은 점점 길어지고 있어 25~30세까지 이어지는 경우가 많다. 두 번째 단계는 보통 20대 후반에서 60대 초반까지 이어지는 시기로, 일과 경제활동에서 가장 활발히 활동하고 가정을 부양하는 생산성의 시기이며, 동시에 가족을 이루며 새로운 세대를 양육하는 재생산성의 시기이기도 하다.

세 번째 단계는 보통 은퇴 후 시작되는 노년의 시기로, 남성은 60세, 여성은 55세에 시작되는 경우가 많다. 기술 발전이나 노동 구조의 변화로 인해, 은퇴 시기가 앞당겨질 것이며, 동시에 평균 수명은 현재 남성이 약 70세, 여성이 약 75세에서 미래에 80세로 늘어날 것이기 때문에, 은퇴 후의 삶은 현재보다 약 25~30년 정도 늘어날 것으로 전망된다.[60] 따라서 이 시기는 자유와 휴식을 누릴 수 있는 한편, 새로운 목표를 찾아야 하는 시기이기도 하다. 또한 건강을 유지하고 가족 및 사회와의 관계를 지속하며, 삶의 의미를 다시 발견

59) 〔옮긴이 주〕 이 세 시기의 구분은 저자 당시의 유럽 사회의 기준이므로, 오늘날 특히 한국 현대 사회와는 일치하지 않을 수 있음을 고려해서 참고하길 바란다.

60) 〔옮긴이 주〕 여기서 평균 수명은 2014년 당대를 기준으로 말하고 있다.

하는 것이 중요하다.

이 단계를 설명하는 데 사용되는 용어는 매우 다양하다. “노령” “고령”이란 말은 물론 이 시기의 전체를 아우르지만, 특정 상황에서 낡고 쓸모없어졌다는 다소 부정적인 뉘앙스를 줄 수 있으므로, 대신 더 포괄적인 의미로 “연장자”라는 용어를 사용하는 것이 더 좋을 것 같다. 또한 이 시기를 “은퇴 이후의 삶” 혹은 “제3의 인생”이라고도 부르며, 다른 한편으로는 나이가 더 들어 신체적·정신적인 도움과 주변의 지원이 필요한 시기인 “제4의 인생”이라 부르기도 한다.

“노인학”(gerontology)은 노화 현상을 연구하는 학문이다. 이 학문은 노화를 다차원적 변화 구조로 다루는 것을 목표로 한다. 주요 노화로 인해 발생하는 기억력 변화, 노년층의 소외감과 그들이 처한 생활 조건에 대한 불만, 신체적·지적 활동이 노화 과정을 어느 정도까지 완화할 수 있는지에 대한 주제를 다루고 연구한다.

노화 과정을 일으키는 요인들로는 다음과 같은 것들이 있다. 즉 우리의 삶의 과정과 경로를 어느 정도 미리 결정하는 유전적 요인이 있다. 높은 교육 수준은 노화에 긍정적인 영향을 미친다는 의미에서 문화적 요인도 작용한다. 노년층의 사회 통합을 위해 사회가 그들을 존중하는 것이 중요하듯이, 노화 과정에는 사회적 요인도 작용한다. 또한 가난할수록 병에 걸리기 쉽고 수명이 짧아지므로 경제적 요인도 노화에 많은 영향을 주며, 거주 환경, 질병 예방, 그리고 의료 서비스의 효율성과 같은 보건적 요인 또한 노화에 영향을 준다. 끝으로 노화는 개인적 요인에 의해 일어나는데, 어떤 이는 혈관에서, 어떤 이는 뼈, 피부, 뇌, 장 등에서 각자의 삶의 경험에 따라 개인마다 다른 방식으로 나타난다.

2. 노년기의 특징

1) 신체적 변화

나이가 들수록 신체의 각 기능은 점차 효율성을 잃게 된다. 근육의 힘이 약해지고, 장시간 힘든 일을 할 수 있는 저항력이 줄어든다. 심장 기능이 저하되고 폐활량이 감소하며 동맥의 탄력이 감소하기 때문에, 호흡 활동도 어려워진다.

또한 감각 기능의 변화도 나타난다. 약 45세 전후부터 노안 등 시력 문제가 나타나며, 가까운 글자를 읽기 어려워지는 증상이 생긴다. 노년기에는 내이(Inner ear)의 이상으로 인해 청력과 균형 감각의 문제가 발생하여 걷는데 어려움이 생기기도 한다. 사회적 관계를 유지하는 데 필수적인 운동 능력이 감소하며, 움직임이 느려지는 등의 변화가 생긴다.

2) 정신적 변화

생리적 노화는 학습 능력, 기억력, 집중력과 관련된 지적 능력의 손실을 동반한다. 즉 문제를 해결하는 새로운 방법을 찾는 능력이 줄어들고, 주의를 집중하는 시간이 짧아지며 반응 속도가 느려진다. 게다가 감각을 인지하는 능력이 점점 저하되며, 신체적 반응이나 충동 및 감정의 조절 능력도 감소한다. 노화와 관련된 전형적인 병리적 질환으로는 다음과 같은 것들이 있다. 즉 기억 상실, 동기 부여 및 주도성 상실이 나타나는 "정신장애"[61]를 보일 수 있다. 더불어 불안, 우울증, 불안감, 자기 조절 능력의 상실을 보이는 "기분장애"[62]를 겪을 수 있다. 또한 "대인관계 장애"를 일으킬 수도 있는데, 예를 들어 자신이 가치 없다고 느끼거나, 자존감 저하, 고립감, 외로움, 버려졌다는 느낌, 사회적 소외와 배제, 주변 환경에 대한 무관심 등이 포함된다.

3) 사회적 특징

노년기에는 타인에 대한 의존도가 증가하는 동시에, 다양한 상실감도 쌓이게 된다. 일과 책임, 역할이 끝나면서 사회적 상실감을 느끼게 된다. 사랑하는 사람의 죽음으로 인해 삶의 의욕을 잃는 경우 정서적 상실감을 겪게 된다. 그리고 나이가 들면서 타인보다는 자신을 더 많이 생각하는 자기중심주의로 인해, 관계성이 양적으로나 질적으로 감소하는 경향이 있다.

---

61) 〔옮긴이 주〕 정신장애(mental disoder)는 생각, 느낌, 행동이 병리학적으로 특징되는 장애를 뜻한다. 참조: 강웅구, 『정신병리학』, 서울대학교출판문화원, 2023.

62) 〔옮긴이 주〕 DSM-IV에서는 기분의 조절에 대한 통제가 이루어지지 않는 임상적 상태를 기분장애(mood disorder)로 정의하고 있다. 참조: 미국정신의학회, 『정신장애의 진단 및 통계 편람 제4판』(*Diagnostic and Statistical Manual of Mental Disorders*, DSM-IV), 이근후, 하나의학사, 1955.

3. 영성적 요청

그리스도인에게 있어서 나이는 연대기적 시간에 비례하는 것이 아닌, 그리스도 안에서의 영적 성숙에 비례하여 고려되어야 한다. 이러한 이유로 단지 태어나는 것만으로는 충분하지 않으며, '위로부터, 즉 성령에 의해'(요한 3,6~7 참조), 그리고 성령을 통한 지속적인 회심을 통해 새롭게 태어나야 한다. 그리하여 우리가 모두 "하느님의 아드님에 대한 믿음과 지식에서 일치를 이루고 성숙한 사람이 되며, 그리스도의 충만한 경지에 다다르게"(에페 4,13) 되는 것이다.

1) 노년기의 윤리적 책임

노년기의 중요한 의무 중 하나는, 자신과 타인을 위해 성취하고 실현해야 할 일이 여전히 자신에게 남아 있다고 믿는 것이다. 즉 무리하거나 과도한 행동을 피하며, 조기 진단과 시기적절한 진료를 통해 질병을 예방하고 건강을 유지해야 한다. 또한 자신이 스스로 '시대에 뒤떨어진 사람' 혹은 '한물간 사람'처럼 느껴지지 않도록 정신생활을 깨어 있게 유지해야 한다. 그러기 위해서는 동시대 문제에 언제나 지적이고 실용적인 관심을 기울이며, 새로운 세대를 이해하고 적응하려 노력해야 한다. 또한 이러한 인생의 새로운 노년 시기를 자신의 한계, 어려움과 함께 선물로 받아들이고, 이를 고요하고 평화롭게 수용할 줄 알아야 한다. 무엇보다 언제나 사랑으로 이끄는 섭리가 우리 각자를 매 순간 돌보고 있기에, 자신이 결코 혼자가 아니라는 것을 기억해야 한다. 이러한 태도를 통해 노년기를 평온하고 의미 있게 보낼 수 있다.

2) 가치와 유혹

노년기의 삶에는 인간적이고 영성적인 가치가 풍부하게 담겨 있으며, 이는 현대 사회에 더욱 필요한 요소가 된다. 노년기의 가치는 우선 개인을 풍요롭게 하고, 기도를 통해 하느님과도 만날 수 있는 여유롭고 자유로운 시간이 주어진다는 것이다. 또한 노년기에는 내면에서 이야기하시는 하느님의 말씀을 들을 수 있게 해 주고 사물의 본질을 성찰하며 그것들로부터 진정 자유로워질 수 있게 해 주는 '침묵'의 시간을 가질 수 있다. 그리고 세상의 사물, 활동, 사랑하는 사람, 익숙한 환경과의 거리를 두거나 분리되는 시간을 통해서, 부활하여 더 자유롭게 살기 위한 죽음과 내적 정화를 위한 고통을 미리 경험하게 된다. 이러한 경험은 노년의 시간을 하느님 안에서 더욱 가난하고 영적으로 성장하는 기회로 이끌며, 타인의 고통을 공감하는 데 열린 마음을 갖게 해 준다.

이 시기에는 전적으로 자신에게 맡겨진 임무와 주어진 사명을 수행하고 성취하기 위해 보낸 삶의 여정과 경험들을 스스로 평가하게 된다. 이럴 때 고통, 십자가, 외로움, 육체적·도덕적 죄악, 특히 죽음에 대한 두려움, 긴 삶이 만족스럽게 실현되지 않았다는 불만족에서 비롯되는 불안의 유혹도 따른다. 이러한 불안이 좌절, 실패, 실수, 죄책감, 쓰라린 기억들과 얽혀서 하느님의 심판을 두려워하고 그분의 자비로운 용서를 의심하게 만들기도 한다. 이와 같이 노년기의 영적 가치와 유혹은 삶 안에서 중요한 역할을 하며, 인간의 영적 성장을 돕거나 방해할 수도 있다.

3) 노년기의 목표

인간의 삶 전체는 하느님 나라의 종말론적인 도래를 기다리는 과정이자 부활하신 예수님과의 최종적인 만남을 준비하는 시간이다. 이는 현재 우리의 삶이 이미 도래하지 않은 하느님 나라의 일부이며, 영원한 생명을 위해 준비하는 시간이라는 신학적 메시지를 담고 있다. 바오로 사도는 서간에서 노년기를 어떻게 살아가야 하는지 가르쳐 준다. "나이 많은 남자들은 절제할 줄 알고 기품이 있고 신중하며, 건실한 믿음과 사랑과 인내를 지녀야 합니다. 나이 많은 여자들도 마찬가지로 몸가짐에 기품이 있어야 하고, 남을 험담하지 않고, 술의 노예가 되지 않으며, 선을 가르치는 사람이 되어야 합니다. 그래야 그들이 젊은 여자들을 훈련시켜, 남편을 사랑하고 자녀를 사랑하며, 신중하고 순결하며, 집안 살림을 잘하고 어질고 남편에게 순종하게 하여, 하느님의 말씀이 모독받지 않도록 할 수 있습니다"(티토 2,2~5).

또한 바오로 사도는 노년기에 갖춰야 할 미래에 대한 태도를 제시한다. "그러므로 우리는 낙심하지 않습니다. 우리의 외적 인간은 쇠퇴해 가더라도 우리의 내적 인간은 나날이 새로워집니다"(2코린 4,16). 따라서 신앙인의 관점에서 노년의 목표는 최종적으로 그리스도 안에서 부활하기 위해, 수

많은 작은 죽음과 끊임없는 부활로 이루어지는 파스카 신비를 자신 안에서 완성하는 데 있다. 이것이야말로 인생의 모든 연령대에 의미를 부여해 주는 우리의 참되고 영원한 미래일 것이다. 이러한 노년기의 마음가짐과 태도는 다음의 바오로 사도의 말씀을 통해 표현된다. "나는 이미 하느님께 올리는 포도주로 바쳐지고 있습니다. 내가 이 세상을 떠날 때가 다가온 것입니다. 나는 훌륭히 싸웠고 달릴 길을 다 달렸으며 믿음을 지켰습니다"(2티모 4,6~7).

4) 자신의 실존적 현실에 대한 수용

이 시기에 자신의 한계를 겸손히 받아들이는 것은, 주님에 대한 완전한 신뢰와 의탁의 행위를 완성하는 것이다. 노년기 문제에 대한 진정한 해결은 사건의 현실을 알고 수용하는 것에서 시작된다. 이제는 자신의 소유, 맡은 직책, 사목적 소임에서 벗어나 다음 세대에 자리를 양보해야 한다. 사실 그리스도의 희망 안에 살아온 사람에게 이러한 초연한 태도는 더 쉬운 일이다. 그들은 자비로운 아버지와의 최종적인 만남을 향해 나아가고 있음을 이미 스스로 알고 있기 때문이다. 요한 바오로 2세 교황 성하께서는 다음과 같이 지적하셨다. "주님 수난의 마지막 시간에 참여하는 순간이 오면, 봉헌된 사람은 아버지 하느님께서 이미 오래전부터 시작된 신비로운 당신의 섭리를 그 사람 안에서 완성하고 계신다는 것을 알고 있다. 따라서 이제 그는 죽음을 최고의 사랑과 자기 헌신의 행위로서 기다리고 준비하게 될 것이다."

노년기에 전구[63]나 중재 기도에 헌신할 기회가 주어진다면, 그들이 살아온 긴 시간을 더욱 풍요롭게 할 수 있다. 그들은 어느 때보다도 하느님 나라에 큰 관심을 갖고 자기 일처럼 느끼며, 구세주와의 친교 안에서, 묵상과 영적 선익을 위한 봉헌의 정신 안에서, 그리고 평신도 사도직(보편 사제직) 안에서 형제들을 지도하고 봉사하는 데 시간과 힘을 쏟는다. 사실, 노년기에 자신의 소명을 실천하도록 부르심을 받는 방식에는 여러 가지가 있다. 성실하고 지속적인 기도생활, 자신의 상황에 대한 인내와 수용, 영적 지도, 그리고 고해성사나 기도생활의 안내자로서의 봉사 소명이 여기에 해당한다.

5) 그리스도인의 증거자

노년층 혹은 연장자는 하느님 자비의 증인이 되어야 한다. 왜냐하면 그들은 하느님을 찾고 자주 기도하며, 하느님의 활

63) 〔옮긴이 주〕 전구(라틴어 intercessio)는 성모 마리아나 성인을 통해 우리가 바라는 바를 간접적으로 하느님께 전달하는 기도를 가리키는 가톨릭 용어이다. 전구에는 '희망적인 전구'(intercessio impetratoria)와 '속죄적인 전구'(intercessio satisfactoria)가 있다. 희망적인 전구는 성모 마리아나 모든 성인에게 우리가 바라는 바를 하느님께 전해 달라고 기도하는 것을 말하고, 속죄적인 전구는 연옥 영혼이나 이 세상의 다른 사람을 위해 대신 기도해 주는 것을 말한다. 성공회에서는 대신 기도한다는 뜻으로 "대도", 개신교에서는 "중보"라고 한다.

"사실 복되신 동정녀께서 사람들에게 미치는 모든 구원의 영향은 사람의 어떤 필연성이 아니라 하느님의 호의에서 기인하고 또 그리스도의 넘치는 공로에서 흘러나오는 것이므로, 그 영향은 그리스도의 중개에 의지하고 거기에 온전히 달려 있고 거기에서 모든 힘을 길어 올리며, 그리스도와 믿는 이들의 직접 결합을 결코 가로막지 않고 오히려 도와준다." 「교회 헌장」(*Lumen Gentium*), 60항.

동에 자신을 개방하며 살아온 오랜 경험이 있기 때문이다. 그러나 이러한 진리를 증거하기 위해서는, 편협하거나 고집스러워서는 안 되며 자신이 오류가 없다고 믿어서는 안 된다. 실제로 그들을 향한 하느님의 선하심과 다정함이 실제로 무엇인지 깨닫는 이 만남을 통해, 그들은 선함과 관대함의 표징이 될 수 있다. 그러므로 그들 안에 믿음의 정신을 성숙시키는 것이 필요하다. 이는 즉 그리스도의 마음으로 생각하고 그분처럼 역사를 바라보며, 그분처럼 선택하고 사랑하고 그분이 가르치시는 대로 희망하며, 성령과 함께 아버지 하느님과 친교를 이루며 그분 안에서 살아가도록 교육하는 것이다. 이러한 과정을 통해 연장자는 진정한 그리스도인의 증거자가 될 수 있다.

4. 사목적 원조

1) 가정 공동체(혹은 종교 공동체)와의 통합

연장자나 노년층은 가능한 자기 가족 가까이에 머물며, 교회 공동체와도 정서적 교류를 유지해야 한다. 노년층은 적절한 거주 환경을 누릴 권리가 있고, 무엇보다도 텔레비전이나 여타 대중매체로는 대체될 수 없는 인간적 소통을 필요로 한다. 이들은 가정이나 종교 공동체 안에서 정서적으로 교류하고 사랑과 소통을 나누며 더 풍요로운 삶을 살아갈 수 있게 된다.

「가정 사목 지침」(*Direttorio di pastorale familiare*)[64]은 이를 아주 잘 강조하고 있다. "인구의 점진적인 고령화와 자연스러운 세대교체가 일어나는 현대 서구 사회의 상황은, 가정에서부터 연장자를 가깝게 맞이하고 배려하는 환대와 관심을 통해서 인간을 섬기는 사명을 수행할 것을 긴급히 촉구하고 있다(…)." 또한 마찬가지로 "자신의 삶을 하느님과 공동체를 위해 아낌없이 헌신하는 연장자는 형제애로부터 절대 배제되지 않고 사랑과 이해를 받을 권리가 있다." 이러한 배려는 필수적인 것이다. 왜냐하면 연장자는 사랑받고 있음을 느낄 필요가 있기 때문이다. 만약 이들이 인정받지 못하고 사랑받지 못하면, 모든 것에 대해, 그리고 모든 사람에 대해 불평하는 사람이 될 수 있을 것이다. 따라서 이들에 대한 사랑과 배려는 그들의 존엄을 유지하는 데 중요한 역할을 한다.

아프리카 전통문화에서는 연장자를 '도서관'에 비유한다. 이는 조언을 구하고 상담해야 할 지혜로운 사람으로서 여긴다는 것을 뜻한다. 이 문화 안에서 연장자는 높은 존경과 관심을 받으며 가족과 함께 살아간다. 공동체는 연장자의 지혜가 현재 상황에서 살아가는 데 필요한 지침을 제공할 수 있다고 믿기 때문에, 이들을 공동체의 중요한 예언적 자산으로 여긴다.

---

64) 〔옮긴이 주〕「이탈리아 교회를 위한 가족 사목 지침」(*Direttorio di pastorale familiare per la Chiesa in Italia*)은 1993년 5월 10일부터 14일까지 로마에서 열린 제37차 정기 총회 동안 이탈리아 주교회의(CEI)에 의해 승인된 문서이다. 이 문서는 교회의 풍부한 가르침과 유산을 기반으로 하며, 특히 이탈리아 주교회의의 지침과 규범을 종합적이고 체계적으로 재구성하여 가정 사목에 대한 새로운 비전을 촉구하는 것을 목표로 한다.

2) 교회 안에서 적절한 역할과 소임

요한 바오로 2세 교황 성하께서는 「축성생활」(*Vita Consecrata*)에서, "공동체가 노년층에 주의를 기울이고 경청하며 그들에게 가까이 다가간다면, 그들이 가진 지혜와 경험은 공동체에 많은 것을 줄 수 있다"라고 언급했다. 특히 이 노년기에 이른 이들은 지혜롭고 현명한 조언자로서의 역할을 수행할 능력이 있다. 교회는 노년층이 여전히 수행해야 할 사명과 기여할 몫이 있음을 인정한다. 즉 "노령층이 종종 부당하게 쓸모없다고 여겨지는 현실에 대해, 교회는 그들이 여전히 사도적이고 선교적인 사명을 계속 이어가야 한다고 요구한다. 이러한 그들의 사명은 때로는 고통스러울 수도 있지만 노년기에도 충분히 가능하며, 오히려 노년이라는 시기 덕분에 더욱 특별하고 독창적인 방식으로 수행될 수 있음을 상기시킨다."

직업과 노동 활동의 조기 중단은, 오히려 노년층에게 사도적 임무를 위한 새로운 공간을 열어 준다. 시편 저자가 "늙어서도 열매 맺으며 수액이 많고 싱싱하리니, 주님께서 올곧으심을 알리기 위함이라네"(시편 92,15~16)라고 노래하듯, 노년기에 접어드는 것은 오히려 특권으로 여길 필요가 있다. 즉 노년기에 접어든 연장자는 교회 안에서 소외된 존재가 아니며, 활발한 활동으로 넘쳐나는 세상 안에서 수동적인 존재도 아니다. 오히려 여전히 수행해야 할 사명이 있고, 세상에 이바지해야 할 역할이 있는 능동적인 주체라는 점을 인식해야 한다.

3) 영적 도움과 지원

연장자에게 올바른 신앙을 전달하기 위해, 신앙의 메시지는 노인의 상황에 적합하게 맞춰져야 한다. 특히 이들에게 신앙을 전달할 때는 다음의 세 가지를 유념해야 한다. 첫째, 연장자가 가진 기쁨, 희망, 슬픔, 불안 같은 감정에 그리스도교 메시지가 공감하고 조화될 수 있어야 한다. 즉, 연장자의 삶과 마음에 맞는 방식으로 신앙을 전달해야 한다. 둘째, 연장자가 단순히 듣기만 하는 것이 아니라 신앙을 통해 자기 삶에 대한 신뢰를 갖고 자신의 개인적 책임을 받아들이며, 다른 사람을 위해 헌신하는 행동에 참여할 수 있도록 도와야 한다. 셋째, 연장자의 삶에서 쌓아온 신앙적인 경험을 존중하고 이를 바탕으로 신앙의 메시지를 전달해야 한다.

성사는 연장자에게 중요한 역할을 한다. 특히 성체성사는 그들이 신앙 안에서 성숙하는 데 있어서 강렬한 체험이 되어야 한다. 또한 병자성사의 근본적인 은총은 중병이나 노쇠 상태의 어려움을 이겨 내는 데에 필요한 위로와 평화와 용기의 은총이다.[65]

연장자의 인간적이고 종교적인 삶의 리듬에 맞춰진 영적 모임은, 그들의 관심을 북돋우고 어려움 속에서 위로를 주며, 소외와 무관심의 유혹 속에서 동료애와 형제애적 가치를 부여하는 동반자의 역할을 해 줄 수 있다.

---

[65] 참조: 『가톨릭 교회 교리서』 1520~1522항.

5. 결론

결론적으로, 노년기는 비활동적이고 무기력한 시기가 아니라, 휴식과 안정의 시기라고 할 수 있다. 이 시기에는 할 수 있는 일이 많으며, 서로 도움의 손길을 주고받으며 사랑해야 할 것들도 많다. 또한 이 시기에는 들어주고 위로해야 할 많은 어려움과 함께 사랑으로 주고받으며 나누어야 할 기쁨으로 가득하다. 이 시기에 아주 작은 일밖에 할 수 없더라도, 하느님 보시기엔 어떤 것도 사소하거나 작지 않다. 어떤 것도 쓸모없는 것은 없으며, 모든 것은 영원한 가치를 담고 있다. 이런 삶 전체는 각자가 자신의 성격, 역사, 한계를 가지고 앞으로 나아가려 애쓰는 하나의 여정이다. 따라서 세상과 타인 속으로 들어가고자 한다면 노년의 시기에도 인생의 문을 활짝 열어 두어야 한다.

또한 우리 모두 타인을 향해 마음의 문을 열고 나아가야 한다. 타인을 향해 나아간다는 것은 타인과 같은 감정을 느끼는 것이며, 또한 타인을 우리와 동등한 형제로 받아들인다는 것을 전제로 한다. 우리가 묵시록의 "어린양 주변에 모인 장로들의 모습"[66]처럼 서로를 형제로 받아들이고 한마음으

[66] 〔옮긴이 주〕 '어린양 주변에 모인 장로들의 모습'은 요한묵시록 4장 10~11절의 내용과 관련 있다. "스물네 원로는 어좌에 앉아 계신 분 앞에 엎드려, 영원무궁토록 살아 계신 그분께 경배하였습니다. 그리고 자기들의 금관을 어좌 앞에 던지며 외쳤습니다. '주님, 저희의 하느님, 주님은 영광과 영예와 권능을 받기에 합당한 분이십니다. 주님께서는 만물을 창조하셨고 주님의 뜻에 따라 만물이 생겨나고 창조되었습니다'"(묵시 4,10~11). 여기서 24명의 장로가 어린양(예수님을 비유함)의 보좌(寶座) 주변에 앉아 경배하는 모습을 통해, 서로를 돕고 함께 살아가는 이상적인 공동체의 모습을 설명하고 있다.

로 어린양을 중심에 두고 살아간다면, 하느님 안에서 모든 사람이 평화를 이루어 서로서로 돕고 진정한 사랑과 일치를 이룰 수 있을 것이다.

/참/고/도/서/

【 A 】

- Allport, G.W., *Psicologia della personalità*, PAS-Verlag, Zurigo, 1973, pp.26~29.
- Apostolic letter "*Mulieris Dignitatem*" of the suppreme pontiff john Paul II on the dignity and vocation of women on the occasion of the marian year, 1988, p.29.
- Appleyard, B., *Der halbierte Mensch*, cit., pp.31~32, 192~193.
- Arnold, W. / Eysenck, H.J. / Meili, R., *Dizionario di Psicologia*, Paoline, Cinisello Balsamo(Mi), 1986.
- Augsburger, M.S., "Justice in Forgiveness", *The Living Pulpit*, April-June(2005), pp.4~7.

【 B 】

- Baldini, M., *Il silenzio dei padri del deserto*, Modern book, 1987.
- Bea, A., *Diario di un Cardinale*, Paoline, Alba, 1970.
- Bechtle, R., "Embodying God's life. Women and spirituality", in *The Way Supplement*, 93(1998), pp.31~42.
- Berger, K.S., *Lo sviluppo della persona*, Zanichelli, Bologna, 1996, pp.53~54.
- Bernard, A., *Théologie affective*, Cerf, Paris, 1984.
- ＿＿＿＿＿, Bernard, A., *Teologia affettiva*, Ed. Paoline, Cinisello Balsamo(Mi), 1985, p.22.
- Beutler, L., *Ecletic Psychotherapy. A Systematic Approach*, Pergamon Press, New York, 1983, pp.1~8.
- Bonino, S., "L'onnipotenza della psiche", *Psicologia Contemporanea* 26(1999) N ○ 152, pp.26~27.
- Brezinka, G.W., *Moral und Erziehung*, Ernst Reinhardt Verlag, München/Basel, 1992, p.35.

【 C 】

- Coles, R., *La vita spirituale dei bambini*, Rizzoli, Milano, 1992, pp.121, 125, 157, 239.
- Congregazione per la dottrina della fede, *Lettera ai Vescovi della Chiesa Cattolica sulla collaborazione dell'uomo e della donna nella Chiesa e nel mondo* (31 maggio 2004), p.17.

- Costa, M., *Voce tra due silenzi*, EDB, Bologna, 1998, pp. 44~57.
- Craig, G.J., *Lo sviluppo umano*, II Mulino, Bologna, 1995, p.45.

【 D 】

- De Fiores, S. / Goffi, T.(a cura di.), *Nuovo Dizionario di Spiritualità*, San Paolo, Cinisello Balsamo, 1985.
- Donahue, M.J., "Catholicism and Religious Experience", in Hood, R.W., *Handbook of Religious Experience*, Religious Education Press, Birmingham, Alabama, 1995, p.38.

【 F 】

- Ferguson, M., *Die sanfte Verschwörung. Personliche und Gesellschaftliche Transformation im Zeitalter des Wassermanns*, Sphinx, Basel, 1980.
- Francis, L.J. / Wilcox, C., "Religiosity and Femininity", in *Journal for the Scientific Study of Religion*, 37(1998), pp. 462~469.
- Frankl, V.E., *Un significato per l'esistenza. Psicoterapia e umanismo*, Città Nuova, Roma, 1990, pp.36~37.
- Freud, S., *Opere*, Vol 8, Torino, 1972.
- Friedman, D. / Lambert, E.(a cura di), *Thérapies de l'âme. L'inflation du psychologisme*, Autrement, Paris, 1989.

【 G 】

- Giannino, A., *Adolescente a Palermo. Itinerario di una santità. Cenni biografici della Serva di Dio M. Carmelina Leone*, Palermo, 1988, pp.19, 35, 42, 51, 62.
- Gillespie, V.B., *The Experience of Faith*, REP, Birmingham, Alabama, 1988, pp.127, 216.
- Goldman, R., *Readiness for religion*, London, Routledge and Kegan Paul, 1966, p.68.
- Gorres, A., "Kennt die Psychologie den Menschen?", in *Internazionale Katholische Zeitschrift*, 6(1977), pp.451~465.
- Grof, S. / Bennett, H.Z., *Die Welt der Psyche. Neue Erkentnisse aus Psychologie und Bewusstseinsforschung*, Kösel, München, 1993.

【 H 】

- Haas, A., *Commento sulle annotazioni degli esercizi spirituali*, CIS, Roma, 1976, p.21.
- Hall, S. / Lindzey, G., *Teorie della personalità*, Boringhieri, Torino, 1989, p.50.
- Hayes, N., *Psychology in Perspective*, Macmillan, London, 1995, pp.1~16.
- Holemans, J.P., "L'affectivité, appel à la realisation de soi", in Aa.vv., *L'éponoussment affectif de la femme*, Descléc de Brouwer, Bruges, 1968, pp.23~33.

• Hughes, G.H., *God of Surprises*, Darton, Longman and Todd, London, 1985, pp.49, 58, 95.

【 I 】

• Id., *Mary Ward: parole per la vita*, 1st. B.V. Maria, Rovereto, 1999.
• Immolata W.M., *Lettere di formazione*, p.107.
• Imoda, F., "Maturità umana e vocazione", in *La Civiltà Cattolica*, 131(1980), pp.467~473.

【 K 】

• Kaufmann, C., "Silenzio" in *Dizionario teologico della vita consacrata*, Ancora, Milano, 1994.
• Köster, P., *Ich gebe euch ein neues Herz*, Verlag Kath, Bibelwerk, Suttgart, 1978, p.32.
• ________, *Lebensorientierung an der Bibel*, Kösel, Stuttgart, 1978, pp.24~25.
• Krech, M. / Crutchfield, R.S., *Elements of Psychology*, New York, 1959, pp.230~264.
• Krause, N. / Ellison, C.G., "Forgiveness by God, Forgiveness of Others, and Psychological Well-Being in Late Life", *Journal of the Scientific Study of Religion*, 42(2003) 1, pp.77~93.

【 L 】

- Larson-Miller, L., "Remembering who we are. Women and ritual", in *The Way Supplement*, 93(1998), 67.
- Lelievre, V., *Les jeunes peuvent-ils être canonisés?*, Téqui, Paris, 1984.
- Lindzey, G. / Thompson, R.F. / Spring, B., *Psicologia*, Zanichelli, Bologna, 1994, p.485.
- Lopez Amat, A., *Mary Ward. Il dramma di una pioniera*, Trento, 1994, pp.35, 42, 45, 47~48, 68~69, 184~185.
- Lukas, E., *Dare un senso alla sofferenza*, Cittadella, Assisi, 1983, pp.20~21.
- Lundberg, M.D., "From Conflict to Communion: An Examination of Christian Forgiveness", *Word and World*, 22(2002) 3, pp.295~303.

【 M 】

- Marchesi, G. S.I., ⓒ *La Civiltà Cattolica* 2002 IV, 384-393, quaderno 3658, 16 novembre 2002.
- Marcozzi, V., *Ascesi e psiche*, Morcelliana, Brescia, 1963, pp. 132~135.
- Marin, A.R. O.P., *Teologia della perfezione cristiana*, IV Edizione. Edizioni Paoline. 1987. Cinisello Balsamo. Parte II, *Mezzi secondari di perfezione*, Capitolo IV *Mezzi secondari interni*. Articolo VII *Miglioramento del proprio temperamento*.

499~506, 957~965.

- Mary Ward, *Various Papers*, IV.
- Maslow, A.H., *Motivazione e personalità*, Armando, Roma, 1992, pp.98~99.
- May, G., *Will and Spirit: A Contemplative Psychology*, Harper and Row, San Francisco, 1983, pp.1~21.
- Mercatali, A., *Indagine psicologica sull'ateismo*(Appunti), Roma, Antonianum, 1982.
- Molinari, P., "Santo", in De Fiores, S. / Goffi, T.(edd.), *Nuovo Dizionario d Spiritualità*, San Paolo, Cinisello Balsamo(MI), 1985.
- __________, *Was ist mystik?*, Insel, Frankfurt am Main, 1979.
- Monbourquette, J., *L'arte di perdonare. Guida pratica per imparare a perdonare e guarire*, Edizioni Paoline, Milano, 1994, pp.20~23, 35~36.
- Moyo, A., "Reconciliation and Forgiveness in an Unjust Society", Dialog: *A Journal of Theology*, 41(2002) 4, pp.294~301.
- Muray, L.A., "Pragmatism and the Forgiveness of the Past", *Encounter*, 64(2003) 3, pp.235~246.
- Murphy, A., "The Lenses of Gender", in *The Way*, 36(1996), pp.323~330.
- Murphy, J., *Il potere del subconscio. I segreti dell'armonia, della salute e della felicità*, Mediterranee, Roma, 1992.

【 N 】

• Nagy, M., "The child's theories concerning death", in *Journal of Genetic Psychology*, 73(1948), pp.3~12.
• Nepstad, S.E., "Religion, Violence and Peacemaking", *Journal for the Scientific Study of Religion*, 43(2004) 3, pp.298~299.
• Neuman, M., "Mystical moments in daily life", in *Review for Religious*, 56(1997), pp.72~78.
• Nigg, W., *Una donna che non si arrese: Mary Ward*, Gribaudi, Torino, 1985.

【 O 】

• O'connor, J., "Fostering Forgiveness in the Public Square: How Realistic a Goal?", *Journal of the Society of Christian Ethics*, 22(2002), pp.165~182.

【 P 】

• Porter, E.H., *Pollyanna*, DeAgostino, Novara, 1995.

【 R 】

• Rainwater, J., *You're in Charge: a Guide to Becoming your own Therapist*, Peace Press, Culver City, 1979, p.138.
• Ramsey, J.L. / Padgett, A.G., "The Wisdom of Forgiveness:

Singing Like Birds in the Cage with Old King Lear", *Word and World*, 27(2007) 1, pp.40~49.
- Ray, D., *The Art of Christian Meditation*, Tyndale, Wheaton, 1977, p.17.
- Roberts, R.C., "Emotions Among the Virtues of the Christian Life", *Journal of Religious Ethics*, 20(1992) 1, pp.37~68.
- Ronco, A., *Introduzione alla psicologia II. Conoscenza e apprendimento*, LAS, Roma, 1994, p.119.
- Ruffini, F., *Vivere e morire d'amore, Il Servo di Dio Nicola D'Onofrio*, camilliano, p.13.

【 S 】

- Schmidt, S., *Agostino Bea, il cardinale dell'unità*, Città Nuova, Roma, 1987.
- Schopf, A., *Sigmund Freud und die Philosophie der Gegenwart*, Königshausen & Neumann, Würzburg, 1998, pp.139~140.
- Sgarbossa, M., *Alberione*, Paoline, Milano, 2000, p.202.
- Skinner, B.F., *About Behaviorism*, Knopf, New York, 1974, p.189.
- ___________, *Beyond Freedom and Dignity*, Knopf, New York, 1972.
- Stassen Berger, K., *Lo sviluppo della persona*, Zanichelli, Bologna, 1996, pp.285~286, 396~397, 537.
- Stenger, H., *Verwirklichung unter den Augen Gottes. Psyche*

und Gnade, Otto Müller Verlag, Salzburg, 1985, pp.37~42.
- Sudbrack, J., *Mistica*, Piemme, Casale Monferrrato, 1992.

【 T 】

- Teresa d'Avila, *Libro delle fondazioni*, Nicla, 2015, pp.6, 7, 14.
- ____________, *Il castello interiore*, Paoline, 2016, *terze mansioni* 2, 7; *quarte mansioni* 3, 12~13.
- Thompson, E.H., "Beneath the Status Characteristic: Gender Variations in Religiousness", in *Journal for the Scientific Study of Religion*, 30(1991), pp.381~394.
- Tibbits, D. et coll., "Hypertension Reduction Through Forgiveness Training", *The Journal of Pastoral Care and Counseling*, 60(2006) 1-2, pp.27~34.

【 V 】

- Vergote, A., *Psicologia religiosa*, Borla, Torino, 1967, pp.98~99.
- Volf, M., "God's Forgiveness and Ours: Memory of Interrogations, Interrogation of Memory", *Anglican Theological Review*, 89 (2007) 2, pp.213~325.

【 W 】

- Walker, Bynum C. / Harrell, S. / Richman, P.(edd.), *Gender and Religion. On the Complexity of Symbols*, Beacon Press, Boston, 1986, p.279.
- Walter, H.G., "The Emotions of Jesus", *Christianity Today*, 41(1997) 2, pp.42~47.
- Watson, J.B., *Behaviorism*, The University of Chicago Press, Chicago, 1958.
- Webb, M. et coll., "Religiosity and Dispositional Forgiveness", *Review for Religious Research*, 46(2005) 4, pp.355~370.
- Wetter, M.I., *Lettere di formazione*, a cura della Provincia Italiana dell'Istituto B.V. Maria, 1988.
- Witvliet van Oyen, C. et coll., "Transgressors'Emotions and Physiology During Imagery of Seeking Forgiveness and Victim Responses", *Journal of Psychology and Christianity*, 21(2002) 3, pp.219~233.